现代管理系列教材

风险管理概论

（第三版）

刘 钧 主编
徐晓华 刘文敬 副主编

清华大学出版社
北京

内 容 简 介

本书从理论和实务紧密结合的角度,对各类风险进行识别、衡量和评价。在风险管理评价的基础上,介绍了选择风险管理技术、确定风险管理方案、实施风险管理措施、评价风险管理绩效等方面的内容。本书对企业风险管理、保险公司风险管理、家庭风险管理和政府风险管理进行了系统、全面的介绍,同时吸收了国内外教材的长处,重点介绍风险管理操作的实务。

本书2007年被评为北京高等教育精品教材,适合风险管理研究者、银行和保险工作者、政府企业领导和管理人员阅读,也可以作为金融、保险、工商管理和公共管理专业本专科学生、研究生的教材。

本书封面贴有清华大学出版社防伪标签,无标签者不得销售。
版权所有,侵权必究。举报:010-62782989,beiqinquan@tup.tsinghua.edu.cn。

图书在版编目(CIP)数据

风险管理概论/刘钧主编.—3版.—北京:清华大学出版社,2013(2024.12重印)
(现代管理系列教材)
ISBN 978-7-302-31598-8

Ⅰ.①风… Ⅱ.①刘… Ⅲ.①风险管理－高等学校－教材 Ⅳ.①F272.3

中国版本图书馆CIP数据核字(2013)第030629号

责任编辑:周 菁
封面设计:汉风唐韵
责任校对:王荣静
责任印制:沈 露

出版发行:清华大学出版社
网　　址:https://www.tup.com.cn,https://www.wqxuetang.com
地　　址:北京清华大学学研大厦A座　　邮　编:100084
社　总　机:010-83470000　　邮　购:010-62786544
投稿与读者服务:010-62776969,c-service@tup.tsinghua.edu.cn
质　量　反　馈:010-62772015,zhiliang@tup.tsinghua.edu.cn
课　件　下　载:https://www.tup.com.cn,010-62770177-4903

印　装　者:三河市龙大印装有限公司
经　　销:全国新华书店
开　　本:185mm×230mm　　印　张:20.5　　字　数:410千字
版　　次:2013年4月第3版　　印　次:2024年12月第14次印刷
定　　价:54.00元

产品编号:051211-04

序

  随着经济的发展、科技进步和技术创新,人类活动范围的不断扩大,风险管理在政治、经济和社会生活中发挥着越来越重要的作用。风险管理已经成为政府、企业、家庭和个人预防、减少风险事故发生,降低损失程度的有效管理方式。有效的风险管理不仅可以减少损失,使风险管理的成本得以降低,而且可以增加社会的经济效益,是风险管理单位优化配置资源的重要手段之一。

  风险无处不在、无所不在,风险事故造成的巨额损失不仅危害公民的生命财产安全,也威胁着国家的安全,对风险进行科学的管理已经成为社会各界的共识和普遍的需求。风险管理是风险管理单位通过对风险识别、风险衡量、风险评价、风险管理方案决策和风险处理等一系列活动,以最低的管理成本获得最多安全保障的管理行为。风险管理是研究风险发生规律和风险控制技术的新兴管理学科,是同金融、保险、财务管理、公共管理和数理统计等密切相关的学科,其理论体系和应用也随着风险管理实践的深入而处于不断地发展变化中。风险控制技术主要包括风险规避、风险自留、损失控制、非保险转移和保险等,掌握风险控制技术可以科学地处理风险,减少风险事故造成的损失。风险管理需要规划风险融资,风险融资会影响到风险管理单位的经营和投资,进而影响到风险管理资金的使用效率。但是,风险融资是风险管理必不可少的资金支出,是风险管理单位必须支付的费用。风险管理措施是风险管理理论付诸实践的重要方面,本书介绍了防范暴风雨、地震、盗抢、火灾、交通运输风险和生产风险的一些措施,这些风险管理措施是风险管理人员应该了解和掌握的。

  本书共十六章,前十二章介绍了风险管理的基本理论,后四章是以企业风险管理、保险公司风险管理、家庭风险管理和政府风险管理为线索撰写的,分别讲述了企业、保险公司、家庭和政府的风险识别、风险衡量、风险评价和风险处理。这样,可以突出不同风险管理单位的特点,可以根据风险管理的实务,进行更加有效的管理。本书最大的特点是,注重风险管理理论与实践的紧密结合,注重在完整、系统地阐述风险管理理论的基础上,阐述风险管理操作方面的技术,注重将风险管理理论运用于具体的风险管理操作的实践。

目前,风险管理已经成为金融、保险、企业管理和公共管理等专业的一门重要课程,预防和减少风险事故的发生不仅需要掌握风险管理的理论,客观、准确地衡量和评价风险,而且还需要恰当、适合的风险管理决策。只有这样,才能减少风险管理决策的失误,才能减少风险事故造成的损失,才能合理地配置社会资源。本书适用于风险管理理论研究者,适用于金融、保险工作者,适用于政府、企业领导和管理层,也可以作为金融、保险、工商管理、公共管理专业本专科学生、研究生的学习用书。

本书于2007年获得北京市高等教育精品教材的立项资助。获得立项资助以后,我和我的朋友徐晓华、姚海波、王庆焕、范秀华、刘秀娟根据出版单位的要求,认真修改、充实本书的内容。本书在写作过程中,刘文敬、相琼、陈亚楠、陶文、林桐、隋宇飞、王忱、拉旺卓玛、仇建国、李政刚、王雅雯、陈慧遐、刘瀚擘、刘文峥、刘丽瑶、林家正、边琳、德静、单霖霖、刘芳君、陈廷洋等参与了资料搜集工作,在此谨对他们的帮助表示感谢!

限于本人理论水平和实践经验的不足,书中难免存在一些不足,恳请读者予以批评指正。

刘　钧

2013年3月于中央财经大学

目 录

序 ·· I

第一章　风险管理的基础理论 ·· 1
　　第一节　风险管理的概念、特点、目标和作用 ·· 1
　　第二节　风险管理理论的产生和发展 ··· 4
　　第三节　风险管理理论与其他学科的关系 ··· 8

第二章　风险的特征和构成要素 ·· 11
　　第一节　风险的概念和特征 ··· 11
　　第二节　风险的类型 ··· 13
　　第三节　风险的构成要素 ··· 17

第三章　风险管理的目标和程序 ·· 22
　　第一节　风险管理的成本和收益 ·· 22
　　第二节　风险管理的目标 ··· 24
　　第三节　风险管理的程序 ··· 27
　　第四节　风险管理组织 ·· 29

第四章　风险识别 ·· 35
　　第一节　风险识别的概念和特点 ·· 35
　　第二节　风险识别的方法：风险损失清单法 ··· 39
　　第三节　风险识别的方法：现场调查法 ·· 45
　　第四节　风险识别的方法：财务报表法 ·· 51
　　第五节　风险识别的方法：流程图法 ··· 62
　　第六节　风险识别的方法：因果图法和事故树法 ··································· 65

第五章　风险衡量 ·· 72
　　第一节　风险衡量的概念和作用 ·· 72
　　第二节　损失概率和损失程度 ··· 75

第三节　风险衡量的方法 ………………………………………… 79
　　第四节　损失的概率分布 ………………………………………… 84

第六章　风险评价 …………………………………………………………… 93
　　第一节　风险评价的概念和特点 ………………………………… 93
　　第二节　风险评价的标准 ………………………………………… 96
　　第三节　风险评价的方法 ………………………………………… 98

第七章　风险控制技术 …………………………………………………… 113
　　第一节　风险规避 ……………………………………………… 113
　　第二节　损失控制 ……………………………………………… 115
　　第三节　非保险转移风险 ……………………………………… 123
　　第四节　保险 …………………………………………………… 126

第八章　风险融资技术 …………………………………………………… 134
　　第一节　风险融资技术的概念 ………………………………… 134
　　第二节　风险自留融资 ………………………………………… 136
　　第三节　保险融资 ……………………………………………… 141
　　第四节　非保险融资 …………………………………………… 144
　　第五节　风险融资机构 ………………………………………… 148

第九章　风险管理方案 …………………………………………………… 159
　　第一节　风险管理方案的概念和特点 ………………………… 159
　　第二节　风险管理方案制订的原则和步骤 …………………… 161
　　第三节　风险管理方案的制订 ………………………………… 162

第十章　风险决策管理 …………………………………………………… 170
　　第一节　风险决策管理的特点和原则 ………………………… 170
　　第二节　风险决策管理技术 …………………………………… 173
　　第三节　风险管理方案的执行 ………………………………… 188

第十一章　风险管理措施 ………………………………………………… 192
　　第一节　自然灾害风险的防范 ………………………………… 192
　　第二节　火灾风险的防范 ……………………………………… 203

第三节　爆炸风险的防范 ·················· 209
　　第四节　盗抢风险的防范 ·················· 213
　　第五节　交通运输风险的防范 ················ 216
　　第六节　用电风险的防范 ·················· 220

第十二章　风险管理绩效的评价 ················· 225
　　第一节　风险管理绩效评价的概念和原则 ············ 225
　　第二节　风险管理绩效评价的程序和内容 ············ 226
　　第三节　风险管理绩效评价的方法 ··············· 228
　　第四节　风险管理绩效评价 ·················· 231

第十三章　企业风险管理 ··················· 233
　　第一节　企业财产损失风险管理 ················ 233
　　第二节　企业权益损失风险管理 ················ 246
　　第三节　企业收入损失风险管理 ················ 249
　　第四节　企业责任损失风险管理 ················ 253
　　第五节　企业人员损失风险管理 ················ 258

第十四章　保险公司的风险管理 ················· 273
　　第一节　保险公司的风险识别 ················· 273
　　第二节　保险公司规避风险的策略 ··············· 278
　　第三节　保险公司经营的政府监管 ··············· 286

第十五章　家庭风险管理 ··················· 289
　　第一节　家庭风险管理概述 ·················· 289
　　第二节　家庭财产风险管理 ·················· 292
　　第三节　家庭人身风险管理 ·················· 301
　　第四节　家庭责任风险管理 ·················· 307

第十六章　政府风险管理 ··················· 310
　　第一节　政府风险管理的作用和目标 ·············· 310
　　第二节　政府风险管理的措施 ················· 313
　　第三节　政府风险管理体系 ·················· 315
　　第四节　政府风险管理的绩效评价标准 ············· 316

参考文献 ··························· 319

第一章 风险管理的基础理论

风险无时不在、无处不在。人类社会的历史，就是一部不断地同各种风险抗争的历史；而风险管理理论的产生却是社会生产力和科学技术发展到一定阶段的产物。一个国家预防、管理各种风险，特别是突发事件的能力，是衡量一个国家管理水平的重要标志之一。控制和减少风险事故的发生，提高风险管理的水平，可以有效地利用社会资源，实现资源的优化配置；反之，就会造成社会资源配置的浪费和不必要的经济损失。

第一节 风险管理的概念、特点、目标和作用

风险管理是涉及社会政治、经济领域的重要课题，是复杂、普遍的系统工程，是对各种风险事故的预警、规避，是对已经发生损失的处理。从风险管理主体的角度来看，国家、企业、社会组织、家庭和个人都需要管理各种风险。风险管理涉及的内容比较丰富，涉及社会政治、经济生活的方方面面，运筹学、概率统计学、系统论、控制论、计算机技术等为风险管理提供了先进的技术手段。风险管理作为一门新兴、跨专业的管理学科，涉及金融学、财务管理学、数学、投资管理学、社会学、心理学等多门科学。

一、风险管理的概念

风险管理是研究风险发生规律和风险控制技术的一门新兴管理科学，是指风险管理单位通过风险识别、风险衡量、风险评估、风险决策管理等方式，对风险实施有效控制和妥善处理损失的过程。风险管理作为一门新兴的管理科学，具有管理学的计划、组织、协调、指挥、控制等功能，同时又具有自身的独特功能。对于风险管理的概念可以从以下几个方面进行理解：

（一）风险管理的主体是风险管理单位

风险管理的主体是风险管理单位，其可以是个人、家庭和企业，也可以是政府、事业单位和社会团体，还可以是跨国集团和国际联合组织等。本书为了说明问题的需要，将风险管理的主体统称为风险管理单位。不管风险管理单位的所有制性质、组织结构有何不同，风险管理所依据的管理理念、管理技术和管理方法等却是相同的，都是寻求以最低的管理成本获得最佳的处理风险事故的方案。但是，不容忽视的问题是，风险管理的主体不同，风险管理的侧重点也会有所不同。个人、家庭的风险管理是对人身风险、家庭财产风险和责任风险的管理；企业的风险管理是对企业生产风险、销售风险、财务风险、技

术风险、信用风险和人事风险的管理,企业的风险管理不同于企业的经营管理;政府的风险管理是以维护政府机构业务活动和人民生活安定为出发点的,是对整个社会生命、财产和责任风险的管理。风险管理单位进行风险管理有利于减少社会资源的浪费,有利于社会资源的优化配置。

(二)风险管理的核心是降低损失

风险管理的核心是减低损失,即在风险事故发生前防患于未然,预见将来可能发生的损失或者在风险事故发生后,采取一系列消除事故隐患和减少损失的办法。从风险管理的流程看,风险管理的每个环节都是为了减少损失。识别风险是为了减少风险事故的发生;衡量风险是为了预测风险事故可能造成的损失,预先做好减少损失的安排;控制风险是为了降低已经发生的风险事故所造成的损失。

(三)风险管理的对象可以是纯粹风险,也可以是投机风险

传统的风险管理理论认为,风险管理的对象是纯粹风险,而不包括投机风险,即投机风险不在风险管理的范畴之内。纯粹风险是指具有损失机会而不可能获得利益的风险。投机风险是指既有可能获利,也有可能损失的风险。目前,一些专家认为,风险管理不仅应该包括纯粹风险,而且还应该包括投机风险。这是因为,尽管纯粹风险和投机风险具有不同的特征,但是缺乏适当的标准将纯粹风险和投机风险区分开来。特别是随着国际金融的发展和金融投资风险的增加,尽管金融风险属于投机风险的范畴,但是金融风险已经成为风险管理的重要内容之一。金融风险主要存在于银行、保险和证券投资等领域,金融风险管理以系统方法来处理特定的金融风险,如信用风险、货币兑换风险、交易风险和证券投资风险等,并积累了丰富的经验,已经成为金融企业风险管理的重要内容之一。例如,1995年巴林银行因外汇投机而导致的破产,1992年澳大利亚维斯特派克(Westpac)公司1.5亿美元的坏账被注销等,都说明加强金融投资风险管理已经成为风险管理领域不可忽视的重要内容之一。总之,不管引发损失事件的原因如何,风险管理已经越来越重视对投机风险的管理,风险管理的对象已经扩展到了投机风险方面。

(四)风险管理过程是决策的过程

风险识别、风险衡量和风险评价是为了认识、评价风险管理单位的风险状况,解决风险管理中遇到的各种问题,制定管理风险的决策方案。风险管理目标的确定、风险识别、风险衡量、风险评价和风险控制等,都是为了确定最终的风险管理方案。从这一角度来看,风险管理过程实际上是一个管理决策的过程。

二、风险管理的特点

风险管理是实用性较强的学科,学习风险管理的目的是指导风险管理的实践,其特点主要有以下几个方面:

（一）风险管理的对象具有特殊性

风险管理的对象是突发事件、意外事故等可能造成损失的风险因素、风险源和损失。风险管理的对象具有专门性，是专门针对某一风险单位的决策管理，这也就决定了风险管理的对象具有特殊性。

（二）风险管理的范围具有广泛性

风险管理是涉及许多领域的管理，风险管理的范围不仅会涉及人们可预测的范围，而且还会涉及人们无法预期的领域。一个单独的事件可以同时影响社会的不同领域，而且其后果会远远超出当时影响的范围。风险的复杂性和普遍性决定了风险管理的范围是十分广泛的，风险管理学是涉及多门学科的交叉学科。例如，实物资产风险管理、无形资产风险管理、责任风险管理、金融资产风险管理、人力资本风险管理等，会涉及会计、法律、金融、人力资源管理等多门学科，这些都使风险管理研究的范围变得更加广泛。

（三）风险管理理论具有较强的应用性

风险管理的研究对象是导致损失的风险因素、风险源和风险事件，风险管理理论是对风险管理实践一般规律的概括和总结。尽管如此，风险管理的基本理论可以指导车祸、企业财产损毁、人员伤亡、汇率波动、产品竞争等具体风险事件的管理，风险管理理论具有较强的应用性。

（四）风险管理具有全面性

风险管理是一项全面性的管理。风险管理的具体内容反映了风险管理单位对风险因素、风险源和损失不确定性的识别、衡量和管理决策。如果风险管理单位对风险的认识、处理缺乏全面性，只处理某一方面的风险隐患，而不考虑其他方面的风险隐患，其风险管理的决策就有可能失败。

三、风险管理的目标

风险管理的目标是以最低的管理成本获得最大的安全保障，减少风险事故对风险管理单位造成的损失和不利影响。风险管理是需要支付成本的，其带来的安全保障是否与风险管理的成本相适应，是风险管理的重要内容之一。如果制订的风险管理方案成本过高，风险管理单位就不会采纳。风险管理成本是影响风险决策管理和风险管理目标的重要方面。在不同的经济和社会环境、不同的经营理念和不同的风险管理方案下，风险管理单位制订的风险管理目标也是不同的。关于风险管理目标的确定、确定的原则和具体内容将在以下章节详细讲述。

四、风险管理的作用

有效的风险管理对保障风险管理单位的财产和人身安全具有积极的作用，风险管理的作用主要体现在以下几个方面：

1. 预防风险事故的发生。风险管理可以将许多风险隐患、危害消灭在萌芽状态,预防风险事故的发生,保护风险管理单位的财产安全和人身安全。

2. 减少风险事故造成的损失。风险管理可以使风险管理单位充分认识到自身所面临风险的性质和严重程度,并采取相关的风险管理技术,以减少风险事故造成的损失。

3. 转嫁风险事故造成的损失。风险管理单位通过缴纳一定的费用,有计划地将重大风险事故造成的损失转移给保险公司或者其他管理单位,从而转移风险事故造成的损失。一旦风险管理单位发生重大风险事故,转嫁风险的机制可以使风险管理单位获得及时、有效的经济补偿。现代风险管理克服了传统的以保险为单一转嫁风险机制的局限性,综合利用各种控制、转嫁风险的措施,使风险管理单位处理风险的方式日趋完善。

4. 保证风险管理单位的财务稳定。例如,我国一些中小企业发生重大工伤事故后,往往会由于承担赔偿责任而破产。这一事例说明,企业发展需要风险管理来维持财务的稳定。风险管理有助于防止风险管理单位由于资金紧张而陷入困境,保证了风险管理单位的财务稳定,有利于风险管理单位长期、稳定地发展,降低风险管理单位的管理成本,提高风险管理的经济效益。

5. 营造安全的社会环境。风险管理通过自身的运营机制,防范了许多重大风险事故的发生,有利于营造安全稳定的生产、生活和工作环境;有利于企业提高经济效益,激发员工工作的积极性;有利于家庭成员解除后顾之忧,安心工作;有利于社会的稳定,优化社会资源的配置。

第二节 风险管理理论的产生和发展

风险是伴随着人类的产生、发展而不断发展的,人类社会的历史就是一部对抗风险、管理风险的历史,而风险管理理论的产生和发展则是科学技术、生产力发展到一定阶段的产物。探寻风险管理理论产生和发展的历史,可以加深对风险管理这门学科的理解。

一、风险管理理论的产生和发展

自古以来,风险管理就已经存在,它是人类为了生存而必然采取的措施之一。史前人类结为部落,共同承担风险、分担责任、共同分享劳动成果的管理方式,就是风险管理的一种方式。只是这种风险管理的方式,尚未以学科理论的方式确定下来。

企业风险管理思想的萌芽是伴随着工业革命的进程而产生的。工业文明的发展促进了生产力的高度发展,促进了社会财富的急剧增加。但是,与之相伴的是,巨大的财产损失和人身伤亡事故的增加,这不仅影响到企业的经营、发展,而且也影响到员工的生命安全。1906年,美国US钢铁公司董事长B.H.凯里从公司多次发生的事故中吸取教训,提出了"安全第一"的管理思想,并将公司原来的"质量第一,产量第二"的经营方针改为

"安全第一,质量第二,产量第三",这一改变保障了企业财产和雇员的安全。他的管理思想在实践中获得了较大的成功,并震惊了美国实业界。1912年,芝加哥创立的"全美安全协会"研究制订了有关企业安全管理的法律草案。1917年,英国伦敦也成立了"英国安全第一协会"。1916年,被称为"现代经营管理之父"的德国管理学家亨利·法约尔(Henri Fayol)在其代表作《工业管理与一般管理》中提出,企业经营有六种职能,即技术职能、营业职能、财务职能、安全职能、会计职能和管理职能,并认为安全职能是所有职能的基础和保证,是控制企业及其活动所遭遇的风险、维护财产和人身安全的保证。

1929—1933年,世界经济陷入了严重的经济危机。面对经济衰退、工厂倒闭、工人失业和社会财富遭受的巨大损失,人们开始思考,采取有效的措施来减少或者消除风险事故给人类带来的种种灾难性后果,采取科学的方法控制和处理风险。1931年,在美国经营者协会(AMA)召开的大会上,明确了对企业风险进行管理的重要意义,并设立保险部门作为美国经营者协会的独立机构,该保险部门每年召开两次会议,除了从事保险管理外,还开展有关风险管理的研究和咨询事务。从此,管理企业风险的人被称为风险管理人或风险经理(Risk Manager)。1932年,由企业风险管理人员共同组成了纽约投保人协会(Insurance Buyers of New York),彼此交换风险管理的信息,并研究风险管理的技术和方法。

20世纪50年代,风险管理以学科的形式发展起来,并形成了独立的理论体系。风险管理理论最早起源于美国,并在美国获得了广泛的发展。推动风险管理理论进一步发展的原因主要有两大事件。1948年,美国钢铁工人工会与厂方就养老金和团体人身保险等损失问题进行谈判。由于厂方不接受工会所提出的条件,导致钢铁工人罢工长达半年之久。1953年8月12日,美国通用汽车公司在密执安州得佛尼的一个汽车变速箱工厂因火灾而损失惨重。这一切都提醒人类,在利用科学技术迅猛发展带来便利的同时,也要重视科学技术带来的巨额损失风险,重视对引起事故的各种风险因素进行科学、规范的分析和管理。1950年,美国的加拉格尔(Gallagher)在调查报告《费用控制的新时期——风险管理》中,首次使用了风险管理一词。如果说,20世纪50年代以前,企业仅仅将保险作为处理风险的唯一方法;那么,20世纪50年代以后,风险管理的方法进一步扩大,特别是到了20世纪60年代,很多学者开始系统地研究风险管理的方法,并寻求风险管理方法的多样化。1963年,美国出版的《保险手册》刊载了梅尔和赫奇斯的《企业的风险管理》(*Risk Management in the Business Enterprise*)一文,1964年,威廉姆斯和汉斯出版了《风险管理与保险》(*Risk Management and Insurance*)一书,引起了欧美各国的广泛重视。概率论和数理统计的运用,使风险管理从经验走向科学,并发展成为一门独立的学科。

与此同时,有关风险管理的教育也在美国率先展开。1960年,美国华裔学者段开龄博士在亚普沙那(Upsala)大学企业管理系率先开出"公司风险管理"这门课程。20世纪70年代中期,美国许多大学的工商管理学院及保险系普遍讲授风险管理课程,将风险管理的教育和培训贯穿于经济管理课程之中,许多大学将传统的保险系更名为风险管理与保险系。有关保险团体也纷纷改名,如"全美大学保险学教师协会"更名为"全美风险与保险学协会"。

20世纪70年代中期以后,风险管理在欧洲、亚洲、拉丁美洲等一些国家获得了广泛的传播。1970年,联邦德国引入美国风险管理理论,并形成了自己独特的理论体系。20世纪70年代以后,法国引入了风险管理理论,并在国内广泛传播开来。1976年,查邦民尔在其所著的《企业保全管理学》中,就防止意外风险的发生,以及有关法律上的保护、预防和保险等问题进行了综合论述。1978年,考夫出版了《风险控制学》,将控制意外风险事故作为企业经营管理的核心,开展了经营管理型的风险管理研究,形成了独立的风险管理理论体系。1986年,欧洲11个国家共同成立了"欧洲风险研究会",进一步将风险研究扩大到国际交流的范围,英国因此也成立了"工商企业风险管理与保护协会"(AIRMIC)。

20世纪70年代初期,风险管理的理念也开始传入日本和中国台湾,但是,风险管理的实务在亚洲的发展却比较缓慢。相比较而言,菲律宾与新加坡则不同,风险管理实务在这两个国家最先获得了广泛的发展。为了适应风险管理实务的需要,风险管理理论方面的研究也随之发展起来。

中国大陆对风险管理的研究则始于20世纪80年代后期,一些企业引进了风险管理和安全系统工程管理的理论,运用风险管理的经验识别、衡量和估计风险,取得了较好的效果。企业的风险管理实践推动了风险管理理论的研究,为适应经济发展的要求,我国高等院校普遍开设了风险管理的课程。目前,风险管理理论和实务在我国还仅仅处于初步发展阶段,有关风险管理方面的论文和教材也比较少。随着科学技术发展带来的负效应的逐步扩大,随着政府对风险管理的重视,随着企业发展的深化,随着个人风险管理意识的逐步增强,风险管理的理论和实务必将在我国获得较大的发展。

二、风险管理理论产生和发展的原因

工业革命以后,随着新技术、新成果在生产领域的广泛应用,同时也带来了新的、更大的风险,风险事故造成损失的程度和范围也在逐步扩大,这就促使人类进一步提高安全管理意识,加强风险管理。促使风险管理理论的产生和发展的原因主要有以下几个方面:

(一)巨额损失的机会增加

随着科学技术的发展,企业生产的规模不断扩大。在企业生产中,任何疏忽大意或者不规范操作,都有可能带来巨额的经济损失;在投资决策中,投资决策的失误也会造成企业财产、人员的巨大损失。巨额损失机会的增加,促进了风险管理理论的产生和发展。例如,1953年8月12日,通用汽车公司在密执安州的一家汽车变速箱工厂发生火灾,造成损失 5 000 万美元,这是美国历史上最为严重的火灾事故之一。重大风险事故的不断发生提醒人们,加强对风险事故的管理,可以减少不必要的经济损失。

(二)损失范围的扩大

生产的社会化和专业化,使企业之间的联系变得越来越紧密。一个企业或地区发生风险事故,可能会危及整个国家,甚至可能会危及世界经济。例如,20 世纪 20~30 年代的经济危机,使整个世界经济遭受了不同程度的损失,全世界的生产能力衰退。又如,1998 年,由泰铢贬值引起的金融危机,不仅影响到中国、日本、东南亚国家和地区的经济发展,而且也影响到了欧洲、美洲、大洋洲等国家和地区的经济发展。损失范围的扩大是风险管理理论产生和发展的另一个重要原因。

(三)风险管理意识的增强

随着生产的发展和人民生活水平的提高,社会福利水平也在不断地提高,国家、企业和个人采取各种措施规避风险的意识和能力增强,这在客观上促进了风险管理理论的产生和发展。政府开展的养老保险、医疗社会保险、失业保险、工伤保险、社会救助等社会保障措施,对于降低风险、解除人们对风险的忧虑和恐惧具有积极作用。企业和个人为了规避风险,举办企业年金计划和投保商业保险等行为,反过来又进一步强化了人们利用风险管理措施增进福利水平的意识。风险管理意识的增强,促进了风险管理理论的产生和发展。

(四)利润最大化的追求

企业能否获得利润是企业生存和发展的前提条件。企业在生产和经营中,追求的目标是实现利润最大化,然而,企业利润的获得是以承担一定的经营风险为条件的。例如,投资损失风险、风险事故造成财产的损毁风险、人员伤亡的风险等。由于企业存在着同生产和经营相伴随的损失风险,会迫使企业投资者采取各种措施,尽量避免生产经营中可能出现的各种不利后果,这样,才能保证企业的持续、稳定发展。

(五)社会矛盾的突出

社会矛盾和政治风险导致企业损失的风险越来越大。例如,战争、民族争端、劳资矛盾等都会使国家、企业和个人面临损失的不确定性增加,而且社会矛盾造成的损失程度越来越大,这一切都会使国家、企业和个人寻求各种方法,以规避国家、企业面临的政治风险。例如,我国出口信用保险就是国家为了鼓励出口,以政府直接承保或者间接承保风险的经营方式,来保障出口商因进口商的信用风险或进口国的政治风险而遭受的损失,这种信用保险保障了本国出口企业的利益。可见,社会矛盾的发展,也促进了风险管理理论的产生和发展。

三、风险管理理论发展方向的争论

目前,风险管理的特殊职能、作用已经被社会各界普遍认同,并获得了较大的发展。

对于风险管理理论未来的发展方向,学术界存在着几种不同的看法。一种观点认为,风险管理理论最终将会消亡,持这种观点的人目前只占少数。他们认为,风险管理缺乏一定的规律性和科学性,随着各学科发展的专业化和细化,风险管理理论也会失去其存在的价值,其最终将会融合在更加专业化的其他管理学科中,被其他管理学科所代替。另一种观点则认为,风险管理理论会进入一个令人兴奋的、具有新型业务和责任的时代。持这种观点的人认为,随着科学技术日新月异的发展,科学技术给人类带来的损失风险也会越来越大。由于永远都存在着人类无法认识或者认识不到的空间和领域,对面临的各种风险进行管理是一种必然的选择,风险管理理论具有广阔的发展前景。还有一些人认为,风险管理理论的发展没有一个确定的方向。这是因为,风险管理的范围比较大,涉及的实际操作知识比较多,因而缺乏一个确定的发展方向。针对以上观点,笔者认为,在风险管理理论中,风险识别、风险衡量、风险评价、风险控制技术和风险融资方法等具有一般规律性和科学性,可以用来指导普遍的风险管理实践。风险管理理论是经过实践检验的,是进行风险管理操作和实践的基础理论。当然,随着风险管理理论研究的深入和各门学科发展的专业化和细化,风险管理理论的内容还需要不断地充实和丰富。

第三节 风险管理理论与其他学科的关系

风险管理的研究对象是风险,风险管理理论属于哪一学科的问题,是理论界尚未确定的问题。目前,我国一些高校将风险管理学划入数学、统计学管理,一些高校将风险管理划入金融学管理,还有一些高校将风险管理划入财务管理学等。风险管理与金融、保险、投资、数学、财务管理等学科之间既有区别又有联系,但是,风险管理具有其独特的理论和思维方式,不能等同于上述任何一门学科,下面逐一介绍风险管理理论同其他学科的关系。

一、风险管理理论与保险学

保险是风险管理的特殊形式,主要是应付具有可保利益的纯粹风险。可保利益是指投保人或被保险人同保险标的、承保危险之间具有的经济利害关系。风险管理理论则不同,其管理的范围是广泛的,不仅包括可保风险,而且还包括不可保风险;不仅包括纯粹风险,而且还包括投机风险。可见,不能将风险管理理论狭义地理解为保险购买行为,是隶属于保险学的,保险只是风险管理的一种方式而已。

传统保险学研究的重点是具有可保利益的纯粹风险,保险是被作为一种风险筹资工具来加以研究的。但是,随着保险业的迅猛发展,保险已经不仅仅是风险筹资工具,而且逐步扩展为风险的重要管理方式,并表现出独特的特点。例如,保险具有的补偿职能、融资职能、储蓄职能、投资职能等,都显现出保险学的发展和创新。随着保险学的发展,保险学越来越离不开风险管理的方法和控制风险技术的支持,保险学的发展需要风险管理的技术支持,特别是风险识别和风险衡量方法的支持。由此可见,保险学不能等同于风险管理理论,风险管理理论也不能概括保险学的全貌。

二、风险管理理论与投资管理学

风险管理理论是对风险因素、风险源、风险事故和损失等要素的管理,是一门新兴的管理学科。投资具有风险,投资管理学是在研究投资风险的基础上,进行投资优化组合的管理,并寻求获得最大化投资收益的理论。投资管理学的研究需要风险管理理论的指导,如果没有风险管理理论和相关的技术支持,为获得投资收益而进行的投资就是盲目的投资,是难以预测结果的投资,这有可能导致投资的失败。同样地,风险管理的过程是进行成本、收益选择和决策的过程,风险管理的过程需要投资管理学的支持,如果缺乏投资管理理论的支持,风险管理就无法进行风险衡量和风险评价等。尽管如此,风险管理并不是单纯的投资,风险管理理论和投资管理学研究的侧重点不同。风险管理侧重于损失的成本—收益分析和管理,而投资管理学则侧重于资金获利的成本—收益分析和管理。由此可见,不能简单地将风险管理理解为投资管理学的分支,也不能将投资管理学理解为风险管理理论,二者是既有区别又有联系的两门学科。

三、风险管理理论与数学

在风险管理理论中,风险度和损失程度的预测、损失的评估等,需要运用数学方法进行预测和评估。概率论和数理统计的运用,使人们对风险事故造成损失的预测和估计更加准确、科学,也使人类对风险的衡量、分析等发生了质的变化。自从数学被引入风险衡量以来,风险管理才成为一门科学。但是,这并不是说,风险管理理论就属于数学的范畴。数学是运用一系列前提假设,逻辑地推出普遍原理的过程,是逻辑严谨的科学。风险管理理论是揭示风险存在的状态、因素和可能造成损失的管理科学,风险管理理论中没有普遍适用的规律,只有一些一般性的风险管理方法,风险管理理论是一门管理科学。在风险管理实践中,大量的风险管理实务表明,风险管理是运用各种操作规范和规程进行管理的,数学的原理对于风险管理学科来说,是不适用的,数学只是预测和估计风险时需要借助的工具而已。

四、风险管理理论与财务管理学

风险管理理论同财务管理学既有区别又有联系。风险管理的成本—收益的预测和分析、风险管理目标的实现、风险融资等,都离不开财务管理学的支持。财务管理学研究的是经济活动单位各项收支和经营成果的综合表现,财务管理以价值的形式反映风险管理单位业务经营过程中的资金运行、劳动耗费、财务成果及其收入分配等活动,是风险管理单位规范化管理资金的反映。运用财务管理方法有助于防范和化解风险管理单位面临的各种财务风险，是风险管理的重要方法之一。但是，财务管理学不能等同于风险管理理论，财务管理理论只能识别、衡量资金的损失风险，不能识别、衡量大量实物资产的损失风险，也不能对已经发现的风险采取相应的措施，因此财务管理学不能等同于风险管理理论。

复习思考题

1. 简述风险管理的特点。
2. 简述风险管理的作用。
3. 简述风险管理理论产生和发展的原因。
4. 简述风险管理理论与保险学的关系。
5. 简述风险管理理论与数学的关系。
6. 简述风险管理理论的发展方向。

第二章　风险的特征和构成要素

风险管理以风险为研究对象,在理解风险管理理论以前,首先需要了解风险的概念、特征、类型和风险的构成要素,这是理解风险管理理论的出发点。

第一节　风险的概念和特征

一、风险的概念

风险是损失的不确定性,这里的损失是指对人、企业和政府等经济主体的生存权益或者财产权益产生不利影响的事故。目前,经济学家、统计学家、决策理论家和保险界学者对风险概念的认识主要有以下四种:

1. 风险是损失发生的可能性(或机会)。可能性是指客观事物存在或者发生的机会,这种损失的可能性可以用概率来衡量。当损失事件发生的概率为 0 时,表明没有损失的机会,风险不存在;当概率为 1 时,表明风险是一种确定性的事件,其存在的状态不容怀疑,其也就不在风险管理的范围内;损失可能性则意味着损失事件发生的概率在 0~1 之间。

2. 风险是损失的不确定性。这种不确定性又可以分为客观不确定性和主观不确定性。客观不确定性是指风险事故发生的实际结果与预期结果的偏离,这种偏离可以使用数学、统计学方法加以衡量。主观不确定性是个人对客观风险的主观评估,主观不确定性是同个人的知识、经验、精神和心理状态等方面因素有关的,不同的人面临相同的客观风险时,会有不同的评价。例如,个人对足球比赛中胜负的估计;企业对产品未来市场占有率增长或下降的估计。在对风险事件出现的可能性缺乏数据统计依据和评价方法时,主观概率法不失为评估风险的一种办法。但是,由于主观概率是个人估测的结果,往往存在一定的偏差,这会对风险管理者的决策产生不利的影响。

3. 风险是实际结果与预期结果的偏差。例如,一家保险公司承保 10 万幢房子,按照过去的经验数据估计,火灾发生的概率为 1‰,即 1 000 幢住房在一年中有 1 幢会发生火灾,那么,这 10 万幢住宅在一年中就有 100 幢住房可能会发生火灾。然而,实际结果不太可能正好就有 100 幢住房发生火灾,实际结果往往会偏离预期的结果,保险公司估计的偏差域为±10,即在 90 幢和 110 幢之间,这种实际结果与预期结果的偏差即为风险。

4. 风险是实际结果偏离预期结果的概率。有的学者认为,风险是一个事件的实际结果偏离预期结果的客观概率。例如,生命表中 21 岁男性的死亡率是 1.91%,而 21 岁男性实际发生的死亡率会与这个预期的死亡率不同,这种实际结果偏离预期结果的概率即风险,这一偏离的客观概率是可以运用数学、统计学方法计算出来的。

综合以上几种观点,风险是损失的不确定性,是各种造成损失的风险事故发生的不确定性,这种不确定性是可以运用数学、统计学的方法估计出来的。

二、风险的特征

风险的特征是风险特有的一些特性,理解风险的特征有助于更好地理解风险管理理论的相关原理,有助于正确认识、识别风险。概括起来,风险的特征主要表现在以下几个方面:

(一) 风险具有客观性

风险是客观存在的,例如,自然灾害、意外事故、疏忽大意等损失风险是客观存在的,是不可能完全排除的。但是,随着人类认识和管理水平的不断提高和改进,人类逐步发现,风险事故的发生是具有一定规律性的,这种规律性为人类认识风险、估计风险、避免风险和管理风险提供了现实的可能性。相反,如果没有这种规律性的存在,人类就无法有效地进行风险管理。

(二) 风险具有突发性

风险事故的发生尽管都有一个从渐变到质变的过程,但是,由于人们认识的局限或者疏忽,往往并未注意到风险因素的渐变过程,致使风险事件的发生具有突然性,使人感到措手不及,难以应付。

(三) 风险具有损害性

风险事故造成的后果往往是造成一定程度的损失,这种损失有时可以用货币衡量,有时却无法用货币衡量。例如,火灾造成企业财产的损失,企业财产是可以用货币进行衡量的。但是,如果火灾对未婚女职工造成面容伤害,这种伤害却是无法用货币衡量的。风险事故对人的心理和精神造成的伤害往往是无法用货币衡量的。

(四) 风险具有不确定性(或随机性)

风险是不确定的,否则,就不能称之为风险。风险的不确定性主要表现在以下三个方面:

1. 空间上的不确定性。以火灾风险为例,就所有建筑物来说,都面临着火灾损失的危险,但是,具体到某一建筑物是否发生火灾,其结果则是不确定的,即为空间的不确定性。

2. 时间上的不确定性。以死亡风险为例,人总是面临着死亡的风险,但是,对具体的个人而言,什么时候死,是不可预知的。由于人的健康状况、生活环境、职业等不同,每个人面临的各种风险也就不同,因而,个人死亡的时间是无法预知的,即为时间上的不确定性。

3. 损失程度的不确定性。损失程度的不确定性主要包括两个方面:①风险事故导致个人心理上的恐惧和焦虑,使个人的福利水平减少;②损失导致社会资源不能正常使用,导致资源利用的低效率,产品质量、价格水平和价格结构达不到最佳状态。这两个方面造成损失的程度往往是不确定的。例如,人们都知道,每年或大或小都要遭受台风或洪水的袭击,但是,人们却无法预知未来年份发生台风或者洪水所造成的财产损失或人身伤亡损失的程度,这就是损失程度的不确定性。

(五)风险具有发展性

各经济活动单位在不同的时期,风险管理的内容也不同。一般来说,火灾有损失财产的可能性;暖气管道中的水结冰,有使管道爆裂的可能性等。同时,随着经济和科学技术的发展,一些产品在给人们的日常生活带来便利的同时,也使人们面临新的风险。例如,高压锅可以使食物在较短的时间内被煮熟,但同时又存在爆炸、损害财产和造成人身伤害的可能性。又如,现代经济条件下,人类还面临着核污染、水污染、大气污染等造成人身和财产损失的风险。由此可见,随着人类活动和社会经济的发展,风险也是在不断发展的。

第二节 风险的类型

科学地划分风险的类型,有助于我们更好地识别风险、衡量风险和管理风险。

一、风险的类型

依据不同的标准,风险可以划分为不同的种类。

1. 按照产生的原因不同,风险可以分为自然风险、社会风险、政治风险和经济风险。自然风险是指因自然力的不规则变化而给人类的经济生活、物质生产和生命安全等带来损失的不确定性。例如,地震、水灾、风灾、冻灾、旱灾等都属于自然风险。一般来说,自然风险具有影响范围广、损失程度大的特点。社会风险是指由于个人或团体的行为,包括过失行为、不当行为和故意行为,对社会生产和人类生活造成损失的可能性。例如,盗窃、抢劫、玩忽职守和故意破坏等都属于社会风险。一般来说,社会风险造成的损失具有影响范围较小、损失程度较小的特点。政治风险又称为国家风险,是指在对外投资和贸易过程中,因政治原因或者订约双方所不能控制的原因,债权人可能遭受损失的风险。例如,因输入国家发生战争、革命、内乱而中止货物进口的损失;因输入国家实施进口或者外汇管制,对输入货物加以限制或者禁止输入而造成损失的风险;因本国变更外贸法令,输出货物无法送达输入国,致使合同无法履行而造成损失的风险等,都属于政治风险。一般来说,政治风险具有损失范围较大、损失程度较大的特点。经济风险是指在生产和销售等经营活动中,由于受市场供求等各种关系的影响、经济贸易条件等因素变化的影响,或者经营决策失误,导致经济上遭受损失的可能性。例如,生产的减产、价格的涨落、经营亏损等,都属于经济风险。一般来说,经济风险具有影响范围较小、损失较小的特点。

2. 按照产生的环境不同,风险可以划分为静态风险和动态风险。静态风险是指在经济条件没有变化的情况下,一些自然现象和人们的过失造成损失的可能性。例如,洪水、台风等自然灾害、人们的过失行为造成损失的风险。动态风险是指在经济条件变化的情况下,造成经济损失的可能性。例如,价格水平的变化可能使企业、个人遭受损失的可能性;技术的变化可能使一些企业技术由先进转变为落后,造成企业损失的可能性;消费者偏好的转移可能使一些产品因滞销而造成企业损失的可能性。静态风险和动态风险的区别主要有以下几个方面:

(1) 损失不同。静态风险对于个体和社会来说,都是纯粹损失,例如,一辆汽车的拥有者面临着可能撞车而带来的经济损失风险,一旦发生撞车,车主会遭受一定的经济损失。如果不发生车祸,车主不会因此获得收入,车主的经济状况也不会因为未发生车祸而好转,这就是静态风险。动态风险则不同,动态风险对于一部分人来说可能是损失,但是,对另一部分人来说则可能获利。例如,消费者爱好的转移,会使旧产品失去销路,会使人们对新产品的需求扩大。又如,技术进步会使一部分人或者企业受益,也会使一部分人或者企业受损。

(2) 影响范围不同。静态风险通常只影响少数个体,而动态风险的影响则比较广泛,往往还会产生连锁反应。

(3) 特点不同。静态风险在一定条件下具有一定的规律性,是可以预测的;动态风险则因缺乏一定的规律性而难以预测。保险公司承保的通常是可以预测的静态风险。

3. 按照损失的范围不同,风险可以分为基本风险和特定风险。基本风险大部分是由经济、政治原因和自然灾害引起的,是非单个人行为引起损失的风险,是个人无法控制的原因引起损失的风险。一般来说,基本风险造成的损失比较大,影响的范围也比较广泛。基本风险既包括纯粹风险,又包括投机风险。例如,失业、战争、通货膨胀、地震、火山爆发、洪水等,都属于基本风险。特定风险主要是由个人或单位疏于管理造成的,风险仅同某些特定的单位和个人相关。例如,火灾、车祸、盗窃等风险就属于特定风险。一般来说,特定风险属于纯粹风险,其影响的范围比较小,一般只影响个人、企业或者某一些部门,可以通过个人或风险管理单位的风险预测、风险控制和风险处理等加以管理。保险公司承保的是特定风险,基本风险由于其损失比较大、影响的范围比较广,商业保险公司一般不予承保。

4. 按照风险的性质不同,风险可以分为纯粹风险和投机风险。纯粹风险是指那些只有损失机会而无获利可能的风险。例如,自然灾害、人的生老病死等,都属于纯粹风险。投机风险是指那些既有损失机会,又有获利可能的风险。例如,某股票投资计划可能使人获利,也可能使人亏本。投机风险是有可能转化为纯粹风险的。例如,在通货膨胀时期,某商人囤积商品,商人有可能在物价上涨的时候卖出商品而获利;也有可能因为囤积的商品卖不出去而遭受损失,这时投机风险就会转化为纯粹风险。又如,商人囤积的商品因为遭受火灾而损失时,投机风险也会转化为纯粹风险。从这一角度来看,纯粹风险和投机风险的界限比较模糊,投机风险随时有可能转化为纯粹风险。纯粹风险具有可保性,投机风险不具有可保性。保险公司承保纯粹风险,而不承保投机风险。

5. 按照分担的方式不同,风险可以分为可分散风险和不可分散风险。可分散风险又叫非系统风险或公司特别风险,是指某些风险因素给单个经济单位造成损失的可能性。可分散风险可以通过联合协议或者风险分担的方式来减少风险事故造成的损失。例如,某公司工人罢工、公司在市场竞争中失败等,都是个别经济单位遭受的损失。这些损失可以通过采取相应的措施来分散风险事故造成的损失。又如,一个证券投资者可以投资多种股票来避免个别公司的经营风险,这种风险可以通过投资的分散化来减少损失,是可分散的风险。不可分散风险又叫系统风险或市场风险,是指由于某些风险因素给所有经济单位造成损失的可能性。不可分散风险不可能通过联合协议或者风险分担的方式来减少风险事故造成的损失。例如,国家宏观经济状况的变化、国家税法的变化、国家财政和货币政策的变化等,都属于不可分散的系统风险。例如,投资者持有多种股票并不是零风险,投资者还面临着宏观经济状况、国家产业政策、金融监管政策等方面变化的影响,这种风险是系统风险,是无法通过多样化投资组合方案加以避免的,是不可分散的风险。一般来说,保险公司承保的是可分散的风险,不可分散的风险保险公司不予承保。

二、纯粹风险的类型

纯粹风险是只能带来损失,不可能带来收益的风险,包括可保风险和不可保风险两类。尽管在这两类风险中,保险公司仅承保可保风险,不承保不可保风险,但是可保风险和不可保风险却都在风险管理的范围之内,可见风险管理理论研究的风险比保险公司承保的风险更宽泛。企业和个人面临的纯粹风险大致可以分为以下几种:

(一)人身风险

人身风险是指可能导致人员伤残、死亡或者丧失工作能力的风险。人身风险产生的原因是意外事故、年老、疾病、工伤、自然灾害等,这些风险事故的发生都会造成收入的减少或费用支出的增加。一般来说,人身风险的大部分是由国家管理的,社会保障制度是国家管理人身风险的重要方式之一,国家强制举办的养老保险、医疗社会保险、工伤保险、生育保险等,都是对人身风险提供的安全保障。此外,企业、个人也管理着一部分人身风险。例如,企业自愿举办的企业年金、个人投保商业保险等。企业举办的企业年金、个人投保的商业保险是国家举办的社会保险的补充保障。

在人身风险中,根据个人生活地区、从事职业等方面的不同,可以将面临人身风险的个人划分为若干个等级。例如,我国保险公司根据各种职业群体面临的不同风险,将个人划分为六类风险等级(见表2.1)。又如,根据我国医疗机构获得的相关统计数据,可见导致男性和女性死亡的10项主要原因(见表2.2)。

表 2.1　我国人身风险的风险等级分类表

类别	职　业
一类	机关团体、事业单位、一般工商企业单位
二类	农业、牧业、造林业、旅馆业、餐饮业、电子业、纺织及成衣业、手工艺品(竹、木、布类)、新闻杂志业、出版业、卫生业、金融保险业、普通服务业
三类	内陆渔业、伐木及木材加工业、铁路运输业、航空运输业、普通制造业、电信业、旅游业、水电燃气业
四类	陆地运输业、普通建筑业、一般体育类、钢铁制造业、非钢铁制造业
五类	水上运输业、特殊建筑业(水力、铁路、电力、管道)、石油天然气业、土石采取业
六类	高空、深水、勘探作业、航空航天业、煤矿业、金属非金属矿业

注:凡表中未列明的行业,可以依照类似上述特点的行业确定风险等级。

表 2.2　我国女性死亡和男性死亡的主要原因

女性死亡的主要原因	男性死亡的主要原因
1　恶性肿瘤	1　恶性肿瘤
2　脑血管疾病	2　脑血管疾病
3　心脏疾病	3　意外事故及不良影响
4　意外事故及不良影响	4　心脏疾病
5　糖尿病	5　糖尿病
6　肾炎、肾症候群及肾变性病	6　慢性肝病及肝硬化
7　高血压性疾病	7　肺炎
8　肺炎	8　高血压性疾病
9　支气管炎、肺气肿及气喘	9　支气管炎、肺气肿及气喘
10　慢性肝病及肝硬化	10　肾炎、肾症候群及肾变性病

(二)财产风险

财产风险是指一切导致有形财产损毁、灭失或者贬值的风险。财产损失主要包括财产的直接损失和间接损失。例如,企业设备遭受损失,不仅会导致设备丧失价值,即造成直接损失,而且会导致设备无法使用、停产所带来的间接经济损失。例如,1992年4月13日,美国伊利诺伊州芝加哥市内的一段地下货运隧道坍塌。通常,这种事故不会造成太大的损失。但是,这条隧道恰好位于芝加哥河的正下方,超过2.5亿加仑的水淹没了隧道,造成了3亿多美元的损失。在这次事故造成的损失中,大部分是间接损失,主要是商业收入减少和费用增加造成的损失。

（三）责任风险

责任风险是指因侵权行为而产生的法律责任,致使侵权行为人现在或者将来遭受损失的可能性。责任风险是个人或者团体因为行为上的疏忽或者过失造成他人财产损失、人身伤亡,依照法律、法规或合同,个人或者团体应当负担经济赔偿责任的风险。例如,出租车司机随时都面临撞人、轧死人而发生交通事故的责任风险。当一位喝酒的出租车司机,在马路上撞死一位农民,出租车司机由于自己的过失而侵害了农民的生命权。出租车司机对农民的死亡负有不可推卸的法律责任,应当依法给予农民家庭一定的经济损失赔偿,出租车司机面临的这种赔偿损失的风险就是责任风险。

（四）违约风险

违约风险是指签订合同的一方不履行合同规定的义务,而造成另一方经济损失的可能性。例如,承包商未按计划完成一项建筑工程,造成房地产开发商的损失；债务人未按规定支付款项,造成债权人无法按期收回借款的损失等,都属于违约风险。根据合同的约定或者国家法律、法规的规定,违约方具有赔偿损失的义务,违约风险是商业信用活动中经常面临的风险。

第三节 风险的构成要素

风险是由多种要素构成的,这些要素的作用决定了风险事故的产生和发展。一般来说,风险是由风险因素、风险事故和损失等要素构成的,这些要素之间存在着一定的内在联系。下面简要介绍风险的构成要素。

一、风险因素

风险因素是指引起或增加风险事故发生的可能性,风险因素是引起风险事故发生或者产生损失的条件。风险因素是风险事故发生的潜在原因。例如,对于人来讲,不健康、年事已高等,是导致死亡的风险因素,但是,导致某人死亡的直接原因却是风险事故,如突发脑溢血疾病死亡。根据性质不同,风险因素可以分为实质风险因素、道德风险因素和心理风险因素三种类型：

（一）实质风险因素

实质风险因素是指有形并能直接影响事物物理功能的因素,即某一标的本身所具有的足以引起或增加损失机会和加重损失程度的客观原因和条件。例如,人体生理功能的变化、建筑物所在地、建材、汽车生产厂商、刹车失灵、地壳异常变化、恶劣天气、疾病传染等,人类对于实质风险因素,有些可以在一定程度上加以控制,有些在一定的技术条件下是无能为力的。

（二）道德风险因素

道德风险因素是指人们怀有犯罪意图、不诚实品质或者图谋不轨而引起或增加损失机会的条件。例如，投保人为了骗取保险赔款故意纵火；一个人外出后，想起自己忘了锁门，但是由于该客户投保了财产保险，不愿意回去锁上房门。又如，在人寿保险中，一些身体健康状况差和职业风险度比较高的人，会积极投保高额死亡保险和人身意外伤害保险；一些身体健康状况好和职业风险度低的人不参加保险或者只投保生存保险和养老保险，这些情况都构成了人寿保险的逆选择。道德风险因素强调人的恶意行为或故意行为造成的损失。

（三）心理风险因素

心理风险因素是指与人的心理状态有关的原因而引起或增加损失机会的条件。人的过失、疏忽、知识水平有限等，都属于心理风险因素。例如，液化气罐放在阳光下照射，容易引起容器爆炸；煤气罐内气体泄漏使屋内有害气体达到一定浓度，按动电灯开关，容易引起爆炸。又如，二氧化碳、四氯化碳是不可燃气体，其密度大于空气，易于沉积在地面附近，可以作为灭火剂使用，但是，由于这种气体具有毒性，不宜在封闭的室内使用。当火灾发生时，室内有人尚未救出，就不能使用自动喷出的含有二氧化碳、四氯化碳成分的蒸汽灭火，而应该改为手工操作，以防止留在室内的人中毒死亡。由于缺乏使用灭火工具的相关知识，会导致他人意外死亡，这种原因造成的损失即为心理风险因素。再如，企业或个人投保财产保险以后，放松对财产的保护和管理，将物品乱堆乱放，吸烟者随意丢弃烟蒂，增大了火灾发生的可能性。火灾发生时，当事人心存侥幸心理，不积极施救，造成损失的扩大等，也属于心理风险因素。

二、风险事故

风险事故也称风险事件，是指引起损失的直接原因。这也就是说，风险事故是促使风险因素由可能变为现实的事件。例如，暴风雨损害庄稼，暴风雨是损害庄稼的风险事件。暴风雨造成公路路面积水、能见度差、道路泥泞，引起连环车祸。这里，暴风雨、能见度差、道路泥泞等是风险因素，而引起连环车祸的风险事故是第一起车祸。又如，对于美国世贸大厦来说，地震、火灾、爆炸、飞机撞击、建筑材料不合格和建筑结构不合理等，都是可能引发大厦倒塌的风险因素，但是，2001年9月11日飞机撞击美国世贸大厦是导致大厦倒塌的直接原因，飞机撞击是导致世贸大厦倒塌的风险事故。由此看来，风险事故是引起损失的直接原因，风险事故直接引起损失。

三、损失

损失是指非故意的、非计划的、非预期的经济价值的减少。这一定义包含两个重要条件：一是非故意的、非计划的和非预期的。任何故意的、计划的、可以预期的事件，造成的经济价值减少,都不属于损失的范畴。例如,恶意行为、折旧、自然损耗①、面对受损的物资可以抢救而不抢救等造成的后果,都不能被视为损失。二是造成经济价值的减少。例如,人的记忆力随着年龄的增长而逐渐衰退,满足非计划、非故意和非预期这一条件,但是却无法计量其经济价值减少的程度,也不能称为损失。又如,车祸使受害人丧失一只胳膊,车祸的发生满足第一个条件,而人的胳膊是不能以经济价值来衡量的,即不能用货币来衡量,但是,失去胳膊所需的医疗费,以及因残废而导致的收入减少却可以用货币来衡量,又满足了第二个条件,因而可以视为损失。可见,损失的两个条件缺一不可,否则,不能构成损失。一般来说,按照损失的内容划分,可以将其分为下列四种:

（一）实质损失

实质损失是指风险事故直接造成的、有形物质的损失,又称为直接损失。例如,工伤事故导致工人身体的器官损伤,自然灾害事故导致财产的损毁、人身的伤亡等,这些损失都属于实质损失。

（二）费用损失

费用损失是指由风险事故引起的施救费用、救助费用、医疗费用、清理场地费用等。例如,由于工厂厂房的损毁,企业必须修理和重置机器设备,这项增加的支出,就是费用损失。又如,海上保险的施救费用是指保险船舶因自然灾害或者意外事故处于危险之中,船上船员采取措施自救而发生的费用;救助费用是指保险船舶因自然灾害或者意外事故处于危险之中,需要借助他人提供的帮助,使船舶脱险而发生的费用。这种由风险事故而引起的风险管理单位支付费用增加的损失,形成费用损失。

（三）收入损失

收入损失是指由风险事故引起经营收入减少的损失。例如,某公司厂房被洪水冲毁,造成公司停业,这会造成公司经营收入的减少,引起收入的损失。又如,租赁房屋被毁,会导致房主租赁收入的减少,引起租赁收入的损失。一般来说,收入损失、费用损失、责任损失等构成企业的间接损失,而收入损失又是比较重要的间接损失,对经济活动主体的影响比较大。

（四）责任损失

责任损失是指根据合同、法律法规的规定,行为人应当对他人的财产或者人身伤害承担经济赔偿责任的损失。例如,由于订立合同的一方未履行合同规定的义务,造成另一方的经济损失,违约方应当承担另一方经济损失赔偿的责任;由于行为人的过失或者故意,导致他人遭受人身伤害或财产损失时,行为人依法应当承担赔偿责任的损失。又

---

① 机器、设备遭受自然力的侵蚀而引起的损耗,简称为自然损耗,如机器、设备氧化生锈,房屋、建筑物因为风吹、日晒、雨打的侵蚀而逐渐破旧。自然损耗的大小取决于固定资产本身的结构、抗腐蚀性、维修和修理状况等方面的因素。

如,幼儿园阿姨未照看好小孩,致使小孩上街被撞,幼儿园阿姨应当承担未尽看护义务的违约责任;由于工程设计失误,造成桥梁坍塌的风险事故,某工程设计师应当依法承担一定的责任,工程设计师由于承担一定的赔偿责任而造成的损失,就是责任损失。

四、风险因素、风险事故和损失的关系

风险因素、风险事故和损失这三者之间存在着一定的因果关系,即风险因素的存在和增加引起风险事故,而风险事故一旦发生,便会导致损失。风险因素、风险事故和损失之间的关系,可以通过风险要素结构示意图来加以说明(见图2.1)。

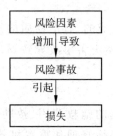

图 2.1 风险要素结构示意图

从风险因素和风险事故间的关系来看,风险因素只是风险事故产生并造成损失的可能性,风险因素只是引起损失的条件,并不会直接导致损失。风险因素的变化过程有时是容易被人察觉的,有时则是不容易被人察觉的,风险因素增加到一定程度或者遇到某一特殊情况时,才会引发风险事故,而风险事故一旦发生就会引起损失。由此可以说,风险因素是产生损失的潜在原因,而风险事故是导致损失的直接原因,损失是风险事故所带来的不利后果。例如,工业溶剂渗漏会使作业现场的工人吸入有毒气体,导致工人中毒。对于这一风险事故的发生可以从以下几个方面进行分析:风险事故是工业溶剂的渗漏。风险因素主要有以下几个方面:①使用工业溶剂的车间通风条件比较差;②工人在没有防护工具的情况下操作;③工人操作离工作台太近;④生产设备突然失控。在上述四个风险因素中,只要有一个因素不存在,工人中毒的事故就不会发生。相反,正是这四个风险因素的聚焦、增加,引发工人中毒的风险事故。风险事故带来的损失主要有以下几个方面:①工人吸入有毒气体,出现昏迷、神志不清等症状,需要到医院抢救治疗;②工人住院治疗,使企业医疗费用、工伤津贴的支出增加;③企业受到政府有关部门的行政处罚;④风险事故带来的长期损失是工人申诉、请求鉴定为职业病,并请求获得相应的经济补偿。防止这一风险事故再次发生的办法是,重新设计工作台;安装车间的通风设备;防止工业溶剂的渗漏;向工人发放防毒面罩等。

复习思考题

1. 简述风险的特征。
2. 简述动态风险和静态风险的不同。
3. 简述基本风险和特定风险的不同。
4. 简述风险的类型。
5. 简述纯粹风险的种类。
6. 简述损失的种类。
7. 简述风险因素、风险事故和损失的关系。

第三章 风险管理的目标和程序

　　风险管理的目标是以最低的管理成本获得最大的安全保障,以减少风险事故造成的损失和对环境产生的不利影响。风险管理需要支付成本,需要进行成本—收益的核算,由此确定的风险管理目标才是科学的。风险管理目标是经济单位存在和发展的保证,是进行风险决策管理的向导。

第一节 风险管理的成本和收益

　　风险管理目标是风险管理单位在不同的风险管理方式之间进行成本—收益分析的结果。风险管理需要付出一定的成本,其带来的安全保障效果如何,需要进行风险管理的成本—收益分析。如果缺乏风险管理成本—收益分析,由此确定的风险管理目标,就是盲目的、缺乏科学性的管理目标。

一、风险管理成本

　　风险管理成本是指政府、企业或个人为规避各类风险进行投资、融资的货币成本总和。风险管理成本预测是在综合分析风险管理技术、管理方式、管理设备等因素的基础上,利用历史、现有的资料,对未来的成本水平进行核算。风险管理成本预测主要包括以下几个方面:

　　1. 预防风险成本。风险管理单位如果采取非保险方式预防风险,则需要在预防、防范风险方面支付资金,这部分支出就是预防风险成本。例如,某单位根据国家劳动法律法规规定,采取改善生产环境的措施,分发职工防毒面罩等方面的费用,就是预防风险成本。

　　2. 保险金成本。如果采取保险方式转移风险,风险管理单位需要支付给保险公司保险费,这部分支出就是风险管理的保险金成本。例如,某企业投保财产保险,需要支付给保险公司3 000元的保险费,这3 000元保险费就是风险管理的保险金成本。

　　3. 保险以外防止损失扩大的成本。风险管理实务中,大量损失的风险是保险公司不予承保的。风险管理单位未保险的财产、人员等,在遭受损失时,需要支付的减少损失进一步扩大的费用,就是保险以外防止损失扩大的成本。此外,因损失造成的相关服务成本、风险控制成本以及其他项目管理的成本等,也属于保险以外防止损失的成本。例如,获得法律保护的成本、给付第三方管理者用于雇员医疗保健的成本、防止损失和遏制破坏措施带来的成本等,都属于保险以外防损的成本。

4. 财务危机成本。由于遭遇风险事故会造成风险管理单位资金紧张、难以继续发展等风险,都属于财务危机成本。例如,由于风险事故的发生,银行不支付贷款的成本。又如,风险管理单位为度过难关,对外借款而支出的费用。财务危机成本是风险管理单位应对风险事故、减少损失必须支付的管理成本。

5. 担心不会产生预期效果的心理成本。担心投入风险管理费用而不会产生预期效果的心理成本是复杂的,也是难以衡量的。一般来说,风险管理单位在计算风险管理成本时,暂时不考虑风险管理措施不会产生预期效果方面的心理成本。

二、风险管理收益

风险管理收益是指风险管理单位因采取风险管理措施而减少的损失。通常风险管理的收益是以货币衡量的,可以用以下公式表示：

风险管理收益＝风险管理不存在的损失－风险管理存在的损失－风险管理成本

如果风险管理收益大于零,则风险管理方案是可行的,可以确定为风险管理目标;如果风险管理收益小于零,则风险管理方案是不符合实际的,不能确定为风险管理目标;如果风险管理收益等于零,则可以采取该风险管理措施,也可以不采取该风险管理措施。

一般来说,风险管理的收益在短期内往往是难以体现的,这就需要风险管理者具有科学的态度和长远发展的战略眼光,运用正确的方法,能够大致地估算出风险管理的收益。

三、风险管理的成本—收益分析

风险管理的成本—收益分析是风险管理单位确定风险管理目标的基础,风险管理单位在进行风险管理成本—收益分析时,需要综合考虑影响风险管理的各方面因素。在考虑影响风险管理的因素时,越细致、越详尽地描述影响风险管理的因素,确定的风险管理目标就越接近现实,就越能够反映风险管理目标的全貌。例如,某大型造纸厂为了防范火灾风险进行风险管理,投保了一份免赔额为 50 万元,保险金额为 500 万元的保险合同,年保费支出为 20 万元。假设投保当年该厂就发生了火灾,实际损失为 500 万元。那么,该企业的风险管理收益为：

风险管理收益＝500 万元－50 万元－20 万元＝430 万元。

这是一个比较典型的案例,保险公司的保险金额为 500 万元,造纸厂发生的损失也是 500 万元,而且投保当年就发生了保险责任范围内的风险事故,其风险管理收益为 430 万元。尽管如此,这并不妨碍我们对于风险管理成本—收益分析的理解。假设企业在缴纳保险费 10 年以后发生了火灾,造成损失为 500 万元,则企业仍然可以获得风险管理的收益。该企业的风险管理收益为：

风险管理收益＝500万元－50万元－10×20万元＝250万元。

上例说明,企业采用以保险方式转移风险的管理目标是切合实际的,企业确定风险管理目标的科学基础是进行成本—收益分析。风险管理单位只有以成本—收益分析为依据,才能确定适合风险管理单位实际情况的风险管理目标。

第二节 风险管理的目标

风险管理单位只有确立明确的风险管理目标,才能主动、积极地管理风险,才能对风险管理的绩效做出客观的评价。然而,值得注意的是,在不同的经济和社会环境、不同的经营理念和思想观念指导下,风险管理单位确定的风险管理目标也是不同的。

一、确定风险管理目标的原则

在风险管理单位确定风险管理目标时,需要遵循一定的原则,这些原则是确定风险管理目标的指导思想,这些原则主要包括以下几个方面：

（一）现实性

风险管理单位确定的风险管理目标,应该适合政府、企业和个人生产和生活实际的需要,能够解决现实社会存在的危及政府、社会、企业和个人安全的问题。例如,国家财政拨款用以解决威胁居民生命的传染病问题；某制药企业研发部安装通风装置、购买试验防护服等,以防止研发人员实验室中毒。可见,确定风险管理目标的首要原则是现实性,着力于处理亟待解决的现实问题。

（二）明确性

风险管理单位确定的风险管理目标必须明确、具体,不能模糊不清。例如,明确规定实施风险管理的时间、地点,规定严格的操作程序、明确的规章制度,明确未来需要达到的目标,这样可以规范工作程序,约束人的不安全行为,防止道德风险的发生。

（三）层次性

风险管理单位确定的风险管理目标要具有层次性,应该依据工作的流程或者根据风险管理目标的重要程度,将其划分为不同层次的管理目标,这不仅有利于风险管理目标的实施,而且可以根据不同工作环节的风险,实施有针对性的管理措施。例如,企业实施的职位授权制、岗位责任制等,就是针对职业风险而设置的风险管理措施,其目的是为了达到规范化管理的要求。

（四）定量性

风险管理单位确定的风险管理目标可以是具体的数量指标,这样可以使风险管理的目标更加明确。在风险管理中,某些风险管理目标是可以采用定量的方式进行管理的,而采用定量的方式确定风险管理目标,则需要根据以往对于该风险管理的数据和经验等,深入了解相关的情况,在此基础上确定科学的量化指标。例如,根据1998年《巴塞尔协议》的规定,各商业银行的核心资本与风险资本的比例不得超过8%,这种对风险资本充足率的监管指标就是一个可以定量的指标。又如,根据我国《保险公司偿付能力额度及监管指标管理规定》的规定,财产保险公司应具备的最低偿付能力额度为下述两项中数额最大的一项:(1)最近会计年度公司自留保费减去营业税及附加后1亿元人民币以下部分的18%和1亿元以上部分的16%;(2)公司最近3年平均综合赔款金额7 000万元以下部分的26%和7 000万元以上部分的23%。这些量化指标的规定,使监管单位对于被监管单位的管理更明确、更具操作性。

二、风险管理目标的内容

在风险管理实务中,风险管理单位应当依据自身的实际情况制订具体的风险管理目标。依据管理发生的时间不同,风险管理目标可以分为损失前管理目标和损失后管理目标。

(一)损失前的风险管理目标

风险事故造成损失前的管理目标是选择最经济、最合理的方法,减少或者避免风险事故的发生,使风险事故发生的可能性和严重性降低到最低的程度,并尽可能地降低风险事故对经济和社会的消极影响。具体来说,主要包括以下三个方面:

1. 经济合理目标。风险管理单位——政府、企业或者个人,在确定风险管理目标时,所遵循的原则是风险管理成本的最小化和安全保障收益的最大化。为此,风险管理单位在确定风险管理目标时,需要在各种风险管理方式的成本之间进行选择,确定最经济、最合理的风险管理方案。在风险管理方式中,最重要的风险管理方式是内部控制和购买保险合同。这两种风险管理方式的共同之处是能够减少企业的实际损失,从而增加企业的价值。但是,内部控制面临的最大问题是,最佳的内部控制方案也只能最大限度地减少不确定因素,不可能完全消除不确定性因素。消除风险不确定性因素的方法,就是不生产,但这在实际生活中是不可能的。风险管理成本最小化原则要求企业在损失控制上投入足够的资金,直到损失控制的边际收益与损失控制的边际成本相等为止。超过这一点的额外损失控制费用,就会增加风险管理的成本。在这种情况下,消除损失的风险管理成本就无法达到最小化。应该承认,在各种风险管理方式中,最重要的两种风险管理方式之间具有替代关系。例如,风险内部控制与保险之间、风险自留与风险转移之间都存在着替代关系,替代的原则是风险管理成本最小化、收益最大化。

2. 安全系数目标。安全系数目标就是将风险控制在风险管理单位可以承受的范围内。风险不仅会造成财产的损失、人员的伤亡,而且还会影响到社会心理和劳动者工作的积极性,对此,各风险管理单位都制订了适合本行业发展的安全系数指标。例如,我国保险法对保险公司最低偿付能力的规定,就是保险公司风险管理的重要财务安全系数指标,具有明确的安全系数目标是一种事前的风险管理。

3. 社会责任目标。风险管理单位遭受风险事故损失,不仅会影响自身的稳定经营,而且还有可能使社会遭受较大的损失。这是因为,社会化大生产使单个企业与外界各种经济组织、个人之间建立了广泛的联系,一个企业遭受损失,受损的不仅仅是企业自身,还会影响到其他企业或者个人,甚至会使国家和社会遭受一定的损失。因此,一个风险管理计划不仅要转嫁企业自身面临的风险,还要降低风险给社会带来的损失,应该具有社会责任目标。为了避免风险事故带来的重大损失,国家法律、法规可以要求企业安装安全设备,以避免发生风险事故。

(二)损失后的风险管理目标

风险管理不可能消灭风险,也不可能完全避免损失。风险事故发生以后,风险管理的目标是消除、改变引发事故的风险因素,减少风险事故造成的经济损失。损失后风险管理的目标主要包括以下几个方面:

1. 维持生存目标。风险事故对于风险管理单位来说,可能会威胁到企业的生存和发展,风险事故发生后,风险管理的最低目标是维持生存的目标。例如,一个企业生存的基本要素主要有以下几个方面:生产、市场、资金和管理。企业风险管理计划应该充分考虑风险事故对企业生存基本要素的影响程度,确保风险事故发生后,企业能够继续生存。

2. 保持经营连续性目标。风险事故发生以后,企业要在尽可能短的时间内恢复生产或经营,这对于需要提供不间断服务的企业来说,维持企业经营的稳定性和连续性,可以占据原有的市场份额,不会因风险事故的发生而失去市场竞争优势,有利于提高企业的信誉。如果企业因为风险事故而失去市场,等企业恢复生产后,生产出来的产品就有可能积压卖不出去,这种状况进一步发展下去,就会影响企业资金的周转,进而影响到企业的生存和发展。例如,企业设备因遭受暴风雨侵袭停产后,企业为恢复生产而采取的维修设备、厂房等方面的措施,都是企业保持经营连续性的重要措施,保持经营连续性是损失后风险管理的重要目标之一。

3. 稳定收益目标。稳定收益目标是企业保持连续经营、稳定发展的条件。企业要在市场竞争中立于不败之地,必须完善风险管理机制,建立风险管理资金的收付制度。完善的风险管理机制、稳定的投资收益,有助于增强投资者的信心,使企业保持生产经营的稳步增长。

4. 履行社会责任目标。社会化生产已经将企业与社会置于紧密的联系之中,企业遭受一次严重的意外事故损失,不仅会影响到员工的人身安全和经济利益,而且还会影响到顾客、供货商、债权人的经济利益,甚至会给税务部门、政府以至整个社会带来不利的影响,尽量减少风险事故给个人、企业乃至整个社会造成的不利影响,是风险管理单位必须履行的社会责任目标。

第三节 风险管理的程序

风险管理的程序主要包括风险识别、风险衡量、风险评价、选择风险管理技术、风险决策管理、风险管理方案实施和风险管理绩效评价七个阶段。这七个阶段周而复始,构成了风险管理周期循环的过程(见图3.1)。下面逐一介绍风险管理程序的每一个步骤。

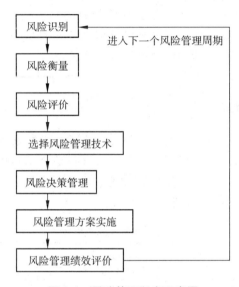

图 3.1 风险管理程序示意图

一、风险识别

风险识别是对风险的感知和发现。识别风险,有助于风险管理单位及时发现风险因素、风险源,减少风险事故的发生。风险管理单位通常设法识别下列五种类型的潜在损失风险:一是财产的物质性损失风险以及额外的费用支出;二是因财产损失而引起的收入损失、其他营业中断损失以及额外费用开支;三是因损害他人利益而引起的诉讼,导致风险管理单位遭受损失的风险;四是因欺诈、犯罪和雇员不忠诚行为给风险管理单位造成损失的风险;五是因高级主管人员死亡和丧失工作能力给风险管理单位造成损失的风险。

二、风险衡量

风险衡量是指在风险识别的基础上,通过对大量、过去损失资料的定量分析,估测出风险发生的概率和造成损失的幅度。风险衡量以损失频率和损失程度为主要预测指标,并据此确定风险的高低或者可能造成损失程度的大小。风险衡量是极其复杂的一项工作,风险的高低不能单靠损失频率的高低或者损失程度的大小来衡量,必须将两方面的因素结合起来考察。

三、风险评价

风险评价是指在衡量风险的基础上,对引发风险事故的风险因素进行综合评价,以此为依据确定合适的风险管理技术。风险评价的目的是为选择恰当的处理风险的方法提供依据。风险评价也是风险管理部门对风险综合考察的结果。例如,根据国家所规定的安全指标或者公认的安全指标对风险单位进行评价,达不到国家安全标准规定的风险管理单位就是不合格。

四、选择风险管理技术

在对风险进行衡量、评价以后,风险经理必须选择适当的处理风险的技术,即根据风险评价选择风险管理技术。风险管理技术选择的原则是选择所付费用最小、获得收益最大的风险管理办法(见表3.1)。一般来说,主要有四种技术可供风险管理单位选择,主要包括:风险规避、损失控制、风险自留和风险转移。

表3.1 风险管理技术的选择

风险类型	损失频率	损失程度	风险管理技术选择
1	低	小	风险自留、损失控制
2	高	小	风险自留、超额保险、损失控制
3	低	大	风险转移
4	高	大	风险规避、风险转移

从表3.1可以看出,损失程度小的风险一般采取风险自留、损失控制的方式,损失程度大的风险一般采取风险转移或者风险规避的方式。风险管理是需要资金的,风险管理单位为管理风险而筹措资金的方式即风险融资方式,风险融资可以分为风险自留融资、保险融资和非保险融资。风险融资的方式不同,获得风险管理资金的渠道也不同,融资的成本也就不同。选择合适的风险管理技术,可以减少风险事故的发生,可以控制损失、降低损失、节约风险管理费用。

五、风险决策管理

风险决策管理是风险管理的重要步骤,是风险管理者在众多风险管理方案中选择最佳风险管理方案的过程。例如,在存在消防隐患的地方,可以提出整改方案,其方案有三种:①如果风险管理单位选择风险自留的办法,就可以选择建立风险管理基金。②如果风险管理单位选择非保险转移风险的方案,就需要拟定保护自身权益、合法有效的合同。③如果风险管理单位选择对某一风险进行保险,风险管理人员应当及时选择保险人,选择适当的保险责任限额。风险决策管理就是在成本—收益分析的基础上,权衡利弊,确定适合风险管理单位实际情况的风险管理方案。

六、风险管理方案的实施

风险管理方案的实施是风险管理的重要步骤,也是风险管理理论付诸实践的重要步骤。只有实施风险管理措施,风险管理方案才能得以贯彻实施。风险管理方案的有效实施,需要完善的管理制度和工作程序,需要在实施过程中进行检查和监控,以便发现问题,及时解决。

七、风险管理绩效评价

在风险管理方案付诸实施后,风险管理单位需要对风险管理的绩效进行评价,风险管理单位进行风险管理绩效评价的理由主要有以下几个方面:①风险管理的过程是动态的。风险是不断变化的,新的风险可能产生,原有的风险可能消失或降低,原来制定的风险管理方案就会发生偏差,就会不适用。定期进行风险管理绩效评价,可以及时发现新的风险,调整风险管理方案。②风险决策管理的正误,需要通过检查和评价来确定。评价风险管理的效果,可以及时发现风险管理中的问题并加以纠正,这是提高风险管理绩效的重要环节。③风险管理评价标准会不适应风险管理的需要。风险管理评价标准是根据以往风险管理的经验制定的,风险评价标准为风险管理提供重要的参考,但是,这些标准也有不适合新风险、新状况发展要求的情形,需要根据风险管理的实践不断地修改风险评价的标准。④风险管理绩效评价可以提高风险管理工作的效率,可以提高风险管理资金的使用效率,可以确保风险管理单位财产和人员的安全。

第四节 风险管理组织

风险管理组织是实施风险管理的机构,明确风险管理组织的职责和组织机构,以及风险管理组织同其他部门的关系,可以科学、有序地进行风险管理活动,否则,就会影响风险管理措施的实施。

一、风险管理组织的概念

风险管理组织的概念有广义和狭义之分。从广义的角度来看,风险管理组织是指风险管理单位为实现风险管理目标而设置的内部管理层次和管理机构,主要包括有关风险管理组织的结构、组织活动和相关的规章制度。风险管理组织活动则是指风险管理专职机构制定和执行风险管理计划的全过程,主要包括制定风险管理目标、为实施风险管理目标而进行的风险识别、风险衡量、风险处理和风险管理效果评价等活动。风险管理的规章制度是指体现风险管理的指导思想、政策纲领、方针政策、操作规程,以及有关监察的规定等。从狭义的角度来看,风险管理组织则是指实现风险管理目标的组织结构,具体包括组织机构、管理体制和领导机构。本章所述风险管理组织的概念是广义的概念。

二、风险管理组织机构的职责

由于经营活动、采用技术、所在地区和风险事故发生情况等方面的不同,风险管理单位在机构设置、规模、技术专长和人员素质等方面也有所不同。尽管如此,风险管理组织机构的组织架构却是大致相同的。一般来说,风险管理单位的经营活动大致分为六类:一类是生产经营活动,主要包括生产、制造、组装、技术更新和改造等;二类是商业活动,主要包括购买原材料、机械设备、商品批发和零售等;三类是财务活动,主要包括资本投入、运营、收益,以及制定投资决策方案等活动;四类是安全活动,主要包括对财产、人员安全保护等方面的活动;五类是会计活动,主要包括编制财务报表、成本核算和统计资料上报等活动;六类是管理活动,主要包括计划、组织、指挥、协调和控制等方面的活动。在风险管理单位的六类活动中,安全活动是比较重要的方面。如果没有安全管理活动,风险管理单位的其他活动就无法进行,安全活动是其他活动正常进行的保障。因此,一些规模较大的单位,往往设置专职的风险管理部门,其主要职责有以下几个方面:①清楚风险管理单位所面临的风险,预防风险事故的发生。例如,开展风险事故隐患调查,进行防灾、防损和安全的培训。②评估风险、汇总风险管理信息、更新和维护风险信息库。③确保本单位具有完善的风险内控机制,明确风险管理岗位职责,使风险管理单位的活动受到有效控制。例如,进行风险转移的规划,并建立重大风险事故向上级和有关部门报告的制度。④根据风险事故的状况,决策风险管理方案,监督风险管理措施的实施。⑤确保风险融资及时到位,防止损失的扩大。⑥评价风险管理效果,调整、修正风险管理方案。

三、影响风险管理机构设置的因素

风险管理机构的设置与风险管理单位的经营规模、风险高低等因素密切相关,而同风险管理的水平和质量无关。

(一)风险管理单位的规模与风险管理机构

一般来说,风险管理机构的设置随着风险管理单位经营规模的大小不同而有所不同。在一些规模比较小的风险管理单位,从事风险管理的人员可能只有一个人,这个人也许并不是专职的风险管理人员;而在一些规模比较大的风险管理单位,则要设置专职的风险管理机构(见图3.2),专门负责单位的风险管理工作。从图3.2可以看出,风险管理机构内部是由保险部门、安全健康和防损部门、索赔部门和保卫部门等组成的。保险部门的主要职责是制定、选择保险方案,寻找合适的保险人。安全健康和防损部门的主要职责是保护职工的身体健康,防止职业病或者意外事故的发生,保障风险管理单位的财产安全和人员安全。索赔部门的主要职责是根据损失的状况向保险公司或者向造成损失的一方提出索赔请求,并促使对方及时给予赔偿。保卫部门的主要职责是保卫风险管理单位的财产和人身的安全,避免企业和个人财产的损失。

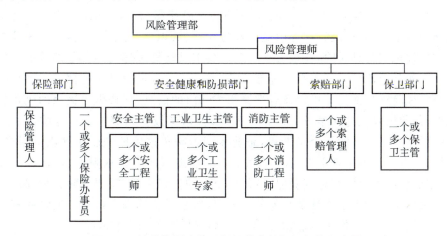

图3.2　某单位风险管理部门的内部组织机构示意图

(二)风险与风险管理机构的设置

一般来说,风险管理单位从事生产经营活动的风险高低与风险管理机构的设置密切相关。如果风险管理单位面临的风险比较高,其主要负责人就会比较重视风险管理的作用,相应地就会设置风险管理机构,并将风险管理作为履行工作职责的重要方面;反之,则不重视风险管理的作用。例如,某企业在生产过程中,接触有毒有害物质,容易发生职工中毒事件,容易产生职业病,这样的企业就比较重视风险管理,就能够在预防中毒、职业病等方面采取积极有效的措施。又如,某企业从事易燃易爆物品的生产,其生产管理就比较重视风险事故的预防和规避,就会设置专门的风险管理机构,以应对可能造成损失。

(三)风险管理质量与风险管理机构

风险管理的质量同风险管理机构内部的组织结构没有必然的联系。例如,一个小规模的单位,可能缺乏专职的风险管理人员,但是,可能采用了先进的风险管理方法。相反,一个大企业即使有专职的风险管理人员,其管理风险的水平和专业技术能力可能很低,风险管理机构与风险管理的质量和水平不具有相关性。这也就是说,即使一个单位具有专门的风险管理机构,也不一定代表其风险管理的质量和水平就高。此外,日益增多的第三方风险管理服务,如保安公司提供的服务等,可以使兼职的风险管理人员扩大其风险管理的职能,可以起到防范风险的作用。

四、风险管理机构与其他部门的关系

风险管理是一项复杂而系统的工程,往往需要企业其他管理部门的配合和合作。风险管理部门与其他部门进行交流合作,能够得到许多有关风险暴露方面的信息,因为其他部门往往能够发现风险管理部门注意不到的风险暴露;同时,其他部门的活动也会产生一些新的风险,需要风险管理部门能够及时发现、认识这些风险。实际上,风险管理部门能否成功地识别各种风险,在很大程度上取决于风险管理部门与其他部门的合作和交流。这种合作和交流可以是来自其他部门的口头报告,也可以是其他部门制度化的书面报告,这样,风险管理部门就可以及时掌握相关部门的信息,尽快做出适当的风险管理方案。例如,某位风险经理在某日的晨报上发现,公司老板在两周前就已经购买了一艘价格昂贵的驳船。在以后的几个星期里,企业就因为购买这艘船遭受了严重的财产、责任和人力损失。反之,如果企业考虑到了高价购买船舶可能会遭遇财产、责任等方面的损失风险,企业可能不会购买这艘驳船。可见,企业的投资决策,需要风险管理部门的合作和配合。虽然风险管理工作涉及其他各个部门,但是风险管理人员对于风险的管理仍然承担主要责任。日常工作中,风险管理部门主要同以下部门具有联系。

(一)风险管理部门同财务部门的交流与合作

财务部门能够提供估计潜在的财产和净收入损失的数据,财务部门的财务监管可以及时发现风险管理单位财务上的漏洞,可以避免本单位财产的损失。财务部门的损失控制措施主要包括核对发票与购货订单、检查特别授权付款、比较现金收入和过账后的应收账款。通过资产账户的管理,财务部门可以识别和衡量风险管理单位财产损失的风险。例如,我国企业年金基金在委托基金管理公司投资运营的过程中,为了避免投资管理人违规投资或挪用企业年金基金而使基金遭受不必要的损失,需要基金保管人如银行等机构,对基金的投资运营进行监管,需要基金管理公司、银行定期上报财务报表。又如,公司动产和不动产的价值、工伤保险津贴、营业收入、营业中断损失、产品的销售收入等数据,都是通过财务部门的统计获得的,这些数据是风险管理部门确定风险管理方案的依据。此外,财务部门还要同风险管理部门一起,制订企业有关的保险或者自保计划,解决财产保险、责任保险、员工保险及其索赔的事宜等。可见,风险管理部门在发现风险、估算风险和风险管理成本控制计划的制订等方面都需要财务部门的合作和支持。

(二)风险管理部门同数据处理部门的交流与合作

数据处理着部门掌握专业化的技术,能够提供风险管理方面的许多重要数据。风险管理部门管理风险,需要数据处理部门的支持。数据处理部门的工作人员应当通力合作,以减少财产、收入和责任风险带来的损失。风险管理部门同数据处理部门的合作具有以下优点：①风险管理需要专业化技术。数据处理部门的设备具有价值大、数据处理程序复杂等方面的特点。因此，风险管理部门的风险数据统计、预测和衡量等，需要专业化的技术支持才能完成。②数据处理系统的管理可以预测风险。借助数据处理部门的统计、预测，风险管理部门可以分析以往发生损失的频率和程度，可以模拟不同情况下损失发展的趋势，比较各种风险控制和筹资方案的成本和收益，可以评价风险管理计划的成功和不足。③通过数据处理部门的支持，风险管理部门不仅可以了解已经发生的风险事故的有关信息，而且还可以了解未果事故。一般来说，偶然的机会或者运气可能会使人逃脱一件事故的伤害，但是，关于这类事件的信息对于类似条件下避免造成更大的伤害或损失具有重要意义。避免事故发生的前提条件是风险经理事先应该了解未果事故的信息，除了了解事故发生的时间、日期、地点和事故涉及方以外，还要采取措施防止类似事故的发生或减轻灾害事故造成的后果。

（三）风险管理部门同法律部门的交流与合作

法律部门可以为风险管理部门提供国家有关法律、法规等方面的指导，可以提供有关产生责任风险、合同风险的情况，有助于风险管理人员依法管理企业的生产经营活动，尽量避免各类责任风险事故的发生。风险事故发生后，风险管理部门还需要法律部门的配合，来减少风险事故造成的责任损失风险。例如，根据国际惯例，如果分保接受人破产，原保险人仍然要承担原保险合同的保险责任。在这种情况下，原保险人不仅不能从分保接受人那里获得摊回赔款，而且还会流失保费。可见，风险管理部门规避风险的前提是，在国家有关法律、法规允许的范围内转移风险；否则，即使已经签订规避风险的合同，其合同也是无效的，无法达到转移风险的目的。

（四）风险管理部门同人事部门的交流与合作

人事部门是管理企业人事、工资福利、培训、奖励、晋升，以及其他涉及组织内部人员流动等事项的部门，人事部门的管理对风险管理部门的工作起着积极的作用。风险管理部门的管理计划，需要人事部门工作人员的积极配合。在人事部门的积极配合下，风险管理部门的工作才能妥善地实施。例如，企业处理员工遭受意外事故、因工受伤等风险事故，就需要人事部门的积极配合。又如，人事部门采取措施，使企业缺勤率降至最低水平，有利于促进企业生产经营的安全。

（五）风险管理部门同生产部门的交流与合作

生产部门是企业生产经营的核心，企业的风险管理也是围绕着生产经营活动展开的。在企业生产活动中，生产部门面临着各种损失的风险。例如，由于生产设备损毁或者发生故障造成停工的损失；生产中发生工伤事故，造成员工受伤的损失；企业产品的缺陷，给用户造成伤害的损失等。对此，风险管理人员应当与生产管理人员紧密合作，识别、减少和消除风险因素，降低风险事故造成的损失。为了促进各生产部门揭示不可告人的风险信息,避免更大的风险事故发生,风险管理部门会建立损失成本分摊的制度。例如,已经发生的风险事故未按规定报告,引起的损失责任应当由各部门的经理承担全部责任。损失成本分摊制度的实施,可以使风险管理部门及时了解有关风险事故发生的信息,可以避免更大损失的发生。可见,风险管理部门的工作需要生产管理部门的密切配合。

(六) 风险管理部门与外部供应商或专业组织的交流与合作

风险管理部门除了与本单位内部其他管理部门加强合作和交流外,还要与外部供应商或专业组织加强交流与合作。这些外部人或专业组织包括会计师、律师、风险管理顾问、保险代理营销员、保险精算师、风险管理师、原料供应商等,交流与合作的目的是要进一步发现风险管理部门没有注意到的风险。当然,外部人也有给企业带来损失的风险,这就需要风险管理部门广泛搜集信息并准确地判断,为企业生产、经营决策管理提供可供参考的依据。参加专业组织的活动和查阅公开出版的材料,也是搜集风险信息的重要方面。例如,在保险人、保险代理人和保险经纪人提供的众多服务中,风险经理可能获得的服务主要有:①相关风险的识别和衡量;②处理风险的各种建议;③根据国家政策,企业从信誉较好的保险人处获得保险的方式、保险产品的价格等;④损失控制服务的信息;⑤索赔、理算等方面服务的支持;⑥法律方面的协助;⑦管理咨询和服务等。可见,风险管理部门加强与外部供应商或者专业组织的交流与合作,可以为企业的风险管理提供许多可以借鉴的经验和教训。

复习思考题

1. 简述风险管理成本的构成。
2. 简述确定风险管理目标的原则。
3. 简述损失前的风险管理目标。
4. 简述损失后的风险管理目标。
5. 简述风险管理的程序。
6. 简述风险管理绩效评价的原因。
7. 简述风险管理组织机构的主要职责。
8. 简述风险管理机构同其他部门的关系。

第四章　风险识别

　　风险识别是风险管理的首要步骤。政府、企业和个人面临的风险是错综复杂的,需要进行识别和分析。风险识别在整个风险管理中占有重要地位,只有全面、准确地发现和识别风险,才能衡量风险和选择风险管理技术。风险识别是风险衡量的前提,是风险管理单位有针对性地处理风险的基础。掌握和运用识别风险的方法,可以预防风险事故的发生。

第一节　风险识别的概念和特点

一、风险识别的概念

　　风险识别是指风险管理人员运用有关的知识和方法,系统、全面和连续地发现风险管理单位面临的财产、责任和人身损失风险。风险识别实际上就是收集有关风险因素、风险事故和损失暴露等方面的信息,发现导致潜在损失的风险因素。对于风险识别的概念,可以从以下几个方面进行理解:

　　(一)风险识别是一项复杂的系统工程

　　风险识别是一项复杂的系统工程,即使是一个规模较小的风险管理单位,不仅需要识别实物资产风险、金融资产风险、人力资本风险,而且还需要识别责任损失风险。同时,风险识别不仅仅是风险管理部门的工作,还需要生产部门、财务部门、信息处理部门、人事部门等方面的密切配合;否则,难以准确、全面地发现和识别风险。

　　(二)风险识别是一个连续的过程

　　一般来说,风险管理单位的活动及其所处的环境随时都处在不断地变化中。例如,企业从其他商业领域中撤出并进入新的商业领域、企业被收购或破产、企业的经营环境发生变化等,都会使风险管理部门原来关注的比较重要的风险因素变得不重要了,然而,又有新的风险因素成为风险管理部门关注的重点。国家有关法律、法规的变化,也会导致企业出现新的风险。例如,政府对女职工权益保护法律、法规的调整,就会使企业面临诉讼的风险。总之,风险管理单位要稳定地发展,必须连续地、不间断地识别各种风险,分析其可能造成的后果,分析其对本单位生产经营活动的影响。

　　(三)风险识别是一个长期的过程

　　风险是客观存在的,风险事故的发生也有一个从渐变到质变的过程,风险事故的发生是风险因素聚集、增加的结果。在风险因素发展、变化的过程中,风险管理人员需要进行大量的跟踪、调查。风险识别是一个长期的过程,不能偶尔为之,更不能一蹴而就。

(四)风险识别的目的是衡量风险和处理风险

风险识别是否全面、准确,直接影响着风险管理工作的质量,进而影响到风险管理的成果。识别风险的目的是,为衡量风险和处理风险提供依据和方向。例如,风险调查员提交的风险调查报告,是保险公司确定承保决策和保险费率的依据。

二、风险识别的程序

风险识别的过程实际上就是收集有关风险事故、风险因素、损失暴露、危害和损失等方面信息的过程。风险识别的过程主要包括以下几个方面:

(一)发现或者调查风险源

风险管理人员在识别风险管理单位面临的风险时,最重要、最困难的工作是了解风险管理单位可能遭受损失的来源。如果风险管理人员不能识别风险管理单位所面临的潜在损失风险,风险因素聚集或者增加,就会导致风险事故的发生。在风险事故发生以前,发现引发风险事故的风险源,是风险识别的核心,因为只有发现风险源,才能有的放矢地选择风险处理技术,才能改变风险因素存在的条件,才能防止风险因素的增加或聚集。一般来说,引发风险事故的风险源大致可以分为以下几类:

1. 物质风险源。物质环境是风险管理单位所面临的最基本的风险源。例如,地震、干旱和过度降雨都有可能导致风险事故的发生。了解、熟悉风险管理单位周围的物质环境和环境的影响是识别这类风险源的核心内容。例如,土地可以为房地产投资提供场所,晴朗的天气有利于发展旅游业;但是,自然灾害的发生会使房地产投资面临巨大的损失风险,恶劣的天气会使旅游的发展面临损失的风险。又如,美国波音飞机公司为调查风险源设计了一种确定风险源校核表,列明的一些引发风险事故的风险因素,主要包括燃料系统、电容器、弹簧装置、悬挂系统、气体发生器、发电机、射频电源、放射性能源、落体、弹射体等,针对引发事故的风险因素,逐一调查、核对,就可以发现引发风险事故的物质风险源,就可以减少风险事故的发生。

2. 社会风险源。道德信仰、价值观、人们的行为方式、社会结构和社会制度的不同,是引发风险事故的另一个风险源。例如,针对美国的恐怖袭击,就反映了社会环境作为风险源的重要性。文化的变迁和价值取向的变化,也是导致风险事故发生的风险源。例如,人们对妇女参加工作态度的转变,会使社会人力资源大量增加,会使整个社会失业的风险因素增加;当某企业决定在某一地区投资建厂时,当地的劳动力市场是否拥有大量技术匹配的熟练工人,就是一个非常重要的社会风险源。如果进一步分析这些风险因素,就会发现,社会风险源可能源于社会环境的变化,如法律制度、经济结构、文化背景和劳动者素质等方面的变化,这些变化也会影响到风险管理单位的安全和稳定。

3. 政治风险源。在一个国家或地区,政治因素可能会成为非常重要的风险源。例如,一位新上任的总统,可能会改变政府原来执行的政策,从而对某些特定企业的生产经营产生重大影响。在国际领域,政治风险源表现得更加复杂。例如,外资企业面临着被当地政府没收充公的风险;税收政策的突然变化也会给企业的经营带来破产的风险。政府财政政策、货币政策、产业政策的变化等,都会使企业的生产经营面临着各种各样的政治风险。

4. 法律风险源。在现代社会中,有相当一部分不确定性和风险来自于司法环境,识别法律风险源是风险识别的重要方面之一。政府奖惩条件的变化,法律法规对企业生产经营活动态度的变化,都会给企业的生产经营带来一定的法律风险。例如,我国2004年1月1日开始实施的《工伤保险条例》规定,职工在上下班途中,受到机动车事故伤害的,视同工伤。某企业人事部门的工作人员,不了解工伤保险法规变化的规定,不兑现职工的工伤保险待遇,由此引起职工诉讼的风险,就是法律风险源。又如,在买卖房屋过程中,不了解公有住房上市土地出让金由受让方交纳,而引起的官司,就是法律风险源。在国际领域中,国与国之间的法律规定往往是不同的,避免法律风险源的方法,是了解所在国家的法律法规。例如,进行跨国投资的企业在其他国家是否可以获得发展的条件,是否能够获得必需的安全和保护,是否可以获得政策优惠等,这些法律风险源都会对企业的生存和发展产生重要的影响。

5. 操作风险源。风险管理单位工作人员在施工和操作上的失误,也会产生损失的风险,即操作风险源。操作性风险源主要包括指挥失误、操作失误、监理失误、其他行为性风险源等。例如,在生产过程中,某员工违规操作机器,结果轧伤了另一位员工的手,就是操作风险源。又如,某司机酒后驾车,撞伤人行道上的行人,由此引发赔偿行人医疗费、误工费、护理费等方面的损失,就是操作风险源。

6. 经济风险源。人类经济活动也会产生风险和不确定性,进而引发风险管理单位损失的风险。随着全球经济市场规模的不断扩张,产生了一种超越任何特定政府的经济环境,尽管某个特定政府的行为,能够影响到国际资本市场,但是任何一个政府都无力控制资本市场。通货膨胀、经济衰退和经济萧条成为当今经济环境的新风险源。在一个国家和地区内,经济政策、宏观调控政策、信贷政策等方面的变化,也成为企业遭受损失的经济风险源。

(二)认知风险源

风险管理人员认知、理解和测定风险源的能力,是风险识别的关键。不同的风险管理人员,其认知风险源的能力和水平也是不同的。如果风险管理人员缺乏经验,对已经暴露的风险源视而不见,其结果就会导致本来可以避免的风险事故发生。例如,某油库管理员李某,经常在工作时间吸烟,显然,李某吸烟,是引发油库着火、爆炸的重要风险源。某风险管理员王某在现场调查中觉得,李某身上有很大的烟味,并在仓库的地上发现了烟灰。王某发现问题后,及时汇报给了部门领导,给予了李某警告处分,并调换了李某的工作岗位。加强风险管理人员责任意识教育,培训风险管理人员认知风险源的能力,可以提高风险管理水平,降低风险管理单位的损失。

(三)预见危害

危害是造成损失的原因,危害不能用来指那些可能带来收益的原因,因为危害一词不仅具有损失的意义,而且也表示损失的程度比较大。尽管在不同的环境中,产生风险事故的原因不同,但是风险事故带来的危害却是大致相同的,即造成风险管理单位财物、人员的损失。例如,火灾危害可能产生于物质环境(如闪电),也可能产生于社会环境(如纵火、骚乱)。无论由什么风险因素引发的风险事故,都会产生比较大的损失,因此,风险识别的重要步骤是能够预见到危害,这样,才能将产生危害的条件消灭在萌芽状态。

(四)重视风险暴露

重视风险暴露是风险识别的重要步骤,那些可能面临损失的物体,都有风险暴露的可能,必须重视风险的暴露。例如,放在家具旁边的、沾满汽油的破布是风险因素,这块破布有引发火灾的风险,这幢房子可能被烧毁,就是风险的暴露。这里,房子被烧毁与沾有汽油的破布有着较为密切的关系。重视风险暴露,就是重视风险因素与风险事故的关系。为了识别风险的需要,一般把风险暴露分为以下几个方面:

1. 实物资产风险暴露。风险因素引起实物资产损失的可能性,即实物资产风险暴露。例如,某司机将一塑料桶汽油带回家中,其家庭财产损失的风险就会变大,这就是有形资产的风险暴露。又如,资产所有者在某段时间内无法使用自己的财产,就是时间风险因素造成的实物资产损失,而个人或企业往往忽略这种损失。一般来说,实物资产风险暴露会通过多种形式表现出来,这就需要风险管理者总结经验,能够发现风险因素与具体实物资产损失的相互关系。

2. 无形资产风险暴露。风险因素引起无形资产损失的可能性,即无形资产风险暴露。例如,某企业商标被盗用的风险,造成企业无形资产损失的风险,即无形资产风险暴露。又如,某企业商业秘密被其他企业窃取的风险。再如,某企业公众的赞誉、政治上支持等方面的变化,都会引起企业无形资产的损失,属于无形资产风险暴露。重视无形资产的风险暴露,就是要重视风险因素与无形资产损失的关系。

3. 金融资产风险暴露。风险管理单位持有的股票、债券等资产,其资产就有遭受损失的可能性,即金融资产风险暴露。一般来说,金融资产代表着一些明确的、金融方面的权利,例如,获得收益的权利或按某一价格购买、卖出某一项资产的权利。与实物资产不同,金融资产的增值或损失常常与市场环境的变化密切相关。例如,国际证券市场的异常变化,也会引起国内市场的变化,这种变化会引起投资者金融资产的损失。重视金融资产的风险暴露,需要研究国际证券市场与国内证券市场变化的关系,寻找其中的内在联系。

4. 责任风险暴露。风险管理单位的行为引起另一方遭受损失,而必须承担赔偿责任引起的损失,即责任风险暴露。责任风险暴露源于法律法规所确定的各项义务,当事人违反有关义务,就会承担赔偿损失的责任。责任风险暴露包括侵权行为责任、合同责任等。医生、会计、建筑师、保险代理人、律师、药剂师、美容师等,就是一些面临职业责任风险暴露的人。例如,某企业使用的啤酒瓶质量不合格,某客户在运输过程中,啤酒瓶就炸裂了,幸运的是,该客户没有受到伤害。根据这一情况,该企业风险管理部门的工作人员,就应该重视啤酒瓶炸裂可能会引起客户人身受到伤害的责任风险暴露。

5. 人力资本风险暴露。风险因素引起人力资本遭受损失的风险,即人力资本风险暴露。风险管理单位对人的投资构成了风险管理单位财富的一部分。企业经理、一般雇员和其他重要的风险承担者(如债权人、供货商)可能发生的伤亡,都是人力资本风险的暴露。例如,一台高技术机器,有可能会伤害员工的身体。在这种情况下,风险管理的策略是在增加收益的同时,尽量减少机器伤害员工的潜在损失。需要指出的是,人力资本损失的风险,不仅仅指员工身体、心理上受到的伤害,而且还包括企业员工受伤带来的利润减少、支出增加的损失。例如,员工失业和退休等,都是人力资本风险暴露。企业加强员工安全和福利等方面的管理,是避免人力资本损失的重要方面。

三、风险识别的方法

风险管理的单位不同,其风险识别的方法就不同;风险管理的阶段不同,其识别风险的方法也是不同的。通常,风险管理单位不可能有足够的损失资料供风险管理人员识别本单位可能面临的损失。为了更好地识别风险,风险管理者往往首先收集信息,获得具有普遍意义的风险管理资料,然后,运用一系列具体的方法,分类、筛选信息,对风险源进行监测,以便于及时、准确地识别风险。

风险识别的方法有许多种,主要有风险损失清单分析法、现场调查法、事故树分析法、流程图分析法等,这些识别风险的方法各具特色,又都具有自身的优势和不足。因此,在具体的风险识别中,需要灵活地运用各种风险识别的方法,及时发现各种可能引发风险事故的风险因素。

第二节 风险识别的方法:风险损失清单法

风险损失清单法是识别风险的重要方法,主要用来识别风险管理单位面临的各种风险源。有些风险管理者希望有一种万能的风险识别方法,这是不现实的。为了识别风险管理单位所面临的各种风险,风险管理人员需要制订一个识别风险的框架,来概括所有可能发生的损失。然而,构造风险管理框架需要的工作量比较大,为此,人们编制出各种各样的风险损失清单,列举出风险管理单位可能面临的所有风险源,帮助风险管理者识别风险。在风险损失清单中,大多数风险源是针对可保风险和纯粹风险编制的。

一、风险损失清单表

1977年,美国风险和保险管理学会制订了一份较全面的风险损失清单表。风险损失清单表是按照直接损失风险、间接损失风险和责任损失风险三大项编制的。其中,直接损失风险分为无法控制和无法预测的损失、可控制和可预测的损失、主要财务价值的损失三类。间接损失主要包括附加费用,资产集中损失,式样、品味和需求变化的损失,破产、营业收入中断的损失,经济波动的损失(如通货膨胀、汇率波动、危机和兼并),流行病、疾病和瘟疫的损失,技术革命损失,版权侵权损失和管理失误(如市场、价格和产品)等损失。责任损失包括航空责任损失、运输责任损失、出版商责任损失、汽车责任损失、契约责任损失、雇主责任损失、产品责任损失和职业责任损失等(见表4.1)。

表4.1 风险损失清单表

一、直接损失风险
(一)无法控制和无法预测的损失
1. 电力干扰:闪电、熄火、太阳黑子活动、电力波动、磁带去磁
2. 降落物体:飞行器、陨石、导弹、大树
3. 地质运动:地震、火山、山体滑坡、雪崩
4. 声音和震动波:声呐、震动、水的拍打声
5. 下陷:倒塌、沉降、腐蚀
6. 战争、暴动、反叛、武装反抗、阴谋破坏
7. 水灾:洪水、水平面上升、暴雨、泥石流、潮汐波(海啸)、间歇泉、地下水、水管裂缝、下水道溢出
8. 冰、雪
9. 风暴:台风、飓风、旋风、龙卷风、冰雹、降雨、灰尘、沙暴

(二)可控制或可预测的损失
1. 玻璃或其他易碎品破碎
2. 故障:部件或润滑油的故障等
3. 碰撞:水上交通工具、空中交通工具、陆上交通工具
4. 污染物:液体、固体、气体、放射性、污染
5. 锈蚀、磨损、撕裂、滥用、疏于保养
6. 员工疏忽
7. 爆炸和内破裂
8. 环境控制失败:温度、湿度、气压
9. 动物区系:哺乳动物、啮齿类动物、昆虫、害虫
10. 火
11. 卸载货建筑危险:物体不慎摔坏
12. 国际破坏:向海中抛弃货物
13. 海上风险:海盗、船长或者船员的非法行为
14. 物理变化:缩水、蒸发、变色、生霉、膨胀、收缩
15. 桶、箱、罐、槽的破裂或刺穿
16. 烟尘危害、熏烟
17. 溢出、渗漏、颜料泼洒

18. 建筑缺陷:起重机或者升降机失控
19. 恐怖分子袭击、爆炸
20. 运输:翻倒、碰撞
21. 无意过失:雇员、计算机、顾问
22. 植物
23. 破坏行为、恶意损害、损坏财产
(三)一般的财务风险
1. 雇员的欺诈行为:造假、挪用公款、盗窃
2. 征用:国有化、查封、充公
3. 欺诈、伪造、小偷、窃贼、抢劫
4. 契约、所有权、专利权或版权的失效
5. 存货短缺:神秘消失、财产遗失
6. 荒废

二、间接的或者引致的损失暴露
(一)所有直接损失暴露对下列各种人和物的影响
1. 供应商
2. 消费者
3. 公用设施
4. 运输:职员和财产
5. 雇员
(二)额外费用:租金、通信、产品
(三)资产集中
(四)风格、品位和期望的变化
(五)破产:雇员、管理人员、供应商、消费者、顾问
(六)教育系统的破坏
(七)经济波动:通货膨胀、衰退、萧条
(八)流行病、疾病、瘟疫
(九)替代成本上升、折旧
(十)版权或专利权遭到侵犯
(十一)成套、成双、成组部件的遗失
(十二)档案受损造成的权利丧失
(十三)管理上的失误
1. 定价、市场营销
2. 分销方式
3. 生产
4. 扩张
5. 经济预测
6. 政治预期
7. 投资
8. 分发红利
9. 交税
(十四)产品取消

(十五)废品

三、第三方责任(补偿性和惩罚性损失)

(一)飞行责任

1. 自己拥有的或者租赁的飞行器
2. 非所有者:官员和雇员
3. 地面责任和连带责任

(二)运动责任:运动队的赞助关系、娱乐设施

(三)广告商和出版商的责任

1. 作为代理人的责任
2. 对产品特征的诽谤、诬陷
3. 媒体应用:广播、电视、报纸、样品、展览

(四)机动车责任

1. 驾驶车辆:所有者和非所有者
2. 装货和卸货
3. 危险物品:易燃物品和易爆物品

(五)合同责任

1. 购货协议
2. 销售协议
3. 租赁协议:动产和不动产
4. 服务
5. 债务、抵押、票据
6. 无害条款
7. 保险协议

(六)董事长和高级职员的责任

(七)地役权

1. 总的地役权
2. 附属物
3. 普通法的支持和反对
4. 获得阳光、水、排水设施、支持设施的权利

(八)业主责任

1.《员工赔偿法》或者其他类似法律
2.《联邦雇员责任法》
3. 普通法
4.《美国码头装卸工人和港口工作人员法》
5.《琼斯法》
6.《军事基地法》
7.《外大陆架法》
8. 失业赔偿
9. 就业歧视

(九)受托人和额外福利计划责任

1. 养老金、托管金、利润共享计划、投资
2. 保险:人寿保险、意外事故保险、健康保险

续表

3. 信托协会

(十)玩忽职守责任

1. 医疗事故：医生、护士、专家

2. 律师

3. 工程师

4. 养老金计划理事

5. 侵犯专利权

(十一)普通的玩忽职守责任

1. 雇员

2. 代理商

3. 受邀请的和未受邀请的客户

4. 承包人和次级承包人

5. 未能提供安全设备和安全警示

6. 法律、法规没有得到充分执行

7. 食物准备不当

(十二)非所有者责任

1. 租赁的动产和不动产

2. 受托者责任

3. 雇员使用交通工具、飞行器和水上交通工具

(十三)业主责任

1. 障碍、损害、妨害

2. 受邀请的顾客

3. 其他权利：河岸权、矿产权、阳光、空气、视野、侧面支持、在他人土地上的通行权、局部墙壁、执照、排水、征用权

(十四)产品责任

1. 隐性担保

2. 显性担保

(十五)保护责任

1. 受雇的工业承包人

2. 建筑物损害

(十六)铁路责任

1. 旁轨协议

2. 道路权

3. (道路与铁路的)平面交叉

(十七)董事长和高级职员的责任(股东的派生责任)

(十八)水上交通责任

1. 所有权、租赁、操作

2. 类型：小船、游艇、轮船、潜水工具、钻探平台、工作平台

资料来源：A. E. Pfaffle and Sal Nicosia. Risk Analysis Guide to Insurance and Employee Benefits, revised edition. New York：AMA Membershp Publications Division, American Management Association, 1986. 82～88. Reprinted by permission of the publisher, AMA MANAGEMENT BRIEFING 1985. All rights reserved.

二、风险损失清单的使用方法

风险损失清单所列项目是人们已经识别的、最基本的损失风险,是运用列举的方法,识别风险管理单位所面临的潜在损失风险。风险损失清单对于风险管理单位识别具有共性的风险因素是普遍适用的,有利于风险管理单位全面地识别风险,可以降低风险管理成本。

从表4.1可以看出,风险损失清单表从直接损失、间接损失和责任损失三个方面全面列举了风险管理单位可能面临的各种损失风险。风险管理单位在识别风险时,可以参照这个清单表,逐一检查、核对,预见本单位在生产经营活动中可能面临的各种风险,并根据风险事故可能造成危害的严重程度,确定风险管理的先后次序,制作适合本单位的风险损失清单表,提供给风险管理人员使用。风险管理单位在设计本单位适用的风险识别清单时,需要注意以下几个方面的问题:

1. 风险损失清单越详细、越完善,就越能够全面识别风险管理单位面临的各种风险,有利于减少风险事故的发生。从表4.1可以看出,风险损失清单是比较琐碎的,但是,正是风险损失清单表提供了风险管理单位识别自身面临损失风险的参照标准。

2. 风险损失清单可以根据需要制作。风险管理单位在制作风险损失清单时,可以按照对自己有利、方便的方式排列风险源。在制作风险损失清单时,不能遗漏重要风险源,不能颠倒风险源的先后次序。

3. 风险损失清单需要不断调整。经济和社会环境的变化、风险管理单位情况的变化等,需要风险管理部门不断地搜集有关风险暴露的信息,调整已经制作的风险损失清单表。如果发现风险识别中存在一些新情况、新变化,应当及时调整、改进风险损失清单,以避免遗漏重要的风险源。

三、风险损失清单法识别风险的优缺点

(一)风险损失清单法识别风险的优点

1. 运用风险损失清单发现、识别风险,可以降低风险管理的成本。风险管理单位逐项现场调查风险源,需要花费大量的时间,需要大量的人力、物力投入,运用风险损失清单识别风险,可以降低风险管理单位的管理成本,可以节省不必要的支出。

2. 运用风险损失清单发现、识别风险,可以避免遗漏重要的风险源。如果没有风险损失清单,风险管理单位自己编制损失清单,不仅需要做大量的工作,而且可能遗漏比较重要的风险源。

(二)风险损失清单法识别风险的缺点

1. 风险损失清单不是识别风险的万能方法,不可能概括风险管理单位面临的特殊风险。风险损失清单标准化管理模式,虽然比较全面地列举了风险管理单位可能面临的损

失,但是,依然无法概括风险管理单位面临的特殊风险,这是风险损失清单法的固有缺陷造成的。由此,风险管理单位可以根据本单位的行业特点、经营状况、发展阶段等方面的情况,制作适合本单位特点的风险损失清单,避免遗漏风险管理单位固有的、重要的风险源。

2. 风险损失清单只考虑了纯粹风险,没有考虑投机风险。传统风险损失清单表的制订,只考虑了风险管理单位面临的纯粹风险,没有考虑风险管理单位面临的投机风险。一般而言,风险损失清单提供了一种对可保风险进行识别的框架,为了搜集有关风险识别的有用信息,一些单位采用风险因素问卷调查的方式,调查风险管理单位所面临的纯粹风险。

第三节 风险识别的方法:现场调查法

现场调查法也是风险识别的一种重要方法。现场调查法是指风险管理部门、保险公司、有关咨询机构、研究机构等方面的工作人员,就风险管理单位可能面临的损失,进行详尽的调查,并出具调查报告书。调查员提交的调查报告书,是风险管理单位识别风险的重要参考依据。

一、现场调查的方法

现场调查法是一种常用的识别风险方法。现场调查法是风险管理人员亲临现场,通过直接观察风险管理单位的设备、设施、操作和流程等,了解风险管理单位的生产经营活动和行为方式,调查其中存在的风险隐患。例如,保险代理人对投保寿险业务的被保险人要了解其是否从事危险职业、是否有遗传病、是否有慢性病或者不治之症等。又如,保险公司对投保财产保险的投保人要调查其信誉、经营能力、安全管理能力等情况,其中,对保险标的的现场调查主要包括:调查投保标的的风险性质、标的物的存放、标的坐落的地点和环境等。现场调查法的作用是,直接发现保险标的面临的潜在损失风险。保险公司对投保火灾保险的建筑物,还要调查标的物是否处在简陋的棚户区,一旦发生火灾是否具有蔓延成片的可能;对投保的生产设备,调查保险标的是否坐落在容易发生爆炸的化工厂附近;对车辆、船舶、飞机等保险标的,则调查其是否属于容易发生事故的、超龄服役的老车、老船等。如果发现被保险人或者保险标的存在的风险已经超出可保风险的范围,保险公司可以拒绝承保。通过亲临现场的调查,风险管理人员能够发现潜在的安全隐患,并督促有关管理部门采取相应的整改措施。

二、现场调查法的主要工作程序

风险管理人员亲临现场进行调查,主要从事以下几个方面的工作:

（一）调查前的准备工作

风险管理人员在进行现场调查前,应当做好充分的准备工作。具体来说,其主要包括:确定调查的时间、调查的地点、调查的对象,编制调查表,预先确定需要询问的一些问题,尽量避免忽略、遗漏某些重要事项。风险调查表主要有以下三种:

1. 事实检查表。事实检查表的特点是填表人不需要具备风险管理方面的专业知识,就可以逐项回答、填写已经列好的表格(见表4.2),对于填表人回答不满意的地方,风险管理人员应当调查原因。事实检查表的优势是,能够及时发现安全隐患,可以为风险决策管理提供重要的参考依据。事实检查表的不足之处主要有两个方面:①对调查事实的评判标准不同,得出的结论也不同。例如,填表人回答满意的结果,风险管理人员可能并不满意;填表人认为不存在风险隐患的地方,事实上可能存在着较大的安全隐患,需要进一步改进。②调查表可能遗漏重要事项。在编制事实检查表时,如果风险管理人员遗漏重要的检查对象,就有可能发生比较大的损失,这也是事实检查表的缺点。因此,运用事实调查表识别风险时,要尽量详细,尽量不遗漏检查的对象。

表4.2　某公司仓库财产安全检查表

检查对象	满　意	不　满　意
房屋 　　防盗门 　　防盗窗 　　门锁 　　房顶 　　报警系统 　　消防系统		
存货记录 　　半成品 　　包装物 　　原材料 　　产成品		
人员 　　保安人员		

检查人签字:
日期:

2. 回答问题检查表。回答问题检查表只要求被调查单位、人员逐项回答问题,不需要表述具体的情况。如果存在安全隐患,则需要说明采取的风险防范措施(见表4.3)。回答问题检查表的优势是,将各种风险因素非常直观地表达出来,即使填表人不具备风险管理方面的专业知识,也能够回答调查表中的问题,不会出现判断失误的问题。回答问题检查表的缺点是：①制作这样的调查表比较麻烦，需要的技术难度比较高。②制作这样的调查表需要内容详细，不遗漏一些重要的问题。回答问题检查表中，风险管理人员遗漏的问题，有可能引发重大风险事故，因此，回答问题检查表要制作得比较详细。

表 4.3　某车间识别火灾风险检查表

调查问题	是	不是	措施
工序中有易燃易爆品吗？			
工序中有火苗吗？			
加工设备安全吗？			
加工设备有防护装置吗？			
工序废物经常清扫吗？			
加工完的货物搬走了吗？			
消防设备安全吗？			
灭火器放在消防手册规定的位置吗？			
防火门安全吗？			
火灾报警器安全吗？			
按照消防手册演习了吗？			
车间有禁止烟火的标志吗？			
您认为还有不符合标准的吗？			

签字（车间主任）：
填表日期：

3. 责任检查表。责任检查表一般只调查有关管理人员是否履行了工作的职责，如果未履行有关的职责或者未按照规定的要求工作，就存在着安全隐患。例如，某处新建的住宅区要投保火灾保险，按照某保险公司的要求，投保人要获得折扣价格优惠，必须配备灭火设备。合格的灭火设备分为以下六组：①活动水泵；②室外消火栓；③水龙带和带小口径水龙带的室内消火栓；④灭火器；⑤水桶；⑥小型手动泵。为了取得对保险费打折扣的资格，房产所在地必须备有 1 台或多台随时可以使用的活动水泵。在压力 100 磅/平方英寸[①]的条件下，每台泵的额定流量不得少于 100 加仑/分[②]；同时，必须具备足够数量的水平带，以及不间断的水源。泵必须安装于小室内，使之免受火灾和其他风险因素的破坏，室内温度必须保持在 4.4℃ 以上。泵动力必须每周试车，并随时装有至少可以工作 2 小时的燃料。消火栓的接口必须适合公共消防队使用，或者备有适用的异径接口。对于

---

① 1 磅≈0.45 千克；1 英寸≈2.54 厘米。
② 1 加仑（英）≈0.0045 立方米。

装备有活动水泵和消火栓的住宅区来说,只有同时具有会操作水泵和消火栓的人员,才能获得对保险费折扣的资格。根据以上情况,风险调查员制作的消防责任检查表如下(见表4.4)。

表4.4 消防设备的责任检查表

消防设备	答案	A 低于标准	B 达到标准	措施
活动水泵		水源不正常或达不到标准	水源正常、达到标准	
室外消防栓		不能使用	可以使用	
水龙带和室内灭火栓		不正常	正常	
灭火器		有灭火器或不会操作	有灭火器、会操作	
水桶		不易拿到	随时可以拿到	
手动水泵		手动水泵可以使用	手动水泵可以使用2小时	

签字:
日期:

从表4.4可以看出,责任检查表提供了行为或者财产的两种情况。在调查时,填表人必须说明投保的标的物适合哪种情况(A或者B),并填写是否针对A情况采取了相关的措施。如果未采取相应的措施,则存在着安全隐患。责任检查表被送到风险管理部门后,风险管理人员会针对低于标准的情况采取措施,分析投保标的物的安全隐患。这种责任检查表的优势主要有以下三个方面:①填写责任检查表,在时间和费用上比较节省,执行起来较简单、迅速,表格设计的灵活性强,可以为现场调查提供参考。②这种责任检查表能够起到预警潜在损失风险的作用。责任检查表的缺点是:①填写调查表的失误,可能会影响风险管理的结果。②责任检查表的内容、标准不容易把握。编制责任检查表,需要借助于风险管理人员以往现场调查的经验和相关资料。③填表人不反映存在的严重问题或者低于标准的情况,就会影响调查的真实性和有效性。对此,有必要加强对填表人识别风险能力和经验的教育。

(二)现场调查和访问

1. 现场调查和访问需要经历一系列的程序,这些程序没有固定的模式,可以灵活运用。下面以火灾保险为例,说明国外现场调查和访问的大致程序。一般来说,保险人很少亲临现场查看保险标的的状况,而是委托风险调查员进行现场调查。对于建筑面积比较小的房屋来说,风险调查员在得到投保人的允许后,可以独自进行调查。调查完毕后,风险调查员会向投保人说明存在的安全隐患,并提请投保人针对特殊危险采取必要的措施,然后将调查后的情况汇报给保险公司。对于规模较大、较复杂的建筑物来说,风险调查员一般总是先让某个负责人围绕着房产转一圈,由负责人指出要调查的是哪座建筑物,介绍标的物的用途、堆放的物品、邻近的建筑,同时,还要提供建筑物的平面图。如果投保人以使用者的身份给建筑物的一部分或者其中的物品投保,那么,风险调查人员不仅要对整个建筑物进行详细地调查,而且还要调查与其构成同一风险单位的其他建筑物,而不管那些建筑物是否由投保人占用。在构成一个风险单位的建筑物或部分建筑物中,危险性最大的建筑物的保险费率,决定着投保标的的保险费率。建筑物的平面图可以使保险人了解建筑物的全貌、每一风险单位的范围,以及与其相连风险单位的关系。平面图还可以显示各个建筑物的高度、内部通道、消防器材的位置,以及特别危险物品(如汽油泵、储油罐、木料堆,以及在现场附近的其他可燃物等)的位置。平面图还会说明周围和毗邻建筑物的性质和状况,这些虽然不属于保险标的的范围,但是,可能会影响保险人对风险度的判断。如果保险标的的风险等级比较低,可以实行较低的保险费率;如果保险标的紧挨着火灾风险比较高的建筑物,那么保险人在评估风险时,就会把邻近建筑物的风险等级考虑进去,采用较高的保险费率。

2. 现场调查和访问需要注意的问题。风险管理人员进行现场调查和访问,需要注意以下几个问题:①熟悉、了解现场的每一个角落,不遗漏可能存在的风险隐患。②风险管理人员同工作人员的交流、沟通,可以帮助风险管理人员识别风险。③密切注意那些经常引发风险事故的工作环境和工作方式。例如,某风险管理人员发现,某工地高架梯经常发生风险事故,这时,风险管理人员会仔细调查这些架子的性能和工人使用高架梯的方法,现场调查的结果是,使用高架梯的工人违规操作。④提出大致的整改方案。在调查现场时,风险管理人员没有时间仔细思考被调查现场的有关情况,因而,只能提出大致的整改方案,更加详细的整改方案会在调查报告中提出。例如,针对工人违规操作高架梯的情况,风险管理人员提出的整改方案是,对高架梯的操作工人进行操作培训。

(三)调查报告

现场调查结束后,风险管理人员需要撰写调查报告。调查报告是了解风险单位风险等级的重要依据,也是保险人决定是否承保的重要依据,对此,风险调查员应将调查时发现的情况如实报告委托调查的保险公司,调查报告应当指出标的物的风险等级、危险点和整改方案等。例如,国外火灾风险调查员在调查保险标的以后,可能会感到某些问题应当予以特别重视,而这些问题又是保险标的物平面图无法表达的问题,需要写书面的调查报告。调查报告需要说明的问题主要包括以下几个方面:①详细说明各个建筑物的用途,例如,建筑物里面存放的东西、从事的活动等;②说明哪些活动、物品容易引发风险事故;③使用物品和材料引起风险事故的详细情况,特别是伴有危险的储存和操作系统所引发的风险事故;④建筑物照明、供热和供电系统的详细情况;⑤消防器材的详细情况,其适用性、位置、完好状态,以及配备是否适当等;⑥水喷淋系统的等级、保护范围,以及对消防装置的维护保养和定期测试情况的评价等;⑦调查人员对被保险人管理能力和水平的看法;⑧调查员关于改善保险标的安全状况、消除或减少安全隐患的建议等。

在国外,保险人作出是否承保的决定,是以风险调查员所作的平面图和调查报告为依据的。由此,保险人工作的成败,主要取决于以下两个因素:一是风险调查员所运用的图示和文字,是否真实、准确和全面地描述了保险标的的风险状况;二是保险人解释、理解和鉴别风险调查员所提供图示和文字的能力,影响着保险人的判断。通常情况下,风险调查员要对火灾、盗窃和水损等风险分别写出调查报告,对火灾和盗窃的风险分别画出平面图。每一份调查报告都是只供保险人使用的保密文件。在任何情况下,保险人都不能将其中的内容泄露给他人,这一点应当是每一位从事保业务的工作者都熟悉的,其主要原因是风险调查员提供的情况,以及对投保人道德风险表述的意见,交给保险人是完全合法的,但是,如果将这些材料泄露给第三者,很容易引起不必要的麻烦。当投保人的房产已经由保险人授权的风险调查员调查以后,就可以认为保险人已经掌握了该建筑物的一切重要情况,包括房屋的用途、存放的物品、被保险人信誉和管理财产能力等详细情况。保险人承保后,如果发生保险责任范围内的风险事故,保险人不得以投保人、被保险人未履行如实告知义务为由拒绝赔付。

三、现场调查法识别风险的优缺点

现场调查法作为风险识别的重要方法,在风险管理中得到普遍、有效地使用。但是,现场调查法既有优点,也有缺点。

(一)现场调查法识别风险的优点

现场调查法的优点主要有以下几个方面:

1. 获得风险管理单位从事活动的现场调查资料。例如,风险调查员对于投保人财产状况的调查,是保险人获得的保险标的风险状况的第一手资料。如果保险标的存在着安全隐患,可以按照风险调查员的要求进行整改。当投保标的符合保险公司的承保条件以后,保险公司才会予以承保。

2. 了解风险管理单位的资信状况,避免道德风险的发生。例如,风险调查员对于投保人管理能力、资信状况等方面的分析和评价,是承保人确定保险费率的重要参考依据,可以减少保险公司的赔付,可以降低保险公司的经营风险。

3. 防止风险事故的发生。风险管理单位经过具有丰富经验的风险调查员的调查,经过一系列的整修和改造,可以将可能发生的风险事故消灭在萌芽状态,可以防止风险事故的发生,减少不必要的损失。例如,风险调查员要求投保人砌上面向某化工厂的窗户,就可以防止化工厂发生的火灾蔓延到仓库。

(二)现场调查法识别风险的缺点

现场调查法的缺点主要有以下几个方面:

1. 采用现场调查法耗费的时间比较多。要真正了解风险管理单位面临的风险,需要进行大量的现场调查,这会耗费大量的时间。

2. 现场调查的管理成本比较高。现场调查需要组织人员亲临现场,必要时,需要聘请具有风险管理经验的调查人员(或者有关专家)参加,加大了风险管理单位的管理成本。

3. 风险管理人员的风险识别能力和水平决定调查的结果。在现场调查的过程中,风险管理人员可能注意不到某些安全隐患,风险管理人员识别、发现风险的能力和水平,在一定程度上决定风险管理的结果。例如,保险公司委托的风险调查员发现风险的能力,在一定程度上决定着保险公司的利润状况。如果被保险人和保险人就保险标的的状况发生争执,保险人不能认为投保人进行某种危险工作或存放某些物品未如实告知。只要风险调查员在现场调查时,就进行着该种工作或者存放着该物品,就可以认为投保人未向风险调查员隐瞒或假报任何情况。风险调查员在调查时遗漏的细节,投保人不负责任,同时,也默认为保险人已经清楚投保人存放的物品和进行的生产经营活动。

第四节　风险识别的方法:财务报表法

财务报表法是由 A. H. 克里德尔于 1962 年提出的一种风险识别方法。虽然,克里德尔发明这种方法的本意是用来分析私营企业的资产状况,但是财务报表法里的很多概念也可以运用于其他部门的风险管理。克里德尔认为,分析资产负债表、利润表和相关的支持性文件等,风险管理人员就可以识别风险管理单位的财产风险、责任风险和人力资本风险等。

一、财务报表识别风险的方法

风险管理单位的生产经营活动最终会涉及货币或者财产,货币或者财产的状况会反映在财务报表中。运用财务报表法可以发现、识别风险管理单位面临的各种风险。财务报表识别风险的方法主要有以下三种:

(一) 趋势分析法

趋势分析法是指根据风险管理单位两期或连续期的财务报表,将报表中的同类指标进行对比分析,确定指标增减变动的方向、数额和幅度,以反映风险管理单位的财务状况和经营成果的变动趋势,并对风险管理单位发展前景作出判断。趋势分析法一般采用编制比较财务报表的方法,将两期或者两期以上的财务报表所提供的信息并行列示,相互比较,了解指标增减变动的情况,揭示风险管理单位的发展趋势。比较财务报表有横向比较和纵向比较两种,下面分别加以讲述。

1. 横向比较法。横向比较法是指在财务报表中用绝对额或者百分比的形式,将财务报表上的同一项目作横向比较,分析项目的变化趋势。例如,某企业编制的比较资产负债表如下(见表 4.5)。

从比较资产负债表 4.5 可以看出,该公司 2005 年 12 月 31 日的资产总额比 2004 年 12 月 31 日增加了 325 000 元,增长了 6.97%,其中,流动资产增加了 289 900 元,固定资产增加了 93 600 元。进一步分析,我们还可以看到,流动资产中存货和应收账款增加的幅度比较大,这与企业销售收入的增加有关。另外,该公司 2005 年 12 月 31 日流动负债的总额比 2004 年 12 月 31 日减少了 264 000 元,这主要是由于短期借款减少造成的,说明该公司的财务状况有了较大的改善。

表 4.5　某公司比较资产负债表(部分)　　　　　　单位:千元

项　目	2005年12月31日	2004年12月31日	增减 金额	增减 百分比/%
流动资产				
货币资金	87.5	327.1	(239.6)	(73.25)
应收账款(净额)	1 424.5	1 093	331.5	30.33
其他应收款	300	420	(120)	(28.57)
存货	1 624.5	1 306.5	318	24.34
流动资产合计	3 436.5	3 146.6	289.9	9.21
固定资产				
固定资产原价	970.5	763	207.5	27.2
减:累计折旧	(347.5)	(233.6)	(113.9)	48.76
固定资产净值	623	529.4	93.6	17.68
在建工程	900	884	16	1.81
递延资产	25.5	100	(74.5)	(74.5)
资产合计	4 985	4 660	325	6.97
流动负债				
短期借款	1 545	2 296	(751)	(32.71)
应付账款	475	450	25	5.56
应付工资	90	92	(2)	(2.71)
应付福利费	350	205	145	70.73
应交税金	224	38	186	489.47
其他应交款	10	8	2	25
其他应付款	439	308	131	42.53
流动负债合计	3 133	3 397	(264)	(7.77)
所有者权益				
实收资本	1 364	1 323	41	3.1
盈余公积	184	150	34	22.67
未分配利润	304	(210)	514	244.76
所有者权益合计	1 852	1 263	589	46.63
负债及所有者权益额合计	4 985	4 660	325	6.97

资料来源:陈信元主编:《会计学》,第 1 版,514 页,上海,上海财经大学出版社,2000。

2. 纵向比较法。纵向比较法是指对财务报表上有关项目之间的关系进行对比分析，它是将财务报表中某一关键项目的金额作为100%，然后分别计算其中各项目所占的比重，以分析项目结构上相对变化的情况。例如，以表 4.5 提供的资料，可以编制纵向比较分析表（见表 4.6）。

表 4.6 某公司比较资产负债表（部分）

项 目	2005 年	2004 年
流动资产		
货币资金	1.75%	7.02%
应收账款（净额）	28.58%	23.45%
其他应收款	6.02%	9.01%
存货	32.59%	28.04%
流动资产合计	68.94%	67.52%
固定资产		
固定资产原价	19.47%	16.37%
减：累计折旧	(6.97%)	(5.01%)
固定资产净值	12.50%	11.36%
在建工程	18.05%	18.97%
递延资产	0.51%	2.15%
资产合计	100%	100%
流动负债		
短期借款	30.99%	49.27%
应付账款	9.53%	9.66%
应付工资	1.81%	1.97%
应付福利费	7.02%	4.40%
应交税金	4.49%	0.82%
其他应交款	0.20%	0.17%
其他应付款	8.81%	6.61%
流动负债合计	62.85%	72.90%
所有者权益		
实收资本	27.36%	28.39%
盈余公积	3.69%	3.22%
未分配利润	6.10%	4.51%
所有者权益合计	37.15%	27.10%
负债及所有者权益额合计	100%	100%

资料来源：陈信元主编：《会计学》，第 1 版，516 页，上海，上海财经大学出版社，2000。

从比较资产负债表4.6可以看出,该公司流动资产占总资产的比重由2004年的67.52%上升到2005年的68.95%,固定资产及其他资产占总资产的比重由2004年的32.48%下降到2005年的31.06%,说明该公司资产的流动性加快了。在负债及所有者权益方面,流动负债占权益总额的比重由2004年的27.01%上升到2005年的37.15%,说明该公司负债减少了,所有者权益增加了;说明该公司短期内不存在财务状况恶化的风险。相反,如果该公司流动性资产占总资产的比重不断下降,负债增加,所有者权益减少,说明该公司短期内存在财务状况恶化的风险。

(二)比率分析法

比率分析法是指将财务报表中相关项目的金额进行对比,计算出相应的财务比率,并将该比率与上期比率、计划比率或者同行业平均比率进行比较,以说明风险管理单位的发展情况、计划完成情况或者与同行业平均水平的差距。比例分析法可以为风险管理单位改善经营管理、提高竞争力和预防经营损失等方面指明方向。比率分析法运用得比较广泛,其主要分析指标主要有以下三种:

1. 构成比率法。构成比率法又称结构比率法,它以某项经济指标的各组成部分占总体的比重为依据,分析部分与总体的关系,了解项目指标结构上的变化。例如,在表4.6中,流动资产合计、固定资产净值、在建工程、递延资产占资产总额的比例,就采用了构成比率的分析方法,构成比率法为识别经营风险提供可靠的依据。

2. 相关比率法。相关比率法是指以某一指标同其他指标进行对比,求出二者的比率。该比率能够反映风险管理单位有关经济活动的相互关系,可以为深入了解风险管理单位的生产经营活动情况提供依据。例如,利润与销售收入的比率,就反映了每销售1元所创造的利润。

3. 效率比率法。效率比率法是指以某一项活动支付的费用同收益进行对比,求出二者的比率,该比率反映了投入与产出的相互关系。例如,销售成本与销售收入的比率、资金占用额与销售收入的比率等,可以反映风险管理单位获利能力的大小。

在采用比率分析法时,应当注意的问题是:①对比的内容具有相关性。不具有相关性的指标,即使进行了比率对比,也不能说明问题。②对比指标的计算口径具有一致性。对比指标的计算口径不同,得出的结果也是不同的。因此,在进行比率分析时,应当注意对比指标计算口径的一致性。③衡量标准具有科学性。衡量标准不同,得出的结论也不同。因此,在进行比率分析时,应当注意衡量标准的科学性。

(三)因素分析法

因素分析法又称连锁替代法,是指在测定各因素对某一财务指标的影响程度时,必须对各有关因素按顺序进行分析。具体分析程序如下:①确定影响某一财务指标的各个因素;②确定各个因素同该财务指标的关系;③按一定顺序用各个因素逐个替代,分析各个因素对该财务指标变动的影响程度。运用因素分析法时,应注意以下问题:①运用因素分析法时,必须假设当一个因素变动时,其他因素保持不变;②因素替代的顺序应当依次进行,不能随意颠倒。假定某项财务指标 A 的影响因素为 a、b、c,这三个因素与该财务指标的关系为乘积,其表达式为:

计划指标:$A_0 = a_0 \times b_0 \times c_0$

实际指标:$A_n = a_n \times b_n \times c_n$

a 因素变动的影响为:$(a_n - a_0) \times b_0 \times c_0 = A_1 - A_0$

b 因素变动的影响为:$a_n \times (b_n - b_0) \times c_0 = A_2 - A_1$

c 因素变动的影响为:$a_n \times b_n \times (c_n - c_0) = A_n - A_2$

总影响为:$A_n - A_0$

下面以某公司某产品材料消耗的计划成本额与实际成本额为例,说明因素分析法的使用方法(见表 4.7)。

表 4.7 某公司材料消耗成本计划总额与实际总额

项 目	单位	计划数	实际数
产品产量	件	200	220
单位材料消耗量	千克	10	8
材料单价	元	5	6
材料成本总额	元	10 000	10 560

资料来源:陈信元主编:《会计学》,第 1 版,519 页,上海,上海财经大学出版社,2000。

从表 4.7 可以看出,产量、单位材料消耗量、材料单价,是影响材料成本总额的重要因素。根据表 4.7 还可以看出,产量、单位材料消耗量、材料单价与材料成本总额的关系为:

材料成本总额 = 产量 × 单位材料消耗量 × 材料单价

下面运用因素分析法分析产量、单位产品材料消耗量、材料单价对材料成本总额的影响。

材料成本总额超支为:$10\,560 - 10\,000 = 560$(元)

材料成本的计划数为:$200 \times 10 \times 5 = 10\,000$(元)

第一次替代,实际产量替代计划产量为:

$$220 \times 10 \times 5 = 11\,000\text{(元)}$$

第二次替代,单位产品材料的实际消耗量替代计划消耗量为:

$$220 \times 8 \times 5 = 8\,800\text{(元)}$$

第三次替代,材料实际售价替代计划售价为:

$$220 \times 8 \times 6 = 10\,560\text{(元)}$$

由于产量增加使材料成本额增加为:

$$11\,000-10\,000=1\,000(元)$$

由于单位材料消耗量下降使材料成本额减少为：

$$8\,800-11\,000=-2\,200(元)$$

由于材料单价提高使材料增加额为：

$$10\,560-8\,800=1\,760(元)$$

材料实际成本额与计划成本额的差为：

$$1\,000-2\,200+1\,760=560(元)$$

从以上分析可以看出，单位材料消耗量下降是影响材料成本总额的最重要因素，其次为材料单价的变化，采用因素分析法可以识别引发风险事故的风险源。

二、财务报表分析的指标

风险管理单位在运用财务报表识别风险时，需要借助一些财务指标，这些财务指标是风险管理者识别风险的重要依据。下面分别从短期偿债能力、长期偿债能力、营运能力和盈利能力四个方面介绍这些指标。

（一）短期偿债能力分析

短期偿债能力是指风险管理单位以流动资产偿还流动负债的能力，它反映了风险管理单位偿付到期短期债务的能力。流动资产是指在一年内变现或者被耗用的资产，主要包括现金、银行存款、各种应收账款、预付赔款、物料用品、拆出资金、短期投资等。

1. 流动比率。流动比率是指流动资产总额与流动负债总额的比率，该比率表示每元流动负债需要有多少流动资产作为偿还的保证，这一比例反映了风险管理单位资产的流动状况，即短期内资产能够转换为现金的容易程度。其计算公式为：

$$流动比率=流动资产/流动负债$$

流动比率越高，反映风险管理单位短期偿债能力越强；该比率越高，反映风险管理单位拥有抵偿短期债务的运营资金就越多，而且也表明该风险管理单位可以变现的资产数额比较大，债权人的风险比较低。一般来说，这一比率维持在 2∶1 是比较合理的。流动比率过高，说明风险管理单位流动资产占用比较多。在流动资产结构中，如果存货、应收账款过多，则其偿还债务的能力也是缺乏保证的。因此，在分析流动比率时，还要注意分析流动资产的结构、流动资金的周转情况、流动负债的数量和结构等。

2. 速动比率。速动比率又称酸性测试比率，是指流动资产中速动资产与流动负债的比率。其计算公式为：

$$速动比率=速动资产/流动负债$$

$$速动资产=流动资产-存货$$

或

$$速动资产=流动资产-存货-预付账款-待摊费用$$

在计算速动资产时，通常要扣除存货，这是因为存货在流动资产中变现的速度最慢，有些存货可能滞销,根本无法变现。至于预付账款和待摊费用根本不具有变现能力,只是减少企业未来的现金流出量,所以,从理论上也应当加以剔除,但是,在财务管理实务中,由于预付账款和待摊费用在流动资产中所占的比重较小,计算速动资产时,也可以不扣除。一般来说,速动比率维持在1:1是正常的,该比率表明企业的每1元流动负债就有1元易于变现的流动资产来偿还,风险管理单位的短期偿债能力是有保证的。

3. 现金比率。现金比率是指现金类资产与流动资产的比率,它是衡量风险管理单位短期偿债能力的重要参考指标。其计算公式为:

现金比率＝现金类资产/流动资产

现金类资产＝速动资产－应收账款

现金类资产主要包括货币资金和有价证券等,是速动资产扣除应收账款后的余额,因为应收账款存在着坏账及延期收回的可能性。现金比率越高,表明风险管理单位直接偿付债务的能力越强。但是,在正常情况下,风险管理单位不可能也没有必要始终保持过多的现金类资产,否则,就会失去某些获利的机会和投资的机会。

(二)长期偿债能力分析

长期偿债能力是指风险管理单位偿还长期负债的能力,是反映风险管理单位财务状况稳定程度与安全程度的重要指标。其主要分析指标有以下几种:

1. 资产负债率。资产负债率又称负债比率,是负债总额与资产总额的比率,它表示风险管理单位的资产总额中,债权人提供资金所占的比重,以及资产对债权人权益的保障程度。其计算公式为:

资产负债率＝负债总额/资产总额×100％

一般来说,风险管理单位的资产负债率应控制在合理的水平,如果负债比率过高,说明总资产中仅有小部分资金是股东提供的,而大部分资金是由债权人提供的,债权人承担的风险比较高。如果负债比率过高,表明风险管理单位的经营风险比较大,对债权人和所有者会产生不利的影响。

2. 负债与所有者权益比率。负债与所有者权益比率又称产权比率,是指负债总额与所有者权益总额的比例,是风险管理单位财务结构稳健与否的重要标志。其计算公式为:

负债与所有者权益比率＝负债总额/所有者权益总额×100％

该比率反映了所有者权益对债权人权益的保障程度,即风险管理单位在被清算时债权人权益的保障程度。

3. 负债与有形净资产比率。负债与有形净资产比率是指负债总额与有形净资产总额的比率,表示风险管理单位有形净资产对债权人权益的保障程度。其计算公式为:

负债与有形净资产比率＝负债总额/有形净资产总额×100％

有形净资产＝所有者权益－无形资产－递延资产

一般来说,风险管理单位的无形资产、递延资产等难以作为偿债的保证,应当从净资产中将其剔除。该比率可以更合理地衡量企业清算时对债权人权益的保障程度,该比率越低,表明企业的长期偿债能力越强。

4. 利息保障倍数。利息保障倍数又称已获利息倍数,是税息前利润与利息费用的比率,利息保障倍数是衡量风险管理单位偿付负债利息能力的重要指标。其计算公式为:

利息保障倍数＝税息前利润/利息费用

其中,利息费用是指本期发生的全部应付利息,包括流动负债的利息费用、长期负债中计入损益的利息费用,以及固定资产原价中的资本化利息。

利息保障倍数越高,说明风险管理单位支付利息费用的能力越强。一般来说,该指标不低于1。如果该比率低于1,说明难以用生产、经营所得来及时、足额支付负债利息。如果风险管理单位无法支付借债利息,也就无法偿还本金。

(三) 营运能力分析

营运能力分析是指通过计算风险管理单位资金周转的有关指标,分析其资产利用的效率,是对风险管理单位管理水平和资金运用能力的分析。营运能力高低是影响风险管理单位偿债能力和盈利能力高低的重要因素之一。营运能力强,资金周转速度就快,风险管理单位就有足够的现金来偿付流动负债,则短期偿债能力就强。同时,风险管理单位就会取得更多的收入和利润,用足够的资金偿还本金和利息,其长期偿债能力就强。反之,其长期偿债能力就弱。反映风险管理单位营运能力的指标主要有以下几个:

1. 总资产周转率。总资产周转率是指销售收入净额与资产总额的比率,该指标反映了风险管理单位全部资产的使用效率。其计算公式为:

总资产周转率＝销售收入净额/资产平均占用额

资产平均占用额＝(期初资产余额＋期末资产余额)/2

总资产周转率高,说明全部资产的经营效率高,取得的收入多;总资产周转率低,说明全部资产的经营效率低,取得的收入少,最终会影响风险管理单位的盈利能力。

2. 固定资产周转率。固定资产周转率是销售收入净额与固定资产平均净值的比率,是衡量风险管理单位固定资产利用效率高低的指标。其计算公式为:

固定资产周转率＝销售收入净额/固定资产平均净值

固定资产平均净值＝(期初固定资产净值＋期末固定资产净值)/2

固定资产周转率高,不仅表明风险管理单位充分利用了固定资产,同时,也表明风险管理单位固定资产投资得当,固定资产结构配置合理,能够充分发挥其效率;固定资产周转率低,表明风险管理单位使用固定资产的效率不高,营运能力欠佳。

在实际分析该指标时,应当剔除下列影响因素:(1)固定资产的净值随着折旧计提而逐渐减少;(2)随着固定资产的更新,固定资产净值会突然增加;(3)折旧方法不同,会计算出不同的固定资产净值,这些数据之间不具有可比性。

3. 应收款项周转率。应收款项周转率又称应收款项周转次数,是指一定时期内赊销收入净额与应收款项平均余额的比率,这里的应收款项仅指销售而引起的应收账款和应收票据。应收款项周转率是反映风险管理单位应收款项周转速度的一项重要指标。其计算公式为:

应收款项周转率＝赊销收入净额/应收款项平均余额

赊销收入净额＝销售收入－现销收入－销售退回－销售折让－销售折扣

应收款项平均余额＝(期初应收款项＋期末应收款项)/2

这里,应收款项净额是扣除坏账准备后的余额;应收票据如果已向银行办理了贴现手续,则不应该包括在应收款项的余额之内。一般来说,"赊销收入净额"在财务报表中很少标明,可以采取销售收入净额替代。

应收款项周转天数＝计算期天数/应收款项周转次数

＝应收款项平均余额×计算期天数/赊销收入净额

应收款项周转率越高,表明风险管理单位应收款项的回收速度越快,出现坏账的风险比较低,资产流动性较强,短期偿债能力较强。但是,在评价一个风险管理单位应收款项周转率是否合理时,应当与同行业的平均水平相比较来确定。

4. 存货周转率。存货周转率也称存货周转次数,是指风险管理单位在一定时期内的销售成本与存货平均余额的比率,它是反映风险管理单位存货周转速度与销货能力的一项指标,也是衡量风险管理单位的生产经营中存货营运效率的一项综合性指标。其计算公式为:

存货周转率(次数)＝销货成本/存货平均余额

存货平均余额＝(期初存货＋期末存货)/2

存货周转天数＝计算期天数/存货周转次数

＝存货平均余额×计算期天数/销售成本

存货周转速度的快慢,不仅反映风险管理单位流动资产变现能力的大小,而且也反映风险管理单位经营管理的好坏和盈利能力的高低。存货周转率越高,存货占用水平越低,存货积压的风险就越低,变现能力及资金使用效率就越高。

(四)盈利能力分析

盈利能力反映风险管理单位赚取利润的能力。对于债权人来说,盈利能力在某种程度上比偿债能力更重要,因为风险管理单位正常经营产生的利润是偿还债务的前提条件。风险管理单位盈利能力越强,其偿还债务的能力就越强,债权人面临损失的风险就越小;反之,债权人面临损失的风险就越大。盈利能力也从某个侧面反映了风险管理单位资产保值增值的情况,如果盈利能力比较高,则其资产保值增值的能力就比较强。反映风险管理单位盈利能力的指标主要有以下几种:

1. 销售毛利率。销售毛利率是指销售毛利润与销售收入净额的比率,该指标反映风险管理单位产品或商品销售的初始获利能力。其计算公式为：

$$销售毛利率 = 销售毛利润 / 销售收入净额 \times 100\%$$
$$= (销售收入净额 - 销售成本) / 销售收入净额 \times 100\%$$

一般来说，销售毛利率越高，表明取得同样销售收入的销售成本就越低，销售利润就越高，风险管理单位的经营风险就低。反之，风险管理单位的经营风险比较高。

2. 销售利润率。销售利润率是指利润与销售收入净额的比率，该指标反映风险管理单位每1元销售收入净额带来的利润。其计算公式为：

$$销售利润率 = 利润 / 销售收入净额 \times 100\%$$

该指标越高，说明风险管理单位经营活动的盈利水平越高，其发展前景就比较好；相反，则其发展就面临着难以维计的风险。

3. 总资产收益率。总资产收益率又称总资产报酬率，是息税前利润与资产平均余额的比率，该指标反映风险管理单位资产综合利用的效果。其计算公式为：

$$总资产收益率 = 息税前利润 / 资产平均余额 \times 100\%$$
$$= (利润总额 + 利息费用) / 资产平均余额 \times 100\%$$
$$资产平均余额 = (期初资产总额 + 期末资产总额) / 2$$

总资产收益率越高，表明风险管理单位资产利用的效率越高，盈利能力越强；反之，则风险管理单位资产利用的效率越低，盈利能力越弱。

4. 净资产收益率。净资产收益率又称所有者权益收益率或股东权益收益率，是净利润与净资产平均余额的比率，该指标从所有者角度分析风险管理单位盈利能力的大小。其计算公式为：

$$净资产收益率 = 净利润 / 净资产平均余额 \times 100\%$$
$$净资产平均余额 = (期初净资产 + 期末净资产) / 2$$

该指标越高，表明所有者投资带来的收益越高，风险管理单位具有投资价值；反之，则不具有投资价值。

5. 资本保值增值率。资本保值增值率是指期末所有者权益总额与期初所有者权益总额的比率，该指标从所有者角度分析风险管理单位资产增值的能力。其计算公式为：

$$资本保值增值率 = 期末所有者权益总额 / 期初所有者权益总额$$

一般情况下，资本保值增值率大于1，表明所有者权益增加，风险管理单位增值能力比较强。但是，在运用该指标进行实际分析时，应当考虑风险管理单位的利润情况及通货膨胀的影响等。

三、财务报表法识别风险的优缺点

（一）财务报表法识别风险的优点

1. 财务报表法能够识别风险。财务报表法综合反映了一个单位的财务状况，风险管理单位存在的一些安全隐患,能够从财务报表中反映出来。例如,企业资本保值增值率小于1,说明企业面临着生存和发展的问题,企业亟待转变现有的生产经营状况。

2. 财务报表法识别风险具有真实性。财务报表是基于风险管理单位容易得到的资料编制的,这些资料用于风险识别,具有可靠性和客观性的特点。风险管理单位在运用财务报表分析时,应当对每个会计科目进行深入的研究和分析,这样,可以识别风险管理单位隐藏的潜在损失风险,可以防患于未然。

3. 财务报表法可以为风险融资提供依据。风险管理单位的投资能力、水平和财务状况会通过财务报表反映出来。例如,投资风险管理的资金、风险融资的数额等财务资料,这些资料的积累有助于风险管理单位预测风险管理投资后获得的安全保障水平,可以为风险投资决策和风险融资提供依据。

4. 财务报表法提供的分析方法,可以用来分析其他相关问题。例如,某铸造企业在调查铸件质量时,发现不合格产品的情况如下(见表4.8)。

表4.8 质量不合格产品排列数据表

不合格类型	不合格数	累计不合格	比率/%
弯曲	104	104	52
擦伤	42	146	21
砂眼	20	166	10
断裂	10	176	5
污染	6	182	3
裂纹	4	186	2
其他	14	200	7
合计	200		100

根据表4.8的数据,不仅可以找到不合格产品产生的主要原因是弯曲,而且连续使用,还可以找出造成产品弯曲的主要原因。显然,这种对质量不合格产品的风险识别,采用了前面介绍的因素法。

(二)财务报表法识别风险的缺点

1. 专业性强。如果风险管理人员缺乏财务管理的专业知识,就无法识别风险管理单位的风险。如果风险管理单位缺乏完善的内部控制制度防范风险,财务人员就有可能利用计算机会计处理系统进行欺诈、舞弊、盗窃等不法活动。

2. 财务报表法识别风险的基础是财务信息具有真实性。如果财务报表不真实,风险管理人员不仅无法识别风险管理单位面临的潜在风险,而且还会由于使用错误或不确切的信息而作出错误的风险管理决策,进而影响风险管理的效果。

3. 财务报表法识别风险的基础是财务信息具有全面性。风险管理人员只有全面搜集、整理相关的财务信息,才能识别风险。如果财务报表反映的信息不全面,就会影响风险管理的效果。

第五节 风险识别的方法:流程图法

流程图法是识别风险管理单位面临潜在损失风险的重要方法。流程图法是将风险主体按照生产经营的过程和日常活动内在的逻辑联系绘成流程图,并针对流程中的关键环节和薄弱环节调查风险、识别风险的办法。

一、流程图的类型

流程图的类型比较多,划分流程图的标准也比较多。

按照流程路线的复杂程度划分,可以分为简单流程图和复杂流程图。简单流程图是将风险主体的活动按照大致的工作流程进行描述,用一条直线将主要流程的内在联系勾画出来(见图4.1)。复杂流程图是将风险主体的活动详细地进行描述。用多条连线将活动过程中的主要程序和主要环节按照内在逻辑联系勾画出来(见图4.2)。

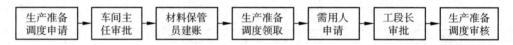

图 4.1 某公司劳动保护用品发放流程图

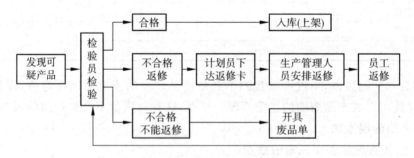

图 4.2 某公司产品返修流程图

按照流程的内容划分,可以分为内部流程图和外部流程图。内部流程图是以风险主体内部的生产经营活动为流程路线绘制的流程图。外部流程图是以风险主体外部的活动为主要流程路线绘制的流程图,例如,以产品销售运输过程为主要流程路线绘制的外部流程图。外部流程图用以揭示企业从原材料供应到制成品,直至销售出去存在的风险(见图4.3)。

按照流程图的表现形式划分,可以分为实物形态流程图和价值形态流程图。实物流程图是以某种实物在生产全过程中运行的路线为依据绘制的流程图。价值流程图是用标有价值额度的流程路线来反映生产经营过程中的内在联系而绘制的流程图。

二、绘制流程图的方法

绘制流程图通常需要按照以下步骤进行:

1. 调查活动(或工序)的先后顺序,不能将活动(或工序)的先后顺序颠倒。

2. 分清流程中的主要活动(或工序)和次要活动(或工序),主要活动(或工序)必须绘制在流程图上,有些次要活动(或工序)可以不绘制在流程图上。

3. 先绘制流程图的主体部分,再加入分支和循环。在绘制流程图时,应先将主要活动(或工序)用方框标出,再将主要活动(或工序)的路径用箭头标出,最后再画出次要活动(或工序)。

4. 用方框标示活动(或工序)时,需要用文字标出。在使用文字标示活动(或工序)时,应当注意用词恰当、简练,不能用模棱两可的词语。

三、流程图法识别风险的优缺点

(一)流程图法识别风险的优点

1. 流程图可以比较清楚地反映活动(或工序)流程的风险。根据生产条件和工作目的的不同,可以将风险主体的生产经营活动制成流程图,以便于识别风险。一般来说,风险管理单位的经营规模越大,生产工艺越复杂,流程图法识别风险就越具有优势(见图 4.3)。

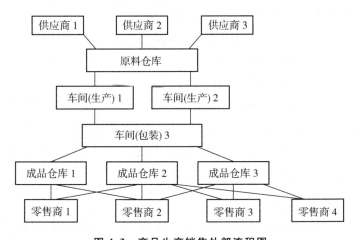

图 4.3 产品生产销售外部流程图

从图4.3可以看出,从原材料的来源、生产、包装、存储、销售等,产品生产销售的不同阶段都可以反映在流程图上。在产品生产销售流程中,任何一个环节出现问题,就会引发企业生存的风险。例如,如果原材料供应不上或者遭遇意外损失,会导致生产的中断;生产过程中的意外事故,也会导致生产的中断,还会引起企业财产和人员的损失;成品仓库的风险事故,会引起企业财产和人员的损失,会导致企业利润的损失;产成品批发不出去,会导致企业利润的损失和产生经营的问题。

2. 流程图强调活动的流程,而不寻求引发风险事故的原因。流程图只是生产、经营活动的简单概括,其目的是揭示生产、经营活动中的风险,流程图强调的是活动的流程,并不是寻求引发风险事故的原因,诸如火灾、盗窃等风险。

3. 流程图法识别风险需要流程图解释的配合。由于流程图只注重活动的过程,不注重引发风险事故的原因,因此,全面、准确地识别风险需要流程图解释的配合。通常,对流程图进行解释的常用方法是填写流程图解释表(见表4.9)。

表4.9 流程图解释表

阶段	
可能发生的事故	
导致事故发生的原因	
可能产生的结果	

从图4.3可以看出,在采购原料阶段存在的潜在风险及其可能造成的后果,可以通过表4.9得到解释。在流程图解释表中,采购原料阶段导致风险事故的原因和后果,都得到了较为详细的说明(见表4.10)。对此,风险管理人员可以查看流程图解释表,识别可能发生损失的阶段,预见发生损失的原因和后果。

表4.10 流程图解释表

阶段 构成要素	采购原料阶段
可能发生的事故	原料供应不及时
导致事故发生的原因	供货商无法供应原材料、采购员出现意外、原材料运输中损失
可能产生的结果	企业停产减产、寻找其他供货商的成本、支付工伤费用、追究承运人责任的费用

(二)流程图法识别风险的缺点

流程图是识别风险比较有效的办法,但是,流程图在识别风险方面存在着一定的缺陷,主要表现在以下几个方面:

1. 流程图法不能识别企业面临的一切风险。任何一种管理方法都不可能揭示风险管理单位面临的全部风险,更不可能全面揭示导致风险事故的所有原因,因此,必须根据风险管理单位的性质、规模,以及每种方法的用途,将各种方法结合起来使用。

2. 流程图是否准确,决定着风险管理部门识别风险的准确性。例如,制作企业生产、销售等方面的流程图,需要准确地反映生产、销售的全貌,任何部分的疏漏和错误,都有可能导致风险管理部门无法准确地识别风险。

3. 流程图识别风险的管理成本比较高。一般来说,流程图由具有专业知识的风险管理人员绘制,需要花费的时间比较多,其管理成本也比较高。

第六节 风险识别的方法:因果图法和事故树法

因果图法和事故树法是风险识别的两种重要方法,因果图法是从导致风险事故的原因出发,推导出可能发生的结果;事故树法是从风险事故的结果出发,推导出引发风险事故的原因。因果图法和事故树法是两种截然不同的识别风险的方法。

一、因果图法

风险管理实务中,导致风险事故的因素比较多,通过对这些因素进行全面系统地观察和分析,可以找出其中的因果关系。因果图法是日本东京大学教授石川馨于1953年首次提出的。石川馨教授和他的助手在研究活动中,用因果法分析影响产品质量的因素,获得了很大的成功,并被世界许多国家的风险管理部门采纳。

(一)因果图的绘制

因果图法是一种用于分析风险事故与影响风险事故原因之间关系的比较有效的分析方法。在风险管理中,导致风险事故的原因可以归纳为类别和子原因,可以画成形似鱼刺的图,因此,因果图又称为鱼刺图,如图4.4所示。因果图是按照以下步骤绘制的:

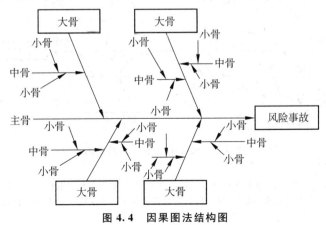

图4.4 因果图法结构图

1. 确定风险事故。因果图中的风险事故是根据具体的风险管理目标确定的,因果图分析有助于识别引发风险事故的原因。

2. 将风险事故绘在图纸的右侧,从左至右画一个箭头,作为风险因素分析的主骨,接下来将影响结果的主要原因作为大骨,即风险识别的第一层次原因。

3. 列出影响大骨(主要原因)的原因作为中骨,作为风险因素分析的第二层次原因;用小骨列出影响中骨的原因,作为风险分析的第三层次原因,依次类推。

4. 根据影响风险事故的各类风险因素的重要程度,将对风险事故产生显著影响的重要因素标示出来,有助于识别导致风险事故的主要原因。在确定各风险因素对风险事故影响程度的过程中,常用的方法是实验法。实验法是指在控制的条件下,对一个或多个风险因素进行操纵,以测定这些因素之间的关系①。

5. 记录必要的相关信息。在因果图中,所有的因素与结果不一定有紧密的联系,将对结果有显著影响的风险因素做出标记,将对结果不具有显著影响的风险因素忽略不计,这样可以比较清楚地再现出风险因素和风险事故的内在联系。

从图 4.4 可以看出,导致风险事故的因果图中,风险事故与主骨、大骨、中骨和小骨之间存在着逻辑上的因果关系。其中,主骨在引发风险事故的过程中起决定作用,大骨、中骨和小骨在因果图中是起次要作用的因素,但是,就具体的大骨、中骨和小骨等来说,每一骨所起的作用也是不同的。尽管如此,这些因素会引起主骨的变化,最终导致风险事故的发生。例如,某企业产品制造工序中,尺寸不合格产品占不合格产品的 80%,因此,风险识别的重点就放在了减少导致尺寸不合格的风险因素上。根据车间工作人员讨论的导致产品尺寸不合格的原因,绘制出因果图,如图 4.5 所示。

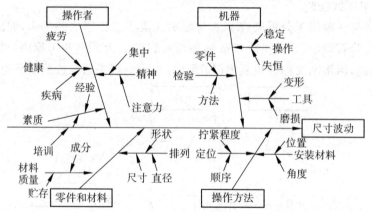

图 4.5 尺寸不合格产品因果图

---

① 实验法的优点是方法科学,能够获得比较真实的风险因素与风险事故相互关系的资料。这种方法的缺点是,大规模的实验难以控制风险因素变量,影响实验结果的有效性。实验法的实验周期比较长,实验费用昂贵,会影响实验法的应用。

根据调查发现,装配位置是产生不合格产品的重要原因。尽管在操作标准中,对装配位置有所规定,但是,由于装配方法没有用图示表示出来,这使得装配位置不尽一致,导致产品尺寸不合格,于是,车间管理人员设计了适当的装配方法,用图表示出来,进行标准化管理,并加到员工的作业标准管理中。

（二）绘制因果图的注意事项

在绘制因果图时,应当注意以下几个方面的问题:

1. 重要风险因素不遗漏。在确定引发风险事故的原因时,需要充分调查引发风险事故的各种风险因素,尽可能找出影响结果的重要原因,以免遗漏。在引发风险事故的各种风险因素中,确定重要风险因素对结果造成的影响,是因果图分析的关键;确定为非重要的风险因素,可以不绘制在因果图上。

2. 确定风险因素应尽可能具体。如果确定的导致风险事故的风险因素很抽象,分析出来的原因只能是一个大概,尽管这种因果分析图不会出现太大的错误,但是,对于解决具体问题的作用不大。

3. 风险事故的因果图需要根据结果分别绘制。例如,同一批产品的长度和重量都存在问题,这需要绘制两张因果图来分析影响长度和重量波动的风险因素。若许多结果用同一张因果图来分析,势必使因果图庞大而复杂,管理的难度比较大,难以找到引发风险事故的直接原因。

4. 因果图的验证。如果分析的导致风险事故的原因无法采取措施加以解决,说明问题还没有得到解决,需要进一步细分原因,直到能够采取相应的措施为止;绘制出来的图形如果不能采取具体的措施,不能称之为因果图。因果图在使用的过程中,需要不断地加以改进。例如,有些因素需要删减,有些因素需要修改,还有些因素需要增加,在反复改进因果图的过程中,可以得到对于识别风险有用的因果图。

（三）因果图法的缺点

在运用因果图法识别风险的过程,因果图分析具有以下几个方面的局限:

1. 对于导致风险事故原因调查的疏漏,会影响因果图分析的结论。从某种意义上说,风险因素调查是否充分,影响着因果图法分析的结论。

2. 不同的风险管理人员对风险因素重要性的认识不同,会影响因果图分析的结论。由于风险管理人员的风险意识、观念不同,风险管理者对风险因素重要性的认识也不同,因此,风险管理者对于风险因素重要性的认识是否合乎逻辑,会影响因果图分析的结论,会影响到风险识别的结果。

3. 风险管理者的观念影响因果图识别风险的结论。风险管理人员的主观想法或者印象,影响着风险管理的结论,因此,在运用因果图分析问题时,可以借助统计数据来分析风险因素的重要性,这种分析比较科学,又合乎逻辑。

二、事故树法

事故树法是识别风险的另一种比较有效的技术,事故树分析常常能够提供防止事故发生的手段和方法。这种风险识别方法起源于20世纪60年代,是美国贝尔电话实验室在从事空间项目研究时发明的,后来,这种方法被广泛采用,用来分析可能产生风险事故的事件[①]。事故树法就是从某一事故出发,运用逻辑推理的方法,寻找引起事故的原因,即从结果推导出引发风险事故的原因。事故树法也是我国国家标准局规定的事故分析方法之一。

(一)事故树分析

事故树法的理论基础是,任何一个风险事故的发生,必定是一系列事件按照时间顺序相继出现的结果,前一事件的出现是随后发生事件的条件,在事件的发展过程中,每一事件存在两种可能的状态,即成功或者失败。

下面以某公司自动化生产粗扎橡胶系统为例,识别自动化生产体系所面临的损失风险(见图4.6)。

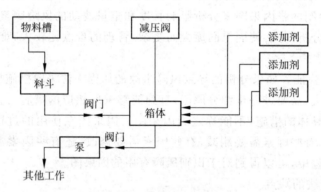

图4.6 粗扎橡胶流程图

从图4.6可以看出,粗扎橡胶系统的工作原理是:天然橡胶从箱体一端的物料槽加入,添加剂从箱体的另一端加入,二者混合后,由电泵从箱体内抽出混合物。系统工作中有两种情况:①如果物料槽正常工作,而电泵失效,箱体内的压力就会升高;②如果物料槽输入过快,而电泵正常工作,箱体内的压力也会升高。箱体内压力升高,如果安全阀正常工作,箱体内的压力就会下降,箱体爆炸就不会发生;如果安全阀失效,就会发生箱体爆炸。根据以上情况,可以进行以下分析:

1. 爆炸事故在树顶,引起爆炸的风险事件为树的分支。一般来说,顶上事件表示爆

---

① 我国于1976年开始介绍和研究事故树法,取得了许多有益的成果。

炸事故的树顶;中间事件、基本事件表示风险事故的分支。方框表示引起事故的子原因,但不是基本原因,称为中间事件;圆圈表示引起事故的基本原因或者引起事故发生的最小事件,即基本事件。这样图 4.6 就可以转化为图 4.7。

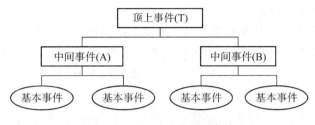

图 4.7 引起风险事故的事件

2. 确定事件之间的关系。多事件同时发生,才能导致风险事故的发生,用"与门"联系起来,用符号"⌒"表示;多种事件中,只要有一个事件发生,就会导致风险事故发生,用"或门"联系起来,用符号"⌒"表示。"与门"相连事件的概率用乘法计算,"或门"相连事件的概率用加法计算。这样,图 4.7 可以用下图表示出来(见图 4.8)。

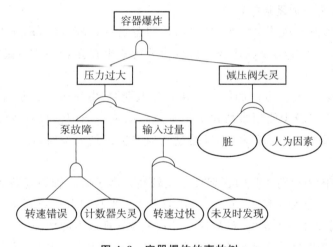

图 4.8 容器爆炸的事故树

3. 事故树是描述复杂系统运动过程的一种较好的方法。从图 4.8 可以看出,风险事故的发生是一连串事件失败的结果,而且一环紧扣一环,形成一个事故链。在这些环节事件中,如果有一个环节不失败,则风险事故就不会发生。

4. 引发风险事故的必要条件必须反映在事故树上。在用事故树法识别风险的过程中,需要说明哪些风险因素对于风险事故的发生是必要的,哪些是辅助的,对于引发风险事故的必要条件,必须反映在事故树上;否则,就会产生风险识别上的失误。

（二）事故树法识别风险的优点

1. 运用事故树法可以识别风险。从图4.8可以看出,导致泵故障的原因是转速错误和计数器失灵,导致输入过量的原因是转速过快或未及时发现,导致减压阀失灵的原因是人为因素或减压阀比较脏。

2. 运用事故树法可以判断系统内部发生变化的灵敏度。根据图4.8,箱体压力升高可能是泵失效引起的,也可能是过度输入引起的。经过试验发现,泵失效的概率为0.5次/年,过度输入的概率是1.5次/年,安全阀失效的概率为10^{-4},那么,可以得到箱体爆炸的概率为:$(0.5+1.5)\times 10^{-4}=2\times 10^{-4}$。如果更换泵,则新泵的失效率为0.25次/年,则箱体爆炸的概率为1.75×10^{-4};如果更换阀门,则新阀的失效率为1×10^{-6},则箱体爆炸的概率为2×10^{-6}。从上述分析可以看出,更换减压阀减少箱体爆炸的概率比更换泵更高,由此,风险管理人员可以采取措施更换减压阀。

3. 运用事故树法可以确定消除风险事故的措施。从图4.8可以看出,避免箱体爆炸的最有效的办法是管理减压阀,避免减压阀过脏、人为破坏减压阀;其次应采取的措施是,避免泵转动过速,而又没有人发现。

（三）事故树法识别风险的缺点

事故树法是以某一风险事故为出发点,按照逻辑推理的方法,推导出各风险事件可能产生的结果,以及产生结果的途径。事故树分析法也存在着一些不足,主要表现在以下几个方面:

1. 事故树的绘制需要专门的技术。在风险识别中,事故树的绘制需要专门的技术,这也是风险管理人员较少使用事故树法识别风险的重要原因。只有风险事故造成的损失较大或者存在较大的安全隐患、难以通过其他方法识别风险时,需要采用事故法对系统进行整体的分析。

2. 采用事故树法识别风险的管理成本比较高。由于风险管理经费的限制和不断增加的风险管理工作,会使风险管理受到经费的限制。事故树分析风险事故的方法需要花费大量的时间,需要搜集大量的资料,这会导致风险管理成本的增加。

3. 相关概率的准确性直接影响着估测的结果。在事故树分析中,有关事件概率统计的准确程度,直接影响风险识别的结果。

复习思考题

1. 简述风险源的种类。
2. 简述风险识别的过程。
3. 简述风险损失清单法识别风险的方法和优缺点。
4. 简述现场调查法识别风险的方法和优缺点。

5. 简述财务报表法识别风险的方法和优缺点。
6. 简述流程图法识别风险的方法和优缺点。
7. 简述事故树法识别风险的方法和优缺点。
8. 简述因果图制作的步骤。

第五章　风险衡量

　　风险衡量就是在风险识别的基础上对风险进行定量分析和描述,风险衡量是对风险识别的深化,也是确定风险管理技术和决策的重要依据之一。风险衡量的主要对象是损失的不确定性,它也是概率统计研究的对象,因此,风险衡量需要借助概率和统计分析工具来完成。充分有效的统计数据是风险衡量的重要条件,复杂的统计方法不可能克服数据缺乏等方面的障碍,学习获得数据和利用数据的方法十分重要。

第一节　风险衡量的概念和作用

一、风险衡量的概念

　　风险衡量是在对损失资料分析的基础上,运用概率论和数理统计的方法对某一特定或者几个风险事故发生的损失频率和损失程度做出估计,以此作为选择风险管理技术的依据。对于风险衡量的概念可以从以下几个方面进行理解:

　　(一) 风险衡量的基础是充分、有效的数据资料

　　为了使风险衡量的结果客观地反映过去发生风险事故的状况,预测未来可能发生的损失,需要风险管理人员掌握完整、系统、连续的相关资料,以增强风险衡量结果的准确性。对此,要求搜集到的资料需要具备以下条件:

　　1. 数据资料的大量性。风险衡量使用的数据资料是通过大量同类现象进行观测所取得的结果,或者对同一风险事故大量反复观测所取得的数据资料,而不是反映个别事件的个别数据。例如,个别历史事件的记载、个别的会计数据、某人的验血结果、个别学生的考试成绩等,虽然也是数据资料,但是不具备大量性,不能成为衡量风险的数据资料,风险衡量需要大量数据资料的支持。提高预测损失程度的可靠性,需要增加被考察风险主体的数量。被考察风险主体的数量越多,对未来损失程度的预测就越接近于实际损失。

　　2. 数据资料的具体性。风险衡量使用的数据资料是已经发生事实的记载,而不是拟议中的数据。例如,计划数据、质量标准或技术规范等,尽管质量标准也是数据资料,也具有大量性,但是,也不能成为风险衡量的数据资料。

　　3. 数据资料的同质性。风险衡量使用的数据资料必须具备某种或者某些共同特征,这样的共同特征是构成总体的依据,即数据资料的同质性。如果数据资料为不同质风险

的资料,那么,就无法衡量风险。

4. 数据资料的相关性。风险衡量使用的数据资料必须与某一具体因素导致的风险事故密切相关,不具有相关性的数据资料,可以不予采用。

(二)风险衡量是对损失频率和损失程度量化分析的过程

风险衡量是对损失频率和损失程度进行量化分析的过程,风险衡量的结果可以为风险评价提供依据,也可以为风险管理者进行风险决策管理提供依据。统计分析和概率分析是衡量风险的重要工具和手段,也是风险衡量具有科学性的重要原因。但是,统计分析和概率分析并不等于风险管理。

(三)风险衡量是风险管理的重要手段

风险衡量是风险管理的重要手段,也是风险管理的一个重要环节。但是,风险衡量不是风险管理的目的,它只是为风险管理者处理风险提供依据而已,风险管理的目的是选择防范和处理风险的有效办法。

二、风险衡量的理论基础

(一)大数法则

大数法则为风险衡量奠定了理论基础,即只要被观察的风险单位数量足够多,就可以对损失发生的频率、损失的严重程度衡量出一定的数值来。被观察的风险单位数量越多,预测的损失程度就越可能接近于实际发生的损失。

(二)概率推理原理

单个风险事故是随机事件,事故发生的时间、空间、损失严重程度都是不确定的。但是,总体而言,风险事故的发生又会呈现出某种统计的规律性。运用概率论和数理统计的方法,可以推测出风险事故发生状态的概率。

(三)类推原理

数理统计学为从部分去推断总体,提供了成熟的理论和众多有效的方法。利用类推原理衡量风险的优势是,能够弥补事故统计资料的不足。在风险管理实务中,进行风险衡量时,往往缺乏足够的以往损失的统计资料,而且由于时间、经费等许多条件的限制,很难甚至不可能取得所需要的、足够的数据资料。根据事件的相似关系,从已经掌握的实际资料出发,运用科学的衡量方法而得到的数据,可以基本符合实际情况,满足风险衡量的需要。

(四)惯性原理

在风险事故发生作用的条件大体相对稳定的条件下,利用事物发展的惯性原理,可以预测未来风险事故发生的损失频率和损害程度。值得注意的是,风险发生作用的条件并不是不变的,风险衡量的结果会同实际发生的状况存在一定的偏离,这就需要在风险衡量的过程中,不仅要考虑引发风险事故的稳定因素,还要考虑引发事故的偶然因素。

三、风险衡量的作用

（一）风险衡量的作用是降低不确定性的层次和水平

不确定性是人的主观感受，是无法直接预测、准确计算的，是复杂的，掺杂着人们对风险因素的评价和风险出现概率的认识。例如，一位风险回避者，可能会不愿意投机购买股票，但是，如果一位在证券公司做操盘手的亲属告诉他，他们将在近期内拉升某一股票的话，这位风险回避者可能会购买这一股票，并在这次炒作中获利。这位风险回避者之所以能够获利，是因为他获得了准确的股票信息，降低了不确定性的层次和水平。可见，风险管理的过程是降低不确定性层次和水平的过程。

一般来说，人们无法得到或者准确预测损失的不确定性，但是，可以大致地区分风险的层次和水平，风险管理的目的是降低不确定性的程度和水平（见表 5.1），争取达到较低水平的不确定性。

表 5.1 确定性与不确定性的等级分类

不确定性水平	特征	例子
无（确定）	结果可以精确预测	物理定理、自然科学
水平 1（客观不确定）	结果确定和概率可知	概率游戏：硬币、抓阄儿
水平 2（主观不确定）	结果确定但概率不可知	火灾、车祸
水平 3	结果不完全确定，概率不可知	太空探测、基因研究

当不存在不确定时，我们对自己的预测有绝对的把握；当我们对预测的结果毫无疑问时，不确定性就不存在了。比如，我们运用物理学重力定理或运动定理进行预测时，预测的结果就是确定性的，就不存在认识的不确定性。

水平 1 属于最低水平的不确定性，其结果是确定的，并且能够知道不确定性发生的概率。例如，扔硬币、抓阄儿等。

水平 2 属于较高水平的不确定性，是结果确定、概率不可知的不确定性。例如，一位汽车司机可以预测的结果是，遭遇车祸或者不遭遇车祸。但是，对于绝大多数车主来说，不可能准确地估计自己卷入车祸可能性的大小，更无法估计车辆的损失程度。

水平 3 属于最高水平的不确定性，其结果不完全确定且概率是不可知的。这一水平的不确定性在人类早期的原子能试验和太空探测中非常明显。在太空探测计划开始以前，结果是无法完全确定的。人类扩展知识的愿望和对新技术带来经济收益的渴望，是人类探测较高水平不确定性的主要诱因。

（二）不同风险管理者对于不确定性水平的认识不同

风险管理者不同，其认识不确定性的水平也是不同的。例如，一个人从 20 岁生存到 21 岁的概率是多少，个人是不可预知的，不确定性处于较高的水平上。但是，风险管理部门、保险公司或社会保障机构,却能够运用生命表计算出由 20 岁生存至 21 岁的概率,这样,其不确定水平就由水平 2 下降到水平 1。这种层次和水平上的差异是由于风险管理者的能力不同而产生的,风险衡量的作用是降低不确定性的层次和水平。

(三)合同的限制可以使不确定性的水平降低

现实生活中,各种形式的责任风险使损失的不确定性处于水平 3 上(结果不完全确定、概率不可知),但是,保险公司通过对承担责任的范围进行限制,可以使损失的不确定性降低到水平 2 或者水平 1 上。例如,保险公司承保机动车第三者责任保险,保险公司仅对由于机动车给第三者造成的损害予以赔偿。

第二节 损失概率和损失程度

在占有大量数据资料的基础上,衡量风险需要做好两方面的工作:一是估计损失发生的次数,即损失频率。损失频率测量的是在单位时间内损失事件发生的平均次数。例如,某种风险事故的损失频率为每年 0.5 次,说明该损失平均每两年发生一次。二是估计损失程度,风险的严重性与损失程度密切相关。例如,某类风险事故损失的平均成本为每年 4 万元,就是对损失程度的估计。估计损失频率或程度的大小是风险衡量的重要方面。

一、概率的概念和类型

(一)概率的基本概念

概率是描述一个随机事件发生可能性大小的数值,概率就是用给定事件出现的次数除以样本总体。假设有 N 个独立风险单位,在一定时期(如一年)内,有 m 个单位遭受损失,则损失的概率 $P(A)$ 为:

$$P(A) = \frac{m}{N}$$

上式表明,在一定时期内,观察分布在不同空间的 N 个风险单位,其中有 m 个空间单位遭受损失。例如,如果 10 000 辆营运汽车中有 200 辆发生意外事故,就可以说,意外事故发生的概率是 0.02。

概率试图为一个事件发生的可能性提供相匹配的数值,这个数值处于 0~1 之间,其不可能大于 1,也不可能为负值。概率为 0,表示事件不可能发生;概率为 1,则表明事件肯定发生。在现实生活中,只有很少的事件是完全不可能发生或者肯定发生的,大多数事件的发生概率都介于 0~1 之间。如果一个事件发生的概率为 0.001,则说明事件只有千分之一发生的机会,很可能不发生;如果发生的概率为 0.95,则说明事件很有可能发生。

如果将概率运用于风险衡量,也是如此。损失概率越高,表明风险事故的发生就越

频繁;损失概率越低,表明风险事故很少发生。在运用概率衡量风险发生的频率时,应该考虑以下几个方面的因素:

1. 运用概率衡量风险是在假设发生风险事故的条件不变的情况下估算的。如果发生风险事故的条件发生了变化,则根据以往的统计资料来预测风险事故的发生,就不一定代表未来风险事故发生的情况。

2. 确定风险事故的观察期。一般来说,观察现实风险事故发生的资料,需要确定一个考察期,考察的期限越长,就越能够说明风险事故发生的大致情况;观察期限越短,就越难以说明风险事故发生的大致情况。

3. 风险衡量具有时间单位的限制。如果选择 20 年的风险事故统计资料作为观察期,估算每年发生风险事故的概率,则其概率就是 20 年内发生风险事故概率的平均值。

4. 风险事故发生的大致范围。确定风险事故发生的最高频率和最低频率,实际上是确定风险事故发生的大致范围。

(二) 主观概率与客观概率

概率有主观概率和客观概率之分。

1. 主观概率。主观概率是指由于不可能获得足够的信息,又无法对风险事故的发生概率作长期的观察,因而不得不依靠决策者的主观估计来决定的概率。主观概率具有以下几个方面的特点:①风险管理者对风险认识的态度决定主观概率;②风险管理者搜集的信息决定主观概率;③主观概率是在无法对风险事故的发生作长期观察的情况下,做出的主观判断。例如,甲乙两个球队力量相当,如果要预测甲乙两个球队的胜负,只有凭借主观概率。

2. 客观概率。客观概率是指运用各种方法对事件发生的可能性进行测算而得到的概率,客观概率是不依赖于决策者的意志为转移的客观存在的概率。一般来说,客观概率的计算方法有两种:一是根据概率的古典定义,将需要测算的事件分解成若干基本事件,用数学的分析方法进行计算而得到的概率;二是依据大量的试验数据或信息,运用统计的方法进行计算。在计算客观概率时,往往需要足够多的数据和信息,例如,用统计方法计算概率时,需要对事件本身作详细了解,并需要掌握足够的试验数据。

二、损失概率的估计

在衡量损失概率时,需要考虑三个因素:一是风险单位数,二是损失形态,三是损失事件(或原因)。这三个因素的不同组合,会使损失概率的大小也不同。下面举例说明这三个因素在不同组合的情况下对损失概率估计的影响。

1. 一个风险单位遭受单一事件(原因)所致单一损失形态的损失概率。如果某一事件发生,另一事件不可能发生,这两个事件就是相互排斥的事件。例如,在同一时间,同一建筑物不可能既发生火灾,又不发生火灾,则发生火灾和不发生火灾就是相互排斥的事件,相互排斥事件的概率之和为1。如果估计一幢建筑物遭受火灾所致财产损失的损失概率为0.005;则这幢建筑物不发生火灾所致财产损失的损失概率为0.995。

2. 一个风险单位遭受多种事件所致单一形态损失的概率。如果两种或多种事件能在同一时间内发生,那么,这些事件共同发生的概率就需要通过计算得到。例如,估计一幢建筑物同时遭受地震、火灾所致财产损失的损失概率,假设该建筑物遭受火灾所致财产损失的概率为0.005,遭受地震所致财产损失的概率为0.000 2,则该建筑物同时遭受地震、火灾所致财产损失的概率为0.005×0.000 2,即为0.000 001。

3. 一个风险单位遭受单一事件所致多种损失形态损失的概率。例如,估计一幢建筑物遭受火灾所致财产损失和责任损失的损失概率。假设某建筑物遭受火灾所致财产损失的概率为0.005,导致每人发生工伤的概率为0.1,两人都发生工伤的概率为0.05,那么,两人中至少有一人发生工伤的概率为0.1+0.1−0.05=0.15,则火灾引起财产损失和责任损失的概率为0.005×0.15=0.000 75。

4. 多个风险单位遭受单一事件所致单一形态的损失概率。多个风险单位遭受单一事件所致损失的概率取决于这些风险单位是否独立。

(1) 如果两个风险单位是独立的,其中一个风险单位遭受事件的损失,不会影响另一个风险单位损失的概率。例如,位于洛杉矶的仓库发生火灾,不可能影响位于纽约的仓库发生火灾的概率。假设位于纽约的仓库发生火灾的概率是0.005,位于洛杉矶的仓库发生火灾的概率为0.007,则两座仓库都发生火灾的概率为0.000 035。根据独立风险单位和相互排斥事件的概率定理,可以计算其他事件发生的概率。如果能够穷尽所有事件可能发生的结果,那么,这些结果的概率之和应该为1。

两座仓库都发生火灾的概率为:0.005×0.007=0.000 035

纽约的仓库发生火灾,而洛杉矶的仓库不发生火灾的概率为:0.005×(1−0.007)=0.004 965

纽约的仓库不发生火灾,而洛杉矶的仓库发生火灾的概率为:(1−0.005)×0.007=0.006 965

两座仓库都不发生火灾的概率为:(1−0.005)×(1−0.007)=0.988 035

至少有一座仓库发生火灾的概率为:0.005+0.007−0.005×0.007=0.011 965=1−0.988 035

(2) 如果两个风险单位是相关的,可以用条件概率来计算风险事故发生的概率。在风险单位A发生风险事故的条件下,风险单位B发生风险事故的概率,称为A风险单位对B风险单位的条件概率。在独立风险单位的条件下,风险单位B发生风险事故的概率不受风险单位A发生风险事故的影响,风险单位A、B都发生风险事故的概率是两个风险单位无条件概率的乘积。相反,如果两个风险单位不相互独立、是相关的,那么,计算多风险单位遭受一个风险事件的损失概率,就需要考虑条件概率。例如,有两座相邻的仓库,单独考虑时,两座仓库发生火灾的概率分别为0.005。但是,一座仓库发生火灾会使另一座仓库发生火灾的概率上升到0.08,那么,两座仓库都发生火灾的概率为:0.005×0.08＝0.000 4。反过来,如果两座仓库都发生火灾的概率为0.000 4,单独考虑时,两座仓库发生火灾的概率都是0.005,则在第一座仓库发生火灾的情况下,第二座仓库发生火灾的条件概率为0.000 4/0.005＝0.08。

两座仓库都发生火灾的概率为:0.005×0.08＝0.000 4

第一座仓库发生火灾,而第二座仓库不发生火灾的概率为:0.005×(1－0.08)＝0.004 6

第一座仓库不发生火灾,而第二座仓库发生火灾的概率为:(1－0.005)×0.08＝0.079 6

两座仓库都不发生火灾的概率为:1－0.000 4－0.004 6－0.079 6＝0.915 4

至少有一座仓库发生火灾的概率为:0.005＋0.005－0.005×0.08＝0.009 6

根据相关性风险单位的计算,可以得出以下几个方面的结论:(1)条件概率越大,风险单位之间的相关性越强。一个风险单位发生风险事故,另一个风险单位不发生风险事故的概率比较小。如果两个风险单位完全相关,则一个风险单位发生风险事故,就意味着另一个风险单位也发生风险事故。例如,如果每座仓库发生火灾的概率是0.005,在完全相关的情况下,两座仓库都发生火灾的概率是0.005。(2)条件概率越大,风险单位都发生风险事故的概率就越大。

5. 多个风险单位遭受多种风险事故所致多种损失形态的概率。例如,某企业有6个仓库,要估计这6个仓库遭受火灾、爆炸、台风等风险事件所致财产损失、责任损失和人身伤亡的损失概率。这样的情况比较复杂,需要大量的损失概率资料的支持。

三、风险损失程度的估计

风险损失程度是指风险事故可能造成的损失金额。在衡量风险事故造成的损失程度时,除了需要考虑风险单位的内部结构、用途、消防设施等以外,还需要考虑以下几个方面的因素:损失形态、损失频率、损失金额和损失时间。

(一)损失形态

同一原因导致的多形态损失,不仅要考虑风险事故所导致的直接损失,而且还要考虑风险事故引起的相关间接损失。一般来说,间接损失比直接损失更严重。例如,汽车碰撞发生的概率大于因汽车碰撞而产生责任损失的概率,但是因损失诉讼所致的责任损失往往大于汽车因碰撞所产生的损失,因此,一般来说,汽车责任风险所导致的损失大于财产损毁的损失。

(二)损失频率

单一风险事故所引起损失的单位数量越多,其损失程度就越严重,损失程度和损失单位数量大多呈正相关关系。例如,一次事故造成20人受伤和造成100人受伤的损失程度是不同的。显然,造成100人受伤比造成20人受伤的损失程度大。

（三）损失时间

一般来说,风险事故发生的时间越长,损失频率越高,损失的程度越大。例如,在20年里,每年损失1万元,连续发生20年的损失程度,显然比20年内某一年发生1万元的损失程度大。估计损失程度不仅要考虑损失的金额,而且还要考虑损失的时间价值。例如,某单位在几年内弥补200万元的损失显然比在一个季度内弥补200万元的损失容易得多。

（四）损失金额

一般情况下,损失金额直接显示损失程度的大小,损失金额越大,损失程度就越大。在一些特殊的情况下,损失金额的大小使损失频率、损失时间的估计变得微不足道。例如,在20年里,每年损失1万元,连续发生20年的损失程度,与第一年一次发生20万元的损失相比,显然,后者损失的程度大于前者。

从以上影响损失程度的因素可以看出,风险的高低主要取决于损失的程度,而不是损失发生的概率。例如,风险管理单位的损失可能是由多次小的过失所引起,也可能是由一次大的过失所引起,风险事故造成的经济损失是风险衡量的核心。同时,不容忽视的问题是,风险事故造成的损失是否妨碍了风险管理单位完成既定的工作计划。

第三节　风险衡量的方法

统计学中,数据统计的一些方法可以用于风险的衡量。例如,中心趋势测量、变异程度测量的一些方法,可以作为风险衡量的方法。

一、中心趋势测量

中心趋势测量是确定风险概率分布中心的重要方法。在各种不同的测量方法中,主要有算术平均数、加权平均数和中位数,这些指标通常用来计算未来的期望损失。下面分别介绍这几种衡量风险方法:

（一）算术平均数

算术平均数是指用平均数表示的统计指标,分为总体的一般平均指标和序时平均指标。一般平均指标是指同质总体内某个数量标志（在一定时间内）的平均值;序时平均指标是指某一个统计指标在不同时间的数量平均值。假设 X_1、$X_2 \cdots X_n$ 是变量 X 的 n 个观测值,则其算术平均数为：

$$\overline{X} = \frac{X_1 + X_2 + \cdots + X_n}{n}$$

在算术平均数的计算中,给予每一次观察值的权数相等。例如,五个数字0、1、2、3、4的算术平均数等于2。每个测量结果只计一次,而且权数相等。

(二) 加权平均数

加权平均数是用每一项目或事件的概率加权平均计算出来的。假设变量 X_1、X_2…X_n 是变量 X 的观测值,V_1、V_2…V_n 是变量出现的次数,则其加权平均数为:

$$\overline{X} = \frac{X_1V_1 + X_2V_2 + \cdots + X_nV_n}{V_1 + V_2 + \cdots + V_n}$$

例如,假设一组建筑物由火灾引起损失金额与损失概率如下(见表5.2):

表5.2 火灾引起损失金额与损失概率

事件	损失金额(元)	损失概率
A	1 000元	0.40
B	2 000元	0.30
C	5 000元	0.20
D	10 000元	0.10
总计	18 000元	1.00

由表5.2可得,损失的加权平均数是3 000元,而损失的算术平均数是18 000/4＝4 500(元)。

(三) 中位数

衡量损失、预测损失的另一种方法是计算中位数。中位数也称中值,位于数据的中心位置。确切地说,将任意一组数据 X_1、X_2…X_n,由小到大顺序排列,得到数据 $X_{(1)} \leqslant X_{(2)} \cdots \leqslant X_{(n)}$,若 $n=2m+1$,则 $X_{(m+1)}$ 就是中位数;若 $n=2m$,则处于中心位置的两个数为 $X_{(m)}$ 和 $X_{(m+1)}$,这时,称它们的算术平均数为中位数,记作 MeX,MeX＝$\begin{cases} X_{(m+1)}, 若 n=2m+1 \\ (X_{(m)} + X_{(m+1)})/2, 若 n=2m \end{cases}$。在中位数以外,有一半大于它,而另一半则小于它。例如,有这样一列数字:1 000元、3 000元、5 000元、6 000元和30 000元,它的中值为5 000元,剩余的数字一半大于它、一半小于它。显然,30 000元的损失造成了中值和平均损失金额的差距,而用中值确定的损失金额比用平均损失确定的金额更准确。中值的优点是,不会受到极端情况的影响。

二、变异程度的测定

衡量风险的大小取决于不确定性的大小,取决于实际损失偏离预期损失的程度,而不确定性的大小可以通过对实际发生损失距离期望损失的偏差来确定,即风险度。风险度是衡量风险大小的一个数值,这个数值是根据风险所致损失的概率和一定规律的计算得到的。风险度越大,就意味着对未来的情况越没有把握,损失的风险就越大;反之,损失的风险就越小。

例如,小王除了做电风扇生意外,还可以做冷饮生意,无论是电风扇生意,还是冷饮生意都与天气状况有关。从过去的经验中,小王发现,如果某一年夏天的天气非常热,可以从冷饮生意中获得35%的收益;如果天气正常,可以获得10%的收益;如果天气凉快,可以获得5%的收益。如果假设气候炎热、正常、凉快的可能性分别是25%、50%和25%。那么,做冷饮生意可以得到的预期收益率为:

冷饮生意的预期收益率=35%×25%+10%×50%+5%×25%=15%

如果小王做电风扇生意,在气候炎热的情况下,可以获得40%的收益;在气候凉快的情况下,不会获得任何收益。气候正常的情况下,可以获得10%的收益。那么,做电风扇生意可以得到的预期收益率为:

电风扇生意的预期收益率=(40%×25%+10%×50%+0%×25%)/1=15%

但是,电风扇生意的不确定性大于冷饮生意的不确定性。最坏的情况下,做冷饮生意可以赚点儿,而做电风扇生意一分不赚。对此,引入方差和标准差的概念对风险变动程度进行分析。

(一) 方差和标准差

对于随机变量 X,如果 $x_1, x_2 \cdots x_n$ 是随机变量的 n 个观测值,$\overline{x}$ 是随机变量的算术平均数,那么,称 $(x_i - \overline{x})^2 (i=1,2\cdots n)$ 为观测值 x_i 的平方偏差,称 $(x_1 - \overline{x})^2, (x_2 - \overline{x})^2 \cdots (x_i - \overline{x})^2$ 的算术平均数为这组数据的平均平方偏差,简称方差(或均方差)。即

$$\sigma_i^2 = \frac{1}{n} \sum_{i=1}^{n} (x_i - \overline{x})^2$$

方差的算术平方根是标准差或根方差(σ)。标准差公式为:

$$\sigma = \sqrt{\frac{1}{n} \sum_{i=1}^{n} (x_i - \overline{x})^2}$$

标准差是衡量测量值与平均值离散程度的尺度,标准差越大,数据就越分散,损失波动的幅度就越大,较大损失出现的可能性就越大。根据上述公式,可以计算出做电风扇、冷饮生意收益率的方差:

电风扇生意收益率的方差=(40%-15%)²×0.25+(10%-15%)²×0.50+(0%-15%)²×0.25=0.022 5

冷饮生意收益率的方差=(35%-15%)²×0.25+(10%-15%)²×0.50+(5%-15%)²×0.25=0.013 75

由此,可以进一步得到标准差结果如下:

电风扇生意收益率的标准差=0.15

冷饮生意收益率的标准差=0.117

可见,小王做冷饮生意要比做电风扇生意的风险小,小王应该理性地选择做冷饮生意。

(二) 变异系数

风险的稳定性可以通过变异系数反映出来。变异系数越大,风险的稳定性越弱,损失的风险也就越大;相反,风险的稳定性越强,损失的风险就越小。变异系数(v)是标准差(σ)与均值或期望值($\bar{x}$)的比例,也称标准差系数或平均偏差系数,其公式为:

$$v=\frac{\sigma}{\bar{x}}$$

风险衡量中,风险的稳定性对衡量风险具有重要意义。例如,某建筑物的损失频率为每年0.5次和平均损失幅度为4万美元,这是对建筑物发生火灾损失的总体描述。但是,具体到每一火灾事故,发生的损失金额和概率又是不一样的。10年中,每隔一年发生一次火灾事故和10年中有一年发生5次火灾事故的情况是不一样的,但是火灾事故发生的频率却都是每年0.5次;同样的,在衡量损失幅度中也存在这样的问题。例如,平均损失幅度为4万元可能是每次损失是4万元,也可能有95%的损失是2万元,而剩下5%的损失金额是42万元。某一风险事故偏离预期损失的方差越大,风险管理人员就越担心,损失程度也就越大。对变异系数的大小,通常没有统一的数据规定,可以根据需要在一定幅度内灵活地确定。一般情况下,变异系数越小,则偏差就越小,据此制订的风险管理策略就越可靠,重大风险事故发生的可能性就越小。

变异系数也是保险公司确定保险费率的重要依据之一。一般情况下,保险公司根据保险标的风险程度进行分类,然后依据各类财产发生风险事故的频率,制订出适用各类财产保险标的的费率。例如,以某财产保险公司5年的统计资料为例,假设保险金额损失率的数据为:第一年为0.22,第二年为0.21,第三年为0.18,第四年为0.19,第五年为0.20。计算全部保险金额损失率的指标总和为1.00,观察次数是5,其算术平均数是0.20。把这个数列从小到大重新排列是:0.18,0.19,0.20,0.21,0.22,它表明数列的平均数与中位数相等为0.20。然后,计算损失的偏离正数和偏离负数分别为:

偏离正数:$(0.21-0.20)+(0.22-0.20)=0.03$

偏离负数:$(0.18-0.20)+(0.19-0.20)=-0.03$

计算结果显示,其偏离的正负数相等,表明该数列的数值对于保险金额损失率的确定具有可靠性。下面再来计算保险金额损失率的标准差。在统计学上,计算标准差是测定某种指数波动率的重要方法,计算保险金额损失率的波动幅度,就是标准差在制订保险费率中的实际应用。在这里,保险金额损失率的标准差,代表着保险金额损失率偏差的程度。

根据前面的计算结果,将某财产保险公司5年平均损失率0.20%代入标准差公式,可得:$\sigma=0.014$,由此,可以得到偏离系数为:

表 5.3 某保险公司 5 年内损失的偏差和偏差的平方

年份	保险金额损失率/%	偏差($x-m$)	偏差的平方$(x-m)^2$
1	0.22	+0.02	0.000 4
2	0.21	+0.01	0.000 1
3	0.18	-0.02	0.000 4
4	0.19	-0.01	0.000 1
5	0.20	0.00	0.000 0
N=5	1.00	0.00	0.001 0

$$\frac{0.0140}{0.20} \times 100\% = 7\%$$

在计算财产保险费率时,保险费率由纯费率和附加费率[①]两部分组成。一般来说,依据纯费率收取的保险费用于理赔支出,依据附加费率收取的保险费用于支付保险业务费用和利润等其他各项费用支出。

$$保险费率 = 纯费率 \times (1+附加费率)$$

$$纯费率 = \frac{理赔支出}{保费收入}$$

$$附加费率 = \frac{支出保险业务费用+利润等费用}{保费收入}$$

假设某保险公司 5 年内保险金额为 100 万元,总赔款支出为 2 万元,则其保险金额损失率为 0.20‰。

在确定纯保险费率时,需要考虑损失的偏离系数。在通常情况下,保险公司收取的保费是可以满足赔付需要的,同时,在保险金额损失平均值的基础上附加 7% 的偏离系数,就可以得到纯费率。根据上例,需要计算保费的公式为:

$$纯费率 = 2‰ \times (1+7\%) = 2.14‰$$

假设业务费用支出为 60 000 元,利润为 20 000 元,保险金额为 4 000 000 元,则

$$保险附加费率 = (60\ 000+20\ 000)/4\ 000\ 000 \times 100\% = 2\%$$

根据以上计算公式可以得出,某财产保险的保险费率为:

$$2.14‰ \times (1+2\%) = 2.18‰$$

风险变异系数是影响风险管理单位财务稳定的重要因素,考察风险变异系数是衡量风险准确性的重要方面。

---

① 保险费率是保险产品的价格,是被保险人为获得单位保险金额应缴纳的保险费或保险人提供单位保险金额所收取的费用。

第四节 损失的概率分布

风险的概率分布是风险事故的总体列举,这些事故是由某一随机过程导致的。风险衡量的一个重要方面是根据风险事故发生的概率分布,来预测未来损失发生的频率和程度。风险的概率分布是指表示每种可能结果发生的概率,是用来描述损失原因所致各种损失发生可能性大小的分布情况。随机变量是取值带有随机性的变量,随机变量的一切可能值的集合(或值域),以及它取可能值的概率或在值域内各部分取值的概率,二者总称为概率分布。概率分布是所有彼此互斥并且总体完备的事件的列举,这些事件由某一随机过程导致。根据损失的概率分布特征,风险经理可以获得评价风险、管理风险的依据。概率分布有离散型和连续型两大类。

一、离散型频率分布

只有有限或可数个可能值的变量称为离散型变量。假设 X_1、$X_2 \cdots X_n$ 是变量 X 的 n 个观测值,其一切可能值为 $a_1, a_2 \cdots a_r$。以 $v_i(i=1,2\cdots r)$ 表示 n 个观测值中恰好等于 a_i 的观测值个数,设 $w_i = v_i/n$,那么,称 v_i 为 n 次观测中 a_i 出现频数,称 w_i 为 a_i 出现的频率,称 $F_i = w_1 + w_2 + \cdots + w_i (i=1,2\cdots r)$ 为累积频率。变量 X 的频率分布可由如下统计表表示(见表 5.4)。

表 5.4 离散型变量的频率分布

变量值 a_i	A_1	a_2	$\cdots$	a_r	$\sum$
频数 v_i	V_1	v_2	$\cdots$	v_i	N
频率 w_i	W_1	w_2	$\cdots$	w_i	I
累积频率 F_i	F_1	F_2	$\cdots$	F_i	—

表 5.4 给出了离散型变量频率分布的一般形式。表 5.4 中,第一行和第二行称做频数分布,第一行和第三行称做频率分布,第一行和第四行称做累积频率分布,频率分布还可以用如下图形——频率分布纵条图表示(见图 5.1),图中每一条直线条的高度表示相应变量值 a_i 出现的频率 w_i(或频数 v_i)。

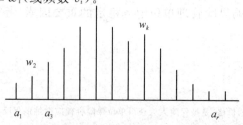

图 5.1 离散型变量的频率分布纵条图

例如,在相同的条件下,连续进行 50 次射击,其结果可以用不同方式表示,假设每次只记录命中的频数 $x_i(i=1,2\cdots50)$,则 x_i 只有 0 和 1 两个可能值;若每次记录命中的环数 $y_j(j=1,2\cdots50)$,则 y_j 有 11 个可能值,即为 $0,1\cdots10$。

假设 50 次射击命中 45 次,其中脱靶 5 次,则命中的频率为 0.90,脱靶的频率为 0.10,由此可以得到频率分布表(见表 5.5)。

表 5.5 50 次射击命中次数的频率分布

变量值	0	1	合计
命中频数	5	45	50
命中频率	0.10	0.90	1

假设 $y_1,y_2\cdots y_{50}$ 是 50 次射击各次实际命中的环数,将实际的统计结果列表如下(见表 5.6)。

表 5.6 50 次射击名中环数的频率分布

环数	0	1	2	3	4	5	6	7	8	9	10	合计
各环出现频数	5	3	5	4	7	10	8	4	2	1	1	50
各环出现频率	0.10	0.06	0.10	0.08	0.14	0.20	0.16	0.08	0.04	0.02	0.02	1

二、连续型频率分布

连续型变量的值域是直线上的有限或无限区间,其值有无限多个且不可数。假设 X 是一个连续型变量,$x_1,x_2\cdots x_n,x_n$ 是对 X 的 n 个观测值,$[u_1,u_2],[u_2,u_3]\cdots[u_r,u_{r+1}]$ 是统计分组,那么,连续型频率分布的一般形式如下表(见表 5.7)。

表 5.7 连续型频率分布的一般状况

编号 I	分组 u_i,u_{i+1}	组中值 a_i	组频数 v_i	组频率 w_i	频率密度 f_i	积累频率 F_i
1	$u_1\sim u_2$	a_1	v_1	w_i	f_1	F_1
2	$u_2\sim u_3$	a_2	v_2	w_i	f_2	F_2
$\vdots$	$\vdots$	$\vdots$	$\vdots$	$\vdots$	$\vdots$	$\vdots$
$r-1$	$u_{r-1}\sim u_r$	a_{r-1}	v_{r-1}	w_{r-1}	f_{r-1}	F_{r-1}
r	$u_r\sim u_{r+1}$	a_r	v_r	w_r	f_r	F_r
合计	$u_1\sim u_{r+1}$	—	N	1	—	—

表 5.7 中,组中值 $a=(u_i+u_{i+1})/2$ 是区间 $[u_i,u_{i+1})$ 的中点,可以作为该组观测值的代表值使用;组频数(v_i)和组频率($w_i=v_i/n$)为属于第 i 组的观测值总数及其在全部观测值中的比重;$d_i=u_{i+1}-u_i$ 是第 i 组的组距,频率密度为:$f_i=w_i/d_i(i=1,2\cdots r)$,频率

密度对于不等距离分组具有可比性,对于等距离分组则比较方便。累积频率 $F_i = w_i + \cdots + w_i (i=1,2\cdots r)$,表示第 1 到第 i 组中观测值总数在全部 n 个观测值中的比重。有关风险的连续型频率分布的常用图形,主要有直方图、多边图、多角图、累积频率曲线和分布折线等。直方图和分布折线既适用于等距分组,也可用于不等距分组。

例如,某车队一年共发生 73 次事故,根据修理费发票,以 x 表示修理费用支出,$p(x)$ 表示其频率,则分布如表 5.8。

表 5.8　某车队风险事故发生频数和频率

修理费 x/元	频数	频率 $p(x)$
0～100	30	0.41
100～200	23	0.32
200～300	12	0.16
300～400	5	0.07
400～500	3	0.04
合计	73	1.00

根据上例,离散型变量分布对任意的整数 x 都有一个对应的频率值,如当 $x=3$ 时,频率为 0.07。连续型变量分布要对每一个不同金额的费用支出显示其频率是不可能的,只能对一定范围的数值来表示其频率大小,因此,可以将修理费分成 5 组,分别是小于 100 元、100～200 元、200～300 元、300～400 元、400～500 元,可以表示其各自发生的频率(见图 5.2)。

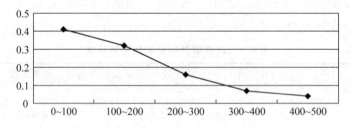

图 5.2　连续型变量频率分布图

三、二项分布

二项分布是由贝努里试验推导出来的一种重要的离散型概率分布,满足下列条件的随机试验称为贝努里试验:①每一次试验有两种可能结果,即 A 或 B。如果 A 出现,B 就不会出现;②试验结果对应一个离散型随机变量;③试验可以在同样的条件下重复进行;④各次试验出现 A 的概率是 p,事件 B 不会出现的概率是 q,$q=1-P$;⑤各次试验的结果相互独立。重复进行 n 重贝努里试验中的 A 事件发生的次数,若 X 是一个随机变量,则它所有可能的取值为 $0,1,2\cdots n$ 的分布形式为:

$$P(X=x) = C_n^x P^x (1-P)^{n-x} (x=0,1,2,3\cdots n)$$

这样 X 就服从参数 n、p 的二项分布。其中,$P(X=x)$ 为 A 事件发生 x 次的概率;P 为 A 事件发生的概率;n 为试验次数;x 为 A 事件发生的次数($0 \leqslant x \leqslant n$);$q=1-p$;$C_n^x = \dfrac{n!}{(n-x)! \ x!}$。

二项分布具有的基本性质是:① $P(X=x) = C_n^x P^x (1-P)^{n-x} \geqslant 0$;② $\sum_{i=0}^{n} P(X=x) = \sum_{i=0}^{n} C_n^x p^x q^{n-x} = 1$。

根据二项分布公式及离散型随机变量的数学期望与方差公式,可得出二项分布的数学期望与方差:$\mu = E(x) = np$;$\sigma^2 = D(x) = npq$。二项分布可以用纵条图表示。

例如,某一公司有 8 辆汽车,这 8 辆汽车是相对独立的,若每辆汽车发生碰撞所致财产直接损失的频率是 1/10,则 8 辆汽车中有 2 辆发生碰撞导致财产损失的频率是:$C_8^2 (1/10)^2 (9/10)^6$,或者 8 辆车中至少有 2 辆车发生碰撞,导致财产直接损失的频率为 $1 - C_8^1 (1/10)(9/10)^7 - (9/10)^8$。

四、泊松分布

当试验次数 n 很大时,用二项分布计算事件发生的概率很麻烦,对于这种情形可以采用泊松分布作近似计算。事实上,当 $p(p \leqslant 0.1)$ 较小时,甚至 n 不必很大,这种近似计算的效果非常好。如果随机变量 X 的分布为:

$$P(X=x) = \dfrac{\lambda^x}{x!} e^{-\lambda} (x=0,1\cdots n)$$

这样,可以称随机变量 X 服从参数 x 的泊松分布。其中,x 为某一事件在某一空间或时间范围内发生的次数;e 为常数,$e=2.71828$;λ 为随机事件在单位空间或时间间隔内发生的次数。泊松分布的数学期望与方差均为 λ,$\mu = E(x) = \lambda$,$\sigma^2 = D(x) = \lambda$。

在 n 重贝努里试验里,当事件发生的概率很小(p 趋向于 0),而试验次数很大(n 趋向于无穷大)时,二项分布以泊松分布为其极限形式,即二项分布趋于以 $\lambda = np$ 为参数的泊松分布。

泊松分布与二项分布有很多共同之处,运用它们解决问题时,必须注意二者的区别和联系。在二项分布中,试验的次数 n 是已知的,而在泊松分布中 n 常常是未知的。在二项分布中,x 表示在 n 重贝努里试验中 A 事件发生的次数;在泊松分布中,X 则表示在给定的空间内或时间间隔内事件发生的次数,因此,当 n 很大而事故发生的概率 p 又很小时,采用泊松分布更为适宜。采用泊松分布估测事故发生的概率,通常有如下特点:

①在某一空间或时间内,事故发生的概率与时间、空间间隔的长度成正比,而与时间、空间的地点无关;②事故的发生是独立的,不是互相影响的;③在充分小的时间或者空间间隔内,最多只能发生一次事故,即发生两次事故的概率为零;④风险单位总数和每一单位发生损失概率的乘积小于5,因此,一般情况下,要求风险单位的个数大于50,发生损失的概率小于0.1,而且每个风险单位最多只能发生一次事故。只有满足以上条件,才能运用泊松分布。例如,某公司有10辆卡车,通常一年发生1辆卡车损失,因而p有可能估计为0.1。那么,一年中3辆车和3辆以上卡车发生损失的概率是多少?

根据题意可得:

$$x = 10$$
$$p = 0.1$$
$$\lambda = 0.1 \times 10 = 1$$

其中,n辆卡车发生损失的概率:$\dfrac{(1.0)^n e^{-1}}{n!}$

0辆卡车发生损失的概率为:$\dfrac{(1.0)^0 e^{-1}}{0!}$

1辆卡车发生损失的概率为:$\dfrac{(1.0)^1 e^{-1}}{1!}$

2辆卡车发生损失的概率为:$\dfrac{(1.0)^2 e^{-1}}{2!}$

3辆或者3辆卡车以上发生损失的概率为:$1 - \left(\dfrac{(1.0)^0 e^{-1}}{0!} + \dfrac{(1.0)^1 e^{-1}}{1!} + \dfrac{(1.0)^2 e^{-1}}{2!} \right)$
$= 1 - (0.3679 + 0.3679 + 0.1839) = 0.0803$

泊松分布是风险衡量中非常有用的概率分布,风险管理实务中,许多事故往往是以泊松分布的方式发生的。例如,交通事故、火灾和其他一些损失,运用泊松分布可以估计损失发生的频率。

五、正态分布

随着观察次数的增加,二项分布就有可能近似于正态分布,正态分布是一种非常重要的分布,在风险管理实务中有非常广泛的应用。正态分布是一种连续型随机变量的概率分布,正态分布的使用条件是:如果存在多个随机因素,每一个因素都不占主导地位,则随机变量服从正态分布。

随机变量X的概率密度函数为:

$$\Phi(x) = \dfrac{1}{\sqrt{2\sigma\pi}} \left[-\dfrac{1}{2\sigma^2}(x-\mu)^2 \right] \quad (-\infty < x < +\infty)$$

则称X服从正态分布。

其中，$\Phi(x)$ 为随机变量 X 的概率密度函数；σ^2 为方差；μ 为数学期望值。

μ、σ^2 为正态分布的两个参数，每一对 μ、σ^2 确定一条正态分布密度函数曲线，μ 决定曲线的中心位置，方差 σ^2 的平方根 σ 决定曲线的陡缓程度、宽窄等形状。

由正态分布的概率密度可以得出分布函数为：

$$F(x) = \frac{1}{\sqrt{2\pi}\sigma} \int_{-\infty}^{x} e^{-\frac{1}{2\sigma^2}(x-\mu)^2} dx$$

标准正态分布（$\mu=0, \sigma=1$）的分布函数为：

$$\Phi(x) = \frac{1}{\sqrt{2\pi}} \int_{-\infty}^{x} e^{-\frac{x^2}{2}} dx$$

当随机变量 X 服从标准正态分布时，可以直接利用标准正态分布函数表。当 X 不服从标准正态分布时，则不能直接查表，而要先把 X 变换为标准正态分布随机变量 Z 后，再查标准正态分布函数表进行计算。

在风险管理中，风险事故造成的损失金额较好地服从正态分布（图 5.3），正态分布是完美的钟形。

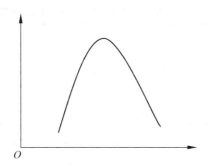

图 5.3　正态分布曲线

如果随机变量 X 表示风险所致的损失，则根据正态分布函数可以估算出：①损失落在 $[\mu-\sigma]$ 与 $[\mu+\sigma]$ 之间的概率；②损失落在 $[\mu-2\sigma]$ 与 $[\mu+2\sigma]$ 之间的概率；③损失落在 $[\mu-3\sigma]$ 与 $[\mu+3\sigma]$ 之间的概率。例如，某地因发生自然灾害，每次所遭受损失的金额，如表 5.9 所示，用正态分布计算损失事件发生的频率。

表 5.9　某地自然灾害造成不同金额损失的次数

损失金额/万元	5～15	15～25	25～35	35～45	45～55	55～65	65～75
损失次数/次	2	9	28	30	21	5	1

根据表 5.9 的数据，作出直方图，如图 5.4 所示。

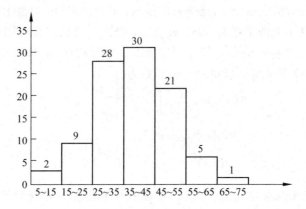

图 5.4 某地自然灾害造成损失分布直方图描述

从图 5.4 可以看出,当区间较小时,频数直方图与正态分布密度函数图存在很强的相似性。根据数据进行整理,计算期望值和标准差,如表 5.10 所示。

表 5.10 某地自然灾害造成损失的组中值

损失金额/万元	5～15	15～25	25～35	35～45	45～55	55～65	65～75
组中值 x_i/万元	10	20	30	40	50	60	70
组中值平方 x_i^2	100	400	900	1 600	2 500	3 600	4 900
次数 f_i	2	9	28	30	21	5	1
$x_i f_i$	20	180	840	1 200	1 050	300	70
$x_i^2 f_i$	200	3 600	25 200	48 000	52 500	18 000	4 900

$$\text{期望值 } \mu = \frac{\sum f_i x_i}{\sum f_i} = \frac{3\,660}{96} = 38.125$$

$$\text{标准差 } \sigma = \sqrt{\frac{\sum f_i x_i^2}{\sum f_i} - \left(\frac{\sum f_i x_i}{\sum f_i}\right)^2} = 11.575$$

随机变量 X 转变为标准正态分布随机变量 Z,用标准正态分布进行计算,可得:
$$Z = (X - \mu)/\sigma = (X - 38.125)/11.575$$

(1) 每次损失金额小于 5 万元的概率为:
$$P(X<5) = F(5) = \Phi(Z) = \Phi(-2.86) = 1 - \Phi(2.86) = 0.002\,1$$

(2) 每次损失 45 万～60 万元的概率为:
$$P(45<X<60) = F(60) - F(45) = 0.248\,22$$

(3) 每次损失在 75 万元以上的概率为:
$$P(75<X<\infty) = F(\infty) - F(75) = 1 - F(75) = 0.000\,7$$

可见,正态分布是衡量风险损失程度的重要方法。如果风险管理经理确定风险服从正态分布,就能够预测一定风险损失水平发生的概率,也能够预测一定范围内损失的概率。

复习思考题

1. 简述风险衡量的理论基础。
2. 简述风险衡量的作用。
3. 试求下列损失资料的标准差和方差。
(1) 1 000,1 200,1 350,1 325,1 170,1 199
(2) 34,45,31,38,38,37,40,51
4. 试求下列资料的偏离系数。
1 150,1 221,1 234,1 256,1 258,1 190,1 178,1 191
5. 下面是某公司1996—2006年发生财产损失的情况,试根据资料计算损失的算术平均数和中位数。

表 5.11　1990—2006 年某公司损失金额统计表　　　　　　　　　　元

年份	1996	1997	1998	1999	2000	2001	2002	2003	2004	2005	2006
金额	5 006	4 003	5 600	4 700	6 513	5 305	5 678	6 734	6 423	6 324	6 542

6. 某地区若干年间夏季出现暴雨84次,暴雨造成的损失金额和损失频率分布见表5.12,试计算以下问题:(1)未来暴雨带来的期望损失是多少万元?(2)损失落在哪个区间内的概率是80%?(3)损失额大于100万元的概率是多少?

表 5.12　某地若干年间夏季暴雨导致的损失金额和损失频率

组别	分组/万元	频数	频率
1	5～25	4	0.047 6
2	25～45	8	0.095 2
3	45～65	14	0.166 7
4	65～85	19	0.226 2
5	85～105	21	0.250 0
6	105～125	10	0.119 0
7	125～145	5	0.059 5
8	145～165	3	0.035 7
∑		84	0.999 9

7. 某出租汽车公司发生110起汽车碰撞事故,其损失金额和损失频率的分布如下

(见表 5.13),试求:(1)损失金额不小于 5 000 元的概率;(2)损失期望值、标准差和偏离系数。

表 5.13 某出租汽车公司汽车碰撞的损失金额和损失频率

组号	分组/元	频数	频率	累积频率
1	0～750	2	0.018	0.018
2	750～1 500	11	0.100	0.118
3	1 500～2 250	18	0.164	0.218
4	2 250～3 000	24	0.218	0.500
5	3 000～3 750	15	0.136	0.636
6	3 750～4 500	9	0.082	0.718
7	4 500～5 250	8	0.073	0.791
8	5 250～6 000	9	0.082	0.873
9	6 000～6 750	10	0.091	0.964
10	6 750～7 500	4	0.036	1.000
Σ	—	110	1.000	—

第六章 风险评价

风险评价是风险管理的重要步骤,风险评价有时是同风险识别、风险衡量同时进行的,有时是分步骤进行的,因此,在风险管理实务中,往往很难区分哪一步骤属于风险识别、风险衡量,哪一步骤属于风险评价。但是,可以肯定的是,风险识别、风险衡量和风险评价可以为确定风险控制措施提供事实和数据依据。

第一节 风险评价的概念和特点

如果说风险衡量是对风险状况的客观反映,那么,风险评价则是依据风险衡量的结果对风险及其所造成的损失,进行总体的认识和评价,风险评价中掺杂着风险管理人员的主观评价,因而风险评价有时会出现失误。

一、风险评价的概念和特点

风险评价是指在风险识别和风险衡量的基础上,将损失频率、损失程度,以及其他因素综合起来考虑,分析风险的影响,并对风险的状况进行综合评价。例如,风险评估机构对金融企业的风险评级,保险公司对保险标的风险评级等,都属于风险评价。又如,根据1986年我国政府颁布的《企业职工伤亡事故经济损失统计标准》的规定,根据经济损失程度将工伤事故划分为一般损失事故、较大损失事故、重大损失事故和特大损失事故四种[①]。

风险评价是风险管理者进行风险控制和风险融资技术管理的基础。风险评价按照不同的分类标准可以划分为不同的类型。按照评价的阶段划分,风险评价可以分为事前评价、中间评价和事后评价;按照评价的内容划分,可以分为技术评价、经济评价和社会评价;按照评价的方法划分,可以分为定性评价、定量评价和综合评价。尽管风险评价分类的方式不同,但它仍然具有以下几个方面的特点:

(一)风险评价是对风险单位的综合评价

在引起损失的各类风险因素中,有些风险因素是相互联系的。不同风险因素之间的

---

① 一般损失事故是指经济损失小于1万元的事故,较大损失事故是指经济损失大于1万元(含1万元)但小于10万元的事故,重大损失事故是指经济损失大于10万元(含10万元)但小于100万元的事故,特大损失事故是指经济损失大于100万元(含100万元)的事故。

联系,可能会提高或者降低这些风险因素对风险单位的影响。在风险评价的过程中,需要综合考虑各种风险因素的影响,对可能会引起损失的风险事件进行综合评价。例如,失业的增加,可能导致员工索赔诉讼、犯罪活动和公司利润的减少等。在预期的这些损失中,单独评价某一风险因素造成的影响,对于风险决策管理的作用不大,这就需要风险管理者能够综合考虑这些风险因素,综合评价风险事故造成的危害。

(二)风险评价需要定量分析的结果

随着风险管理的越来越科学,很多风险管理单位试图更准确地评价风险。然而,在风险管理中,很难找到统一的评价标准来评价各种风险可能造成的损失。运用数学模型进行定量分析,为风险评价提供了重要的依据。例如,保险人在承保时必须对保险标的的风险进行综合评价,才能确定是否承保或者根据风险评价的结果确定保险费率,对被保险人或者保险标的风险评价,也是保险人对保户提供风险管理服务的重要内容。

(三)风险评价离不开特定的国家和制度

风险管理者往往以发生损失的频率和损失的程度来评价风险,不容忽视的是,对风险管理单位的风险评价,又离不开特定的国家、社会经济和政治制度。例如,在欧洲,星罗棋布的古老建筑物成为财产损失风险评价的特有问题,而环太平洋国家因台风和其他风暴引起的灾难性损失也是风险评价的重要方面。同时,对于正在经历恶性通货膨胀的国家进行风险评价就面临较大的挑战,因为对这些国家财产价值的评估会迅速失效;政局不稳定的动态风险也会使风险评价面临着较大的挑战。

(四)风险评价受到风险管理者态度的影响

风险管理者的风险态度也会影响风险评价的结果。风险管理者的人类属性、个性和风险识别的能力等,都对风险评价的结果产生比较大的影响。风险管理者对自然风险、社会风险和经济风险的认识和判断不同,其风险评价的结果也是不同的。例如,仓库里的货物杂乱无章地堆放着,这对于一位粗心的风险管理者来说,其风险评价的结果是不存在安全隐患,而对于一位细心的风险管理者来说,其风险评价的结果是存在着很大的安全隐患,需要加强对仓库的管理。

二、影响风险评价的因素

风险评价是否符合实际,也是衡量风险管理单位管理水平的重要标志。风险管理者在进行风险评价时,由于受到人为因素、机械设备因素、环境因素等方面的影响,致使风险评价的结果与实际损失之间存在着较大的偏差,甚至会出现风险评价的失误。导致风险评价失误的原因主要有以下几个方面:

(一)人为因素

人为因素主要是指由于风险管理人员判断失误、操作失误、违章指挥、精力不集中、疲劳和身体缺陷等,导致实际发生的风险事故远远偏离风险评价的结果。这主要是因为,风险管理人员事先未预见的风险因素,成为了风险事故发生的主要原因,人为因素是造成风险评价失误的主要原因。

（二）机械设备因素

机械设备因素主要是指由于机械设备和装备结构不完善、安全设备和防护器具的缺陷等,使风险管理人员未能预见到风险因素的存在,或者预见到风险因素的存在,但是低估了风险因素对风险事故的影响,结果造成财产损失和人身损伤。未预见到机械设备缺陷或者低估了机械设备缺陷的影响,是风险评价偏离实际损失的重要原因之一。

（三）物的因素

物的因素主要是指有毒、有害、易燃、易爆等危害性物质,这些物质在储存、运输或使用过程中,未按照国家有关管理规章制度进行操作和使用,会造成财产损失和人身伤害。这些物的因素造成的损害,也会导致风险评价的预期结果偏离实际损失。

（四）环境因素

环境因素主要是指作业环境中的色彩、照明、湿度、通风、噪音、震荡、卫生等风险因素,以及相邻的风险单位因火灾、爆炸和有毒气体泄漏等,对财产或者人身造成的损害。这些损害会使实际发生的损失偏离风险评价的结果。此外,一个国家或地区的政局稳定性、政策连续性、社会意识、法律制度建设和犯罪率等,也是风险评价需要考虑的重要因素。

（五）管理因素

管理因素主要是指风险管理单位的安全生产规章制度、职业病预防、保健等安全管理不完善,影响风险评价的结果。由此可见,风险评价不仅要参考风险衡量的结果,还要考虑管理不完善和管理缺陷等因素对风险评价结果造成的影响,避免风险评价的失误。

三、风险评价的目标

风险评价的目标是促使风险评价的预期损失接近实际发生的现实损失,以减少风险事故评价的偏差,特别是对重大、恶性事故发生的风险评价对于保护风险管理单位及其附近居民的生命、财产安全具有重大意义。对此,许多国家都以立法的形式规定,风险评估是一些企业进行生产经营的前提条件。如果企业没有安全生产管理部门出具的风险评价证明或者没有通过有关部门的安全生产管理评估,就无法投产运营。例如,美国政府规定,建立核电站的风险评价报告费用约占总投资的1%,经过风险管理部门评价合格的投资项目才能投产运营;日本政府规定,建立化工厂,必须进行风险评估之后,才能进行生产。风险评价为企业的安全生产提供了可靠的保障,保障了企业、居民生命和财产的安全,预防了重大风险事故的发生。

四、风险评价的原则

风险评价的原则是贯穿于风险评价过程中的基本原则,风险评价需要遵循以下几个方面的原则：

（一）整体性原则

整体性原则是风险评价的最基本原则。风险造成的损失往往是多方面的，风险评价必须整体、系统地考虑造成损失的各种风险因素，并研究这些风险因素之间的相互联系和相互作用。因此，在评价潜在的损失程度时，由同一事件所引起的各方面的财务损失必须一起考虑。例如，某集团公司的某分公司办公室发生火灾，火灾会使企业财产遭受损失、员工受伤、重要文件遗失，其他分公司需要提供一些重要物资设备，以保证该分公司维持最低程度的运转。因此，在评价风险时，不仅要考虑直接损失，而且还要考虑由此带来的间接损失和责任损失。

（二）统一性原则

风险评价是针对某一风险事件或者风险单位进行的，这就要求风险评价要保持统一性的原则，不能将与风险事故或者风险单位无关的因素考虑进去，来作为风险评价的依据。例如，考察某建筑物发生火灾的概率，与该建筑相邻单位发生火灾风险的概率也是考察这幢建筑发生火灾概率的因素；相反，与该建筑不相邻的单位发生火灾的概率不在风险评价的范围之内。只有坚持统一性的原则，才能客观、准确地评价风险。

（三）客观性原则

风险评价的方法是多种多样的，不同的衡量和评价风险的方法可以获得不同的结果，这是不可避免的。风险评价的原则是尽可能使风险预测、评价的结果与实际发生的损失相一致，尽可能反映客观存在的风险。偏差过大，会造成不必要的损失。例如，风险管理者对某一风险单位的风险度评价过高，会提高风险管理的成本，造成风险管理单位不必要的费用支出；评价过低，会忽略风险，造成未预见的财产和人员损失。

（四）可操作性原则

风险评价是涉及面广、管理难度较大的项目，这就要求风险管理人员掌握评估的方法并灵活运用这些方法。对于风险管理者普遍使用的评价标准，要具有可操作性和通用性。避免使用高深繁杂的评价方法，这可以减少风险评价的工作量，可以为风险管理提供重要依据。

第二节 风险评价的标准

为了更加准确地评价风险，风险管理理论引入了评价损失程度的几个重要标准，即正常损失期望、可能的最大损失、最大可能损失[①]。显然，运用这些标准进行风险度的评

---

① 20世纪70年代，美国风险管理经理阿兰·弗雷德兰(Alan Friedlander)提出了风险评价的一些概念，即正常损失期望、可能的最大损失、最大可能损失。

价时,是以风险衡量的结果为依据的。

一、风险评价的几个标准

(一)正常期望损失

正常期望损失是指风险管理单位在正常的风险防范措施下遭受损失的期望值。例如,某一建筑物在私人、公共消防设施都能够正常启用的条件下,遭受损失的期望值。在风险衡量中,根据过去发生的损失数据进行加权平均计算的期望损失,就是风险评价中的正常损失期望指标。风险衡量中的期望损失指标,侧重于损失程度的计算和测量,而风险评价中的正常期望损失偏重于对风险度的评价,侧重于对风险决策管理提供对策建议。例如,评价风险造成的损失,风险管理单位是否可以承受等。正常期望损失为风险管理单位提供了评价损失程度最低值的依据。

(二)可能的最大损失

可能的最大损失是指风险管理单位在某些风险防范措施出现故障的情况下,可能遭受的最大损失。例如,某一建筑物在消防系统出现故障(如自动喷水枪故障)的情况下,遭受最大损失的程度。可能的最大损失评价可以矫正风险管理人员未曾预见的风险因素而带来的损失。

(三)最大可能损失

最大可能损失是指风险管理单位在最不利的条件下,可能遭受的最大损失额。例如,某一建筑物在所有的私人和公共消防设施都不起作用的情况下,可能遭受的最大损失。在这种情况下,大火可能将一切可燃物都烧光,直到遇到防火墙或者消防队赶到现场扑灭大火为止。最大可能损失为风险管理部门提供了评价损失造成最坏影响的依据,也是风险管理单位可能遇到的最大损失。超过最大可能损失的风险事故一般不会发生,但是,也不排除其发生的可能性。

二、确定风险评价标准需要考虑的因素

预测正常期望损失、可能的损失和最大可能损失,需要考虑以下几个方面的因素:

(一)财产的物质特性和财产对损害的承受力

财产的物质特性和财产对损害的承受力是确定正常期望损失、可能的最大损失和最大可能损失的依据。例如,保险公司的风险经理认为,某幢楼房在装有喷水装置和防火墙的情况下,发生火灾的正常期望损失将不超过大楼价值的10%,而在喷水装置发生故障的情况下,楼房可能的最大损失是其价值的30%,最大可能损失是其价值的60%;如果这幢楼房没有安装防火墙和喷水装置,那么,楼房的正常期望损失、可能的最大损失和最大可能损失就会更高一些。

(二)损失评价的主观性

正常期望损失、可能的最大损失和最大可能损失的确定具有主观性。尽管在多数情况下,风险管理经理对于损失的估计会受到主观因素的影响,但他们还是能够利用复杂的模型化方法,来帮助风险经理和保险公司估计正常的期望损失、可能的最大损失和最大可能损失。如果有些风险管理经理不能容忍实际损失超过最大可能损失,那么,风险管理经理确定的最大可能损失就比较大;如果有些风险经理对实际损失超过最大可能损失持较宽容的态度,那么,风险管理经理确定的最大可能损失就会小一些。

(三)损失评价的规模

正常期望损失、可能的最大损失和最大可能损失估计的对象可以是单独的物体,如一幢大楼;也可以是许多物体,如汽车队、一片楼群、一段时间(如一年或几年)。考察对象不同,风险管理者确定的评价标准也不同。

(四)损失的管理成本

确定正常期望损失、可能的最大损失和最大可能损失是估计风险管理成本的依据。例如,某保险公司在给某个地区的居民楼签发保单时,需要估计单个事件如风暴、台风等带来的最大损失。在这种情况下,最大可能损失是一种灾害对许多财产造成的损失逐项累计估算出来的,而不是许多灾害对单个财产造成的损失。正常期望损失、可能的最大损失和最大可能损失不仅是保险公司核定风险管理成本的依据,也是保险公司确定保险费率的依据之一。如果以年作为衡量损失的时间单位,就可以得到年度正常损失期望、年度可能的最大损失和年度最大可能损失。

(1)年度正常损失。年度正常损失是指在客观条件不变的情况下,经过长期观察年度正常损失所得出的结果,年度正常损失等于年度平均事故发生次数与每次事故的平均损失额的乘积。其计算公式为:

$$年度正常损失 = 年损失频数 \times 每次平均损失额$$

例如,年度平均事故发生的次数为 0.5 次,正常年度每次事故平均损失额为 40 000 元,则年度正常损失为:$0.5 \times 40\,000$ 元 $= 20\,000$ 元。

(2)年度最大可能损失。年度最大可能损失是指在某一特定年度内,单一风险单位或多个风险单位在最不利的条件下遭受一种或多种事故所致损失的总额。

(3)年度可能的最大损失。年度可能的最大损失是指在某一特定年度内,单一风险单位或多个风险单位在一般情况下遭受一种或多种事故所致损失的总额。

第三节 风险评价的方法

风险评价对风险决策管理的影响比较大,科学地评价风险是至关重要的,采用适当的风险评价方法具有重要意义。风险评价可以采取简单的方式,也可以运用风险衡量的

结果进行评价。目前,国际上比较流行的风险评价方法主要有以下几种:

一、风险度评价法

风险度评价是对风险事故造成损失的频率或者损害的严重程度进行的综合评估。风险度评价可以分为风险事故发生频率评价和风险事故造成损害程度的评价两类。一般来说,风险度评价可以分为1至10级,级别越高,危险程度就越大。

无论风险单位、损失事件和损失形态的组合如何,风险管理人员可以宽泛地将损失频率评价为以下四种:几乎不会发生、不太可能发生、偶尔发生和经常发生。同时,也将损失程度分为轻微损失、中等损失、重大损失和特大损失。这种并不严格的风险评价方式方便了风险的管理,但是,也应该看到,这种简单的风险评价方式已经越来越不适应风险管理的需要。为了准确地评价风险,可以根据风险事故发生的频率细分为以下几类(见表6.1)。

表6.1 风险事故发生频率的评价标准和风险度评价

风险事故发生的可能性	可能发生的频率	风险度评价
很高:风险事故的发生几乎是不可避免	≥1/2	10
	1/3	9
高:风险事故的发生与以往经常发生的事故相似	≥1/8	8
	1/20	7
中等:风险事故的发生与以往有时发生的事故有关,但是与非主要工艺有关	1/80	6
	1/400	5
	1/2 000	4
低:风险事故的发生较少与以往偶尔发生的事故有关	≥1/15 000	3
很低:风险事故的发生很少与过去极少发生的事故完全相同	1/15 000	2
极低:风险事故不太可能发生,与过去极少发生的事故完全相同	1/150 000	1

为了评价风险的需要,也可以根据风险事故造成的损失,细分为以下几类(见表6.2):

表6.2 风险度的评价标准和评价分值

后 果	风险度评价标准	风险度评价
无警告的严重危害	可能危害财产或设备的操作者。风险可以严重影响系统安全运行或者不符合政府法规,风险度很高。事故发生时,无警告	10
有警告的严重危害	可能危害财产或设备的操作者。风险可以严重影响系统安全运行或者不符合政府法规,风险度很高。事故发生时,有警告	9
损失很高	生产线严重破坏,产品可能100%报废,系统无法运行,丧失基本性能	8
损失较高	生产线破坏不严重,产品可以筛选部分,报废率低于100%,系统能够运行,性能下降	7

续表

后 果	风险度评价标准	风险度评价
损失中等	生产线破坏不严重,产品少部分报废(不筛选),系统能运行,舒适性或方便性项目性能失效	6
损失较低	生产线破坏不严重,产品需要100%返工,系统能运行,舒适性或方便性项目性能下降	5
损失很低	生产线破坏不严重,产品经筛选,部分(少于100%)需要返工,装配或涂装或尖响和喀响不符合要求,产品有缺陷	4
损失轻微	生产线破坏较轻,部分(少于100%)产品需要在生产线其他工位返工。装配或涂装或尖响和喀响不符合要求,部分产品有缺陷	3
损失很轻微	生产线破坏较轻,部分(少于100%)产品需要在生产线上原工位返工。装配或涂装或尖响和喀响不符合要求,极少部分产品有缺陷	2
无损失	没有影响	1

风险管理人员可以按照风险评价的分值确定考察对象风险度的大小,分值越大,风险度就越高;反之,则风险度就越低。例如,某铸造企业在调查铸件质量时,发现产品不合格情况如下(见表6.3):

表 6.3 质量不合格产品排列数据表

不合格类型	不合格数量	累计不合格	比率/%	风险度评价
弯曲	104	104	52	很高(10级)
擦伤	42	146	21	高(8级)
砂眼	20	166	10	高(7级)
断裂	10	176	5	高(7级)
污染	6	182	3	中(6级)
裂纹	4	186	2	中(6级)
其他	14	200	7	高(7级)
合计	200		100	

根据表6.3提供的数据,可以对造成产品质量不合格的风险因素如弯曲、擦伤、砂眼等进行风险评价,并评价其风险等级(见表6.3),其中,弯曲造成产品质量不合格的风险度是10级。

风险度评价法的优点是,便于风险管理人员或其他人员使用风险评价的结果。例如,在我国证券市场上,将经营业绩比较差的股票标示ST,可以比较直观地揭示上市公司的财务风险状况,也可以提示投资者规避上市公司财务状况恶化的风险。这种评价方法的缺点是,风险度评价标准进行分类比较难,管理成本比较高。

二、检查表评价法

根据安全检查表,将检查对象按照一定标准给出分数,对于重要的项目确定较高的分值,对于次要的项目确定较低的分值,再按照每一检查项目的实际情况评定一个分数,每一检查对象必须满足相应的条件时,才能得到这一项目的满分。当不满足条件时,按一定的标准将得到低于满分的评定分,所有项目评定分的总和不超过 100 分,由此,就可以根据被调查风险单位的得分,评价风险因素的风险度和风险等级。例如,日本大正海上火灾保险株式会社防火检查表就是按这种方法评价的(见表 6.4)。

表 6.4　日本大正海上火灾保险株式会社防火检查表部分项目

管理内容	检查项目	车间状况	得分线	得分
吸烟管理	吸烟场所	设有指定吸烟处	4	
		不设置指定吸烟处	0	
	标志	设置"禁止吸烟"等标志	2	
		不设置标志	0	
	烟灰缸	在烟灰缸内放一点儿水后使用	3	
		烟灰缸内不放水	0	
	烟点处理	用专用的容器处理	3	
		没有专用容器,但是处理前用水处理	3	
		没有特别措施	0	

从表 6.4 可以看出,风险评价表是按照引起火灾的风险因素确定评价项目的,是按照风险因素的轻、重、缓、急分别设置分值的。在吸烟管理中,是否没有指定吸烟地点是引发火灾最重要的风险因素,由此,设置的评价分值最高;是否有处理烟点的容器,也是引发火灾较为重要的风险因素,设置的评价分值次之;而是否设置禁止吸烟的标志,设置的评价分值最低。在吸烟管理中,如果风险单位被评价的得分达不到 9 分,就是不合格的;如果风险单位被评估能够达到 9 分,就是合格的。

这种风险评价方式的优点是,可以综合评价风险单位的状况,评价结果之间易于比较,得分达到标准即为合格;相反,则为不合格。这种风险评价方法的缺点是,评价结果的准确性依赖于列举风险因素的全面性。检查表设计得是否翔实、是否考虑到引发风险的各方面因素,是检查表评价能否准确的关键。

三、优良可劣评价法

优良可劣评价法是从风险管理单位的特点出发,根据风险管理单位以往管理风险的经验和状况,对风险因素列出全面的检查项目,并将每一检查项目分成优良可劣若干个等级。在进行风险评价时,由风险管理人员和操作人员共同进行,以此确定被检查单位的风险状况。例如,表 6.5 是英国化工协会制订的企业安全生产评价标准的部分内容,根据英国化工协会制定的标准,可以评价被检查企业的风险状况。

表 6.5 英国化工协会制订的企业安全生产评价标准的部分项目

防　火	劣	可	良	优
化学危险品	无使用知识和无有关数据	只有组长知道使用方法,具有数据	只有组长知道使用方法,具有数据和使用标准	在必要的地方都有详细的要求和规定,张贴出来,并进行检查
易燃和易爆品	储存设施不符合防火规定,容器未注明所贮何物,未使用批准的设备,工作地点储有过量的原料	某些储存设施符合规定,大多数容器注明所贮物品的名称,使用了批准的设备	储存设施符合防火规定,大多数容器注明所贮何物,一般均使用批准的设备,工作地点原料储存量限制在 1 天使用量之下,小型容器均放在批准的小室内	除了符合良好的要求外,所有设备均选用质量最好的,并维持在最佳状态
消防设施	不符合防火规定	满足最低要求	除了满足最低标准外,还提供水龙头和灭火器,动火时有制度,所有焊工操作均配有灭火器	除了具有良好的标准外,还有组织好的消防队,处理紧急状况和救火

优良可劣风险评价标准比较直观,可操作性较强。例如,建筑施工、电气防爆、化学试验、工艺操作等,都可以采取这种方法评价风险。如果风险管理单位被评估为"可"或者"劣"时,就需要采取相应的措施加以改进。

四、单项评价法

单项评价法是指风险管理单位列举各项符合标准的项目,凡是具有一项或者一项以上的项目符合标准者,就评价为风险管理的重点。例如,某风险管理部门从产量、质量、成本、交货期、安全生产等方面,将企业设备分为七类,只要有一项达标者,即为风险管理中重点管理的设备:①不管有没有备用机,一旦突然停机,马上会使整条生产线停工的设备;②产生故障后,会影响到关联设备的正常作业,无备用机或虽有备用机,但是转化难度大,转换时间长的设备;③对产品的加工质量有较大影响的设备;④一旦发生意外事故,需要大笔抢修费或者会使产品制造的成本有较大上升的设备;⑤计划外故障会经常影响到交货期,引起索赔或失去较多销售机会的设备;⑥精度高而且修理难度比较大的设备;⑦发生意外事故会影响到安全操作和污染环境的设备。

单项评价法的优点有:管理比较简单,只要风险单位具备管理项目中的一项就是管理的重点,这种方法易于突出风险管理的重点,可以提高风险管理的效率。这种评价方法的缺点有:风险管理者对可能发生风险事故的列举是否全面,以及对风险因素重要性的看法,都会影响风险评价的成败。

五、直方图评价法

直方图形象直观地反映了数据分布的情况,通过观察直方图的形状和公差标准,可以评价风险因素的稳定性。

(一)建立直方图的步骤

建立直方图的步骤是:①将各组端点 u_1、u_2…u_r、u_{r+1} 标在直角坐标系的横轴上;②分别以线段 $[u_r,u_{r+1}]$ 为底边,以该组频率密度 F_r 为另一边作矩形,那么,r 个矩形就构成了直方图(见图6.1)。显然,在频率直方图中,每个小矩形的面积等于相应组的频率,而各矩形的面积之和恰好等于1。

(二)直方图的类型

根据直方图图形的不同,可以将直方图分为两种:正常型和异常型。

1. 正常型。正常型是左右对称的山峰形状(见图6.2)。图的中部有一峰值,两侧的分布大体对称,且其偏离峰值方柱的高度越小,越符合正态分布。这类图形表明,图形所反映的风险处于稳定状态。

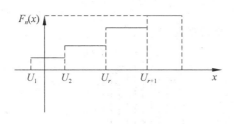 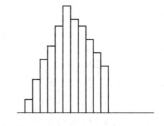

图6.1　累积频率分布图　　　图6.2　标准型直方图

2. 异常型。与正常型分布状态相比,带有某种缺陷的直方图为异常型直方图。这类图形表明,数据所代表的工序处于不稳定状态。常见的异常型直方图主要有以下几种:

(1)偏峰型。直方图的顶峰偏向一侧,这往往是由于只控制了一侧界限或者一侧控制严格、另一侧控制宽松所造成的。根据直方图的顶峰偏向的位置不同,有左偏峰型(见图6.3(1))和右偏峰型(见图6.3(2))直方图。

(2)双峰型。一个直方图出现两个顶峰,这往往是由于风险管理者将两种不同的损失分布混在一起造成的。虽然测试统计的是同一项目的数据,但是,数据来源条件差距比较大(见图6.4)。例如,两班工人的操作水平差距较大,将其质量数据混在一起所作的直方图。出现这种直方图时,应该根据数据进行分层,然后分别作图分析。

（3）平峰型。在整个分布范围内，频数（频率）的大小差距不大，形成平峰直方图，这往往是由于某种风险因素缓慢变化造成的（见图6.5）。例如，工具的磨损、操作者的疲劳等，都有可能出现这种图形。

（4）高端型（陡壁型）。直方图的一侧出现陡壁状态，这是由于人为地剔除了一些数据，进行不真实的统计造成的（见图6.6）。

（5）孤岛型。在远离主分布中心处，出现孤立的小直方图，这表明项目在某一短时间内受到异常因素的影响，使生产条件突然发生比较大的变化，如短时间内原材料发生变化或者由于技术不熟练的工人替班操作等造成的（见图6.7）。

（6）锯齿型。直方图出现参差不齐的形状，频数不是在相邻区间减少，而是隔区间减少，形成了锯齿状。造成这种现象的原因，不是数据本身的问题，主要是由于绘制直方图时分组过多，或者测量仪器精度等有缺陷造成的（见图6.8）。

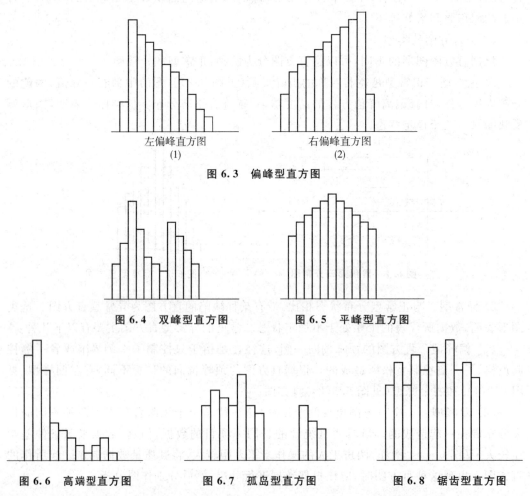

图6.3　偏峰型直方图

图6.4　双峰型直方图　　图6.5　平峰型直方图

图6.6　高端型直方图　　图6.7　孤岛型直方图　　图6.8　锯齿型直方图

(三）直方图风险评价的方法

观察直方图的形状，只能判断风险单位是否稳定正常，并不能判断、评价风险的状况，而将直方图和公差相比较，就可以达到评价风险的目的。对比的方法是，观察直方图是否都落在规格或公差范围内，是否有相当的余地，以及偏离程度如何。几种典型的直方图和公差标准的比较情况如下：

1. 理想型。理想型直方图表示数据分布范围充分居中，分布在规格上下界限内，而且具有一定的余地。这种状态表明，风险单位处于稳定正常的状态（见图6.9(1)），风险管理者的风险评价结果为正常，不需要针对目前的状况进行调整。

2. 偏向型。偏向型直方图表示数据分布虽然在规格范围内，但是分布中心偏向一侧，说明存在着系统偏差，必须采取措施（见图6.9(2)），使平均值接近规格的中间值。这种状态表明，风险单位处于基本稳定状态，风险管理者的风险评价结果为基本正常，需要针对某些问题采取措施。

3. 无富余型。无富余型直方图表示数据分布虽然在规格范围内，但是两侧均无余地，稍有波动就会出现超差，产生风险事故（见图6.9(3)）。针对这种情况，风险管理人员的风险评价结果是存在着风险隐患。在这种情况下，应该采取措施，预防风险事故的发生。

4. 能力富余型。能力富余型直方图表示数据分布过于集中，分布范围与规格范围相比，余量过大，说明风险控制较严格，风险管理不经济（见图6.9(4)），必要时，可以减少不必要的管理费用。针对这种情况，风险管理人员的风险评价结果是不存在风险隐患。

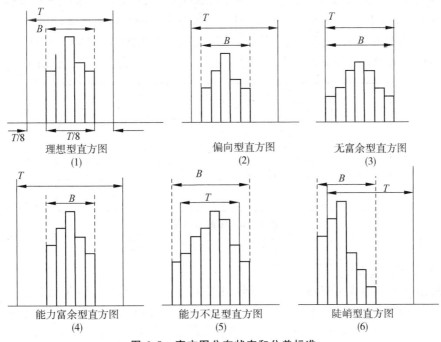

图6.9 直方图分布状态和公差标准

5. 能力不足型。能力不足型直方图表示数据分布范围已经超出规格范围,已经产生风险事故(见图6.9(5))。针对这种情况,风险管理人员的风险评价结果是风险事故已发生。在这种情况下,需要及时采取措施,抑制损失的进一步扩大。

6. 陡峭型。陡峭型直方图表示数据分布过于偏离规格中心,已经造成了偏差,产生风险事故,造成这种状态的原因是控制不严格。在这种情况下,应该采取措施,使数据中心与规格中心重合(见图6.9(6)),既需要使平均值接近规格的中间值,又要减少波动,防止风险事故的发生。

(四)直方图评价法的优缺点

通过观察直方图的分布状态,以及将其与公差标准相比较,可以评价风险因素是否存在风险隐患、分辨风险单位是否存在异常状态,便于风险管理者采取必要的措施,将风险隐患和异常状态消除在萌芽状态。风险单位分布的界限越偏离规定的标准,风险也就越大。直方图评价法的缺点是,这种方法只能提供风险单位所处风险的大致状况,但是无法提供存在风险隐患的原因。同时,直方图评价需要大量的有关风险单位的统计数据,这些数据的真实性影响风险评价的效果。

六、矩阵图评价法

(一)矩阵图评价法的使用

矩阵图法是一种利用多维思考逐步明确问题的方法,就是从问题的各种关系中找出成对要素 $L_1, L_2 \cdots L_i \cdots L_n$ 和 $R_1, R_2 \cdots R_i \cdots R_n$,用数学上矩阵的形式排成行和列,在其交点上标示出 L 和 R 各因素之间的相互关系,从而确定关键点的方法(见图6.10)。通过在交点处给出行和列对应要素的关系和关系程度,可以大致判断出评价风险的关键因素。

		R				
		R_1	R_2	$\cdots$	R_i	$\cdots$	R_n
L	L_1						◎
	L_2	○	◎				○
	$\vdots$						
	L_i				○		△
	$\vdots$						
	L_n	△			◎		○

图6.10 矩阵概念图

注:"◎"表示主要风险因素;"○"表示次要风险因素;"△"表示可疑风险因素。

(二)矩阵图的类型

按照矩阵图的形式可以将其分为四类,主要有 L 型、T 型、X 型和 Y 型。

L 型矩阵图是一种最基本的矩阵图,是由 A 风险因素群和 B 风险因素群组成的矩阵图,如图6.11所示。其中,A 由具体风险因素 $A_1, A_2, A_3 \cdots$ 组成,B 由具体风险因素 B_1,

B_2,B_3…组成,这种矩阵图适用于若干目的和手段之间或者若干结果和原因之间的对应关系。

因素B / 因素A	因素B_1	因素B_2	因素B_3	因素B_4	因素B_5	因素B_6	因素B_7	因素B_8	因素B_9	因素B_{10}
因素A_1										
因素A_2										
因素A_3										
因素A_4										
因素A_5										
因素A_6										
因素A_7										

图 6.11　L 型矩阵图

T 型矩阵图是由两个 L 型矩阵图组成的。其中,由 C 类风险因素群和 B 类风险因素群组成了一个 L 型矩阵图,由 C 类风险因素群和 A 类风险因素群组成了另一个 L 型矩阵图,将这两个 L 型矩阵图组合在一起,就组合成了 T 型矩阵图,如图 6.12 所示。T 型矩阵图表示 C 类风险因素群分别与 B 类风险因素群和 A 类风险因素群对应的关系。

因素A_5											
因素A_4											
因素A_3											
因素A_2											
因素A_1											
因素A / 因素C / 因素B	因素C_1	因素C_2	因素C_3	因素C_4	因素C_5	因素C_6	因素C_7	因素C_8	因素C_9	因素C_{10}	因素C_{11}
因素B_1											
因素B_2											
因素B_3											
因素B_4											
因素B_5											

图 6.12　T 型矩阵图

Y 型矩阵图是由三个 L 型矩阵图组合而成的。其中,A 类风险因素群和 B 类风险因素群、A 类风险因素群和 C 类风险因素群、B 类风险因素群和 C 类风险因素群分别组成三个 L 型矩阵图,将这三个 L 型矩阵图组合在一起,组合成了 Y 型矩阵图,如图 6.13 所示。

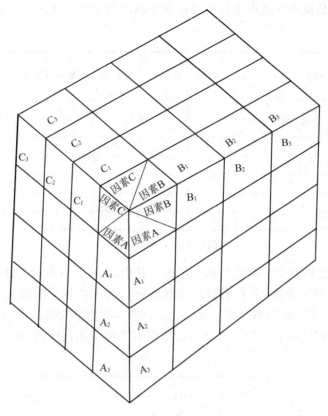

图 6.13 Y 型矩阵图

X 型矩阵图是由四个 L 型矩阵图组合而成的。其中，A 类风险因素群和 C 类风险因素群、C 类风险因素群和 B 类风险因素群、B 类风险因素群和 D 类风险因素群、D 类风险因素群和 A 类风险因素群分别组成了四个 L 型矩阵图，将这四个 L 型矩阵图组合在一起，组合成了 X 型矩阵图，如图 6.14 所示。X 型矩阵图表示 A 和 C、D，C 和 A、B，B 和 C、D，D 和 A、B 四类风险因素组成的矩阵图。

（三）制作矩阵图的步骤

制作矩阵图通常需要以下几个步骤：

1. 列举出影响风险事故发生的各类风险因素。在列举风险因素时，应尽可能做到全面，不遗漏重要风险因素。

2. 确定风险因素的对应关系，找出具有对应关系的风险因素。风险因素之间、风险因素与风险事故之间具有逻辑上的对应关系是建立矩阵图的基础。如果风险因素之间、风险因素与风险事故之间不存在对应关系，则无法绘制任何形态的矩阵图。

3. 根据成对风险因素的个数，确定合适的矩阵图类型，将具有对应关系的风险因素排列成行和列,将共同的风险因素放在矩阵图的中间位置。

						因素 A_6						
						因素 A_5						
						因素 A_4						
						因素 A_3						
						因素 A_2						
						因素 A_1						
因素 C_6	因素 C_5	因素 C_4	因素 C_3	因素 C_2	因素 C_1	因素 A / 因素 C ✕ 因素 D / 因素 B		因素 D_1	因素 D_2	因素 D_3	因素 D_4	因素 D_5	因素 D_6
						因素 B_1						
						因素 B_2						
						因素 B_3						
						因素 B_4						
						因素 B_5						
						因素 B_6						

图 6.14 X 型矩阵图

4. 在成对风险因素交点处表示其重要程度(如图 6.10),一般用符号表示风险因素之间相互关系的重要程度。通常用"◎"表示与引发风险事故关系密切的风险因素,即主要风险因素;用"○"表示与引发风险事故有关系的风险因素,即次要风险因素;用"△"表示可能与引发风险有关的风险因素,即可疑风险因素。

5. 针对主要风险因素采取必要的对策、措施,并制作对策表。例如,日本某公司印刷封面,因为经常脏污报废,产品不合格率竟高达 10%,公司决定对不合格产品进行研究和评价。公司产品质量风险管理部门主要进行了以下几个方面的工作:①按照脏污的不同类型,将检验数据进行分类,制成了排列图(见图 6.15)。②在排列图的脏污不合格品中,风险管理人员将脏污现象(如异色污染、黑点污染)和脏污原因(例如油、锈、垃圾等)区别开来,分别观察;然后,用矩阵图表示它们之间的相互关系(见图 6.16)。③以矩阵图为中心评价产生不合格产品的主要原因,并根据印刷脏污原因矩阵图,可以大致评价导致产品质量不合格的主要风险因素、次要风险因素和可疑风险因素。针对这些风险因素可以确定防止脏污和不合格印刷品对策的一览表(见表 6.6)。表中的第一次对策是立即可以实施的对策;第二次对策就是需要费点时间进行研究或者花费一定的费用才能实现的对策;第三次对策是需要进行长期研究或者还不是具体的、只是今后需要重点研究的对策。根据对策一览表,逐一将对策付诸实施,就可以降低不合格产品的发生率。

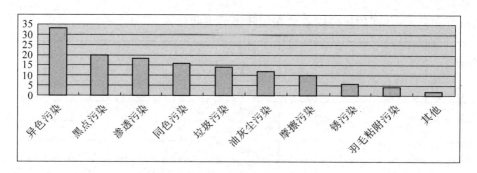

图 6.15 不同类型污染排列图

现象\原因\工序	油	锈	头脸(自己)	头脸(他人)	烟垢	垃圾	凹坑	质地	油丝	油水	沉淀物	绒毛	手垢	厚纸	纸屑	黑色涂料	静电	尘埃
擦污	△					△							○	○				
异色污	◎	◎	◎	○	◎	○		○	△	○	◎				△	○	○	△
同色污						△				◎	○							
沾污	△	△							◎									
黑点污	◎	◎	○		◎	○									○	○		○
搅拌器	○	◎		○	○													
油筒		◎		○														
原料			○			○												
作业			○															
开卷、取卷	○	○										○	○	○	○	◎		
泵架		○			○	○												
油墨辊		○					○			○	○							
导辊	○									○								
油缸					○	○					○							
压板	○	◎																
熟化	○	◎			◎	◎				○			○			○		
天棚		◎			○	○				○								
地面					○	○											○	○
机架	○	◎			◎	○				○								
管道	○	○				○				○								
冷却水	○																	
喷雾		○						○		○								
水碾压机		◎			◎								○			○		
贴合	○	○			◎	○										○		
消光	○											○						
滚筒	◎				◎	◎									○	○		
单刀	○					○										○		
剪切机	○																	
SE	○					○												○

图 6.16 印刷封面脏污原因矩阵图

注:"◎"表示主要风险因素;"○"表示次要风险因素;"△"表示可疑风险因素。

表 6.6　印刷过程中防止脏污和不合格产品的对策一览表

工艺	场所	原因	第一次对策	责任人	第二次对策	责任人	第三次对策	责任人
油墨调配	搅拌器	油	清理金属叶片					
		锈	定期更换滤布（每月两次），清理叶片		全部用不锈钢做成的滚筒			
		烟垢						
		头脸(他人)	清理(特别是叶片)					
	滚筒	锈	彻底清理凹部					
		头脸(他人)	一定要加盖					
	原料	头脸(自己)						
		灰尘						
	作业	头脸(自己)						
印刷机械	开卷、取卷	油	淡色时不要加油		使滚子的位置升高			
		锈						
		手垢						
		厚纸	切去边缘后再用					
		纸屑						
		黑色涂料						
		静电	渐伸时敷设布		吸引微粒清理装置			
	泵架	锈						
		烟垢						
		灰尘						
	油墨辊	油			台糊干燥器角铁的牛锈脱落使导辊直径变大			
		凹坑						
		溅水	使原地略为湿润		将台糊跳跃器内的金属改为轴承		考虑快速返回装置的方案	
		沉淀物						
		黑色涂料	用氨水擦胶辊					
	导辊	油	淡色时不要加油					
		溅水						
		渣滓						
	油缸	烟垢	定期空气吹屏蔽（每 3 个月一次）				修正接头的凹部	
		灰尘						
		渣滓	清洗油缸		改良排水管			
	压板	油	清洗盖子		防止向发热器飞散,在线夹上涂上聚四氟乙烯			
		锈						
		渣滓						

（四）矩阵图评价法的优缺点

1. 矩阵图评价法的优点。矩阵图评价法是采用多维思考方式评价风险因素的一种比较有效的风险管理方法，可以对导致风险事故发生的各种风险因素有一个大致的评价，可以分辨出主要风险因素、次要风险因素和可疑风险因素。这样评价风险因素具有简单明了的特点，并为风险决策管理提供可靠的依据。

2. 矩阵图法的缺点。(1)风险管理者对风险因素重要性的认识具有主观性。风险管理者在用"◎"、"○"或"△"等符号表示不良现象及其原因等造成的关联程度时，容易掺入评价者的主观意见，因此，要比较真实地反映风险因素的状况，具有一定的困难。但是，如果能够得到多数有经验者的一致意见，可以在短时间内得到由长期经验证明的满意结果。(2)风险管理者获得相关的数据资料比较困难，这也就在一定程度上影响了矩阵图法风险评价的准确性。

复习思考题

1. 简述影响风险评价的因素。
2. 简述风险评价的原则。
3. 简述风险评价的标准。
4. 简述确定风险评价标准需要考虑的因素。
5. 简述风险度评价的方法和优缺点。
6. 简述检查表评价的方法和优缺点。
7. 简述优良可劣评价的方法和优缺点。
8. 简述直方图评价的方法和优缺点。
9. 简述矩阵图评价的方法和优缺点。

第七章 风险控制技术

风险管理单位在风险识别、风险衡量和风险评价以后,需要考虑进一步选择风险控制技术的问题,以达到减少事故损失的目的。一般来说,风险控制技术主要包括风险规避(Avoidance)、损失控制(Loss Control)和风险转移(Transfer-Control Type)三种,其中,风险转移可以分为非保险转移和保险转移两种,下面逐一介绍这些风险控制技术。

第一节 风险规避

风险规避是指风险管理单位主动采取措施放弃原先承担的风险或者完全拒绝承担风险的行为。风险规避是一种有意识不让个人、家庭或者公司面临特定风险的行为。从某种意义上说,风险规避是将风险发生的概率降低为零。风险规避是各种风险控制技术中最简单的方式,同时,也是较为消极的管理方式。

一、风险规避的方式

风险规避是风险管理单位设法回避损失发生可能性的行为,风险规避的方式主要有两种:完全拒绝承担风险和放弃原先承担的风险。

(一)完全拒绝承担风险

完全拒绝承担风险的特点在于风险管理人员预见到了风险事故发生的可能性,在风险事故未发生之前进行处理。例如,一位拥有资产达数十亿美元的公司首席执行官可能决定不乘坐飞机,这避免了由于飞机坠毁而造成的死亡风险。又如,一位可以选择购买方式的买者,可以让卖者承担货物在运输途中损失的风险,直到货物运抵自己的仓库为止,这样,买者就有效地规避了货物在运输过程中面临的各种风险。再如,企业不在经常发洪水的区域建造仓库,就可以避免洪水淹没仓库、造成企业财产损失的风险。

(二)放弃原先承担的风险

放弃原先承担风险的特点在于风险因素已经存在,被风险管理者发现,及时进行了处理。例如,美国9·11事件的发生,使世界保险业遭受前所未有的重创,此后,许多保险公司对未来可能发生的恐怖袭击持谨慎的态度。为了分担保险公司的经营风险,美国国会于2002年11月通过《恐怖风险保险法案》,规定保险公司发生100亿元以上的理赔案,联邦政府将承担理赔额的90%,保险公司只需承担剩余赔付额的10%。尽管如此,仍然有很多保险公司拒绝承保恐怖风险。又如,某药厂发现其生产的药品会产生严重的副作用,由此,药厂决定停止生产该药品,这样,某药厂就放弃了原来承担的责任风险,控制了由于药品不合格可能产生的责任风险。

二、风险规避适用的情形

风险规避是处理风险的有效办法之一。通过风险规避,风险管理者可以明确知道风险不可能发生,风险管理单位也就不会承担某些潜在的损失风险。风险规避适用的情形主要有以下几个方面:①风险规避适用于发生频率高且损失程度比较大的特大损失风险;②风险规避适用于损失频率虽不高,但是,损失后果严重,并且无法得到补偿的风险;③风险规避适用于采用其他风险管理技术的成本比较高,且超过风险规避成本的情形。

三、风险规避的优缺点

(一)风险规避的优点

风险规避可以避免损失的发生。风险规避是一种最彻底的、主动避免风险事故发生的方法,可以完全、彻底地消除风险事故造成的经济损失。当风险管理人员预期风险事故造成的损失比较大,并且无法转移风险的时候,可以采取风险规避的方式,这无疑是比较明智的选择。

(二)风险规避的缺点

1. 风险规避是风险管理单位面对损失的主动放弃,是一种无奈的选择。风险管理单位在规避风险的同时,也放弃了获得经济收益的机会。在经济活动中,风险和收益往往是并存的。例如,为了规避损失的风险,某企业选择了不再投资建厂,这也就放弃了工厂建成投产后带来的经济收益。

2. 风险规避存在着不适用的情形。风险规避不适用的情形主要有以下几个方面:①某些风险事故造成的损失是不可避免的,采取风险规避的方法无效。例如,地震、海啸、暴风雨等自然灾害给人类造成的损失比较大,这些风险事故的发生是不可避免的,因而,无法采取风险规避的办法。又如,生老病死风险是没有规避风险可能性的。对于这类风险采取风险规避的办法显然是无效的。②无法规避的风险,不能采取风险规避的办法。例如,企业要进行生产,必然面临产品市场占有率下降、经营亏损的风险,这些经营风险是风险管理单位无法规避的。③风险规避不适用于正在实施的工程。风险规避虽然是消除风险比较有效的办法,但是,对于正在实施的工程来说,则无法采用风险规避的办法。风险规避的技术适用于某项工程的计划阶段,而不适用于工程已经进入实施的阶段。例如,某工程已经投产、开工,就不能采取风险规避的方式,否则,就会造成前期投资的损失。

3. 规避某种风险很可能会产生另一种风险。在风险管理者改变工作状态或者工作方案以规避某一种风险时,就有可能面临另外一种新的风险。例如,为了到达目的地,某人决定不乘坐飞机,而改乘汽车或火车,乘坐汽车或火车,虽然可以规避飞机失事的风险,但是,也会面临着汽车或火车碰撞的风险。由于乘坐汽车或火车发生风险事故所造成损失的程度比乘坐飞机低,因而,某人改乘汽车或火车还是有益的。又如,某公司采用卡车运货有产生损失的风险,而放弃用卡车运货,又会产生货物运不出去、产品积压的经营风险。

第二节 损失控制

在风险管理中,风险规避具有一定的局限性,即风险规避不适用于正在实施的项目或工程。针对正在施工的项目或工程,风险管理单位可以采取损失控制技术,以防止风险事故的发生或者抑制损失的扩大。

一、损失控制的概念和特点

损失控制是指风险管理单位有意识地采取措施,防止风险事故的发生,控制和减少风险事故造成的经济和社会损失。采取损失控制技术,通常需要做好以下两个方面的工作:①风险预防。风险事故发生以前,消除引发风险事故的根源,可以减少致损事故发生的概率。②损失抑制。风险事故发生以后,采取事故控制措施,可以减轻损失的程度、抑制损失(见图 7.1)。

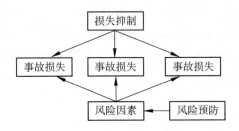

图 7.1 风险预防和损失抑制

从图 7.1 可以看出,风险预防是针对风险因素采取的积极预防措施,旨在消除引发风险事故的根源;损失抑制是针对风险事故损失的应急性对策,是风险管理单位采取的临时性措施。但是,在引起风险事故的主要风险因素未找到以前,为减少损失扩大而采取的有关措施,并不能防止损失的再次发生,损失抑制并不能解决引发风险事故的直接原因。

损失控制与风险规避的共同之处在于,二者都以处理风险单位为对象,都未采取转移风险的方法。损失控制与风险规避的不同之处是:①损失控制是风险管理单位不愿放弃与不能转移的风险,是风险管理者主动采取的风险管理技术;风险规避是风险管理者主动放弃或者中止损失的风险。②损失控制的目的是,积极改善风险单位的特性,使风险事故被控制在安全的界限内;而风险规避则是消极地放弃或中止风险。

二、损失控制的类型

依据不同的原则进行划分,损失控制技术可以分成不同的类型。下面分别介绍这几种类型:

（一）按照损失控制的目的划分,可以分为风险预防和损失抑制

预防风险以降低损失发生的概率为目的,防止风险事故的发生;损失抑制以减少损失的程度为目的,防止损失的进一步扩大。例如,建造防火墙、实施生产质量管理、驾驶技术考核、颁布安全生产条例、提供劳动保护用品、检查通风设备、改进产品设计等,都是以减少损失发生的频率为目的,属于风险预防。又如,轮换使用机器设备、安装自动喷水灭火系统、对工伤人员及早治疗等措施,则属于损失抑制。

（二）按照损失控制的方式划分,可以分为工程物理法、人们行为法和规章制度法

按照风险控制的方式不同,损失控制可以分为工程物理法、人们行为法和规章制度法。工程物理法以风险单位的物理性质为风险管理的重点,侧重于营造安全的环境。例如,安装通风装置、维修机械、安装消防栓等。人们行为法则是以人们的行为控制为风险管理的重点,侧重于操作程序、操作规范和操作技巧的管理,预防或者减少人为因素造成的风险事故。规章制度法是以法律、法规和规章制度为原则,规范政府管理部门、企业和个人的行为,以维护风险事故当事人的合法权益。

（三）按照损失控制的时间划分,可以分为损失前控制、损失时控制和损失后控制

损失前控制的目的是损失预防,损失发生时和损失发生后控制的目的是抑制损失,防止风险事故造成损失的扩大。

三、风险预防

在各种风险管理技术中,风险预防占有极其重要的地位。风险预防是一种行动或安全设备装置,在损失发生前将引发事故的因素或环境进行隔离和控制。如果引发损失的是一系列风险因素链,那么,风险预防就是在损失之前切断这条风险因素链。

（一）风险预防的理论

目前,风险预防存在着许多不同的理论,主要有以下几个方面:

1. 多米诺骨牌理论

1959年,美国人海因希里(H. W. Heinrich)在研究1920年美国发生的许多工业事故时发现,80%的意外事故是由于工人的不安全行为导致的,对此,他提出了一套预防风险事故发生的理论,即工业安全公理,其内容主要有以下几个方面:①损失事件总是由各种

因素所构成的一个完整顺序引起的,其中最后一个因素就是事故,事故总是直接由人为的风险因素或物质的风险因素引起的。②人的不安全行为是造成大多数风险事故的原因。③由于发生人的不安全行为,造成了致残性伤害事故。例如,300个由于相同的不安全行为受伤的人中,约有1个人致残,这时伤残的概率为1/300。④严重的伤害是偶然发生的,导致发生伤害事故的事件基本上是可以预防的。⑤寻找产生人的不安全行为的基本原因(即人或物质的直接原因和间接原因),可以为风险管理者选择适当的控制措施提供方向。⑥控制风险可以采取四种基本方法:技术措施、说服教育、人事调整和加强纪律。⑦控制风险的方法与控制产品质量、成本和产量的方法相类似。⑧领导人和管理部门具有开展控制风险的最佳条件。⑨领导和风险管理部门是控制风险的关键人物,他们管理风险的能力对风险控制具有关键性的作用。⑩安全的组织机构对促进生产的作用是积极的,而不安全的组织机构对生产的作用是消极的。

海因希里以上述10条公理为基础,提出了多米诺骨牌的理论。他认为,导致风险事故的风险因素可以分为五类:①血统和社会环境;②人的缺点;③不安全行为和机械危险;④事故;⑤伤害。

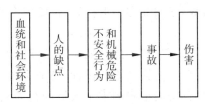

图7.2 多米诺骨牌理论

一种风险事故的发生,是这五个方面的因素以一个固定的逻辑顺序,相继发生的结果。风险事故的发生仅为这一顺序中的一个环节。如果前面几个因素中的任何一个因素被消除,事故顺序就会中断,风险事故也就不会发生(见图7.2)。在风险事故顺序中,不安全行为和不安全状态是问题的关键,若消除人的不安全行为,则前面的因素无效,后面的风险事故也就不会发生。因此,预防风险事故的发生,重点应该是消除人的不安全行为,以及环境和事物的不安全状态,即通过改变风险因素、风险因素所在的环境和风险因素与环境的相互作用,可以预防风险事故的发生。

2. 能量释放理论

能量释放理论(Energy Release Theory)是美国学者米歇尔·查皮塔基斯提出的。该理论认为,大多数事故是由于意外释放能量(如机械能、电能、化学能、热能等)或者危险材料(如有毒气体、粉尘、放射性物质等)造成的。这些能量或危险物质的意外释放是由风险因素引起的,即由不安全行为和不安全状态引起的。也就是说,一个不安全行为或一种不安全状态,可能会导致意外释放能量或危险材料,最终酿成人员伤亡、财产损毁事故的发生。该理论还认为,造成风险事故的根本原因是意外释放能量或危险材料,而不安全行为和不安全状态是事故发生的导火索。

3. 多因果关系理论

许多风险事故并不是单一风险因素作用的结果,而是许多因素综合作用的结果。这些风险因素以随机的形式结合在一起,从而导致风险事故的发生。多米诺骨牌理论只是从引发事故的原因出发,寻找导致风险事故的链条,但不一定是根本原因;而多因果关系理论则是从导致风险事故的多因素出发,寻找导致风险事故的主要原因,这些引发风险事故的原因可能是一个,也可能是多个。

(二)风险预防的原则

在发现、调查和认知风险源以后,应当根据风险评价结果的轻、重、缓、急,采取相应的措施。对于引发重大风险事故的风险因素要及时处理。一般来说,根据风险事故发生后果的严重程度,可以分别采取以下措施:①事故后果可以忽略,可以不采取风险预防措施;②事故后果比较轻,暂时还不能造成人员伤害和财产损失,应该考虑采取风险预防措施;③事故后果严重,会造成人员伤亡和系统损坏,需要立即采取风险预防的措施;④可能造成灾难性后果的风险事故,必须立即采取措施,排除安全隐患。

(三)风险预防的方法

风险预防的方法多种多样,不是单一的。如果风险预防的措施侧重于风险单位的物质因素,则称为工程物理法,例如,防火结构的设计、防盗系统的安装、机器的安全检查等都属于工程物理法;如果风险预防的措施侧重于人员的行为教育,则称为人们行为法,例如,实施职业安全教育、消防教育等属于人们行为法;如果风险预防侧重于建立规章制度、操作手册、值班条例等,则属于规章制度法。下面分别介绍这几种方法:

1. 工程物理法

根据工程物理法的理论,风险预防所采取的具体措施主要包括以下几个方面:

(1)预防风险因素的产生。例如,保持汽车刹车系统处于良好的状态,以保证其设备不致失控,可以预防刹车失灵这一风险因素的产生,从而预防风险事故的发生。又如,加油站严禁客户吸烟,可以预防火灾造成损失的风险。

(2)减少已经存在的风险因素。例如,用新的电线替换已经老化、破损的旧电线,可以减少已经存在的风险因素,以达到降低损失的目的。又如,在建筑施工中,限制工人登高的人数,不仅可以减少风险因素的数量,而且可以减少风险事故的发生。

(3)防止已经存在的风险因素释放能量或者限制能量释放的速度。例如,限制生产车间易燃、易爆物质的存放量等方面的规定,可以减少发生火灾的风险因素,防止风险因素的能量释放。例如,造纸厂在堆草垛时,严格按照有关方面的规定,使每一草垛的重量、体积、草垛的间隔距离等能够满足风险防范的要求,以防某一草垛燃烧,引起所有草垛的损失。又如,使用限制能量释放速度的缓冲装置,能量一旦释放出来,能够采取通风、排气等措施,使能量无法积累到引发风险事故发生的限度。

(4) 改善风险因素的时间和空间分布。例如,在建筑施工中,安装防护栏,可以防止登高工人摔下来。又如,用道路护栏、过街天桥、地下通道分离行人和机动车辆,可以避免或减少机动车撞人的风险。又如,遇到大雾天气,有关部门关闭机场和高速公路等,可以将风险因素与可能遭受损失的人、财、物分离。

(5) 隔离风险因素与人、财、物。例如,利用防火墙将两栋紧挨的房子分开,可以起到隔离风险因素对人、财、物的危害。当其中一栋房子发生火灾时,防火墙可以起到阻止火势蔓延、减少损失的作用;而对于未遭受火灾的房屋而言,防火墙就起到了风险预防的作用。

(6) 改变风险因素的基本性质。例如,在容易产生静电的绝缘材料中,加入少量抗静电的添加剂,可以增强材料的吸湿性,防止火花的产生,从而起到预防风险事故发生的作用。

(7) 增强单位或个人的防护能力。例如,为了防止粉尘危害职工身体健康,要求作业工人佩戴防尘口罩、防尘衣、防尘面罩等,来增强个人的防护能力,可以预防和减少职业病的发生。又如,为了防止雷电危害,在建筑物上安装避雷针、避雷线、避雷网、避雷带等,可以预防建筑物遭遇雷击的风险。

(8) 防止风险因素的聚集。例如,在封闭的空间中,易燃易爆物质达到一定浓度、又有明火进入时,就会产生爆炸,但如果使作业空间通风、降低易燃易爆物质的浓度,就会起到防止风险因素聚集、防止爆炸事故发生的作用。

2. 人们行为法

人们行为法是指以人们的过失行为为风险预防的出发点,通过风险管理知识教育、操作规程培训、安全卫生态度教育,来避免人们的不安全行为。人们行为法主要包括以下几个方面:

(1) 安全卫生法制教育。为了保证人员和财产免遭损坏,国家制定了一系列法律法规和标准,进行安全卫生法制教育。例如,为了保障企业生命、财产的安全,我国政府颁布了许多劳动安全卫生法律和行政法规,要求企业进行安全卫生生产教育。目前,我国政府出台的有关法律、法规主要有:《安全生产法》、《消防法》、《矿山安全法》、《劳动法》、《职业病防治法》、《工厂安全卫生规程》、《建筑安装工程技术规程》、《锅炉压力容器安全监察暂行条例》、《化学危险品安全管理条例》等,从安全管理、安全技术、劳动卫生安全等各个方面,对企业生产进行规范化管理和法律约束,其目的在于提高企业风险管理意识,防范行为过失造成重大损失的风险。

(2) 安全卫生技能教育。安全卫生技能教育主要是指风险管理单位对职工进行三级教育、特种作业安全教育、继续教育、经常性教育,以及各种行之有效的安全教育。通过这些教育,促使人们遵守风险管理行为准则,预防风险事故的发生。下面主要介绍以下几种安全卫生教育：①三级安全卫生教育。三级安全卫生教育是指对新招收或者调入职工、新进厂的合同工、培训和实习人员等，在分配到车间或工作地点以前，进行厂级、车间级和岗位级的安全教育。②特种作业安全卫生教育。特种作业安全卫生教育主要是针对特种作业人员的安全卫生教育，其目的是防止重大风险事故的发生。特种作业是指对操作者本人，尤其是对他人和周围设施的安全可能造成重大危害的作业。直接从事特种作业者被称为特种作业人员。例如，我国政府颁布的《特种作业人员安全技术考核管理规则》规定，特种作业的范围主要包括以下十几个大类：电工作业、锅炉司炉、压力容器操作、起重机械作业、爆破作业、金属焊接（气割）作业、煤矿井下瓦斯检查、机动车辆驾驶、机动船舶驾驶、轮机操作、建筑登高架设作业，以及符合标准的其他作业。特种作业人员必须经过专门安全技术培训，并由有关部门考核合格、发证后，才能独立上岗作业。③继续教育。继续教育是指对已经受过大专院校教育，并已经在工程技术岗位上工作的科技人员、管理人员及企业领导者等，进行安全知识和劳动保护最新知识的教育。这一层次的教育主要是针对企业安全管理部门的干部、技术人员和领导进行的，通过职业安全卫生培训，考核合格者发给相应的证书，持证者才有资格指挥生产。④经常性安全卫生教育。经常性安全卫生教育是针对工作岗位的特点，对干部和职工开展不同形式的教育。例如，班前布置安全工作事项、班中检查安全情况、班后总结安全问题等制度化的管理；对重点设备的大修、检修；对重大危险性作业前的安全教育；对违章以及重大事故责任者的离岗安全教育等，属于经常性安全教育。⑤其他教育形式。随着安全卫生生产教育工作的普及和深入，安全卫生生产教育的形式和方法也日益深入、日益丰富。例如，安全活动日、安全活动周、安全宣传等教育，可以提高职工的风险管理意识，减少风险事故的发生。

（3）安全卫生态度教育。安全卫生态度教育是风险管理单位对职工风险意识教育的重要方面。加强安全卫生态度教育，可以减少人为风险因素所造成的损失，可以控制运用物理工程法无法预防和控制的风险事故。

3. 规章制度法

规章制度法是指国家、企业制定相应的法律、规章制度，要求风险管理单位在国家法律法规允许的范围内制订规章制度，进行经济和社会活动，预防风险事故的发生。例如，企业制定的规章制度可以规范劳动者的行为，企业制定的规章制度不得违反国家法律法规。又如，为了防止商业银行倒闭，而给社会经济带来的负面影响，中央银行建立的法定存款准备金制度，就是防范金融风险的有效措施之一。又如，《中华人民共和国劳动法》规定："用人单位必须建立、健全劳动安全卫生制度，严格执行国家劳动卫生规程和标准，对劳动者进行安全卫生教育，防止劳动过程中的事故，减少职业危害。"

（四）风险预防方法的综合运用

风险管理者对某一具体风险单位往往采取多种预防风险的管理办法，即综合运用物理工程法、人们行为法和规章制度法，从而达到预防风险的目的（见表7.1）。表7.1中列出了一些改变风险因素、预防风险的措施，了解这些措施，有助于加强人们对风险预防的认识。

表 7.1 损失预防的防范措施

风险因素	工程物理法	人们行为法	规章制度法
火灾	设置防火设施	禁止带入明火或按照操作规程作业	按照国家消防法律组织、检查和监督
触电	设置绝缘、屏护栏和间距，使用合格产品	培训安全用电知识、操作规程	按照国家安全、卫生规定检查、监督
偷窃	设置防盗、监控设施	培训人员、监督保安履行职责	根据国家法律惩罚偷窃者
机动车道结冰	铲除路面冰块、在路面上撒盐、使用防滑设备	限制车速	根据国家道路交通管理规定检查、监督驾车者
吸烟	设置防火设备	严禁吸烟或允许在规定的区域内吸烟	颁布禁烟的法律、法规
酒后驾车		禁止酒后驾车、罚款	违反禁令的驾车者蹲监狱
减少药品副作用	研究	披露药品副作用的信息	要求厂商按照有关规定披露药品副作用的信息
污染	设置处理污染的设施	达成利用和处理污染物质的协议	按照国家法律、法规检查和监督
消费者使用危险产品	改进产品性能、增强产品的安全性	说明安全操作办法	按照国家法律、法规检查和监督

四、损失抑制

损失抑制是指在风险事故发生时或发生后，采取措施，减少损失发生的范围或损失严重的程度。一般情况下，损失抑制是在损失程度比较重，而且无法进行风险转移或者风险规避的情况下才运用的管理措施。例如，发生火灾后，使用消防设备灭火，救护被损害的财产、人员等，可以起到损失抑制的作用。又如，汽车制造商在生产的车辆上安装安全气囊，这是损失抑制的重要设施。安全气囊不能阻止交通事故的发生，但是，如果交通事故发生了，安全气囊能够减轻驾驶员受到的伤害。损失抑制的方式是多种多样的，下面主要介绍分散风险单位和备份风险单位这两种损失抑制的方式。

（一）分散风险单位

分散风险单位是指将风险单位划分成若干个数量少、体积小而且价值低的独立单位,分散在不同的空间,以减少风险事故造成的损失程度。分散风险单位的目的是减少某一次风险事故发生所造成的最大可能损失。例如,使用耐火材料将建筑物内的空间分成几个小部分,如果某一部分空间发生火灾,其他部分就不会受到火灾的影响。又如,随着大型喷气式客机的发展,使航空公司因一次飞机失事所应承担的经济赔偿责任大大增加,以至于曾经有一段时间,保险公司不愿意为航空公司提供所需要的责任保险。然而,对于一些小型飞机,保险公司则很愿意为其提供责任保险。这是因为,小型飞机所乘载的旅客人数及货物有限,一旦发生风险事故,保险公司能够承受得起。这实际上是说,分散风险单位,可以降低风险事故造成的损失。

(二) 备份风险单位

备份风险单位是指再准备一份风险单位所需的零部件或者设备。在原有的零部件或者设备不能正常使用时,备份风险单位可以代替原有设备发挥作用。使用备用的零部件或者设备,有助于降低损失的程度。例如,某医院每天大约需要 6 辆救护车,为了防止一些车辆发生故障、暂时不能使用造成的损失,医院决定再购买 2 辆救护车备用。通过备份风险单位的方式,医院解决了救护车紧缺、在关键时刻无法正常运营的问题。又如,计算机文件备份并将备份文件隔离存放,可以起到减少重要数据丢失、造成不必要损失的作用。公司的财务记录、养老保险缴费记录、企业应收账款记录、交易文件、客户资料和其他重要财务资料的缺失,都会给风险管理单位带来严重的财务损失,备份风险单位可以起到损失抑制的作用。

(三) 分散风险单位和备份风险单位的关系

分散风险单位和备份风险单位的联系主要有以下几个方面:①分散风险单位和备份风险单位都是针对风险事故发生的结果采取相应的预防措施,都是损失抑制的措施。②分散风险单位和备份风险单位都可以降低损失的程度。

分散风险单位和备份风险单位的区别主要有以下几个方面:①分散风险单位采取的是分离风险单位的措施,而备份风险单位采取的是复制风险单位的措施。一般情况下,分散风险单位的目的在于使原有的风险单位变小,减少损失的程度;而备份风险单位则没有使原有的风险单位变小,而是重置风险单位,在风险事故发生时,使用备份的风险单位,可以抑制损失。②分散风险单位降低了一次风险事故的损失程度,同时却增加了风险单位的数量,提高了风险事故发生的概率。例如,用 2 个仓库代替 1 个仓库存放货物,在降低了储存货物遭受风险事故的损失程度的同时,却增加了风险单位的数量,使 2 个仓库都面临着遭受火灾或者其他损失的风险。备份风险单位也可以减少一次事故的损失程度,但是,并不一定增加风险单位。③分散风险单位是通过减少直接损失来降低损失的,而备份风险单位通常是在原有设备或者零件发生直接损失的情况下,通过减少或者消除间接损失来降低损失的程度。

五、损失控制的成本和收益

损失控制是有成本的,风险管理单位进行损失控制投资是为了获得安全保障的收益。损失控制获得的收益大于损失控制的成本是风险管理控制损失的基本原则。只有当损失控制的收益大于损失控制的成本时,风险管理单位才会选择损失控制的方式;否则,就不会采取损失控制的方式。

损失控制的成本主要是指采取控制措施的成本、设备的成本和维护的成本等,主要包括以下三类:①资本支出和折旧费用。例如,安全设备、防火墙、自动喷水系统的成本和按年分摊的折旧。②人员安全费用。例如,保安人员、安全督导人员、消防人员、安全顾问、工程师等人员的薪资、津贴、劳保用品等。③培训费用。例如,安全训练手册、培训讲师、训练费用等。

损失控制的收益主要是指采取损失控制可以减少或者消除的直接和间接损失。损失控制收益主要包括未发生的以下几个方面的支出:①维修或者重置受损设备的费用;②由于财产损坏而引起的收入损失;③损失后维持运营的额外成本;④履行不利的责任判决的费用;⑤受伤人员的医疗费用、抚恤费用、生活费用等;⑥由于死亡或疾病而引起的收入损失等。

一般来说,损失控制的收益是无法简单估计或确定具体金额的,尽管如此,风险管理单位仍然需要防患于未然,进行必要的损失控制。因为有些风险是国家法律、法规规定必须控制的,即使无法预测损失控制的收益,也必须采取相应的措施。例如,预防职业病发生的设备和劳动保护费用等,是国家法律法规规定必须提供给劳动者的;否则,不仅需要承担赔偿工伤职工损失的风险,而且还会受到国家有关部门的处罚。

第三节 非保险转移风险

风险转移主要分为两类:一类是非保险转移,另一类是保险转移。本节主要讲述非保险转移风险的方式。

一、非保险转移风险的概念和特点

非保险转移风险是指风险管理单位将损失的法律责任转移给非保险业的另一个单位承担和管理的技术,签订合同是非保险转移风险的有效办法。例如,某人在股价下跌之前卖出股票,将股价下跌造成损失的风险转移给了买者。非保险转移风险的承担者不是保险人,而是合同的受让人。

风险转移与风险规避不同,风险规避技术是放弃或者终止存在的风险单位,而风险转移则允许风险单位继续存在,而是将损失的责任转移给了保险公司以外的第三者承担。

风险转移与损失控制不同,损失控制直接对风险单位所致损失的频率和程度加以改善,而风险转移则将风险可能带来的损失转移给其他单位或者个人承担,从而使风险管理单位达到避免损失或者减少损失的目的。

二、非保险转移风险的方式

非保险转移风险的方式主要有两种:①将财产或活动的所有权或管理权转移给他人,即转移风险源。②签订消除或减少转移方承担损失责任的条款或者消除转移方对他人承担的义务。下面分别介绍这几种非保险转移风险的方式。

(一)转移风险源

从风险事故发生的原因分析,通常有两种情况:一是拥有的财产遭受损失;二是在从事生产或经营活动中,使他人的财产遭受损失或人员受到伤害。因此,转移风险源(财产或活动)的所有权或管理权,就可以部分或全部地将损失的责任转移给他人承担。具体来说,可以采用以下几种方式转移风险源:

1. 出售财产。风险管理者出售承担风险财产的同时,也就将与财产有关的风险转移给了购买该项财产的个人或单位。例如,企业出售其拥有的一幢房屋,这个房屋所面临的火灾等风险也就随着房屋的出售被转移了出去。又如,在产品价格预测不断下跌的过程中,企业尽快卖出积压的商品,可以将产品价格下跌所造成损失的风险转移出去。

2. 租赁财产。租赁财产可以使财产所有人部分地转移自己所面临的风险。财产租赁是指一方把自己的房屋、场地、运输工具、设备或生活用品等出租给另一方使用,并收取租赁费。租赁财产过程中,可能出现的损失主要有以下几个方面:①有关的物质损失,因财产受损而引起的租金损失或贬值。②由财产所有权、使用权引起的对第三者的损失承担赔偿责任。如果租赁协议中规定,承租人对自己过失造成的租借物的损坏、灭失,应该承担赔偿责任,这样,出租人就将财产面临的潜在损失风险转移给了承租人。

3. 分包。风险管理单位利用分包的方式,可以起到转移风险源的作用。例如,建筑工程中,承包商可以利用分包合同转移风险。如果承包商担心工程中电气安装项目的原材料和劳动力成本可能增加,就可以雇佣分承包商承接电气安装项目。又如,对于一般的建筑承包商来说,可以通过转承包的方式将职工可能面临的人身意外伤害等风险转移给非保险的转承包商。显然,承包商通过风险转移减少了其承担的损失风险。

(二)签订转移风险的合同

在风险管理中,签订合法、有效的合同,签订转移风险的条款,可以起到转移风险的作用。一般来说,转移风险的合同主要包括以下几种类型:

1. 签订免除责任条款。签订免除责任条款是指合同的一方运用合同条款将合同履行中可能发生的对他人人身伤害和财产损失的责任转移给另一方承担,即运用合同中的条款实现风险的转移。例如,医生在给生命垂危的病人实施手术之前,会要求病人家属签字同意,若手术失败,医生不负责任。在这份协议中,医生没有避免带有风险的活动,而是转移了可能引起的责任风险。又如,一家公司与某建筑承包商在签订新建厂房的合同时规定,建筑承包商对完工前厂房的任何损失负赔偿责任。再如,出版社在出版合同中加入转移责任损失的条款,约定作者对剽窃行为自负法律责任。

2. 签订转移责任条款。经济合同中的某些条款,可以起到转移财产或人身损失风险的作用。例如,建筑工程的工期通常比较长,承包方面临着设备、建材价格上涨而导致的损失。对此,承包商可以在合同条款中约定:如果因为发包方的原因,致使工期延长而带来损失,承包方有权追加承包工程的金额。承包方运用这项条款就把潜在的损失风险转移给了发包方。

3. 签订保证合同。保证合同是指由保证人对被保证人因其行为不忠实或不履行某种规定的义务,而导致权利人的损失予以赔偿的一种书面合同。保证合同的当事人是保证人、被保证人和权利人,权利人借助保证合同条款可以将被保证人违约的风险转移给保证人。一旦发生合同规定的损失,权利人可以从保证人处获得经济损失的赔偿。否则,由保证人承担损失责任。保证的目的在于,担保被保证人对权利人的忠实和有关义务的履行。保证合同具有以下特点:

(1) 保证合同具有从属性。保证合同从属于主合同。保证合同是为担保主合同设立的,主合同不成立,保证合同也不成立;主合同消灭,保证合同随之消灭。保证合同的担保金额,不得大于主合同标的的金额。

(2) 保证合同具有相对独立性。主合同为主债权人和主债务人之间的法律关系,而保证合同是主债权人与保证人之间的法律关系。保证合同无效,不影响主合同的法律效力。保证合同有自己独立的变更和终止的条件。

(3) 保证合同具有补偿性。保证合同的补偿性是指被担保的债务不履行时,保证合同才发生履行的效力。保证合同分为忠诚保证和合同保证。如果发生被保证人不诚实行为,如偷盗、诈骗、隐匿、伪造等行为,致使权利人遭受损失时,由保证人负赔偿责任;同时,保证人可以向被保证人追偿其遭受的损失。

(4) 被保证人可以向保证人提供抵押担保品。在签发保证合同时,保证人可以要求被保证人用现金或政府债券作为担保品进行抵押,以预防自己可能遭受的损失。

三、非保险转移风险的条件

风险管理单位是否能够顺利地转移风险,是有条件的;相反,如果不具备风险转移的条件,就无法转移风险。风险转移需要具备以下几个方面的条件:

(一) 转移责任条款必须是合法有效合同的组成部分

风险管理单位要转移风险,需要签订合法、有效的合同。例如,《中华人民共和国经济合同法》和《中华人民共和国民法通则》规定,违反法律法规的合同、采取欺诈胁迫等手段签订的合同、代理人超越代理权限签订的合同、违反国家利益或社会公共利益签订的经济合同均属无效合同。风险管理部门在运用合同条款转移责任风险时,必须熟悉相关的法律法规,合同条款不应该同国家的法律、法规相抵触。例如,某商场贴出告示声明,出售后的商品在保修期内,只负责对故障商品实行免费修理,不负责退货,而《中华人民共和国消费者权益保护法》规定,如果商品在保修期内修理2次以上时,消费者有权选择退货。因此,该商场的单方约定由于不符合《中华人民共和国消费者权益保护法》而无效。这种风险转移的方式,违反了法律法规的规定,其转移风险的方式不具有法律效力。

(二)受让方具有偿付能力

受让方是否具有偿付能力,是风险真正转移的条件。如果受让方没有能力赔偿损失,那么,转让方必须对已经转移出去的风险承担责任。例如,甲方与乙方签订的一份合同规定,乙方在作业时,由于疏忽而造成第三者人身伤亡或财产损失时,由乙方承担。乙方接受此条款为甲方施工,并不意味着甲方就能免除由于乙方疏忽而造成的对第三者损害应负的赔偿责任。对于甲方而言,要切实避免这种风险对自身的影响,应确认乙方有能力支付一旦发生损失后的赔偿金;否则,甲方无法真正将风险转移出去。

(三)非保险转移风险需要支付一定的费用

非保险转移风险需要支付给风险受让方一定费用,这是受让方承担风险的条件。例如,销售商可以签发银行汇票,然后把银行支票同业务文件一起寄到客户的开户银行。客户可以通过银行汇票付款,可以在得到业务文件之前向自己开户的银行确认债务。客户的开户银行把汇票或者客户对债务的确认文件以商业承兑汇票的形式提交给售货商。如果客户的支付能力难以保证,那么,销售商可以要求客户的开户银行以银行承兑汇票的形式提供保证,银行承兑汇票不仅对客户具有约束力,而且对银行也具有一种约束作用。由于银行为客户提供了信用担保,客户的信用风险转移给了银行,银行需要收取一定的担保手续费。又如,在国际贸易中,有时售货方要求客户提供本国银行签署的信用证。来自客户开户银行的信用证,表明客户已经在其本国建立了自己的信用。当客户的支付能力难以保证时,持有信用证的售货方对出具信用证的银行享有追索权。因此,售货方也就不需要向国外的银行追索债务。

第四节 保 险

保险是一种特殊的风险转移方法,保险人提供转移风险的工具给被保险人或者投保人。保险也是一种分摊风险和意外损失的方法,一旦发生保险责任范围内的损失,保险人就可以补偿被保险人的经济损失。保险公司设计、推出各种各样的保险产品提供给风险管理单位选择、购买,风险管理单位通过投保商业保险,将一部分人身、财产和责任风险转移给了保险公司。

一、保险的概念和特点

保险是一种风险转移机制,通过这一机制,保险公司将众多风险单位聚焦在一起,建立保险基金,共同应付风险事故的发生。这样,面临风险的经济单位,通过投保商业保险,将损失风险转移给了保险公司;保险公司则根据大数法则,将风险单位结合起来,按照损失分摊的原则建立保险基金,补偿发生事故的风险管理单位。这实际上是将少数风险单位遭受的损失分摊给了同一险种的大多数投保人。由于少数投保人遭受的损失被同险种的所有投保人所分担,所有投保人的保险费用也就补偿了个别投保人的实际损失。保险作为一种风险管理方式同其他风险管理方式相比,具有以下几个方面的特点:

(一) 提供转移风险的服务

保险是风险转移的一种方式,同非保险转移相比,保险公司是以提供专业转移风险服务为经营目的的,具有管理风险的经验和优势。保险公司的业务,无论是承保、费率计算和理赔,都与风险事故有关。保险公司在经营的过程中,不仅掌握了各种灾害事故的大量统计资料,而且还有大批专家对这些资料进行分析研究,以认识事故发生的规律,研究应对各种风险的控制技术。因此,保险公司提供的风险管理服务是主动、积极的服务。

(二) 提供经济补偿

保险的目的是在风险单位遭受无法预期的损失时,提供经济补偿。这样,遭受风险事故的风险管理单位就可以从保险公司获得必要的经济补偿。同损失抑制技术相比,保险可以为损失提供经济补偿,使被保险人达到损失前的经济状态,而损失控制则注重减少损失。

(三) 降低损失的不确定性

对于个别风险管理单位来说,风险事故的发生是偶然、不确定的,但是,对于集中了众多风险单位的保险人来说,风险事故的发生是必然的,可以确定的。因此,保险公司承保风险,可以降低损失的不确定性。例如,对于一幢房子发生火灾的概率一般很难预测,但是 5 000 幢房子发生火灾的概率却是可以预测的,这是保险公司经营风险的基础。

二、保险方式转移风险需要具备的条件

保险是风险转移的一种方式,但是,并不是所有的风险都可以用保险的方式转移的。一般来说,保险人承保的是纯粹风险,然而,并非所有的纯粹风险都具有可保性,风险具有可保性是保险方式转移风险的重要条件。可保性风险需要满足下列几个方面的条件:

(一) 纯粹风险

纯粹风险是指能够带来损失,而不能获利的风险。投机风险则不具有可保性,这是因为承保投机风险会使被保险人总是处于获利的地位,有违分摊风险、互济互助的原则。

根据这一原则,有些人身、财产和责任风险可以由保险公司予以承保,而市场、生产、财务等投机风险则不能由商业保险公司承保。

(二) 存在大量同质的风险

保险公司经营的对象是风险,只有在具有大量的同质风险、拥有足够多客户的情况下,保险人才能比较精确地预测损失的平均频率和损失的程度。存在的风险单位越多,损失后果的估测才会越准确,保险公司的经营才会越稳定。例如,2002 年 9 月,浙江台州医院与中国平安保险公司台州中心支公司联合推出《医疗责任保险》,该险种推出以后很少有人问津。造成这一状况的主要原因是,医疗责任保险很难满足大量同质风险存在这一前提。作为被保险人的医生及其医务人员的医疗技术水平各不相同,从事职业的内容也各不相同,再加上医院的医疗设施各不相同,使医疗责任事故发生的概率很难确定,而概率又是确定保险费率的基础。如果统一制订一个费率,又不合理,过高的费率会使这一险种失去市场竞争力,过低的费率又不利于保险公司的经营。从另一个角度来看,2001 年浙江省申请医疗事故鉴定的案例 90 起,而被鉴定下来属于医疗事故的,只有 8 起。医疗责任保险赔偿的是医疗事故引起的赔偿责任,也就是说,只有鉴定为医疗事故的医疗纠纷,保险公司才会给予赔付;如果不能鉴定为医疗事故,即使患者认为是医疗事故,保险公司也不承担赔偿责任。由于医疗责任保险的承保范围与医疗纠纷事故原因的不对称,导致平安保险公司推出的《医疗责任保险》也就没有市场。

(三) 损失的发生具有不可预测性

不可预测的损失时有发生,即使没有保险,这种损失也会发生。由被保险人故意造成的损失或者可以预见的损失,不具有可保性。如果故意制造的损失能够得到赔偿,则道德风险因素就会明显增加。

(四) 损失可以测定

尽管损失的发生是不可预测的,但是,保险机制的运营会使损失可以预测,具体来说,就是损失的发生原因和损失程度,可以通过长期的观察进行预测。损失的可预测性是保险公司厘定保险费率的基础。例如,保险金额就是保险人估计的被保险人的期望损失。如果无法估计或者不能较准确地估计期望损失,就不能确定合理的保险费率。

(五) 多数情况下,保险标的不能同时遭受损失

如果保险标的经常同时遭受损失,保险分摊风险的功能就会丧失,保险公司也会因为无法承担损失的赔偿责任而倒闭。例如,对于火山爆发、地震等自然灾害造成的巨灾损失,保险公司就很难提供保障。

(六) 保费合理

保费是保单的价格,保险公司确定的保险费率必须合理,必须使投保人在经济上能够承担,这样,保险人才能逐步扩展业务,才能实现少数投保人的损失由多数投保人分摊的功能。

三、保险的基本原则

风险管理单位在转移风险的过程中,必须遵循保险的一些基本原则,这些原则是被保险人或受益人获得赔付的重要条件,保险的基本原则主要包括以下几个方面:

(一)最大诚信原则

最大诚信原则是指保险双方在签订和履行保险合同时,必须以最大的诚信,履行自己应尽的义务,互不欺骗和隐瞒,恪守合同的义务和承诺;否则,会导致保险合同的无效。这一原则可以通过告知、保证、弃权和禁止反言来说明。

1. 告知。告知是指保险合同订立时,投保人必须就保险标的的危险状态等相关重要的事实,向保险人进行口头或书面的陈述。在保险合同订立后,被保险人应将保险标的的危险变更、增加或事故发生及时通知保险人。所谓重要事实是足以影响保险人确定保险金额或者决定是否承保的事实。这一条件要求风险管理单位在转移风险时,应当对保险标的的风险状况如实陈述,避免遗漏重要情节。违反告知义务的情形主要有以下几个方面:①漏报;②误告;③隐瞒;④欺诈。如果未陈述的事实不重要,保险公司不能拒绝履行合同。例如,人身保险中被保险人的年龄、性别误告等。但是,对于被保险人的健康状况、既往病史、家族遗传史、职业、居住环境、道德品质、风险状况等情况,必须如实告知保险人。我国《保险法》第16条规定,投保人因过失未履行如实告知义务,对保险事故的发生有严重影响的,保险人对于保险合同解除前发生的保险事故,不承担赔偿或给付保险金的责任,但可以退还保险费;投保人故意不履行如实告知义务的,保险人对于保险合同解除前发生的保险事故,不承担赔偿或者给付保险金的责任,也不退还保险费。

2. 保证。保证是指投保人或被保险人向保险人所做出的承诺,即保证作为或不作为某些特定的行为。一旦违反,保险人可以据此解除合同或者拒绝赔偿,保证是保险公司承保的前提条件。例如,某保险公司要求客户重新安装电器设备后承保火灾保险,这里电器设备安装合格是保险公司承保的条件,也是投保人的保证。又如,机动车辆保险要求,被保险人必须保证车辆保持安全行驶状态;财产险通常要求被保险人做出不堆放危险品的保证,货物运输保险的被保险人必须保证货物包装符合政府有关部门规定的标准。如果被保险人违反保证的内容,保险公司有权解除合同或者拒绝赔付。这一条款实际上要求风险管理单位在通过保险转移风险以后,按照保险公司的要求维持保险标的的条件、环境状况等,不得擅自改变保险标的的用途、环境状况;如果必须改变,应当及时通知保险人。保证可以分为明示保证和默示保证两种。明示保证是以书面的形式规定于保险合同或者附属文件内的保证;默示保证是指在保险合同内虽无书面文字的约定,但是习惯上认为被保险人应保证某一行为的作为或不作为。

3. 弃权和禁止反言。弃权是指保险合同当事人放弃其在合同中可以主张的某种权利。禁止反言是指保险合同当事人已经放弃某种权利,日后不得再主张这项权利。这也就是说,无论被保险人还是保险人,如果已经放弃可以主张的某项权利,将来就不能再主张这项权利。例如,某企业为职工投保团体人身保险,在提交的被保险人名单上,已经注明某被保险人因患肝癌已经病休2个月。但是,保险代理人未严格审查,办理了承保手续,签发了保单。日后,被保险人因肝癌死亡,保险人不得以被保险人身体健康状况不符合承保条件为由而拒绝赔付。

(二)损失补偿原则

损失补偿原则是指财产保险合同生效后,当保险标的发生保险责任范围内的损失时,通过保险赔偿使被保险人恢复到受灾前的经济状态,但是被保险人不能获得比保险标的实际损失更多的利益。根据这一原则,风险管理者在转移风险的过程中,只能按照保险标的的价值投保,不能超值投保。如果风险管理单位购买了超过保险标的价值的保险,也无法获得超过实际损失的赔偿。如果投保人在多家保险公司为某一保险标的投保相同风险的保险,损失发生后,各家保险公司将按比例分摊实际损失,以保证被保险人不会获得额外的利益。补偿原则不适用于以下几种情况:

1. 定值保险。定值保险是指保险合同当事人在订立保险合同时,约定保险标的的价值,并以此确定为保险金额,视为足额保险。发生保险事故时,保险人不论保险标的的损失的市价如何,即不论保险标的的实际价值大于还是小于保险金额,均按损失比例赔付。其计算公式为:

$$保险赔款 = 保险金额 \times 损失比例$$

定值保险一般适用于承保古董、珍贵艺术品和祖传遗产等难以估计价值的保险标的。

2. 重置价值保险。重置价值保险是指以被保险人重置或者重建保险标的所需费用或者成本确定保险金额的保险。一般来说,财产保险是按保险标的的实际价值投保的,当发生保险责任范围内的损失时,保险公司按照实际损失赔付,使受到损失的财产恢复到原来的状态。但是,由于通货膨胀、物价上涨等因素的影响,有些财产(如建筑物或机器设备)即使按照实际价值足额投保,保险赔款也不足以进行重置或重建。为了满足被保险人对受到损失财产重置或者重建的需要,保险人允许投保人按照超过保险标的的实际价值的重置价值或重建价值投保。当发生保险责任范围内的损失时,保险人按照重置费用或重置成本赔付,这样可能会出现保险赔款大于实际损失的情况。因此,重置价值保险是损失补偿原则的另一个例外。

3. 人身保险。损失补偿原则不适用于人身保险,因为人的生命和身体遭受意外事故造成的损失难以用货币衡量,其可保利益也是无法估价的。因此,人身保险合同不是补偿性合同,而是属于给付性合同。人身保险的被保险人或者受益人不仅可以获得保险公司给付的人身保险金,而且还可以取得第三方给付的赔偿金。

（三）保险利益原则

保险利益原则是指投保人和被保险人必须对保险标的具有法律上认可的权利和利害关系，保险利益成立的条件主要有以下几个方面：①保险利益必须合法；②保险利益必须具有经济价值；③保险利益必须是确定、能够实现的利益。根据保险利益原则，风险管理者在转移风险的过程中，只能投保自己具有法律上承认、确定经济利益的标的；否则，无法真正转移风险。例如，因偷税漏税、盗窃、走私、贪污等非法行为所得到的利益，不得作为投保人的保险利益而投保。如果投保人为不受法律认可的利益投保，则保险合同无效。投保人和被保险人对保险标的具有保险利益的情况主要包括以下几个方面：

1. 财产所有人对其合法拥有的财产具有保险利益。例如，某人拥有一套房子，则该人就对这套房子具有保险利益，该人可以将房子面临火灾损失的风险通过保险的方式转移给保险公司。

2. 财产保管人对保管的财产具有保险利益。由于财产的保管人对所保管的财产具有保证安全的责任，一旦财产损失，财产保管人应该赔偿财产所有人的经济损失。在这种情况下，保管人对其保管的这部分财产具有保险利益。

3. 债权人对抵押的财产具有保险利益。抵押是指债务人或者第三者不转移对财产的占有权，将该财产作为债权的担保，债务人不履行债务时，债权人有权与抵押人协商折价、拍卖或者变卖财产，并从所得价款中优先获得赔偿。由于抵押物是债务的担保，债务人将自己的财产抵押给债权人作为担保的财产，由此，债权人对抵押的财产具有保险利益。

4. 预期的合法利益具有保险利益。预期利益是指客观上或者事实上尚未存在，但是根据法律、法规和有效合同的约定等，在未来某一时期内将会产生的利益。例如，运输公司对即将运达的货物具有预期的利益，由此，运输公司可以就货物运输期间可能遭遇的风险投保。

5. 民事责任具有保险利益。由民事责任而引发的经济损害赔偿责任，具有保险利益。例如，合同责任、侵权责任、职业责任等对于当事人具有保险利益。

6. 个人对自己的生命和身体具有保险利益。在日常生活中，个人会遭遇意外伤害、疾病、衰老、死亡等风险，这些风险会使当事人承受一定的经济损失，因此，个人对于自己的生命和身体具有保险利益。

7. 投保人的配偶、子女、父母或者与投保人有抚养或者赡养关系的家庭其他成员、近亲属具有保险利益。在人身保险合同中，投保人的直系亲属，如配偶、子女等人员的生老病死，与投保人具有一定的经济关系，投保人对这些人具有保险利益。

（四）近因原则

近因是指造成损失的最直接、最有效的原因，它并非指与损失的发生在时间和空间上最接近的原因，而是指这种原因与结果之间存在着直接的必然联系。近因原则是保险公司调查事故发生起因和确定事故责任归属时所遵守的原则,这一原则不仅是保险当事人处理保险案件的基本原则,而且也是法庭审理保险赔偿诉讼案的基本原则。

确定近因的方法主要有以下两种:①从最初事件出发,按照逻辑推理直到损失发生,最初发生的事件就是造成损失的近因。②从损失开始,沿着序列自后向前推,追溯到最初事件,如果没有中断,最初事件就是近因。例如,某少年骑自行车上学途中,突然摔倒在地,腹部被车把扎伤,经过医生包扎治疗后痊愈。两周后,该少年被扎处内部疼痛,而且日趋严重,因乡镇医疗卫生条件所限,一直按普通炎症处理,结果延误了治疗时机,经医治无效死亡。该少年死后,医院在家长同意的情况下,对尸体做了解剖检查,确诊为胰腺炎,且部分纤维组织已经坏死。这里,少年死亡的近因是被车把扎伤。如果该少年是人身意外伤害保险的被保险人,保险公司就应该赔付。

在实践中,近因原则主要适用于以下几种情况:

1. 单一原因造成的损失。如果这一原因是保险人承保的风险,那么,这一原因就是损失的近因,保险人应负赔偿责任;反之,则不负赔偿责任。

2. 多种原因造成的损失。由多种原因造成的损失,而这些原因都是保险责任范围内的,保险人应负赔偿责任;反之,则不负赔偿责任。

3. 连续发生多种原因造成的损失。在这种情况下,需要区分造成损失的原因是否在保险责任范围之内。如果前因是承保风险,后因是除外责任和未保风险,则保险人应当对损失承担赔偿责任。例如,有一艘载有皮革和烟叶的船舶遭遇海难,大量海水浸入船舱,皮革腐烂。虽然海水并未接触包装烟叶的捆包,但是由于腐烂皮革的臭味使烟叶完全变质。当时,被保险人以海难为近因要求保险人全部赔付,保险人却以烟叶包装没有水渍的痕迹为由而拒赔。最后,法院判决,烟叶全损的原因是海难,保险公司应负赔款责任。如果前因是除外风险或未保风险,而后因是承保风险,后因是前因的必然结果,则保险人对损失不负赔偿责任。例如,1918年,第一次世界大战期间,莱兰船舶公司的一艘轮船虽被敌潜艇用鱼雷击中,但是该船仍然拼力驶向哈佛港。由于情况危急又遇到大风,港务当局担心该船会沉在码头泊位上堵塞港口,拒绝该船靠港。在航行途中,船底触礁、沉没。由于该船只投保了海上一般风险,保险公司不承担赔偿责任。

四、保险转移风险的步骤

风险管理单位采取保险的方式转移风险,需要经过以下几个方面的步骤:

1. 选择保险的范围。风险管理单位可以根据标的物的风险状况、风险的轻重缓急程度分为:基本的保险、合意的保险和适用的保险。基本的保险主要包括那些由国家法律、法规或合同规定的保险项目,还包括那些威胁企业生存的巨灾损失保险,如劳工保险;合意的保险是补偿那些能够造成企业财务困难,但不会使企业濒临破产的损失;适用的保险是补偿那些仅使企业感到不便、轻微的损失。如果风险管理单位在对保险经纪人提供的保险范围进行检查时,可能会发现保险经纪人未发现的风险隐患,就可以根据风险管理的需要,进行适当地补充。

2. 选择保险人。风险管理单位在选择保险人的时候,需要考虑以下几个重要的因素:保险公司的财务安全性、保险公司能够提供风险管理服务的质量、保险公司的信誉和保险的费用等。保险公司的财务安全性由下列因素决定:投保人缴费的能力和水平、承保业务的种类和管理质量、资产的投资收益率、未清偿债务的准备金等。保险公司提供的风险管理服务质量主要包括协助风险管理单位识别风险、损失管理和理算等。保险公司的信誉是风险管理单位较难把握的,权威机构发布的文件和报告可以作为风险管理单位选择保险人的重要参考依据。保险费用方面的因素主要考虑是否可以低廉的价格取得较高的保障。

3. 保险合同条款谈判。如果使用已经印刷好的保险单、批单和附属保险单,风险经理与保险公司必须对这些文件达成一致的意见,以此作为保险合同成立的基础。如果投保人是规模较大的企业,可以同保险公司就保险费、保险范围和合同条款等方面进行谈判,拟定符合双方利益的保险合同。

4. 定期审查保险计划。风险经理必须定期审查风险管理单位的保险计划;检查保单提供保障的范围是否保障了风险管理单位的重大安全隐患;检查风险管理单位的索赔是否得到及时补偿;评估保险公司风险管理服务的质量;比较保险费率的高低,以决定是否继续购买该保险公司的保险产品。

复习思考题

1. 简述风险规避的方法和优缺点。
2. 简述风险规避适用的情形。
3. 简述采用工程物理法预防损失的措施。
4. 简述采用人们行为法预防损失的措施。
5. 简述分散风险单位和备份风险单位的区别和联系。
6. 简述非保险转移风险的条件和方式。
7. 简述保险转移风险应具备的条件。
8. 简述保险的基本原则。
9. 简述保险转移风险的步骤。

第八章 风险融资技术

在风险管理中,即使采取最佳的风险控制措施,有些损失仍然会发生。既然不能控制所有的风险,就需要风险管理单位为可能发生或者已经发生的损失融通资金,即风险融资。本章主要讲述风险融资的基本概念、特征,以及风险融资技术和风险融资机构,风险融资技术是风险管理的重要内容之一。

第一节 风险融资技术的概念

风险融资是风险管理单位为筹措风险管理资金而融通资金的过程,了解风险融资的概念和特点,有助于风险融资措施的实施。

一、风险融资技术的概念

融资是一种使用权的交易,是拥有货币资金而又暂时不用的单位在保留货币资金所有权的情况下,让渡货币在一定时期的使用权,并收取一定资金使用费的交易活动。融入资金的单位在承诺未来按照约定的期限归还本金并支付资金使用费的条件下,取得货币资金的使用权。

风险融资技术是指风险管理单位为管理风险、补偿损失而采用各种方式融通资金的技术,风险融资也是风险管理单位财务管理的重要方面。有些风险管理单位的风险融资是有计划进行的。例如,社会保险经办机构要求覆盖范围内的用人单位和职工依法缴纳社会保险税(费)的过程,就是风险管理单位有计划地进行风险融资的过程。有些风险管理单位的风险融资是没有任何计划的。例如,某企业在遭受巨大的损失后,无力支付债务,这时企业的债权人就会承受损失的财务后果,有时债权人会再借给企业一些钱,这时企业融入的风险管理资金就是没有计划的。

风险控制和风险融资不同,风险控制侧重于预防、减少风险的管理措施,而风险融资则侧重于为风险管理筹措资金,风险融资是风险管理的一种财务补偿机制。在风险融资的过程中,风险衡量和风险评价是确定风险融资金额的依据。一般来说,风险管理是有成本的,准确地衡量风险和评价风险,既可以确定风险融资的金额,降低风险融资的成本,也可以为补偿损失提供所需要的资金。如果风险融资过多,会提高风险管理的成本,造成不必要的浪费;如果风险融资过少,筹措的资金不足以补偿风险事故造成的损失,就会影响风险管理单位正常的生产经营活动。

二、风险融资技术的分类

（一）依据融资的时间划分，风险融资技术可以分为以下三类：同期风险融资、事先风险融资和事后风险融资

同期风险融资是指风险管理单位可以随时从营业收入中筹措应付损失的资金。如果风险管理单位有足够的营业收入，损失成本可以看作是一项短期费用，不需要事先制订特殊的计划来筹措风险管理的资金。一般来说，不熟悉风险管理的个人或者组织会经常使用这种风险融资方式。同期风险融资的优点是，风险管理单位不需要为可能造成的损失事先筹措资金，可以提高资金的使用效率。同期风险融资的缺点是，在损失发生时，可能会造成营业收入的减少，从而影响风险管理单位正常的生产经营活动。

事先风险融资是指风险管理单位事先已经积累一部分补偿损失的资金。如果风险事故造成的损失比较大，风险管理单位应当运用一定的方法，将损失分摊到几个财务预算期，在损失发生之前，预先积累一定金额的补偿损失资金。例如，职工在工作期缴费应付未来由于年老风险可能需要的养老金，这种风险融资方式就属于事先风险融资。又如，企业为预防职工大额医疗费用开支，为职工投保商业医疗保险的融资方式，也属于事先风险融资。事先风险融资的优点有，预先为风险事故可能造成的损失筹措部分资金，可以随时应付风险事故的发生，并保持风险管理单位生产经营活动的持续和稳定。事先风险融资的缺点有，可能会造成资金使用效率的下降，提高风险融资的成本。例如，社会保险基金的投资运营提高了资金的管理成本，可能会造成基金投资的亏损，也可能会导致基金被贪污、挪用等问题，但是，如果政府监管方式得当，社会保险基金的积累可以应付较大金额的社会保险费用支出。

事后风险融资是指风险管理单位在风险事故发生后，筹措补偿损失的资金。如果将风险事故造成的损失补偿，分布在风险事故发生后的几个预算期支付，就是事后风险融资。例如，某企业发生火灾事故后，才向其他企业借款，这种融资方式就是事后风险融资。又如，重大自然灾害发生后，社会各界人士捐款捐物支援灾区，这也属于事后风险融资。这种融资方式的优点有，不占用风险管理单位的营业资金，资金使用效率比较高。这种融资方式的缺点有，在风险事故发生后，可能难以筹措到补偿损失的资金，这就会影响到风险管理单位正常的生产经营活动。

（二）依据融资的目的划分，风险融资技术可以分为风险预防融资和损失抑制融资

风险预防融资是指风险管理单位为预防风险事故的发生而筹措的资金。损失抑制融资是指风险管理单位为减少、抑制损失而筹措的资金。一般来说，风险管理单位通过已经发生的损失，可以确定一部分风险筹资的成本。但是，另外一些由于不确定性和企业资源配置不合理造成的间接损失却是很难确定的。

（三）依据融资的单位划分，风险融资技术可以分为风险自留融资和风险转移融资

风险自留融资是指风险管理单位承担损失的财务后果,即由风险管理单位为风险事故造成的损失筹措补偿损失的资金。风险转移融资是指风险管理单位将可能发生的损失或者进行损失补偿的财务后果,转让给其他单位来承担,即由其他单位为风险事故造成的损失和损失补偿筹措资金。风险转移的融资方式主要有两种:一种是保险融资,另一种是非保险融资。保险融资是指风险管理单位利用保险合同筹措补偿损失的资金;非保险融资是指风险管理单位利用非保险合同筹措补偿损失的资金。显然,无论是保险融资还是非保险融资,并不能通过风险转移来消除风险事故可能造成的损失,只是通过风险融资的方式回避了风险事故带来的后果和财务负担,由其他单位主动或者被动地承担了损失的财务后果。

三、风险融资成本

风险融资成本是指风险管理单位为筹集风险管理资金而支付的费用。风险融资的成本主要包括以下几个方面:①风险管理单位支付风险管理者的报酬。例如,风险管理经理和风险管理调查员的工资、福利、养老保险缴费等方面的支出等。②采取风险控制措施支付的管理成本。例如,配备安全设施的费用、安装费用等风险管理支出。③为了补偿损失所需要的补偿费用。例如,重置、修复遭受损失的生产设备的费用等,这些都是补偿损失的成本。④筹措风险管理资金需要支付的费用或利息等方面的开支。例如,将企业财产风险、责任风险等转移给保险公司后,企业需要支付的保险费用。⑤获得其他利润的机会成本。风险融资占用资金会影响风险管理单位获得其他方面的利润,这是风险融资需要付出的机会成本。例如,企业建立风险管理基金,就会影响这部分资金投入生产领域,获得生产经营的利润。

无论风险管理单位采用哪种风险融资方式,都需要考虑风险管理的成本和收益。如果总收益大于总成本,就可以采取风险自留的融资方式;如果总收益小于总成本,就可以采取转移风险的融资方式。如果风险管理者规划的风险管理计划,能够提供与保险公司相同的保障时,那么,该计划就可以替代保险购买行为,同时,也就避免了购买保险的交易成本。例如,一家企业拥有许多辆车,为了减少损失,可以将汽车停放在多个场所,这样,企业的车辆不太可能同时受损,其最大可能损失估计不会太大,企业能够承担风险事故造成的损失,就可以采取风险自留的方式,而不必采取保险的方式转移风险。总之,不同的风险融资方式,影响着风险融资的成本。风险管理单位选择风险融资方式的原则是,以最小的融资成本,获得最大的安全保障。

第二节 风险自留融资

风险自留融资是最常见的风险融资技术,分为主动自留融资和被动自留融资。一般来说,风险管理单位采取风险自留的融资方式是有条件的,只有适合自留的风险,才有可能主动自留融资;否则,就会采取其他风险融资的方式。

一、风险自留融资的特点

风险自留融资是指风险管理单位使用自有资金或借入资金承担或补偿灾害事故所造成的损失。风险自留融资具有以下几个方面的特点:

(一)风险自留融资是风险管理单位自行解决受损单位的损失

风险自留的资金不仅来源于风险管理单位,而且还包括风险管理单位向其他企业、组织、政府和个人的借款。例如,某医院设立专门用于支付医疗责任事故索赔的基金,只要发生医疗责任范围内的索赔事故,基金就可以起到补偿事故受害人损失的作用。

(二)风险自留融资可能是有计划的,也可能是无计划的

风险管理经理考虑许多因素,如风险管理成本、其他风险管理方式的费用、风险管理收益等,有意识地决定不转移潜在的损失风险,那么,这种风险自留的融资方式就是积极、有计划的。反之,如果风险管理经理心存侥幸心理或者未能预见到可能发生的损失,则这种风险自留融资就是消极、没有计划的。无计划的风险自留对风险管理单位的生产经营活动影响比较大。

(三)风险自留融资是一种被动的选择

任何一种管理风险的技术都有一定的局限性,同样地,任何风险融资方式都无法完全消除企业所面临的某一特定风险。在这种情况下,风险自留就是风险管理单位处理风险的一种被动选择。例如,在航天技术发展初期,运载火箭的爆炸风险时刻威胁着人类,所有可能的安全措施并不能保证绝对安全,而损失统计资料的匮乏、损失程度的巨大,使许多保险公司对火箭爆炸的风险望而却步,不愿意接受投保。在这种情况下,风险自留融资就成为风险管理单位的必然选择。

(四)自我保险是风险自留的特殊方式

如果风险管理单位有足够的资金来化解风险事故造成的损失,那么,它就可以采取自我保险的方式。一般来说,采取自我保险的风险管理单位有大量、面临类似损失的风险,风险管理单位不可能或者不愿意将风险转移到本单位外部,而由自己承担风险事故造成的损失。企业自我保险与保险公司提供的保险相比,尽管在损失预测的能力和准确性上具有一定的差距,但是,它在管理风险、补偿损失等方面却发挥着类似保险的作用。

二、风险自留融资的分类

按照融资的计划性划分,风险自留融资可以分为主动自留风险和被动自留风险。风险管理单位在识别风险的存在,并衡量损失的后果后,有意识地决定不转移有关的损失风险,而由自己承担,这是主动、有计划的风险自留融资。被动、无意识、无计划的风险自

留融资通常有以下几个方面特征：一是没有意识到风险的存在，而导致风险管理单位无意识地采取了自留风险的融资方式；二是尽管风险管理单位已经意识到了风险的存在，但是，低估了风险事故造成的损失；三是由于存在侥幸的心理而导致风险自留。

按照融资的额度划分，风险自留融资可以分为完全自留融资和部分自留融资。损失频率低、损失程度小或者损失频率高、损失程度低的风险，适于主动采取全部自留的融资方式。部分自留融资是指风险管理单位将其所面临的损失风险的一部分转移出去，自己承担另一部分损失的费用。损失频率低、损失程度大或者损失频率高、损失程度大的风险，适于采取部分自留融资方式。例如，企业投保具有一定免赔额的财产保险，就意味着企业自我承担了一部分财产的损失。

三、风险自留融资适用的情形

风险自留融资方式是否合理，取决于作出这个决定的环境。在大多数情况下，不应该自留的风险却被风险管理单位留下，而应该自留的风险却被风险管理单位转移了出去，这都是风险决策管理的失误。例如，产品责任风险是一种很容易转移出去的风险，而且是一种非常有必要转移出去的风险，但是，有些企业却将这种损失的风险留下了；有些企业可以承受、较低的损失风险，却被企业转移出去了。

风险管理单位预测到以下几种情形，就可以采取风险自留融资的方式：①风险自留的管理费用比采取保险管理方式的附加费低；②风险管理单位预期的损失比保险公司估计的损失低；③预测的最大可能损失比较低，这些损失是风险管理单位在短期内能够承受的损失；④保险费的支付在相当长的时期内延续，导致风险融资的机会成本大大增加，并且影响风险管理单位获得更高的收益；⑤风险管理单位具备自我保险和损失管理的优势。一般来说，风险管理单位每年风险自留的最高额为公司年税前收入的5%，超过这个额度就不适合采取风险自留的融资方式。

四、风险自留融资的筹资方式

风险管理单位可以采取以下几种方式筹措资金：

(一) 现收现付制

对于损失频率高、损失程度小的损失，风险管理单位可将其摊入生产或营业成本，用现有的收入来补偿损失，而不必建立专项的资金准备。例如，应收账款融资就是如此。应收账款是企业的债权资产，可以作为筹措短期资金的方法。应收账款融资的主要方法有应收账款抵押借款和应收账款出售两种。(1)应收账款抵押借款。在应收账款抵押的条件下，贷款人对应收账款拥有留置权，并且对借款人（即应收账款所有者）享有债务追索权。当购货方（客户）不付款时，借款人必须付款。这也就是说，抵押应收账款债务不履行的风险由借款人承担。应收账款的抵押贷款额度应不低于抵押金额，一般按8%支付。贷款人通过贷款获得利息,借款人可以提前使用现金,以弥补资金的不足。(2)应收账款出售。应收账款出售是指风险管理单位将应收账款出售给信贷公司,即出售给某一个代理商,企业提前使用现金。企业出售应收账款时,代理商收取一定的手续费,从预付给出售方的款项中扣抵。应收账款的收款权归收购的信贷公司,到期由客户直接支付给代理商。应收账款出售分为无追索出售和有追索出售两种:①无追索出售。在无追索权出售的情况下,应收账款购买者承担收取应收账款的风险,从而也就承担应收账款的坏账损失。为此,代理商在购买应收账款时通常要按一定的比例预留一部分款项,备抵出售方应当承担销售折扣、折让和退回等损失。待实际发生销售折扣、折让和退回时,再予以冲销。②有追索权出售。在有追索权出售的情况下,如果应收账款的债务人到期无法偿付,出售方应承担向购买者偿付责任。在已让售应收账款上发生的任何坏账损失,也应当由让售方承担。采取现收现付制融资方式的优点有,风险管理单位可以随时动用资金弥补损失,资金的使用效率比较高;不需要选派专人管理专项资金,资金管理的成本比较低。然而,发生较大金额的损失时,风险管理单位有可能被迫变卖资产,以获得现金来弥补损失。在现收现付制下,风险管理单位的损益状况会发生较大的波动,因此,采用现收现付制的融资方式,存在着一定的局限性。

(二)非基金制的准备金

由于现收现付制无法补偿较大的损失,风险管理单位通常会在会计年度初期,预提一定金额的意外损失准备金,以备不测之需。风险管理单位每年能够拨出多少资金用作意外损失的准备金,需要根据历年发生损失的统计资料来确定。风险管理单位的财务状况(如现金流通余额、可变现准备金或者短期借款额度等)和风险管理者的主观判断等,影响着准备金计提的金额。建立非基金制准备金的优点有,在发生较重大的损失时,能够拿出一定金额的资金弥补损失,其缺点是专用一部分资金准备应付风险事故的损失,会影响资金的使用效率。

(三)专项基金

风险管理单位根据不同用途设立的专项基金,如设备更新改造基金、意外损失基金、医疗保险基金等,可以应付风险管理单位面临的各种损失风险。目前,世界许多国家设立专项基金是需要纳税的,而缴付保险费则可以税前列支,这就是说,保险融资比建立专项基金具有税收优势。例如,风险管理单位每年从现金流量中提取一定金额的资金,逐年积累,形成意外损失专项基金。如果发生不在保险责任范围内的损失,那么,损失补偿就可以直接从专项基金账户中提取,而不必以企业的利润应付损失,从这一点来说,专项基金可以补偿许多保险公司未提供保障的风险。采用建立专项基金的方法,能够积累比较多的资金储备,能够承担风险管理单位一定程度的损失,因此,意外损失专项基金就是通常所说的自保基金。但是,专项基金的管理成本较高,如果管理得不好,还会引起挪用专项基金等腐败问题的发生。例如,我国基本养老保险基金的积累,就面临着较高的被挪用、贪污的风险,加强对专项基金使用的监督和管理十分必要。

(四)借入资金

损失发生后,风险管理单位又无法筹措到足够的资金时,一种可能的选择就是借入资金,如使用应急贷款或特别贷款等,来补偿风险事故造成的损失。借入资金主要有以下几种方式:

1. 内部借款。损失发生以前,风险管理单位并没有事先安排专门的补偿基金或者准备金。一旦发生损失,只能依靠风险管理单位内部的各种基金,以获得必要的、足够的资金支持。例如,企业某部门受损,可以向企业或者其他部门借款,用以补偿损失。

2. 应急贷款。在损失未发生时,风险管理单位可以同金融机构就未来可能发生的损失,达成应急贷款的协议。贷款人承诺,一旦发生风险事故,就提供必要的资金支持。应急贷款的金额、还款的条件等,都可以在协议中预先商定。一般来说,当某些风险投保的费率比较高、风险事故发生的可能性比较小时,应急贷款协议具有较保险更多的优势。然而,当损失发生后,风险管理单位获得应急贷款的条件是,支付较高的贷款利息。风险管理单位发生损失时,如何偿还贷款和利息,又将成为风险管理单位的沉重负担。风险管理单位使用应急贷款补偿风险事故造成的损失,也是有条件的,当其具有较强的竞争优势、资信状况比较好、偿还贷款的能力比较强时,贷款单位才有可能提供必要的应急贷款。

3. 特别贷款。在较大的损失发生后,特别贷款是风险管理单位采取的临时借款措施。风险管理单位无法从内部筹措补偿资金时,只能向外部借款筹集资金,可以申请特别贷款。损失发生后,风险管理单位贷款的信誉可能会大大降低,这会给借贷带来一系列的问题。即使能够借到贷款,也将导致贷款利率的提高或者附加其他苛刻的贷款条件。贷款单位能够为风险管理单位提供特别贷款也是有条件的。只有风险管理单位承诺在未来的一段时间内有条件偿还贷款、风险管理单位提供质押担保或者第三方担保等,贷款人才有可能提供必要的特别贷款。

(五)套期保值

套期保值也是风险管理单位自留融资的一种方式,套期保值是风险管理单位运用金融协议,通过持有一种资产来冲销另外一种资产可能带来损失的风险,套期保值的作用就是抵消价格风险。例如,某人对运动比赛的两种结果都下相同的赌注,这两种结果恰好相互抵消。套期保值的典型应用就是抵消价格损失的风险,风险管理单位需要的某种资产的价格可能同其持有的另一种资产的价格负相关。例如,某人发现经营燃料公司的普通股的收益与通过消耗燃料来发电的普通股的收益负相关。为了利用这种负相关性,电力公司普通股的持有者应该同时持有燃料公司的普通股,这样,就可以消除燃料价格变动给该持有者带来的收益减少的风险。又如,燃油价格下降会减少燃油供应商的利润,但是,这时电力公司的利润会上升,对于同时持有这两种股票的企业来说,这两种股票收益变动的风险就可以通过同时持有这两种收益负相关的股票来抵消。

第三节 保险融资

　　保险融资是风险融资的重要方式,保险融资的作用在于降低风险管理单位必要的资金储备,保险融资的前提条件是签订保险合同。风险管理单位采取保险融资方式时,需要确定保险融资的原则,并采取措施规避保险融资可能带来的各种损失风险。

一、保险融资的四个要素

　　保险是风险融资的一种方式,保险作为风险融资方式成立的前提条件是签订保险合同,保险合同是承保人和投保人签订的风险管理协议。一般来说,保险融资主要包括以下四个要素:

　　1. 合同协议。保险合同是保险关系双方当事人之间订立具有法律约束力的协议。根据保险合同的约定,保险人对于发生合同约定的风险事故,以及因其发生造成的财产损失,承担赔偿保险金的责任;或者当被保险人死亡、伤残、疾病或者达到合同约定的年龄、时限时,承担给付保险金的责任。根据保险合同的约定,投保人交纳一定金额的保险费,就可以转移风险,并获得相应的补偿损失的经济保障;保险公司收取保险费后,必须按照保险合同的规定,履行保险义务,承担损失带来的财务负担,提供风险事故带来损失的补偿资金。

　　2. 支付保险费(或者承诺支付保险费)。保险合同签订后,投保人负有按照合同约定缴付保险费的义务,投保人向保险人支付的保险费就是风险管理单位进行保险融资的成本。

　　3. 支付保险赔偿费的条件。合同约定支付保险赔款的条件是保险公司对所承保的保险标的履行保险责任的依据。保险合同的内容不同,保险公司支付赔款的额度也是不同的。一般来说,保险合同条款可以分为基本条款和附加条款。基本条款是关于保险合同当事人和关系人权利和义务的规定,以及按照法律法规规定一定要记载的事项;附加条款是指保险人按照投保人的要求增加承保风险的条款。增加了附加条款,就意味着扩大了原保险合同的承保范围。

　　4. 保险人为赔偿损失所拥有的资源。从被保险人的角度看,合同约定的风险事故发生后,被保险人就可以从保险人处获得相应的经济补偿。被保险人获得必要的经济补偿、弥补损失造成的财务负担的过程,也是风险管理单位保险融资的过程。但是,从保险人的角度看,保险人补偿损失的资金主要来源于保险费,保险人是否具有偿付能力,决定于它所收取的保费总额是否能够补偿保险人所承担的赔偿责任。

二、保险融资适用的情形

风险管理单位在选择保险融资的过程中,投保人通过选择购买保险将损失的风险转移给了保险人,由保险人承担风险事故的财务损失。投保人转移风险是有成本的,风险管理单位在决定是否采用保险融资方式时,需要考虑以下几个方面的因素:

1. 风险管理单位承担风险的能力。风险管理单位承担风险的能力,是风险管理单位是否选择保险融资方式转移风险的重要条件。确定风险管理单位承担风险的能力,需要确定风险管理单位自担风险的最大财务成本。如果风险管理单位自担风险的管理成本过高,就可以选择保险融资方式转移风险;如果风险管理单位自担风险的管理成本比较低,就可以选择风险自留的融资方式。

2. 保险产品费用和附加费用。保险产品的价格及其附加费用是风险管理单位转移风险需要考虑的重要因素,如果保险产品的价格过高,风险管理单位评估保险融资不合算的话,就不会选择保险融资的方式,就会采用其他的风险融资方式来替代保险融资的方式;如果保险费率过低,风险管理单位就会用保险融资方式替代其他风险融资方式,这会增加保险公司的经营风险。确定适度的保险产品费率和附加费率,不仅关系到风险管理单位的风险融资方式,而且还关系到保险公司的稳定和持续发展。

3. 保险融资受到的限制和法律约束。保险合同只有具有合法、有效性,才能得到法律的保护。风险管理单位采用保险融资方式要受到国家有关法律性法规的限制,国家法律法规不允许风险管理单位进行的生产经营活动,是不可能获得保险资金支持的。

4. 风险管理单位对风险控制的程度。风险管理单位对风险的控制程度是保险公司决定是否给予资金支持的依据。例如,某企业的消防设施不完善、从事易燃易爆危险物品的生产,其风险级别较高且对风险控制的能力较弱,保险公司很可能不予承保,这样,风险管理单位的保险融资计划就会失败。

5. 保险人提供的服务。保险人向投保人、被保险人提供的服务项目、赔付的水平、信誉高低、服务态度等,都是风险管理单位决定是否选择保险融资的原因。如果发生保险合同责任内的风险事故后,风险管理单位获得保险赔付等待的期限较长或者保险公司并不予以赔付,风险管理单位很可能就不选择保险融资的方式。

三、风险管理单位选择保险融资的步骤

风险管理单位确定采取保险融资的方式以后,需要进行以下几个方面的工作:

1. 将风险管理单位风险损失清单转化为涵盖这些风险的保险清单,这是进行保险融资的第一步骤。在将风险损失清单转化为保险清单的同时,确定每张保险清单的成本,这可以为风险管理者提供决策的依据。风险管理部门在列出可保风险清单的同时,还可以相应地列出不可保风险清单,这样,可以提醒风险管理决策者采取保险以外的其他方

法,处理风险管理单位不可保风险的融资问题。

2. 风险管理部门对保险清单分类,这是进行保险融资的第二步骤。风险管理部门可以将可保风险分为以下三类:①基本保险合同。基本保险合同是强制性保险项目,主要是指国家或者政府主管部门要求必须保险的风险或者由合同规定必须保险的风险。例如,汽车的第三者责任险就是我国法定的强制保险,是必须通过保险融资方式转嫁风险的融资方式。②理想保险合同。理想保险合同是指可以补偿严重影响企业运营但是又无法完全避免损失的保险合同。例如,失窃保险就是给企业带来较大损失的风险,但是又是企业不可避免的风险。③可得保险合同。可得保险合同是指可以补偿给企业带来不便但是不会给企业造成严重损失的保险合同。例如,汽车玻璃单独破碎险,这一保险产品是以较小损失的风险为保险标的的。

3. 确定最佳风险融资方案。风险管理部门在对每一类保险业务进行分类的基础上,需要整理业务种类,以确定最佳的保险融资方案。如果有多种保险组合时,风险经理可以选择企业所面临风险的最佳保险融资组合。例如,火灾损失的保险业务可以由专门针对火灾及其相关危险的保单来提供,也可以作为涵盖包括失窃保险在内的各种事故保单的一部分来提供。

四、保险融资的优势

1. 分摊损失。保险融资在一定条件下分摊了个别单位或个人不能承担的意外事故损失,即保险融资用多数投保人缴纳的保险费对少数遭受损失的被保险人提供补偿和给付,保险融资起到了分散风险、分摊损失的作用。

2. 补偿损失。保险融资是一种合同行为,是一方同意补偿另一方损失的合同安排,提供损失赔偿资金的一方是保险人,接受损失赔偿资金的另一方是被保险人;补偿金额是以风险管理单位遭受的损失为依据的。

3. 提高资金的使用效率。保险融资使一个群体而非个人的损失可以准确地预测,从而也使保险融资成本可以事先确定,并依据融资的成本融通资金。如果发生保险合同约定的风险事故,保险公司运用筹集的保险基金补偿损失,这可以节省资金,可以提高风险管理单位资金的使用效率。例如,某公司为应付某设备的损失风险需要准备5万元,而在未发生损失时期,其需要留足5万元,这就影响了资金的使用效率。如果该公司选择了保险融资方式,当发生保险责任范围内的风险事故时,保险公司可以支付5万元,这就可以提高某公司资金的使用效率。但是,该公司为此需要每年支付一定金额的保险费。

五、保险融资的劣势

1. 保险融资是有条件的。尽管保险融资具有许多优势,但是,对于愿意进行保险融资,而又无力支付保险费的风险管理单位来说,也无法实现保险融资的目的。商业保险公司经营的目的是获得经营利润,在利润的驱动下,保险公司难以提供仅具有社会效益而不具有经济效益的服务,保险公司提供的风险融资是有条件的。

2. 保险融资提供的资金是有限度的。保险融资只为纯粹风险、可保风险提供服务,而对于不可保风险、损失比较大、比较集中的风险不提供融资服务,这就决定了保险融资是有限度的,难以满足风险管理单位所有的保险融资需求。

3. 保险公司偿付能力决定保险融资的结果。风险管理单位采取保险融资的方式转移风险是否成功,取决于保险公司拥有的资源。如果保险公司缺乏足够的资源,宣布破产、倒闭时,保险合同对风险管理单位不会产生任何分散风险的作用。例如,某企业同一家即将倒闭的保险公司签署协议,根据协议的规定,保险公司同意对企业遭受的某项财产损失给予经济赔偿。然而,当保险公司破产、倒闭时,这一协议实际上是没有任何作用的。这是因为,对于投保人来说,是否拥有这项协议,不会对其所遭受的损失产生任何影响,也不会因其损失获得任何经济补偿,这种保险融资方式的选择实际上是不成功的。保险公司的偿付能力是风险管理单位进行保险融资的一项重要参考指标,也是金融监管部门对保险业进行监管的首要目标。偿付能力是保险公司偿还债务的能力,具体表现为,保险公司是否有足够的资产来抵偿其负债。对于一般的企业来说,只要企业拥有的资产能够完全偿还债务,就具有了偿付能力。但是,对于保险公司来说,保险公司的偿付能力是指保险公司所承担的风险超过正常年景的赔偿和给付的能力,这就要求保险公司的资产不仅能够完全偿还负债,而且还要超过负债一定的额度,即达到金融监管部门最低偿付能力的要求。保险公司的偿付能力不仅反映公司的经营能力,而且还反映被保险人、受益人的风险状况,是各国政府监管当局关注和监管的焦点,也是风险管理单位进行保险融资必须考察的指标。

第四节 非保险融资

非保险融资是指风险管理单位利用非保险合同筹措资金。风险管理单位面临某些损失的风险,又担心损失发生后无力筹集所需要的资金时,可以事先与其他单位签订非保险合同或者寻求公共财政资金的支持,以求在损失发生后可以获得必要的补偿资金。

一、非保险融资的方式

采取非保险融资方式筹措资金主要有以下几种方式:

(一)公共融资

风险管理单位获得来自公共财政资金或社会保险基金等方面的支持,即公共融资。政府财政资金、社会保险基金等,也是风险管理单位非保险融资的重要方式。例如,我国养老保险制度规定,养老金的给付需要区分"老人"、"中人"和"新人"①。"老人"获得的养老金为退休前一年月平均工资乘以养老金替代率,养老金替代率和"老人"的工龄相关。"新人"获得的养老金由两部分组成:基础养老金为当地在职职工上年度月平均工资与本人指数化月平均缴费工资之和的平均值乘以缴费年限(含视同缴费年限)乘以1%,其公式为:基础养老金=(当地上年度在职职工月平均工资+本人指数化月平均缴费工资)÷2×缴费年限×1%。个人账户养老金为个人账户积累额除以计发月数(见表8.1)。一般来说,职工退休越早,计发月数越大,退休越晚,计发月数越小。"中人"获得的养老金由四个部分组成:①基础养老金;②个人账户养老金;③过渡性养老金;④综合补贴。这样,退休人员在面临养老风险的时候,可以获得基本养老保险基金和政府财政资金的支持。又如,我国医疗保险制度规定,个人在发生住院医疗费用时,个人支付的医药费在起付线以上②、封顶线以下③的费用按比例由基本医疗保险基金支付。农民参加新型农村合作医疗保险可以获得中央财政和地方财政资金的资助,这样,农民规避医疗费用的损失风险也获得了公共融资的支持。此外,政府给予风险管理单位的税收优惠,也是风险管理单位获得公共融资的途径。

表8.1 个人账户养老金计发月数表

退休年龄	计发月数	退休年龄	计发月数	退休年龄	计发月数
40	233	51	190	62	125
41	230	52	185	63	117
42	226	53	180	64	109
43	223	54	175	65	101
44	220	55	170	66	93
45	216	56	164	67	84
46	212	57	158	68	75
47	208	58	152	69	65
48	204	59	145	70	56
49	199	60	139		
50	195	61	132		

资料来源:《关于完善企业职工基本养老保险制度的决定》,中华人民共和国国务院办公厅网站。

---

① 1997年7月16日,国务院发布的《国务院关于建立统一的企业职工基本养老保险制度的决定》规定,1997年以后参加工作、个人缴费年限累计满15年的职工的基础养老金月标准为其所在省、自治区或(市)上年度职工月平均工资的20%。根据这一规定,各省养老保险规定,1997年8月1日以后参加工作的人为"新人",1997年8月1日以前已经退休的人为"老人",1997年8月1日以前已经参加工作,8月1日之前尚未退休的人为"中人"。

② 起付线为当地在职职工上年度平均工资的10%。

③ 封顶线为当地在职职工上年度年平均工资的6倍。

（二）经济合同融资

风险管理单位的经营活动具有损失的风险，利用经济合同可以获得非保险融资。例如，企业之间发生业务往来时利用经济合同，不仅可以转移损失的风险，而且还可以获得转移风险的赔偿资金。例如，经济合同对违约惩罚的约定，就是较重要的非保险融资方式之一。

（三）贷款融资

风险管理单位发生风险事故、缺乏资金时，商业银行可以向发生损失的风险管理单位提供贷款，这是非保险融资的另一种方式。例如，商业银行依据合同规定的内容，向风险融资单位提供贷款就是非保险融资的另一种方式。又如，托收体系和信用证就是商业银行向风险管理单位提供融资服务的例子。托收体系是一种制度安排，银行通过处理交易文件来方便商业交易的进行。例如，提货单、即期汇票、支票等。随着商业活动的日益全球化，托收服务的重要性越来越大。一旦商业合同成为国际合同，合同双方就会面临巨大的风险。例如，是否按期交付货款的风险、外汇汇率风险等。因此，一些实力雄厚的商业银行可以为风险管理单位提供这些风险管理服务。信用证是商业部门和政府部门担保风险的工具，它是一种对某种支付义务进行担保的银行机制，是银行对承诺人的支付能力进行的担保。另外，随着保险公司业务的发展和扩大，其拥有的资金越来越多，保险公司向发生风险的单位提供贷款，也可以解决风险单位遇到的资金紧张问题。

（四）融资租赁合同

融资租赁合同是指出租人根据承租人的租赁要求和选择，出资向供货商购买租赁物，并出租给承租人使用，承租人支付租金，并在租赁期限届满时，取得租赁物的所有权或者选择续租的合同。融资租赁合同中，出租人的最主要任务是为承租人融通资金，购买租赁物，而对租赁物的质量、维修保养责任、损坏责任等一概不予负责；租赁物的质量、维修、保养等责任由承租人负责。融资租赁合同对于承租人来说，既取得了租赁财产的使用权，又节省了资金，还可以取得一定的经营收入；融资租赁合同对于出租人来说，可以获得出租收入，可以提高资金的使用效率。

（五）社会捐赠融资

社会捐赠融资是弥补社会救助资金不足的重要渠道，加强社会捐赠资金的管理，有助于自然灾害救助工作的顺利开展，有助于提高社会捐赠资金的使用效益。例如，2000年5月，我国民政部颁布的《救灾捐赠管理办法》规定，救灾捐赠的受赠人为县级以上政府民政部门以及经县以上政府民政部门认定的具有救灾宗旨的公益性社会团体。在接受境外捐赠方面，《救灾捐赠管理办法》规定，国务院民政部门负责接受境外对中央政府的救灾捐赠；县级以上地方人民政府民政部门负责接受对地方政府的救灾捐赠。救灾捐赠款物的使用范围规定为：解决灾民无力克服的衣、食、住、医等生活困难；紧急抢救、转移和安置灾民;灾民倒塌房屋的恢复重建;捐赠人指定的与救灾直接相关的用途;其他直接用于救灾方面的必要支出。救灾捐赠款物的接受、分配和使用应当按照国务院民政部门规定的统计标准进行统计,并接受审计、监督等部门的监管,接受来自社会的监督。

二、非保险融资的优势

非保险融资的优势主要有以下几个方面:

1. 非保险融资可以向有关机构融通资金。保险公司只承保可保风险,尽管是可保风险,具体到某一保险公司,也不一定承保风险管理单位欲转移的风险。非保险融资可以利用合同,向保险公司以外的公司融通风险管理的资金,这就可以弥补保险融资的不足。

2. 非保险融资的方式比较灵活。非保险融资的方式比较灵活,不仅融通资金的数额可多可少,而且还取决于风险管理单位的谈判技巧。由于合同的内容是多种多样的,这就决定了非保险融资的方式比较灵活,涉及的内容比较广泛,也为风险管理单位灵活地融通资金提供了管理技术方面的支持。

3. 非保险融资可以及时获得资金的支持。通过非保险融资方式,风险管理单位可以及时获得有关方面的资金支持,解决资金紧张的问题。

三、非保险融资的局限

非保险融资方式是有局限性的,其主要有以下几个方面:

1. 非保险融资受到法律法规规定和合同条款的限制。非保险融资是通过融资双方所签订的合同实现的,因此,法律、合同条款均有明确的规定和标准。签订合同双方,必须在遵守法律法规规定和合同条款的基础上,以非保险的方式获得风险管理资金;否则,就是无效的合同,就无法获得国家法律法规的支持。

2. 非保险融资需要支付一定的费用。一般来说,使用其他单位的资金是需要支付一定费用的,这可以从合同的价格上反映出来。如果非保险融资的成本过高,资金融入单位也就无法获得风险管理所需要的资金。

3. 风险管理单位需要审慎地考虑非保险融资的风险。采取非保险的方式融通资金,不一定就会成功,因此,需要资金融通单位慎重地考虑非保险融资的风险。例如,同保险公司相比,提供资金的单位并不像保险公司那样,是专门经营风险业务的公司,具有一定数额的保险基金,来补偿风险管理单位的损失。在风险管理单位遭遇较大的损失时,提供资金的单位面临着较大的损失风险,也存在着资金不足的风险。在这种情况下,风险管理单位就会无法获得急需的资金支持。

第五节 风险融资机构

风险融资机构是指为筹措风险管理资金运作的机构。归纳起来,风险融资机构主要有以下几种:

一、自保公司

自保公司是指企业拥有或控制的保险公司,自保公司是20世纪70年代在美国兴起而广泛发展起来的。自保公司大多由大企业举办,主要集中在能源、石化、采矿、建筑、冶金等行业。

(一)专业自保公司的种类

按照发起人划分,专业自保公司主要有以下几种类型:

1. 纯粹的自保公司。这种自保公司是以本公司为唯一客户,只向母公司及其子公司提供保险。由于纯粹的自保公司只是企业内部化解风险的一种形式,发起人成立自保公司的目的是满足风险融资的需要,因此,税务部门不认为企业自保公司属于独立的保险实体。纯粹自保公司是自保公司的主要形式。

2. 联合自保公司。发起人为某一行业的数个独立经济组织,这些发起人一般面临共同的风险,具有相同的风险融资需求。因此,当发起人数量达到一定的规模时,联合自保公司就具有相互保险公司的职能。例如,由多家石油化工企业组织的一家自保公司。联合自保公司提供同本行业风险有关的保险业务。

3. 集团自保公司。集团自保公司与联合自保公司相似,所不同的是,集团自保公司不是由某一行业的数个独立经济组织发起设立的,这些发起人并不面临共同的风险,也没有风险融资的需要,而是通过自保公司的运营,获得共同的利益。这种自保公司就转变为以盈利为目的的集团自保公司,不仅向母公司及其子公司提供保险,而且也承保公司以外的业务。

4. 风险自留集团。风险自留集团的建立源自美国《1981年联邦风险自留法》。当时,由于美国责任险市场索赔成本的不断攀升,导致产品责任险供给严重不足。为了解决这一责任险危机,美国政府允许负有产品责任的公司组建自己的、具有互助风险融资特点的自保性公司,即风险自留集团,以满足风险融资的需要。

5. 租赁自保公司。随着自保公司的发展,自保公司将服务的对象延伸到那些需要自保公司分散风险,但是,又不愿意设立、运营自保公司的经济组织,即允许需要自保的风险管理单位租赁自保公司。

(二)专业自保公司的经营和管理

专业自保公司主要经营建筑物及其内部财产的火灾保险业务,同时,还承保营业中断险、运输险和责任险。少数专业自保公司，经营着责任和保证保险。专业自保公司的职能主要有两个方面：一方面是为母公司高发性风险提供损失保障；另一方面是为某些在传统保险市场上无法投保的发生频率低、但是危害比较大的风险进行融资。可见，专业自保公司既经营传统的保险产品，又经营风险转移产品，是风险融资的重要机构。

专业自保公司可以自己管理，也可以委托保险经纪公司或保险公司管理。例如，在某些情况下，有些专业自保单位不能或者不愿以一个有组织的专业自保公司出现，而是通过其他的保险公司代为办理保险业务，即代出保单。通过代出保单等方式，专业自保公司获得维持其生存和发展的业务。

(三) 专业自保公司的优势

同保险公司相比，专业自保公司具有以下几个方面的优势：

1. 节约保险费开支。商业保险公司除了赔偿损失外，还要支付理赔费用、代理人和经纪人佣金，而且还要取得一定的利润。专业自保公司不通过代理人和经纪人就可以开展业务，这样，可以降低保险附加费率，其纯费率也只反映本公司或行业内部的实际损失率，而不是保险公司的平均损失率，加上专业自保公司可以运用闲置准备金取得投资收入，这样可以降低总的费率水平。同时，由于母公司、子公司和专业自保公司同属于一个利益主体，在母公司同专业自保公司的经营活动中，不存在道德风险和逆向选择的问题。专业自保公司和被保险方更容易沟通，达成一致意见，可以降低管理成本。

2. 保险责任范围比较广。一般来说，商业保险公司因某些险种发生承保风险而停止承保或者改变承保条件，会使风险管理单位面临的一些特殊风险无法以保险的方式转移出去，加之保险公司对一些特殊风险的处理比较保守，风险管理单位往往缺乏转移风险的途径。专业自保公司则可以根据自身的需要扩大保险责任的范围，提高保险限额，采用比较灵活的方法，对风险管理单位面临的特殊风险予以保险。例如，专业自保公司可以承保传统保险市场不提供保障的风险，而不受保险费率和保险市场其他规定的影响。

3. 增加风险管理单位防损工作的动力。由于发生的损失是由公司或行业自行补偿，损失会减少公司利润，所以专业自保公司特别注重防损工作。设立专业自保公司的通常是大型企业。这些大型企业内部都设置了安全技术管理部门，这样，可以利用本单位的安全工程师来搞好防损工作，从而有效地预防、控制和处理风险。

4. 获得利润。以利润为中心的专业自保公司，除了自己所缴付的保险费可以从母公司及其子公司的应税收入中扣除，还可以承保公司外的业务，可以获得更多的利润，因此，专业自保公司获得的利润也是公司利润的来源之一。

(四) 专业自保公司的局限

同保险公司相比，专业自保公司的局限主要有以下几个方面：

1. 业务量有限。目前，大多数专业自保公司虽然接受外来业务，以扩大营业范围，然而专业自保公司的大部分业务仍以母公司为主要来源。由于接受的业务有限，专业自保公司的经营很不稳定。

2. 保障能力比较弱。专业自保公司所承保的业务大多是财产风险和一些传统保险市场不愿提供保障的风险,不仅导致专业自保公司的经营风险过于集中,保障能力比较弱,而且还会导致母公司风险管理费用的增加。

3. 组织机构简陋。专业自保公司通常因规模较小,组织机构较为简陋,不易吸引专业人才,无法采取各种损失预防或财产维护的措施,难以创造良好的经营业绩。

4. 财务基础脆弱。一方面,专业自保公司设立时,资本金数量比较小,资金运用往往不能满足需要,财务基础脆弱,业务难以发展。另一方面,专业自保公司虽然可以吸收外来业务,但是由于外来业务风险度参差不齐,业务来源不稳定,容易导致专业自保公司发生财务上的危机。

5. 严重依赖于再保险。专业自保公司的弱点是业务范围受到限制,业务量不足。由于风险单位有限,保险收入有可能不足以支付赔付的需要,专业自保公司在发展初期容易发生亏损,需要母公司提供额外资本来弥补损失。有些专业自保公司严重依赖于再保险来分散风险,因而有可能增加专业自保公司的费用支出。

二、保险公司

保险公司作为投保人、被保险人的风险融资机构,其经营的状况直接影响到投保人、被保险人的利益。保险是投保人能够将自己承担的风险向保险公司转嫁、获得保险公司财务补偿的一种融资方式,保险公司是投保人进行风险融资的重要机构。同时,保险公司也需要筹集资金,建立风险补偿基金,以便能够随时拿出资金补偿受到损失的投保人、被保险人。下面简要介绍保险公司的种类、发展的原则和向投保人融资的原则。

(一)保险公司的种类

由于社会经济制度、经济管理体制和历史传统等方面的差异,保险人以何种组织形式进行经营,各国政府都有不同的限定。例如,美国政府规定,保险的组织形式是股份有限公司和相互保险公司;日本政府规定,保险的组织形式是股份有限公司、相互保险公司和保险互济合作社。又如,《中华人民共和国保险法》规定,我国保险公司应当采取股份有限公司和国有独资公司两种形式。股份有限公司是由一定数量以上的股东发起成立的组织,其全部注册资产被划分为若干等额股份,通过发行股票(或者股权证)筹集资金,股东以其所认购股份承担有限责任,公司以其全部资产对公司债务承担民事责任。国有独资保险公司是由国家授权投资的机构或者国家授权的部门单独出资设立的有限责任公司。

(二)保险经营的特征

保险公司的经营活动是依据保险经营的特征,向被保险人提供必要的风险融资。保险公司的经营活动具有以下几个方面的特征:

1. 保险经营活动是一种特殊的劳务活动。保险经营是以特定风险的存在为前提,以集合尽可能多的风险单位为条件,以大数法则为数理基础,以经济补偿和给付为基本功能。因此,保险公司所从事的经营活动,是一种特殊的劳务活动。首先,这种劳务活动依赖于保险公司的服务质量。如果保险工作人员能够提供承保前、承保时和承保后的系列配套服务,社会公众对保险企业的信心会增强,保险公司的竞争力会进一步提高。其次,这种劳务活动体现在保险产品质量上。保险公司根据保险市场需求,精心设计保险条款,合理确定保险责任范围,科学厘定保险费率,保险公司承保的业务就会扩大,而随着保险公司经营规模的扩大,保险公司的经营也会越来越稳定。

2. 保险经营资产具有负债性。保险公司的经营活动是运用所聚集的资本金,以及各种准备金而建立起来的保险基金,实现风险分散、进行经济补偿的职能。保险公司的经营资产大部分来源于保险人所收取的保险费,而这些保险费正是保险企业对被保险人未来赔偿或者承担给付责任的负债。

3. 保险经营成本和利润的计算具有特殊性。保险经营成本的计算与其他商品成本的计算相比较,具有不确定性。由于保险产品现时的价格是依据过去支出的平均成本确定的,而现时的价格是用来补偿将来发生的损失,这就使保险公司的经营成本具有较大的不确定性,也使保险产品的价格远不如其他商品的价格容易确定。此外,保险公司利润的计算也与一般企业不同。一般企业经营利润的计算是从当年销售收入中减去成本、税金,剩下的就是利润。保险公司的利润除了从当年的保费收入中减去当年的赔款、费用和税金外,还要减去各项准备金和未决赔款。如果保险公司提取的各项准备金数额比较大时,则会对保险公司的利润产生比较大的影响。

4. 保险经营的过程具有分散性和广泛性。保险经营的风险比较宽,经营的险种比较多,涉及的被保险人也比较广泛,这是保险经营的广泛性。例如,被保险人包括法人和自然人。就法人来说,包括工业、农业、交通运输业、商业、服务业企业,各种社会团体,事业单位以及国家机关。就自然人来说,有各行各业和各个阶层的人士。一旦保险公司经营失败,保险公司就会丧失偿付能力,势必影响被保险人的利益,乃至整个社会的安定。因此,保险公司的经营过程不仅是风险大量集合的过程,而且也是风险广泛分散的过程。众多的投保人将其所面临的风险转嫁给保险人,保险人通过承保将众多风险集合起来。当发生保险责任范围的损失时,保险人又将少数人发生的损失分摊给全体投保人承担。

(三)保险公司融资的原则

保险人为了承担赔偿和给付义务,必须建立保险基金,保险基金的主要来源是投保人缴纳的保险费。从保险人的角度看,保险公司经营业务的过程,实际上是建立风险补偿基金的过程。保险人建立风险补偿基金也不是没有依据的。保险公司向投保人提供的风险保障需要考虑以下几个方面的原则:

1. 成本控制原则。成本控制原则主要是指保险公司以负债形式筹集资金,必须考虑自己的成本负担能力和自身的经营效益。对保险公司来说,筹集资金所付出成本的高低,直接决定着它的收入水平和盈利能力。如果保险公司以较低的成本取得大量的资金,通过这些资金的合理运用,就可以获得较高的收益;反之,如果保险公司筹资成本很高,或者说,为筹资所付出的成本太高,即使保险公司通过这些资金的运用可以取得一定的收益,也会大大降低保险公司的盈利水平。当保险公司的筹资成本高到一定程度时,就会发生亏损。这就决定了保险公司在筹集资金的过程中,必须加强成本控制,注重筹资盈亏的分析,力求以较低的成本支出取得最大的经营收益,不能以高成本为代价换取资金来源的增长;同时,保险公司在以负债形式筹集资金的过程中,还应当遵纪守法,不得擅自提高或者变相提高保险费率和给付标准。因此,保险费率的确定要遵循等价交换的原则,保证保险产品的定价对供需双方的公平性。如果保险费率定得过低,虽然有利于保险人争取比较多的业务,但是,不利于保险公司经营的稳健性;如果费率定得过高,虽然有利于保险人一时的利益,但是,不利于保险人的竞争。

2. 保险费率与投保人的支付能力相一致的原则。一般来说,投保人对保障的需求首先表现为潜在的需求,这种潜在的需求在多大程度上能够形成有效的需求,取决于投保人的支付能力。如果不考虑这一点,而只考虑潜在需要的话,超过投保人支付能力的高保障、高价位的保险产品,是不会有市场的。保险费率是保险人承保每一风险单位的价格,通常保险人按保险金额的百分比或者千分比向投保人收取保险费。保险费率由纯保险费率和附加费率两部分构成,是保险人根据保险标的的风险程度、损失概率、责任范围、保险期限和经营费用等计算的。纯保险费率是与赔款或者给付有关的费率,附加费率是与保险公司经营有关的费率。财产保险费率的计算基础是损失概率,人寿保险费率的计算基础是人口预期寿命和利息率。保险产品是分散风险的方式之一,其价格的需求弹性比较大,保险费率对保险产品需求的影响也更大。这就要求保险费率的制定坚持科学合理的原则,不仅要考虑投保人的需求和支付能力,而且还要考虑保险人的合理利润。

3. 量力而行的原则。保险公司在提供保障的过程中,不能无止境地追求保费的增长,必须根据保险公司的经济实力、经营条件等,合理、适时地筹措资金;同时,筹措的资金要及时、有效率地运用出去。目前,我国保险公司筹措的资金比较多,但是由于投资渠道的狭窄,保险基金并不能得到较好地运用,这就会影响到保险公司的经营收益。

4. 结构合理的原则。业务结构是否合理,直接关系到保险公司能否正常经营。保险公司负债结构的合理化,可以提高保险公司资金的运用效率,也可以降低保险公司的经营风险。例如,保险公司资产负债期限的长短、负债比例、负债与资产的匹配等因素,都会影响到保险公司的长期、稳定经营。

三、再保险公司

再保险是保险公司、专业自保公司、保险合作公司等分散经营风险的有效机制,再保险使大数法则跨越了风险管理单位的限制,得以在更广泛的意义上分散经营风险,从而有效地保障了保险公司、专业自保公司、保险合作公司等经营的持续稳定。再保险公司是为经营风险企业提供风险管理资金的融资机构,再保险公司的发展水平,已经成为衡量一个国家保险市场发达与否、安全与否的重要标志。

(一)再保险公司的概念

再保险是指保险人将其承担的保险责任以投保的形式部分地转移给其他保险人,再保险作为保险的保险,可以理解为原保险人为了稳定自身的财务状况、扩大承保能力、获取定价信息支持和技术支持向再保险人所进行的风险融资。再保险关系是通过签订再保险合同建立的。在再保险合同中,分出保险业务的一方称为原保险人或者分出公司,接受保险业务的一方称为再保险人或者分入公司。再保险人只对原保险人负责,而与原被保险人不发生直接的关系。

(二)再保险公司的组织形式

目前,世界各国再保险公司的组织形式主要有以下几种:

1. 保险公司兼营再保险业务。保险公司兼营再保险业务是再保险市场的最初形式,这些公司都是原保险人,自身经营着不同类型的直接保险业务。由其承保下来的业务,有时需要通过再保险的方式来转嫁风险,办理分出保险;而承担原保险人分入业务的接受公司,也将它自身承保的直接业务分出给原保险公司。这样,相互交换业务的双方既是分出公司,又是分入公司。从经营再保险业务的角度来说,可以相互抵消分保支付,节约外汇流出,对于双方都是有利的。例如,日本东京海上保险公司、安田火灾保险公司和日产火灾保险公司都接受一定额度的国际再保险业务。又如,我国再保险(集团)股份有限公司在发挥分散风险、促进保险业全面、协调发展方面发挥着积极的作用。

2. 专业再保险公司。专业再保险公司是在再保险需求不断扩大、保险业之间竞争不断加剧的情况下分离出来的或者由几家保险公司投资而成立的。再保险公司最初只是在当地经营直接业务的保险人之间开展业务,随着再保险需求的增加和保险公司之间竞争的加剧,专门从事再保险业务的公司——专业再保险公司应运而生。这种公司并不直接承保业务,而是专门接受原保险人分来的业务,同时,也将接受的再保险业务的一部分再转分给别的保险公司或者再保险公司。一般来说,专业再保险公司对转分业务有严格的限制。

3. 英国劳合社。劳合社创建于1688年,目前是世界最大的保险和再保险组织。以前,劳合社的特点是会员都是个人,会员个人承保的业务需要受到资金实力和社章的规定;而劳合社并不直接承保业务,其接受业务需要通过劳合社经纪人。目前,有限责任公司也被允许进入劳合社,并提供大部分的承保能力。劳合社经纪人与有关方洽商议定条件后,由一两个对某专业有经验的劳合社承保人作为首席承保人,接受一定份额的保险业务后,多余部分再由其他承保人接受。参加再保险的劳合社承保人均需交付一定数额的保险金(信用证),才可以接受再保险业务,达到一定的额度后,就不能再接受再保险业务,这种限制保护了被保险人和分出公司的利益,限制了其经营风险的扩大。

4. 再保险集团。再保险集团是由几家或者许多家保险公司联合组成的,这种再保险集团有属于一个国家的,也有区域性的。例如,亚非再保险集团、阿拉伯联盟等都是这种再保险集团的组织形式。在再保险集团中,某一个成员公司将承保的业务在扣除自留额后,通过集团在成员公司间办理再保险。各成员公司接受业务的比例,有的按照事先商定的固定比例分配,有的则按照不同的业务或分类或逐笔商定各家承受的比例,共同分担某一公司的分入业务。

5. 区域再保险合作。这是政府参与区域再保险的一种形式。20世纪70年代,亚洲再保险公司和美洲再保险公司的相继成立是一个重要标志。这类公司的成立和国家分保公司的扩展,得到了联合国贸发委会议的积极鼓励,其目的在于减少民族保险公司的风险。但是,这种区域性的保险合作只能解决较小额度的风险业务,对于巨灾事故,仍然需要更大的范围来分散危险。随着全球经济一体化的发展,再保险市场日渐自由化,放松管制、降低准入标准等,使得区域再保险合作的发展受到很大影响。

(三)再保险机制运作的动因

保险公司运用再保险机制来保证自身经营的财务稳定,既有技术性原因,也有非技术性原因。

1. 再保险机制运作的技术动因。从技术性动因的角度看,保险公司选择再保险的主要原因有以下几个方面:

(1)再保险可以扩大保险公司的承保能力。对于保险公司来说,无论规模多大、技术力量多雄厚,保险公司的承保能力都要受到公司资本金、准备金等财务状况的限制,其自身的财务相对于承保风险来说,是有限度的。特别是随着高科技的发展和应用,保险标的的保额大多在几亿元、几十亿元以上,保险公司因自身资金的限制,会无法承保巨额保险标的的损失风险。再保险就可以协调保险人的承保能力与财务能力之间的矛盾。保险人通过再保险,将超过自身财务承受能力的业务分保出去,这样就可以在不增加资金的前提下,扩大承保能力,使原本无力承保的风险能够予以承保,同时又不影响其偿付能力。可见,通过再保险使原来在一个保险公司或者几个保险公司中不可能实现的承担风险的能力,在保险同业之间或者国际间等较大的范围内得以实现。

(2)再保险可以控制保险人的责任。保险人承保某一标的物的损失风险后,运用适当的再保险方式,如比例再保险、非比例再保险等方式,将自身承担的风险责任控制在合理的范围内,从而保证经营的持续稳定。比例再保险是由原保险人与再保险人相互订立合同或者临时商定协议,按保险金额的一定比例确定原保险人的自留额、再保险人分保额、原保险人的分保费和再保险人的赔款分摊的再保险方式。比例再保险又可以分为成数再保险和溢额再保险两种形式。非比例再保险又称为超额损失再保险,是以赔款金额为基础来确定原保险人的自负责任和再保险人的分保责任的。非比例再保险合同有两个赔偿责任限额:一是原保险人的自负责任额,也就是非比例再保险的起赔点;二是再保险人承担的最高责任额。这两个限额通常由原保险人与再保险人在合同中约定,一旦发生风险事故造成损失,双方就按合同规定的限额进行赔付。

(3) 再保险可以平衡保险人的业务结构。根据大数法则的要求,保险标的的数量越多,保险金额越均匀,保险公司经营的稳定性就越强。但是,在保险实务中,保险公司的业务并不是很均衡的,巨额损失风险业务的过度集中,会影响到保险公司经营的稳定。通过再保险,保险人可以将同类业务中超过平均保险金额的业务分给其他保险人,从而发挥稳定财务的作用。

(4) 互惠交换业务稳定了保险公司的经营。互惠交换业务是指保险公司之间相互分保,是对风险进行调整的一种方式。通过互惠交换业务,将保险企业某一时点的风险在空间上得以分散,同时,又接受其他保险人的风险分入,保险企业承担的总保险责任可能没有改变,这不仅解决了因分出业务导致保费减少的问题,而且使财务稳定性增强。

(5) 再保险可以促进保险人加强管理。再保险业务的办理和承保同保险业务有关,不仅要求保险人正确评估承保风险,合理确定自留额和分保额,而且要求保险公司承担的责任既不超过自身的承保能力,又不让保险费过多地流失。

2. 再保险机制运作的非技术性动因。从非技术动因的角度看,保险公司选择再保险的原因主要有以下几个方面:

(1) 国家法律、法规的制约。国家的法律、法规制约着保险公司的经营活动。一般来说,世界各国的保险法都对保险公司的再保险进行了规定,并要求保险公司严格遵守。例如,我国《保险法》规定,除人寿保险业务外,保险公司应当将其承保的每笔保险业务按国家的有关规定办理再保险。

(2) 保险人可以获得再保险人提供的服务。再保险人通常是专营再保险业务的公司,这类再保险公司资金雄厚、技术力量比较强,风险管理水平高。保险人与再保险人的合作,可以获得再保险人提供的服务。

(3) 再保险的融资功能。随着再保险产品的发展和创新,再保险具有了融资功能。再保险的融资功能主要表现在两类产品上:一类是证券化的再保险产品。该产品借助于现代金融市场和金融技术将业务风险转嫁到资本市场,由保险人、再保险人和其他投资者共同承担风险。例如,再保险公司通过发行巨灾债券、巨灾期权、巨灾期货等金融产品在资本市场上分散了巨灾风险。另一类是不同风险组合的再保险产品。该产品综合了金融管理、资本管理和风险管理等因素,设计出不同风险组合的再保险产品,使保险人和再保险人的财务能力得到提高。

(四)保险人面临的再保险风险

保险人在进行再保险的过程中,也会面临一系列风险,主要包括以下几个方面:

1. 没有及时分保。一些保险公司对风险存在着侥幸心理,认为分保会造成保费的分流;一些保险公司由于管理上的疏忽或者技术上的限制,对超过自身承保能力的保险业务没有及时分保,一旦发生风险事故,全部损失均由自己负责,导致保险公司的亏损或者破产。

2. 分保规划不当。自留额是保险公司承担风险的最高限额。自留额的高低与保险公司的财务稳定密切相关。如果保险公司对自身偿付能力和财务稳定性认识不足,将自留额确定得过高,一旦发生风险事故,就会增加保险公司的经营风险,直接影响到保险公司的财务稳定;如果自留额确定得过低,会使大量保费分流给再保险人,会减少原保险人的收益。例如,某保险公司的自留额业务没有购买超赔保障,一旦发生风险事故,就会导致公司出现较为严重的财务损失。

3. 分保方式不当。再保险分保方式的确定,直接影响到原保险公司的管理成本。如果分保方式选择不当,原保险公司依然会承担巨额的赔款费用,这就会影响到原保险公司的财务稳定,因此,保险公司在选择分保方式时,需要考虑以下几个方面的因素:

(1)资本金和自留额的关系。保险公司作为企业,其经营必须要有资本金,在经营的过程中,还可以从利润中提存总准备金以增强财务能力。保险公司在确定自留额时,首先应将资本金额与赔款额相比较,确定保险公司在何种情况下可能会出现的偿付能力危机。目前世界多数国家中,都有用于审核保险公司偿付能力的法律规定和标准,即资本金与自留责任的比率。

(2)保费收入和资本金的关系。一般来说,资本金较多、保费收入较少是较为保守或者稳定的经营方式;反之,资本金较少、保费收入较多则是存在着危机的经营方式。为了保护被保险人的利益,各国保险监管机构均规定了资本金与保费收入的比例,一旦发现二者的比例超常时,就会责令其提高资本金额度或者停止承保部分或者全部业务。

(3)费率和自留额的关系。费率反映风险的大小,也会影响保险公司自留额。如果费率不足,保险公司的风险自留额就会降低;否则,就说明保险公司收取的保费与所承担的风险责任不协调,保险公司承担的经营风险比较大。保险费率在经过严格审定、计算和遵守的情况下,才会保证保险公司的财务稳定。

(4)业务构成和自留额的关系。保险公司在确定自留额时,除了考虑前面所讲的因素外,还要考虑以下一些因素:①风险度。一般来说,风险度越大的业务,其赔付率越高或者业务风险越集中,自留额就会降低;反之,自留额就会提高。风险度的高低与自留额的大小成反比例。②保险金额。保险金额的大小与风险度或者责任累计有关。一般来说,保险金额越大,风险越密集,风险积累的可能性就越大,一旦发生风险事故,造成的损失也越大。③承保数量。在风险度与保险金额相对平衡的情况下,保险公司承保数量越大,风险就越小;承保数量越小,就无法运用大数法则降低费率,保险公司的经营风险也就越大。④再保险业务交换。保险公司在交换再保险的过程中,应该根据不同业务的性质、分出业务的成绩、交换对象的选择、分出公司管理的能力等各种因素来确定是否决定进行再保险业务交换。一般来说,保险公司会选择业绩比较稳定、以往交换再保险业务纪录比较好的对象分保;否则,会拒绝交换再保险业务。

4. 再保险人选择不当。再保险业务是以原保险合同为基础,分担原保险人承担的风险和责任的一种独立业务,保险人和再保险人利益共享、损失共担。在损失发生时,再保险人依分保合同分摊所承担的责任限额。如果再保险人亏损或者破产,原保险人仍应承担原保险合同的全部赔偿责任。如果再保险公司的财务出现困难,原保险人不仅无法同再保险人分摊赔款损失,而且还会流失保费,严重威胁原保险人的财务稳定。因此,原保险人在选择再保险人时,不仅要考虑分保条件,还要充分了解再保险人的信誉、财务状况和经营能力等因素,以避免由于对再保险人的选择不当,而给保险公司带来不必要的损失。

四、银行和信用社

银行和信用社等金融机构是为风险管理单位提供融资服务的重要金融机构。银行和信用社的信贷融资促进了贸易和生产的发展,也促进了风险融资的发展。银行和信用社等金融机构是经营货币的特殊企业,其经营活动集中体现为资金的收支活动。筹集资金是银行经营和发展的前提条件,银行要想从事金融业务的经营,首先必须筹集一定数量的资金。银行通过发行股票、债券,接受直接投资、吸收存款、向中央银行借款等方式筹集资金,表现为银行资金的流入。银行兑付债券、支付存款利息,以及支付各种筹资费用,表现为银行资金的流出。

银行和信用社筹集资金的目的是为了把资金用于经营活动,以便取得利润。银行将筹集的资金用于发放贷款,形成银行的对外投资。与此同时,风险管理单位也获得了所需要的风险管理资金。银行和信用社将资金贷给风险管理单位,其实质是将资金的使用权在一段时间内让渡给了风险管理单位使用,而风险管理单位也需要支付给银行一定额度的资金使用费,即贷款利息。贷款期限届满时,风险管理单位需要归还本金和利息。银行在获得利差收入的过程中,也面临着信用风险、管理风险和利率风险。信用风险也称为违约风险,是指借款人不能对银行履行还款义务或者银行所持有证券的发行人不能履行其责任所带来的损失风险。管理风险是指政府和有关管理部门改变法律、监管规则等而给银行的利润带来不利影响的风险。利率风险是指由于利率变动而引起经营收益损失的风险,利率风险是风险管理单位经营面临的最大挑战。针对上述风险,银行会通过制度化的内控机制来控制银行的经营风险。

复习思考题

1. 简述风险自留融资的成本。
2. 简述风险自留融资适用的情形。
3. 简述风险自留融资的方式。
4. 简述保险融资的优势和局限。
5. 简述专业自保公司融资的优势和局限。
6. 简述保险公司融资的原则。
7. 简述再保险公司融资的功能。
8. 简述非保险融资的优势和局限。
9. 简述银行提供风险融资的经营风险。

第九章 风险管理方案

风险管理方案是风险管理单位为实现风险管理目标而做出的风险管理计划。它是风险管理者在综合考虑风险因素、影响风险因素的条件、风险管理成本、风险管理收益等多方面因素后做出的整体规划。风险管理方案既可以为风险管理决策提供依据,也是实施风险管理措施的重要依据。制订风险管理计划书是风险管理者必备的基本素质,规划合理的风险管理方案有利于风险管理目标的实现。

第一节 风险管理方案的概念和特点

一、风险管理方案的概念和特点

风险管理方案是风险管理单位以实现风险管理目标为目的,制订的各种风险管理计划。风险管理方案是风险管理决策的重要依据,不仅能够为风险管理决策者提供多方面解决问题的思路,而且能够为风险管理措施的实施提供依据。风险管理方案具有以下几个方面的特点:

1. 风险管理方案具有综合性。风险管理方案是风险管理者在综合考虑风险管理单位的风险因素、损失构成、风险管理成本、风险管理收益、风险管理措施实施后的结果等多方面影响的基础上制订的,能够综合反映风险管理单位的风险状况,提出具体可行的风险管理措施。

2. 风险管理方案具有专业性。风险管理方案不仅是针对个别风险提出的处理方案,而且还会针对风险管理单位其他的风险和关联性的风险组合,提出具体的风险管理方案。风险管理方案不仅涵盖了风险管理组织机构设置、岗位职责、内部控制,而且还涉及风险理财、风险管理规划、风险信息系统管理等方面的内容,具有比较强的专业性。

3. 风险管理方案具有全面性。风险管理方案不仅综合考虑了风险管理单位所面临的各种风险、风险的轻重缓急、财务状况等因素,而且还考虑了风险管理单位的其他活动。风险管理者据此制订的风险管理方案,能够平衡风险管理活动与其他活动的关系,具有全面性的特点。

4. 风险管理方案具有主观性。风险管理者不但能够制订出全面、综合地反映风险管理单位状况的风险管理计划,而且还能够提出具体可行的风险管理措施。尽管如此,风险管理方案仍会掺杂着风险管理者的风险偏好、经验、意见,也就是说,不同的风险管理者会制订出不同的风险管理方案。即使针对同一风险事故,不同的风险管理者,也会制订出不同的风险管理方案。风险管理方案的主观性和多样性使风险决策管理变得非常重要。

5. 风险管理方案具有一定的稳定性。风险管理方案一旦被决策者采纳后,其执行就具有一定的稳定性,即使风险管理单位发生人员的变动,也可以保证风险管理措施的实施,表述具体、确定的风险管理方案可以为新员工提供工作的指导。但是,这并不是说,风险管理方案一旦确定,就是一劳永逸的。在风险管理方案实施的过程中,可能会遇到各种各样的问题,需要对风险管理方案进行评估和调整。为了使风险管理方案的调整更具科学性,需要对风险管理方案在实施过程中出现的问题作出较为详细的记录,并及时做出报告。例如,管理问题发生的原因、产生影响的大小、发生频率的高低,以及解决问题的方法等,越详尽的记录越有利于风险管理方案的调整。

二、风险管理方案的作用

1. 风险管理方案能够反映风险管理者的管理思想和管理理念。风险管理者在风险偏好、承受度、管理有效性等方面认识的不同,能够通过风险管理方案反映出来。不同类型的风险,具有不同的风险管理方法。相同的风险,由于所处环境不同、风险管理方案制订者不同、风险管理目标不同,风险管理者所采取的技术和手段也是不同的,风险管理方案能够反映出风险管理者的管理思想和管理理念。

2. 风险管理方案是风险管理执行单位的行动依据。风险管理方案通常以书面的形式撰写,这样可以准确地传达风险管理部门的管理意图,并可以通过一定的渠道传达给员工,使员工在执行的过程中能够理解风险管理的意图。风险管理方案被风险管理决策者采纳后,就是风险管理决策执行单位的行动依据。从这一角度来看,风险管理方案决定着风险管理的效率和效果。当然,有些风险管理方案在执行过程中会出现一些问题或者偏差,可以进一步调整和修改。

3. 风险管理方案能够反映风险管理单位的风险承受度。风险管理方案的确定通常是以一定的风险管理资金投入为支撑的,风险管理方案在风险管理成本—收益方面的考量,能够反映出风险管理单位的风险承受度。

4. 风险管理方案可以协调各部门之间的关系。风险管理方案介绍了各部门在风险管理中的工作任务、职责和权利,可以协调风险管理单位各部门之间的关系,有利于风险管理措施的实施。

三、风险管理方案的类型

按照管理内容的不同,风险管理方案可以划分为单一风险管理方案和复合风险管理方案。单一风险管理方案通常是针对单一风险或者保障需求而制订的风险管理计划书;复合风险管理方案通常是针对多方面风险或者保障需求而制订的风险管理计划书。

按照实施阶段的不同,风险管理方案可以划分为事故前风险管理方案、事故中风险管理方案和事故后风险管理方案。一般来说,事故前风险管理方案注重风险事故的预防,注重避免风险事故的发生;事故中风险管理方案注重风险事故发生后的应急处理,是为应对风险事故而采取的措施,属于临时性的风险管理措施;事故后风险管理方案注重风险事故发生后的补救措施,注重防止损失的扩大和预防风险事故的再次发生。

第二节 风险管理方案制订的原则和步骤

一、风险管理方案制订的原则

风险管理方案的制订不是盲目的,必须遵循一定的原则,这些原则是风险管理方案具有科学性、合理性的基础。风险管理者在制订风险管理方案时,需要遵循以下几个方面的原则:

1. 可操作性原则。风险管理方案是针对已经识别的风险因素、风险源和风险暴露,制订相应的风险管理措施,这些措施应该具有可操作性。如果风险管理方案中提出的管理措施不具有可操作性,那么,风险管理方案的执行单位就感到无所适从,就会影响到风险管理单位的管理绩效。

2. 经济合理原则。风险管理方案涉及的工作和措施,应该力求管理成本的节约;力求以最低的成本达到管理信息的流畅、管理方式的简捷、管理手段的先进。同时,风险管理方案中确定的管理成本应该是风险管理单位能够承受的。如果超出风险管理单位的经济承受能力,即使设计出完美无缺的风险管理方案,也只是没有用处的纸上谈兵。

3. 有效性原则。风险管理者制订的风险管理方案,应该能够解决风险管理单位的避险和保障需求问题,并且能够直接解决风险管理单位面临的具体管理问题,这些风险管理措施对于满足风险管理单位的保障需求是有效的。相反,如果风险管理方案实施后,风险事故依然不断地发生,则说明风险管理方案的有效性较弱。

4. 主动性原则。风险管理前期的工作是识别风险、衡量风险和评价风险,风险管理后期的工作是规划、决策、实施和评价风险管理方案。在风险管理方案规划的过程中,风险管理者应该遵循主动控制、事先控制的管理原则,根据不断发展变化的环境、条件和不断出现的情况、问题,及时采取相应的措施,调整风险管理方案。只有这样,才能预防、减少风险事故造成的损失。

二、风险管理方案制订的步骤

风险管理方案的制订,大致需要经过以下几个方面的步骤:

1. 了解风险管理单位所面临的风险种类、保障需求和风险管理目标。风险管理者在制订风险管理方案时,首先,需要了解风险管理单位的保障需求和风险管理目标。针对风险管理单位的保障需求、保障目标,以及需要管理的风险状况,确定风险管理的大致思路。其次,需要对风险管理单位面临的风险有一个全面的把握,确定风险管理单位面临的风险种类,评价风险的轻重缓急,确定风险管理技术。

2. 估算风险管理资金支出。风险管理单位拥有的资金数量、能够承受的风险管理成本等,是风险管理者制订风险管理方案前必须考虑的问题。在风险管理总体规划制订之前,就要对风险管理单位完成计划的资源做详细的评估,其中,包括完成风险管理工作需要的人员、设备和材料等,并进行量化分析。最后,需要制订出风险管理资源消耗计划,必要时,可以大致地确定风险管理每一阶段所需要的资源、资金总量。

3. 制订风险管理总体规划。风险管理的总体规划对于达到风险管理的目标是至关重要的。风险管理总体计划主要是用来确定风险管理取得的成果、风险管理的阶段,以及各阶段需要完成的主要工作任务。

4. 制订风险管理具体措施。制订风险管理具体措施是风险管理方案的核心内容,是对风险管理总体规划的进一步说明,具有重要的实践意义。关于风险管理具体措施的制订,在本章第三节将做更为详细的讲述。

第三节 风险管理方案的制订

风险管理方案的有效性,直接决定着风险管理的效率和效果。翔实、全面、有效是风险管理方案的基本要求。本节将在介绍风险管理方案的内容之后,以某交通运输公司的汽车运营为例,说明具体风险管理方案的制订。

一、风险管理方案的内容

一般来说,风险管理方案主要包括以下几个方面的内容:

1. 风险管理概况。风险管理方案首先需要介绍风险管理单位的基本情况、风险管理的目标、已经采取的风险管理措施、产生的效果等。这些基本情况的介绍,不仅有利于方案执行者全面了解风险管理的基本情况,而且有助于风险管理方案的确定。

2. 风险识别。风险管理方案需要介绍风险管理单位所面临风险的主要类型、风险源,以及风险事故预计发生的地点、造成的影响等,可以为制订具体的风险管理方案提供依据。

3. 风险分析与评估。风险管理方案需要介绍风险分析和评估的结论,这些结论包括定性分析和定量分析的结论、风险重要性的排序等,可以为制订具体的风险管理计划提供依据。

4. 风险管理计划和对策。针对具体的风险,根据风险重要性的排列,风险管理者可以确定管理风险的方法、所需物资和资金、所需人员、完成计划的时间和工作进度,有关这方面的计划应该详尽、具体,避免模棱两可、模糊不清。为了保证风险管理成果得到风险管理监管部门的认可,需要大致确定风险管理方案验收的时间,这可以督促有关执行单位按期完成风险管理工作计划。

5. 风险管理方案涉及的单位和部门。在风险管理方案中,需要说明方案实施所要涉及的主要部门和各部门在风险管理方案中的地位、作用和相互关系,以及风险管理方案的直接领导者、各部门的主要负责人及其职责和权利。

6. 风险管理工作的检查和评估。风险管理方案应该包括风险管理进度实施情况的检查、风险管理措施实施效果的评估,以便风险管理部门能够针对风险管理方案中存在的问题,及时作出必要的修改,预防风险管理资金的损失和浪费,提高风险管理的效率。

二、风险管理方案的制订

风险管理方案的制订是一项复杂、系统的工程,需要风险管理者全面考虑风险管理单位的状况,制订切实可行的工作方案。下面以某交通运输公司的汽车运营为例,说明风险管理方案的制订。

某交通运输公司车辆运营的风险管理方案

为了使本公司的财产、人员免遭巨大的经济损失或者在损失发生后,可以获得补偿损失的资金。现以"安全第一,预防为主,综合治理"为主要工作方针,制订本公司车辆运营的风险管理方案。

本公司现有大客车800辆,中巴车400辆,普通货车90辆,车辆总数为1 290辆,车辆平均价值约50万元。车辆年完成营运300万人次,旅客周转数量为20 000万人公里,年实现利润为5 600万元。本公司在以往的运营中,平均每年发生交通事故20次,事故发生的概率为16‰,平均每次损失额为3万元。本公司现有售票员2 500名,司机2 000名。其中,参加社会保险的售票员和司机为4 000人,未参加社会保险的售票员为240人、司机为260人。司机月平均工资为2 500元,售票员月平均工资为2 000元。

(一) 风险识别

交通运输行业既是服务行业,也是高风险行业。车辆在运营的过程中,面临损失的风险主要有财产损失风险、人员损失风险和责任损失风险。下面逐一分析这几类风险,并分析造成这几类损失的主要原因。

1. 财产损失的风险

(1) 车辆损毁的风险。造成车辆损毁的主要原因主要有以下几个方面:①自然灾害造成车辆损毁的风险。例如,洪水、暴雨、冰冻、大雾等自然灾害,造成车辆的损毁。②人为事故造成车辆损毁的风险。例如,火灾、纵火造成车辆的损毁。人为交通事故造成车辆损毁主要有两个方面:一是交通肇事风险。交通肇事风险主要是指司机在运输过程中,发生交通事故。发生交通肇事的原因主要有以下几个方面:营运车辆超员、超载、超速行驶;并线车辆争道先行;司机疲劳驾驶、健康状况不佳;司机驾驶技术不合格;车辆维修不及时、带病载客等。这些原因都会造成车辆的损毁和民事侵害赔偿责任,这些损失都会造成本公司财产、人员和利润的损失。二是他人过失风险。他人过失风险是指本公司司机遵守交通规则、正常行驶,由于其他司机的过失,而造成本公司运输车辆的损失。虽然由其他司机的过失而造成本公司车辆的损毁,可以得到肇事方的赔偿,但是,这会影响到本公司的正常运营,影响到本公司的经营利润。

(2) 车辆丢失的风险。造成运输车辆丢失的原因主要有以下几个方面:抢劫、使用改锥撬锁盗窃、配制车钥匙偷窃、司机偷开造成车辆丢失,而车辆丢失后很难找回来。

(3) 车祸造成公司利润损失的风险。公司利润等于营业利润加上投资收益、补贴收入、营业外收入减去营业外支出。车祸会造成车辆无法正常运营,从而造成本公司营业利润的损失。

2. 人员损失的风险

本公司车辆在运营过程中,人员损失的风险主要有以下几类:

(1) 员工发生工伤的风险。本公司车辆在运营的过程中或者员工在上下班途中,存在着发生交通事故、造成工伤事故的风险。工伤事故对于参加工伤保险的售票员和司机来说,其医疗费、伤残补助费、工亡补助费等由工伤保险基金支付,工伤职工住院、治疗期间的停工留薪工资则由本公司支付;而对于未参加工伤保险的售票员和司机来说,其医疗费、工伤津贴、伤残补助费和工亡补助费等由本公司参照《工伤保险条例》及国家有关规定支付。

(2) 员工发生疾病的风险。公司员工患病、死亡,会发生治疗疾病的医疗费和医疗津贴。疾病风险对于参加医疗社会保险的员工来说,其医疗费用由医疗保险基金支付,而对于未参加医疗社会保险的员工来说,其医疗费用存在着本公司支付的责任风险。员工患病期间的疾病津贴由公司根据员工在本企业的工作年限予以支付[①]。员工死亡会引起本公司的费用支出或利润损失。本公司退休人员,非重要岗位员工死亡,会引起死亡丧葬费、抚恤费等支出;本公司重要岗位员工死亡不仅会引起死亡丧葬费、抚恤费等支出,而且还会引起本公司利润的损失。

(3) 员工辞职风险。员工辞职会引起公司替换员工、招聘新员工、培训新员工的费用损失。如果辞职员工接受过本公司的培训,那么,本公司还会有培训费用的损失。

---

① 我国政府规定,工人、职员因疾病或者非因工负伤停止工作连续医疗期在6个月以内者,应由企业行政方面或者资方按下列标准支付给伤病职工假期工资:本企业工龄不满2年者,为本人工资的60%;已经满2年不满4年者,为本人工资的70%;已满4年不满6年者,为本人工资的80%;已满6年不满8年者,为本人工资的90%;已满8年及8年以上者,为本人工资的100%。

3. 责任损失风险

(1) 车辆营运的责任损失风险。本公司车辆在营运过程中,面临的责任损失风险主要有以下几个方面:①司机肇事所造成的对他人财产和人身损害的赔偿责任。②司机肇事造成的对旅客财产和人身损害的赔偿责任。③司机肇事造成的对运输货物损失的赔偿责任。一般来说,司机肇事造成的损失,主要由本公司承担。④货物延时送配、错发错送所带来的责任风险。本公司在同客户签订的《货物运输协议》中,一般会明确规定,本公司承担"准确、及时送货"的责任。当货物延时送配、错发错送时,客户往往会依据协议提出索赔,由此,本公司必须承担违约责任。⑤环境污染和危险品泄露的责任风险。环境污染风险主要包括运输过程中车辆的燃油污染和尾气排放造成的责任损失风险[①]。

(2) 公司对员工的责任损失风险。公司对员工的责任损失风险主要有以下几个方面:①公司不按国家有关规定,依法缴纳社会保险费,引起养老、医疗、工伤、失业和生育保险给付的诉讼风险。②公司不按国家有关规定,辞退解雇员工引发责任损失的风险[②]。③公司与员工因劳动安全卫生、福利待遇等问题引起劳动争议,最终败诉的责任风险。

(二) 损失衡量、评价和风险管理技术选择

从本公司面临损失风险的情况来看,其主要面临三类损失。下面对风险可能造成的损失分别做出衡量,并做出高、较高、中、较低、低五个风险等级的评价,最后依据风险衡量、风险评价的结果,选择适当的风险处理技术(见表9.1)。

表9.1 本公司面临的风险、风险衡量、风险评价和风险管理技术的选择

风险类型		风险衡量	风险评价	风险管理技术选择
财产损失风险	车辆损毁风险	事故情形不同,造成的损失不同。有时损失比较大,有时损失比较小	高	预防风险、保险
	车辆丢失风险	丢失车辆不能找回,损失比较大	高	预防风险、保险
	车祸造成利润损失风险	事故情形不同,造成的损失不同。有时损失比较大,有时损失比较小	较高	损失控制(备份2~3辆车)
人员损失风险	工伤风险	参加工伤保险员工发生工伤事故,可以获得工伤保险基金赔偿,损失比较小	低	预防风险
		未参加工伤保险员工发生工伤事故,损失比较大	较高	参加工伤保险

---

① 我国《环境保护法》规定,污染者要承担相应的责任,并接受适当的处罚。
② 我国《劳动法》第26条规定,有下列情形之一的,用人单位可以解除劳动合同,但是应当提前30日以书面形式通知劳动者本人:(1)劳动者患病或者非因工负伤,医疗期满后,不能从事原工作也不能从事由用人单位另行安排的工作的;(2)劳动者不能胜任工作,经过培训或者调整工作岗位,仍不能胜任工作的;(3)劳动合同订立时所依据的客观情况发生重大变化,致使劳动合同无法履行,经当事人协商不能就变更劳动合同达成协议的。我国《劳动法》第28条规定,用人单位依法解除劳动合同的,应当按照国家有关规定给予经济补偿。

续表

风险类型		风险衡量	风险评价	风险管理技术选择
人员损失风险	疾病风险	参加医疗保险员工患病,可以获得医疗保险基金赔偿,没有损失;疾病津贴需要公司支付	低	预防风险、风险自留
		未参加医疗保险员工患病,不能获得医疗保险基金赔偿,公司必须报销员工的医疗费,会造成损失,损失比较小;同时,疾病津贴需要公司支付	较低	参加医疗保险
	辞职风险	损失比较小	低	预防风险、风险自留
责任损失风险	车辆肇事对他人财产人身损失风险	损失比较大	较高	预防风险、保险
	车辆肇事对旅客财产人身损失风险	损失比较大	较高	预防风险、保险
	车辆肇事对运输货物损失风险	运输货物的价值不同,损失程度不同	中	预防风险、保险
	延时、错送货物损失风险	损失较小	低	预防风险、风险自留
	不缴纳社会保险费责任损失风险	公司有500人未参加社会保险,员工集体诉讼,其损失比较大	中	参加社会保险
	非法解雇员工责任损失风险	损失小	低	预防风险、风险自留
	劳动争议败诉的责任损失风险	损失小	低	预防风险、风险自留

(三)风险管理总体规划

1. 将本公司风险评价等级较高的风险投保,将损失风险转移给保险公司或其他单位承担。

2. 将本公司无法转移、风险评价等级较高的风险进行损失控制,将风险事故造成的利润损失控制在最低的范围内,办法是购置备用车。在发生风险事故时,使用备用车运营,以减少本公司经营利润的损失。

3. 加强自留风险管理,预防风险事故的发生,今年的总体规划有以下几个方面:(1)建立车辆保养、维修和安全管理制度,将各项规章制度以《员工手册》的方式下发给员工;(2)每月定期召开驾驶员安全工作例会,组织员工针对典型交通事故案例进行学习,由公安、交通分管领导剖析风险事故的原因,力争将风险事故发生的概率降低到10‰;(3)组织安全生产隐患排查专项治理活动,每年进行安全隐患排查治理大检查3次;(4)建立领导—部门—岗位三级安全管理网络,逐级签订安全责任书,进一步明确各部门和各岗位的安全管理职责,层层分解安全责任,倡导相互监督、相互协作、相互提高。

4. 提高公司人力资源管理人员的管理水平,防止管理人员因违反国家法律法规的有关规定而造成不必要的责任损失。

(四) 风险管理措施

根据以上风险管理工作的总体规划,可以提出以下具体的风险管理措施,并大致地估算出风险管理的资金需求。从表9.1可以看出,造成损失较大、风险度高的安全隐患,可以采取保险的措施转移风险事故造成的损失;也可以采取备份风险单位的办法,来减少风险事故造成的损失。同时,需要指出的是,许多安全隐患重在预防、预警,下面是针对安全隐患采取的风险预防措施(见表9.2)。

表9.2 木公司的风险管理措施和实施时间

风险类型			事故原因	风险预防措施	实施时间
财产损失风险	车辆损毁 车辆丢失 车祸造成利润损失		(1) 洪水、暴雨 (2) 冰冻、大雾 (3) 超员、超载、超速 (4) 并线车争道先行 (5) 驾驶员技术差 (6) 车辆不维修、带病上路 (7) 车辆被抢 (8) 车辆被偷 (9) 健康欠佳 (10) 火灾	(1) 做好天气预报工作,提示风险 (2) 车前喊话,提示风险 (3) 限员、限载、限速管理 (4) 风险意识教育,每月定期召开驾驶员安全例会 (5) 考核、技术竞赛 (6) 日发客车安全例检作业开单制度,建立车辆综合性能检测制度 (7) 风险意识教育 (8) 雇用保安,管理汽车;禁止司机因私开车;建立车辆入库登记、签名制度 (9) 定期检查身体 (10) 严禁易燃易爆物品上车或带进车库;不堆放与车辆无关的杂物;配备灭火器材	(1) 大雨天气 (2) 冰冻、大雾天气 (3) 每天 (4) 每月 (5) 经常 (6) 每天 (7) 每月 (8) 每天 (9) 每年 (10) 每天
人员损失风险	工伤	参加工伤保险	(1) 司机肇事 (2) 机器故障、操作不当 (3) 因工作遭遇他人侵害	(1) 同上 (2) 操作培训 (3) 及时缴纳工伤保险费	(1) 同上 (2) 上岗前 (3) 每月
		未参加工伤保险	(4) 上下班途中遭遇机动车事故伤害 (5) 工作时间、工作地点突发疾病死亡	(4) 为未参加工伤保险的员工办理参加工伤保险手续 (5) 定期检查身体	(4) 每月缴纳工伤保险费 (5) 每年
	疾病	参加医疗保险	(1) 患病 (2) 非因工负伤	(1) 提高员工福利待遇 (2) 定期检查身体	(1) 每月 (2) 每年
		未参加医疗保险		(3) 为未参加医疗保险的员工办理参加医疗保险手续	(3) 每月缴纳医疗保险费

续表

风险类型		事故原因	风险预防措施	实施时间
人员损失风险	辞职	(1)其他单位工资高 (2)与公司领导关系紧张 (3)获得更大的发展	(1)支付高于本行业平均工资、签订合法有效的劳动合同 (2)和谐员工之间的关系 (3)为员工发展创造空间	(1)每月 (2)始终 (3)始终
责任损失风险	司机肇事对他人、旅客财产人身损失 司机肇事对运输货物损失 环境污染和危险品泄露	(1)因同财产损失风险 (2)包装不当 (3)野蛮装卸 (4)延时送货、错送错配 (5)环境污染 (6)危险品泄露	(1)同财产损失风险 (2)承运前检查包装 (3)风险意识教育、签订责任书 (4)货物运输信息管理 (5)不使用尾气排放超标车辆 (6)对承运危险品进行严格管理	(1)同财产损失风险 (2)每天 (3)每天 (4)每天 (5)每天 (6)每次
	不缴纳社会保险费责任损失	违反国家法律法规的规定	办理参加社会保险的手续	每次
	非法解雇员工责任损失	(1)解雇员工不提前通知 (2)解雇员工不支付补偿金	(1)解雇无过失员工,提前30日通知员工 (2)本公司工作每满1年支付1个月的经济补偿金	(1)每次 (2)每次
	劳动争议败诉责任损失	违约或违法	加强对人力资源管理人员的法律知识培训	经常

三、制订风险管理方案需要注意的问题

1. 风险管理方案只是预期的计划,这种计划尚未付诸实践。风险管理方案真正付诸实施,需要风险管理决策者在诸多风险管理方案中选择适合风险管理单位生产经营状况的管理方案,风险管理方案的实施依赖于风险管理决策。

2. 风险管理方案越接近实际,越能够解决风险管理单位的实际问题。相反,如果方案制订者不了解风险管理单位的实际情况,其制订的风险管理方案无论多完备,也不切实际。

3. 风险管理方案不是一成不变的。随着经济、科技的发展,随着国家法律法规的不断完善,风险管理单位面临风险的种类也正在不断地发展和变化,这也就决定了风险管理者制订的风险管理方案也不是一成不变的,需要不断地修改和完善。

复习思考题
1. 简述风险管理方案的特点。
2. 简述风险管理方案的作用。
3. 简述风险管理方案制订的步骤。
4. 简述风险管理方案的内容。
5. 简述制订风险管理方案需要注意的问题。

第十章 风险决策管理

　　风险决策管理是风险管理的核心,风险识别、风险衡量、风险评价和风险管理方案的制订都是为风险决策管理提供依据,而风险管理决策的正误直接影响着风险管理的效果。风险决策管理的目的在于保证决策过程的科学性和决策效果的有效性;风险决策管理的过程是实现风险管理目标的过程;风险决策管理效果直接关系到风险管理目标的实现。

第一节 风险决策管理的特点和原则

一、风险决策管理的概念和特点

　　风险决策管理就是根据风险管理目标,选择经济、合理的风险处理技术和手段,进而制订风险管理的总体方案和行动措施,即从 2 个以上备选方案中进行筛选,选出最经济、最合理的风险管理方案的过程。风险决策管理具有决策管理的一般特点,但是同其他决策管理相比,还具有以下几个方面的特点:

　　1. 风险决策管理是以风险识别、风险衡量和风险评价为基础的。风险识别、风险衡量和风险评价的目的是为风险决策管理提供充实的信息资料和可靠的决策依据;相反,如果缺乏以风险识别、风险衡量和风险评价为依据的风险决策管理,则是盲目、没有根据的,是不具有科学性的。例如,风险管理人员使用错误、不确切的信息,往往会造成风险管理决策的失误。

　　2. 风险决策管理是风险管理目标实现的手段。风险决策管理是风险管理的核心,是实现风险管理目标的手段,即以最低的成本获得最大的安全保障。没有科学的风险管理方案、风险管理决策,也就无法实现风险管理的目标。

　　3. 风险决策管理具有主观性。风险决策管理的对象是可能发生的风险事故、隐患和风险因素,风险决策管理属于不确定情况下的决策,这种决策依赖于风险管理者的认识和判断,是风险管理者的主观决策。虽然风险分布的客观性是风险决策管理的依据,但是,由于风险是随机、多变的,往往会使风险管理决策出现偏差。风险决策管理的主观性,决定风险管理者必须能够预见到风险的发展变化,适时地做出正确的决策,消除风险管理决策的随意性。

　　4. 风险决策管理同决策的贯彻和执行密切相关。风险管理方案确定后,方案的贯彻和执行需要各风险管理部门的密切配合。风险管理方案在贯彻和执行中的任何失误,都有可能影响风险管理决策的效果。区别风险决策管理与决策贯彻执行的不同,是十分必要的。

二、风险决策管理的原则

风险决策管理的原则是指贯彻于风险决策管理的指导思想,是实现风险管理目标的重要依据,确定风险管理方案应该坚持以下几个方面的原则:

(一)全面性原则

风险管理单位面临的风险是多样、复杂的,风险管理部门采取的风险管理措施也是多样、复杂的。然而,每一种风险管理措施都有各自适用的范围和局限性,这也就决定了风险决策管理要将所有可供选择的方案进行全面地思考和权衡,寻求最佳的风险管理决策组合方案。

(二)可行性原则

选择、确定风险管理方案的目的是进行风险管理,风险管理单位确定的风险管理方案应该具有可行性和可操作性。这也就是说,风险管理者确定的风险管理方案应该是具体、可行的,其需要的资金风险管理单位可以接受,其使用的技术对风险管理单位适用,其方法是风险管理的执行单位能够做到的。

(三)成本—收益原则

随着风险管理成本的增加,风险管理单位所获得的安全保障将会提高。但是,高成本的风险管理方案并不一定就是最佳的风险管理方案,因为,风险管理的目标是以最少的经济投入获得最大的安全保障。由此,在风险决策管理中,需要以成本和收益相比较为原则,确定最优的风险管理决策方案。

(四)集中与分散相结合原则

风险管理单位的风险决策管理在宏观管理层面上要体现统一的原则,即统一风险管理政策、规章制度和执行程序等,而风险决策管理在微观操作层面上,则要实行分散化的管理,给予风险管理部门经理一定的自主决策权。

三、风险决策管理的程序

风险决策管理的程序是指风险管理单位确定风险管理方案的步骤,其大致可以归纳为以下几个步骤:

(一)确定风险管理目标

风险管理单位在进行风险决策管理时,首先需要明确风险管理目标,即在以最小成本获得最大安全保障为原则的基础上,确定风险管理预期达到的目的。风险管理单位在进行风险决策管理时,需要明确所制订的决策方案和要达到的目的,该目的在风险管理总体目标中的地位和作用;需要明确决策发生的作用是长期性的,还是短期性的。

(二)设计风险处理方案

根据风险管理的目标,可以提出若干可实施、可操作的风险处理方案。对于某一特定风险的处理方法,也只是在特定的风险和特定的条件下,才体现出其最直接、最有效的成果。离开特定的条件和特定风险而设计的风险管理方案是没有意义的。在这一层面上,风险管理者需要考虑的问题是,针对具体的风险管理目标,可供风险管理者选择的管理方法有哪些;风险管理措施是否具有可操作性;运用相关风险管理方法可能达到的效果等。

(三)选择处理风险的最佳方案

在设计各种风险管理方案后,风险管理部门需要在比较分析各种风险处理手段、比较各种风险管理技术的成本和收益后,进行风险管理方案的选择和决策,并寻求各种风险处理技术的最佳组合。在这一层面上,风险管理者需要考虑的问题是,决策可能在什么地方出现失误,决策失误的后果是什么,风险管理单位是否能够承担决策失误的后果,自己对决策失误承担的责任等。

(四)风险处理方案的效果评价

风险处理方案的效果评价是指对风险处理技术的效益性和适用性进行分析、检查、评估和修正。由于风险决策管理的效果在短期内难以实现和评价,又由于风险的隐蔽性、复杂性和多变性,决定了风险决策管理有时不能发挥应有的作用,达不到预期的目标,这就需要评价风险决策管理方案,并对其进行适当地调整。

四、风险决策管理需要注意的问题

在风险决策管理中,有些程序和问题是需要特别注意的。处理好这些问题,可以对风险决策管理起积极的促进作用。

1. 明确风险决策管理的职责范围。在风险决策管理中,各级风险管理决策者之间要明确而规范地划分各自的决策权限和职责范围,避免越权决策或者推诿责任的问题出现。

2. 明确风险决策管理的程序。各级风险管理部门的管理决策要按照一定的程序进行,不得违反程序、随意确定风险管理方案。

3. 详尽记录风险管理方案决策的过程。各级风险管理决策者参与决策时,每位决策的人员都要承担相应的责任。对于每一种风险管理方案,都要保留可核实和可供查证的记录,记录要做到详尽、不遗漏,以便事后能够明确决策不同阶段、不同环节的责任人,避免出现重大决策失误而无人承担责任的问题。

4. 严格执行风险管理方案。风险管理单位进行风险管理方案决策时,要强调民主,多听取各级风险管理人员的意见;风险管理方案决策后,要强调权力的集中,对风险管理方案的实施等要严格地执行,避免执行中出现重大偏差和失误。

5. 制度化监控风险管理效果。风险管理方案实施的效果,在较大程度上反映着风险管理决策的正误,制定规范化的管理措施,监测风险管理方案的实施效果,不仅可以随时纠正风险管理方案中的错误,可以提高风险管理资金的使用效率,而且可以提高风险管理者的管理水平。

第二节 风险决策管理技术

风险决策管理是贯彻和执行风险管理目标的重要步骤,风险决策管理技术是风险决策管理中所运用的技巧和方法,这些方法的使用可以使管理决策建立在科学分析、论证的基础上,可以提高风险决策管理的效率,防止风险决策管理中的偏差和失误,下面分别介绍一些风险决策管埋的方法。

一、风险过程决策顺序图法

风险过程决策顺序图法是指为了完成某项任务或者达到某个目标,在制订行动计划或进行方案设计时,预测可能出现的障碍和结果,相应地提出多种应变计划的方法。在计划执行过程中,如果遇到不利的情况,仍然可以按照第二、第三方案或者其他方案进行,以便达到预定的风险管理目标。

在确定风险管理措施时,风险管理单位可能未将所有可能发生的风险事故全部考虑进去,但是,随着风险决策管理的实施,原来没有考虑到的风险可能会逐步地暴露出来,或者原来没有想到的办法、方案已经逐步形成。因此,需要根据新情况、新问题,再重新考虑风险管理方案,增加新的方案和措施,修改原来已经做出的决策(见图10.1)。

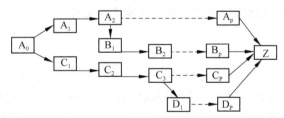

图 10.1 风险过程决策顺序图

将图10.1进一步具体化,可以得到具体的风险过程决策顺序图。从图10.1可以看出,采取 A 方案、A 方案和 B 方案组织、A 方案和 C 方案组合、A 方案和 CD 方案组合都可以实现风险管理目标。问题的关键在于,如何运用风险过程决策顺序图法选择最佳的风险管理方案。

下面以保险资金保值增值的投资风险决策管理为例,说明风险过程决策顺序图法的使用(见图10.2)。

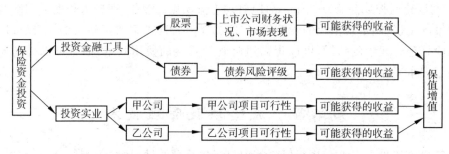

图 10.2　保险资金投资风险过程决策顺序图

从图 10.2 可以看出,保险资金获得投资收益的情形比较多,保险资金在投资的过程中面临的风险也各不相同,需要有关决策者综合考虑风险管理过程中可能面临的各种风险,并提供风险决策管理技术的支持。风险过程决策顺序图法的优点主要有以下几个方面:

1. 风险管理决策者可以从全局而不是从局部掌握风险决策系统的状态,可以作出全局性的决策,避免某一过程的决策与整个系统的决策相矛盾。

2. 风险管理决策者可以按照时间的先后顺序,掌握风险系统的进展状况,观察风险系统的变化,预测整个系统可能发生的重大变化,以便及时选择适当的风险管理对策。

3. 风险管理决策者可以发现风险决策管理的问题。在密切注意风险系统进展的同时,风险决策图顺序法能够发现产生风险的状态和原因,以便采取适合的风险决策管理方案。

4. 风险管理决策者可以发现未曾注意到的风险因素,可以不断地补充、修改以往的风险决策管理方案,使风险决策管理更适应风险管理实务发展的需要。

二、决策树图法

决策树图法是风险决策管理的重要分析方法之一,决策树图法就是将风险管理的目的与各种可供采取的措施、手段和可能出现的风险事故概率,以及可能产生的效果,系统地展开,绘制成决策树图,寻求最佳的风险管理措施和手段。应用决策树图法分析多级决策,可以达到层次分明、直观易懂、计算手续简便的目的。

(一) 决策树的结构

决策树是以方块和圆圈为结点,通过直线连接而成的形状像树枝的结构(见图 10.3)。

图 10.3 中的方块结点被称为决策点,由决策点划出若干条直线,每条直线代表一个方案,又称为决策枝。圆圈结点代表自然状态的结点,从这个结点引出若干条直线,表示不同的自然状态,这些直线又称为概率枝。在概率枝的末端,列出在不同的自然状态下的收益值或损失值。决策树通常适用于问题比较多,而且具有多种方案和多种自然状态

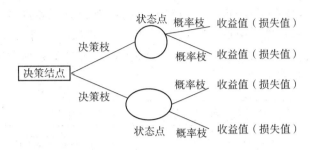

图 10.3 决策树结构

的风险的决策。因此,决策树图形由左向右,由简而繁地组成一个树状的图形。决策树不仅能够表示出不同的决策方案在各种自然状态下的结果,而且显示出决策的全过程,结构形象、思路清晰,是帮助决策者进行决策分析的有力工具。

(二)决策树的绘制

绘制决策树主要有以下几个步骤:

1. 搜集各种风险管理方案。为了达到预定的风险管理目标,必须集思广益,提出必要、可行的风险管理方案,并依次记录下来。然后,从较重要的方案开始,按顺序思考,并提出改变风险事故发生条件的有效方案。

2. 评价风险管理的方案。在广泛搜集各种风险管理方案的基础上,需要对提出的方案逐一进行评价,即评价每项方案是否适当、可行或者是否需要经过调查才能确定。在有限的风险管理方案中,也要对风险管理方案进行评价。一般来说,评价风险管理方案可以分别用符号"○"、"△"、"×"来表示。

"○"表示风险管理方案是可行的;"△"表示风险管理方案需要调查以后,才能确定是否可行;"×"表示风险管理方案是不可行的。

在对风险管理方案进行评价时,需要注意以下几点:①不要用粗浅的认识进行评价,不要轻易否定别人提出的管理方案,对这些管理方案,要反复推敲、思考和调查。有些风险管理方案,初次提出时看似不可行,而实践往往会证明,是可行的。②越是新颖、别人不曾使用过的风险管理方案,越容易被否定。但是,实践证明,这些风险管理方案被实施后,其管理效果往往会更好。因此,需要慎重地对待一些新颖、不曾使用过的风险管理方案。③在进行风险管理方案的评价过程中,往往又会出现新的设想和方案,需要不断地补充、完善已有的方案。

3. 决策树的绘制。为了实现风险管理目标,在绘制决策树时,应该将要达到的风险管理目标与相应的管理方案结合起来。如果这些管理手段、方案还不能被变为具体的措施,则必须对下一步骤的手段和方案展开分析,直到风险管理方案可行为止。例如,某公司是从事书籍装订布生产的专业厂家。在作业时,从布幅方向发生断裂的不合格品每月平均有60件,而一旦发现不合格产品,与其相关的作业就必须停机,每一件不合格品就会造成80～90米布的报废。根据这一风险事故,可以将风险管理目标确定为降低因布的断裂而造成的不良影响。根据各种不同的情况,在评价风险管理方案的基础上,作出风险管理决策树图(见图10.4)。

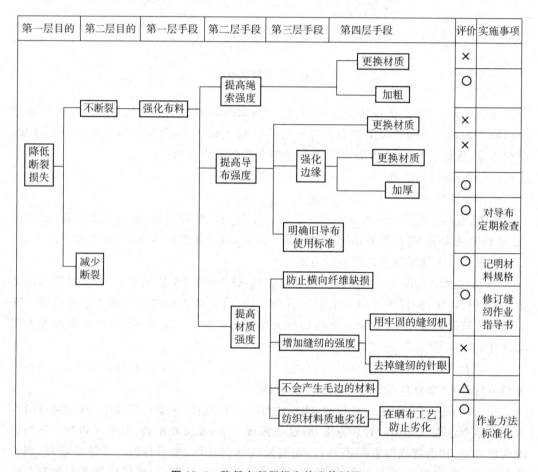

图10.4 降低布断裂损失的决策树图

4. 选择风险管理方案。从图10.4可以看出,每种风险决策管理方案后面,都有风险管理方案的可行性评价。运用决策树和相关的评价,可以选择具体的风险管理方案,并逐一实施。

(三)决策树的种类

按照决策活动的阶段划分,决策树有单阶段决策树和多阶段决策树,下面逐一介绍这两种决策树。

1. 单阶段决策树。单阶段决策树是指进行决策的风险管理方案只需要进行一次决策活动,就可以选出理想的决策方案,从而达到风险决策管理的目的。例如,某公司投资某一项目设计了两套建设方案,一套方案是投资建立一个大厂,预计需要投资300万元人民币;另一套方案是投资建立一个小厂,预计需要投资140万元人民币。两个建设方案的使用期约为10年,估计在使用期间,产品销路好的可能性是0.8,销路差的可能性为0.2,两个方案的年利润值见表10.1。

表10.1 两种投资方案的年利润值　　　　　　　　　　单位:万元

投资方案	销路好	销路差
	0.8	0.2
建大厂的年利润	100	−10
建小厂的年利润	40	20

根据以上投资方案,可以绘制出决策树图,见图10.5。

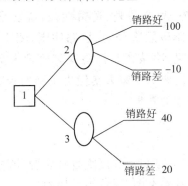

图10.5 单阶段决策树

根据决策树图10.5,可以确定不同投资方案可能获得的年利润值,其结果如下:
建大厂预期的年利润值:0.8×100×10+0.2×(−10)×10−300=480(万元)
建小厂预期的年利润值:0.8×40×10+0.2×20×10−140=220(万元)

根据计算出来的预期年利润值的对比,可以看出,投资建大厂可以获得480万元的利润,而投资建小厂则仅可以获得220万元的利润。因此,建大厂是最优方案,可以舍弃投资建小厂的方案。

这种经过一次决策就可以进行选择的方案,就是单阶段决策树。

2. 多阶段决策树。如果需要解决的问题不能通过一次决策来解决,而需要一系列的决策活动才能选出最优方案,达到最后决策的目的,就是多阶段决策树。

在风险决策管理的过程中,为了达到某种风险管理目的,就需要选择某一种手段;而为了采取这一手段,又需要考虑下一级的相应手段,这样,上一级手段成为下一级行动的目的,目的与手段之间的相互关系可以用图表示出来(见图 10.6)。采取这种方式,将要达到的目的和所需手段的顺序层层展开,直到可以采取措施为止,将这一过程绘制成决策树图,这就是多阶段决策树。

图 10.6　多阶段决策树

(四)决策树法的优缺点

决策树的管理方法,可以把需要决策问题的全部解决方案和可能出现的各种状态,都形象地显示在全部的决策过程中,可以使风险管理者明晰解决问题的方案。使用决策树进行风险管理方案的优点有:思路清晰、逻辑性强,特别是针对复杂问题的多阶段决策,能够使风险决策管理的各阶段层次分明、思路明晰,便于决策单位集体讨论,做出较为正确、符合实际的决策。可见,决策树是风险决策管理人员进行决策的十分有效的工具。使用决策树法的缺点有:需要对决策方案做出正确的判断。如果有关决策者的判断失误,就会影响到风险决策管理的效果。

三、网络图法

网络图是指风险管理单位安排和编制风险管理日程,按照工程的实施进度来管理的一种方法,网络图使用的工具是箭条图,又称为矢线图。

网络图是指风险管理单位把推进风险管理计划所需的各项工作,按照时间顺序和从属关系,用网络形式表示的一种矢线图。一项工作或者工程可以有许多作业,这些作业在生产工艺和生产组织上相互依赖、相互制约,网络图可以把各项作业之间的制约关系清晰地反映出来。通过网络图,还可以找出影响工作的关键风险因素和非关键风险因素,因而能够进行统筹和协调,制订经济、合理的风险管理方案。例如,某一建筑施工企业将施工项目的管理做成进度表(见表 10.2)。

由于施工管理项目进度表只能粗略地反映作业计划,不能表现出施工作业的从属关系,因而需要绘制网络图,进行施工项目的决策管理。

一般来说,网络图由节点和作业组成,节点表示某一项作业的开始或结束,节点不消耗资源,也不占用时间,只是时间的一个交接点,节点用符号"○"表示。根据表 10.2 可以制作出工程决策的网络图(见图 10.7)。

表 10.2　某施工项目管理进度表

作业名称	1	2	3	4	5	6	7	8	9	10	11	12
基础工程	→	→										
框架安装			→	→	→	→	→					
外部装饰								→	→			
外壁粉刷									→	→		
内壁作业								→				
排管工程								→				
电线安装								→				
设备安装								→	→			
内壁油漆									→	→		
内部粉刷										→	→	
检验交货												→

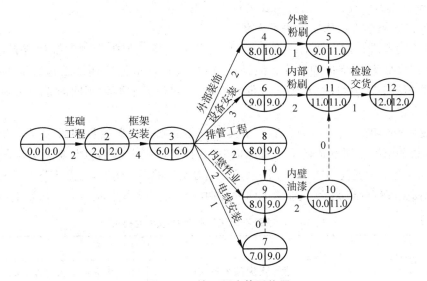

图 10.7　某工程决策网络图

在网络图中,作业活动用箭条"——→"表示,箭条所指的方向为作业前进的方向,箭条图上方的文字表示作业名称,箭条下方的数字表示作业活动所需要的时间。

在网络图中,还有一种虚作业,是指作业时间为零的一种作业,以虚箭条"┄┄┄→"表示,它不占用时间,其作用是把先后的作业连接起来,表明它们之间的先后或逻辑关系,指明作业进行的方向。绘制网络图需要注意以下几点:①网络图中,每一项作业都应有自己的节点编号,编号从小到大,不能重复。②网络图中,不能出现闭环。也就是说,箭条不能从某一节点出发,最后又回到该节点。③相邻两个节点之间,只能有一项作业,也就是说,只能有一个节点。④网络图只能有一个起始点和一个终结点。⑤网络图绘制时,不能有缺口;否则,就会出现多起点或者多终点的问题。遵循绘制网络图的基本规则,才能绘制出科学、正确的网络图。

使用网络图法进行风险管理决策,具有以下几个方面的优点:①可以发现工作中的主要问题、薄弱环节,以及及时发现风险决策管理的失误,避免风险管理中出现较大的偏差。②可以有效地控制和监管风险管理决策方案的执行,保证合理地使用人力、财力,实现风险管理的目标。使用网络图法进行风险决策,具有的缺点有,网络图的使用依赖于准确地描述工程之间的相互关系。

四、损失期望决策法

损失期望决策法是以损失期望值作为风险决策管理的依据,在较多的风险管理方案中,选择损失期望最小的风险管理方案。任何一种风险管理方案都不可能完全消除损失,要选择最佳的风险管理方案,需要进行损失期望决策分析。

（一）损失概率无法确定的决策方案

风险管理者进行损失期望决策分析时,需要以往发生损失的相关统计资料,如损失程度或者损失概率的经验资料等。但是,一些风险管理单位往往缺乏这方面的统计资料,在损失概率、损失程度资料无从获得的情况下,可以采取两种不同的原则来确定风险管理决策方案。

1. 最大损失最小化的原则。最大损失最小化原则是指比较各种风险管理方案在发生风险事故的情况下所造成的最大可能损失,选择造成损失最小的方案为风险管理的措施。表10.3是某种建筑物在采取不同风险管理方案后的损失情况,在无法获得以往损失发生频率和损失程度的情况下,只能考虑两种极端的情况:不发生损失或者全部发生损失。

表10.3 采取不同风险处理技术后的损失

方案	可能结果	
	发生火灾的损失/万元	不发生火灾的风险管理成本/万元
方案1(自留风险、不采取风险管理措施)	可保损失　　　　100 不可保损失　　　60 未投保导致的间接损失　10 总损失　　　　170	0
方案2(自留风险、采取风险管理措施)	可保损失　　　　80 不可保损失　　　60 未投保导致的间接损失　10 安全措施成本　　4 总损失　　　　154	4

续表

方案	可能结果	
	发生火灾的损失/万元	不发生火灾的风险管理成本/万元
方案3(转嫁部分风险的管理措施)	可保损失　　　　100 不可保损失　　　 60 保险费　　　　　　3 总损失　　　　　 63	3

从表10.3可以看出,尽管在不发生火灾时,第一种方案的风险管理成本为0万元,但是,一旦发生火灾事故,风险事故造成的损失就比较大。第二种方案和第三种方案在不发生火灾时,其风险管理的成本分别为4万元和3万元。但是,一旦发生火灾事故,第二种方案就会使损失降低到154万元,而第三种方案则会使损失减低为63万元。按照最大损失最小化的原则,风险管理者选择第三种风险管理方案比较合适。

2. 最小损失最小化的原则。最小损失最小化的原则是指比较各种风险管理方案在不发生风险事故的条件下的最小损失额(如管理方案的费用、损失控制成本、保费等),选择造成损失最小的方案为风险管理的措施。表10.3显示了在不发生火灾的条件下,第一种方案的风险管理成本最低,按照最小损失最小化原则,自留风险、不安装安全设施是最佳的风险管理方案。

期望损失决策方案的优点是,确定了风险事故可能造成损失的边界,即风险事故可能造成的最大损失和最小损失,为风险决策管理提供了重要依据。但是,这种决策方法存在着一定的缺陷,因为风险管理实务中大多数风险事故造成的损失介于最大可能损失和最小可能损失之间,这样的计算难以真正反映风险造成损失的状况,这也就极大地限制了两个原则在风险管理决策中的运用。

(二)损失概率可以确定时的决策方案

根据以往风险事故发生的数据统计资料,可以确定不同损失发生的概率,就可以选择适当的决策原则,确定适当的风险管理方案。在损失概率可以确定的情况下,采取风险决策管理的原则是期望损失最小化。例如,某公司拥有价值为2 000万元的设备,其中可保价值(Insurable Value)为1 500万元,不可保价值为500万元。发生火灾的概率为5%,发生火灾引起的间接损失为600万元。如果安装安全消防设备,则发生火灾的概率将降低为2%,发生火灾后的间接损失会降低为300万元。已知购置安全设备的成本是200万元,设备使用年限为10年。假设设备投保财产保险的保险费率为1%。根据以上材料,风险管理者可以采取的措施主要有四种:①自留风险;②自留风险但是安装防损设施;③自留风险300万元,其余风险购买保险;④购买保险。

从表10.4可以看出,按照预期损失最小化的原则,运用购买保险的方式转移风险,无疑是各种风险管理方案中的最优选择。

以确定期望损失值为依据,选择风险管理方案的方法在风险决策管理中得到了广泛的应用。但是,这种方法仍然存在着一定的局限。期望损失值法没有考虑同一损失对不同风险管理单位带来的影响是不同的。例如,10万元的损失对于一个小企业来说,可能会影响其经营的稳定,而对于一个大企业来说,造成的影响可能微不足道。可见,不同的风险管理单位对于同一损失的态度是不同的,这种主观态度的差异是难以用损失期望来衡量的。

表 10.4 损失概率可以确定下的风险决策方案选择

风险管理措施	发生火灾的损失/万元		期望损失/万元	方案选择
自留风险	设备价值 间接损失	2 000 600	2 000×5%+600=700	否
自留风险、安装防损设备	设备价值 防损设备成本 间接损失	2 000 200 300	[(2 000+200)×2%+200/10×98%]+300=363.6	否
自留300风险后保险	设备价值 保险价值 自留价值 不可保价值 间接损失 保费	2 000 1 200 300 500 200 12	[12×95%+(300+500)×5%]+200=251.4	次优
购买保险	设备价值 可保价值 不可保价值 间接损失 保费	2 000 1 500 500 200 15	[15×95%+500×5%]+200=239.25	最优

五、效用期望值决策法

(一)风险决策管理效用函数

所谓效用是指人们从某事物中所得到的主观满意程度。在风险决策管理中,某事物是指风险管理者的投资决策。效用期望值是指风险管理者对不同风险的主观偏好尺度。效用分析主要有两种:一种是确定情形下的效用分析;另一种是不确定情形下的效用分析。前者是风险管理者进行风险决策管理后,可以预知的结果;后者是指风险管理者无法预知的结果。这里主要分析损失在不确定条件下的风险决策管理。

衡量效用的单位是Utils。风险管理者在进行风险决策管理时,自然会产生不同的效用值。设 U_i 为决策第 i 个风险时所产生的效用，P_i 为其效用产生的概率，则效用期望值 $E(u)$ 的计算公式为：

$$E(u) = \sum_{i=1}^{n} P_i U_i$$

不同的风险管理方案，会产生不同的效用值，效用与风险管理方案收益率的对应关系就是效用函数。例如，如果一种风险管理方案的效用函数为 $U(R)=40R-20R^2$，当风险管理方案收益率 $R=10\%$ 时，则风险管理方案的效用值是：$U(R)=40\times 0.1-20\times 0.1^2=3.8$（单位）

由于效用期望的不确定性，效用函数所反映的风险管理方案也是不确定的。依据风险管理者的偏好模式，效用函数也是不相同的，主要有以下几种：

1. 凸性效用函数。如果效用函数对于任意的风险 R_x 都能够满足 $U(R_x)<1/2[U(R_x-R_0)+U(R_x+R_0)]$，则称此效用函数为凸性效用函数，如图 10.8 中①所示。为了易于理解，凸性效用函数的一阶导数和二阶导数均大于零，即

$$U'(R)>0 \quad U''(R)>0,且 -\frac{U''(R)}{U'(R)}<0。$$

该函数的经济含义是边际效用递增，表示风险决策者对于损失的反应比较迟缓，对于收益的反应比较敏感。

2. 凹性效用函数。如果效用函数对于任意的风险 R_x 都能够满足 $U(R_x)>1/2[U(R_x-R_0)+U(R_x+R_0)]$，则称此效用函数为凹性效用函数，如图 10.8 中②所示。为了易于理解，凹性效用函数的一阶导数大于零，而二阶导数均小于零，即

$$U'(R)>0 \quad U''(R)<0,且 -\frac{U''(R)}{U'(R)}>0。$$

该函数的经济含义是边际效用递减，表示风险决策者对损失的反应比较敏感，对于收益的反应则比较迟缓。

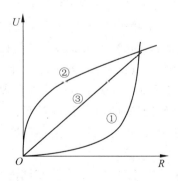

图 10.8 效用函数曲线

3. 线性效用函数。如果效用函数对于任意的风险 R_x 都能够满足 $U(R_x) = 1/2[U(R_x-R_0)+U(R_x+R_0)]$,则称此效用函数为线性效用函数,如图 10.8 中③所示。为了易于理解,线性效用函数的一阶导数大于零,二阶导数等于零,即

$$U'(R) > 0 \qquad U''(R) = 0。$$

该函数的经济含义是边际效用为常数,表示风险决策者对于损失和收益的反应同等重要。

(二)效用函数期望无差异曲线

从效用函数期望的表达式 $E(u) = \sum_{i=1}^{n} P_i U_i$ 可以看出,一定的风险管理方案对应着一定的效用期望值。从理论上讲,由于存在无数种风险管理方案,因此,有可能找到一些风险管理方案。在效用函数一定的条件下,风险管理方案会有相等的效用期望值。例如,在效用函数值为 $U = 100R$ 的条件下,设证券投资的风险管理方案 A、B、C 的收益率分布情况是(见表 10.5):

表 10.5 不同风险管理方案下的效用

方案	组合方案中投资(1)		组合方案中投资(2)		效用(效用单位)
	R	P	R	P	
方案组合 A	-3%	0.5	9%	0.5	3
方案组合 B	0	0.5	6%	0.5	3
方案组合 C	3%	1	—	—	3

那么,三种证券投资组合的效用都是相等的:

$E(U_A) = 0.5 \times U(-0.03) + 0.5 \times U(0.09) = 3$(效用单位)

$E(U_B) = 0.5 \times U(0) + 0.5 \times U(0.06) = 3$(效用单位)

$E(U_C) = 1 \times U(0.03) = 3$(效用单位)

由于这些风险管理方案能产生相等的效用期望值,说明对于风险管理者而言,这些风险管理方案是没有区别的,都是可取的。如果将能产生相同效用期望值的风险管理方案用平滑的曲线将这些点连接起来,就会得到效用期望无差异曲线,称为风险管理方案的无差异曲线。显然,在曲线上任意一点所对应的风险管理方案都能产生相等的效用期望值。这也就是说,对于具有相应偏好的风险管理者而言,这条曲线上任意一点所代表的风险管理方案都是没有差异的,因为它们能产生相等的效用期望值。图 10.9 就是无差异曲线的一般形式。

从图 10.9 可以看出,一些风险管理方案能产生相同的某一种效用期望值,也有另一些风险管理方案能够产生相同的另一种效用期望值,即一些效用期望值对应着一些风险管理方案,另一些效用期望值也对应着另一些风险管理方案。由于效用期望值可以有许

多个,因此,风险管理决策者的无差异曲线也有许多条。当然,风险管理决策者会选择能够提供最大效用期望值的无差异曲线,作为风险管理的最佳方案。

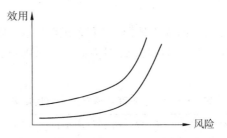

图 10.9　风险管理方案的无差异曲线

（三）风险管理方案的效用分析

运用效用函数和无差异曲线,可以分析不同风险管理决策者的效用度,解决风险管理中的实际问题。例如,某幢建筑物面临火灾风险,有关损失资料如下(见表 10.6)。

表 10.6　某建筑物的损失资料

损失额/元	概率/%
0	0.750
1 000	0.200
10 000	0.040
50 000	0.007
100 000	0.002
200 000	0.001

如果不购买保险,当较大的火灾损失发生后,会使信贷成本提高,这种由于未投保造成的间接损失与火灾造成的直接损失在数量上的关系如下(见表 10.7)。

表 10.7　火灾造成的直接损失和间接损失　　　　　　　　　　　单位:元

直接损失	间接损失
50 000	2 000
100 000	4 000
150 000	6 000
200 000	8 000

风险管理决策人员面临着几种不同的方案可供选择:

方案 1:完全自留风险。

方案 2:购买全额保险,保费为 2 200 元。

方案 3:购买保额为 5 万元的保险,保费为 1 500 元。

方案 4：购买免赔额为 1 000 元、保额为 20 万元的保险，保费为 1 650 元。

方案 5：自留 5 万元及以下的损失风险，将 10 万元及 20 万元的损失风险转移给保险公司，所需费用为 600 元。

方案 6：自留 1 万元及以下的损失风险，将剩余风险转移，所需保费 1 300 元。

假设通过调查询问的方法，了解风险管理决策人员对拥有或失去不同价值的财产效用度不同，如表 10.8。

表 10.8 失去不同价值财产的效用度表

拥有财产价值/千元	拥有的效用度（效用单位）	损失价值/千元	损失的效用度（效用单位）
200	100.0	200	100.0
198	99.9	170	75.0
194	99.8	120	50.0
190	99.6	100	25.0
185	99.2	75	12.5
180	98.4	50	6.2
170	96.8	30	3.2
150	93.7	20	1.6
125	75.0	15	0.8
100	50.0	10	0.4
80	50.0	6	0.2
30	25.0	2	0.1
0	0	0	0

根据表 10.8 的数据，可以通过线性插值求出与任一损失额相对应的效用损失，如损失额为 5.2 万元，它落在 5 万元和 7.5 万元之间，相应的效用损失 y 必然在 6.25 和 12.5 之间，通过线性插值，可得：

$$\frac{y-6.25}{52\ 000-50\ 000}=\frac{12.5-6.25}{75\ 000-50\ 000}$$

$$y=6.75$$

再对不同方案的效用损失逐一进行分析，然后再加以比较。方案 1 的期望效用损失如下（见表 10.9）。

表 10.9 方案 1 不同损失金额的期望效用损失

损失金额/千元	效用损失（效用单位）	损失概率/%	期望效用损失（效用单位）
208	100.00	0.001	0.10
104	30.00	0.002	0.06

续表

损失金额/千元	效用损失(效用单位)	损失概率/%	期望效用损失(效用单位)
52	6.75	0.007	0.047
10	0.40	0.040	0.016
1	0.05	0.200	0.01
0	0	0.750	0
总效用损失	—	—	0.233

注:期望的效用损失=效用损失×损失概率

方案 2 为全额保险,需要付出保险费 2 200 元,其期望效用损失为 0.105 效用单位。

方案 3 的期望效用损失如下(见表 10.10):

表 10.10　方案 3 不同损失金额的期望效用损失

损失金额/千元	效用损失(效用单位)	损失概率/%	期望效用损失(效用单位)
157.5	68.750	0.001	0.068 750
53.5	7.125	0.002	0.014 250
1.5	0.075	0.997	0.074 775
总效用损失	—	—	0.158

方案 4 的期望效用损失如下(见表 10.11):

表 10.11　方案 4 不同损失金额的期望效用损失

损失金额/千元	效用损失(效用单位)	损失概率/%	期望效用损失(效用单位)
2.65	0.116 25	0.25	0.029 06
1.65	0.082 50	0.75	0.061 88
总效用损失	—	—	0.091 00

方案 5 的期望效用损失如下(见表 10.12):

表 10.12　方案 5 不同损失金额的期望效用损失

损失金额/千元	效用损失(效用单位)	损失概率/%	期望效用损失(效用单位)
0.6	0.030	0.001	0.000 03
0.6	0.030	0.002	0.000 06
52.6	6.900	0.007	0.048 30
10.6	0.448	0.004	0.001 79
1.6	0.080	0.200	0.016 00
0.6	0.030	0.750	0.022 5
总效用损失	—	—	0.089 00

方案 6 的期望效用损失如下(见表 10.13)：

表 10.13　方案 6 不同损失金额的期望效用损失

损失金额/千元	效用损失(效用单位)	损失概率/%	期望效用损失(效用单位)
1.3	0.062 5	0.10	0.000 625
11.3	0.520 0	0.04	0.020 800
2.3	0.107 5	0.20	0.021 500
1.3	0.065 0	0.75	0.048 750
总效用损失	—	—	0.091 700

通过比较六种方案的期望效用损失，以第五种方案的期望效用损失最小，从而方案 5 在此种衡量标准下为最优。

第三节　风险管理方案的执行

在风险决策管理中，容易忽视的一个重要问题是风险管理方案的执行。风险管理方案执行的有效性，影响着风险决策管理的效果，风险管理方案的执行比风险管理方案的制订更重要。

一、风险管理方案执行的概念和特点

风险管理方案的执行是指风险管理方案运用到风险管理实践的过程。如果说，风险管理方案的制订还处于计划阶段的话，那么，风险管理方案的执行则使风险管理方案由计划得以付诸实践。风险管理方案的执行具有以下几个方面的特点：

1. 具有目标的导向性。风险管理方案的执行是以风险管理目标为导向的，是以风险管理方案为实施依据的。离开风险管理目标和风险管理方案而实施的风险管理措施，往往会偏离风险管理的目标，进而无法发挥风险管理的功能。

2. 具有灵活性。风险管理方案的制订只是初步的计划，而风险管理方案的执行则是将风险管理方案付诸于实施。在风险管理方案执行的过程中，可能会遇到许多风险管理方案中没有考虑到的问题，这就需要在风险管理方案执行的过程中灵活处理。

3. 具有时间上的阶段性。一般来说，风险管理方案是某一段时间内完成的风险管理计划，由此，决定了风险管理方案的执行具有时间上的阶段性，即在某一时期内执行某一风险管理措施。

4. 具有内容上的连续性。风险管理单位的活动具有一定的连续性，例如，某一道工序干完以后，才进入下一道工序。风险管理单位活动的连续性，决定了风险管理方案的执行也具有内容上的连续性。

二、风险管理方案执行的作用

1. 风险管理方案执行是实现风险管理目标的途径。风险管理方案制订后,需要风险管理方案的执行才能实现风险管理目标,风险管理方案的执行是实现风险管理方案的途径,也是检验风险管理方案的唯一标准。

2. 风险管理方案执行结果是后续决策的重要依据。风险管理方案执行后,其结果是风险管理者制订后续风险管理方案的重要依据。风险管理方案按计划执行后,如果达不到预期的风险管理目标,就说明风险管理方案存在着一定的缺陷,需要进一步修改;相反,则可以继续执行原来的风险管理方案。

3. 风险管理方案的执行可以为制定新的风险管理措施提供依据。在风险管理方案执行的过程中,常常会遇到许多没有预见过的问题,而风险管理方案的执行往往能够提供新的风险管理措施,而且这种来源于实践的风险管理措施更具可靠性。

三、风险管理方案执行的步骤

风险管理方案的执行是否达到预期的目标和完成预定的任务,是风险决策管理的关键。对此,可以采取以下步骤:

1. 透彻理解风险管理方案。风险管理执行单位应该透彻地理解风险管理方案,理解本单位、本部门在风险管理中的作用和主要工作任务,对风险管理方案中的每一个问题、每一细节都要认真地理解,避免理解上的错误和遗漏。

2. 制订执行工作任务的计划。针对上级风险管理部门下达的工作任务,本单位、本部门应该制订详细的执行计划书,并将工作任务的责任明确到每一个人。

3. 监控风险管理方案的执行。提高风险管理方案执行效果的方法是,建立有效的监控机制,保证方案的执行。这样,可以随时发现风险管理方案在执行过程中的偏差。

4. 分析风险管理方案执行中出现的问题。造成风险管理方案执行出现偏差的原因主要有两个方面:一是管理环节太多,造成管理人员在执行过程中不知所措;二是员工素质不高,无法真正理解风险管理者的意图,造成风险管理方案的执行出现偏差。

5. 及时纠正风险管理方案执行的偏差。在风险管理方案执行的过程中,一旦出现偏差,就应该及时纠正,这样可以避免更大的偏差。

6. 执行或者调整风险管理方案。在风险管理方案执行的过程中,可能会出现管理计划与实际情况不适合的地方,需要根据风险管理人员反馈的信息及时调整风险管理方案;反之,则需要进一步执行风险管理方案。

四、风险管理方案执行出现偏差的原因

风险管理方案执行出现偏差会影响风险管理的规划,会造成风险管理资源的浪费。

造成风险管理方案执行出现偏差的原因主要有以下几个方面：

1. 风险管理任务、目标和方法的变化。在风险管理方案执行的过程中，风险管理任务、目标和方法的经常变化是引起风险管理方案执行出现偏差的主要原因。

2. 环境的变化。风险管理方案制订时所处的环境和风险管理方案执行时所处的环境往往是不同的，环境的变化是风险管理方案执行出现偏差的另一个原因。这也就要求风险管理方案制定者能够预见到环境的变化。

3. 认识的变化。风险管理方案的执行者在认识和理解上的变化是造成偏差的人为原因。在风险管理方案制订的过程中，有些管理人员并没有意见，但是，在风险管理方案执行的过程中，有些管理人员的认识却发生了较大的变化，进而影响到风险管理方案的执行。

4. 政策的变化。政府出台的法律法规、政策的变化，风险管理单位领导、决策者在认识上的变化，都会影响到风险管理方案的执行，进而出现执行上的偏差。

5. 决策副作用的产生。在风险管理方案执行的过程中，如果风险管理方案存在着漏洞和欠缺，就会带来一定的副作用，这些副作用会使风险管理方案的执行出现偏差。

五、解决风险管理方案执行偏差的措施

解决风险管理方案执行的偏差，可以保证风险管理方案的实施，可以达到预期的风险管理目标。解决风险管理方案执行偏差的措施主要有以下几个方面：

1. 保持风险管理任务、目标和方法的稳定性。为了避免风险管理方案在执行的过程中出现偏差，风险管理决策者、风险管理组织者应该尽量避免风险管理任务、目标和方法的经常变动，保持其稳定性，这既有利于管理人员正确理解决策的意图，也有利于风险管理方案的执行。

2. 及时调整风险管理方案。根据风险管理环境的变化及时调整风险管理方案，是解决风险管理方案在执行中出现偏差的重要途径，可以提高风险管理工作的效率，避免不必要的浪费。

3. 提高风险管理者的素质和水平。风险管理者的管理素质和水平的提高，有利于风险管理决策的执行，可以减少风险管理方案执行的失误，保证风险管理决策方案的正确执行。

4. 了解国家法律法规、政策的发展方向，保持领导者、决策者风险管理思想的稳定性。为了避免政策变化对风险管理方案执行带来的偏差，风险管理者应该了解国家法律法规的发展方向，避免违反国家法律法规行为的发生；风险管理单位的领导者、决策者应该保持风险管理思想的稳定性，避免主观随意性造成不必要的损失。

5. 预见风险管理方案可能带来的副作用，并提出解决问题的方案。风险管理者在制订风险管理方案时，应该能够预见到风险管理方案可能带来的副作用，并及时提出解决

问题的方案,这样,可以未雨绸缪、防患于未然。

复习思考题

1. 简述风险决策管理的原则。
2. 简述风险决策管理的程序。
3. 简述风险决策顺序图的使用方法和优缺点。
4. 简述决策树图的使用方法和优缺点。
5. 简述网络图的使用方法和优缺点。
6. 简述风险管理方案执行的步骤。
7. 简述风险管理方案执行出现偏差的原因和解决措施。
8. 某企业有甲、乙、丙三种风险投资方案可供选择,每种方案都存在亏损、一般、盈利三种状态,各种状态出现的概率分别为 0.1、0.2、0.7,其投资损益值如下表(见表10.14)。试运用决策树法选择最佳的风险投资方案。

表10.14 各种风险投资状态的收益值　　　　单位:万元

方案 状态	甲 方 案			乙 方 案			丙 方 案		
	盈利	一般	亏损	盈利	一般	亏损	盈利	一般	亏损
损益值	5 000	3 000	1 000	1 500	1 000	800	1 000	600	100

第十一章　风险管理措施

风险管理措施是风险管理方案执行中的重要方面。不同的风险,有不同的风险管理措施;即使同一风险,也会有不同的风险管理措施。下面以风险管理实践中经常发生的风险事故为核心,介绍几种不同的风险类型、特点、影响其造成损失的因素和防范措施。其中,具体的风险管理措施是本章需要掌握的重点。

第一节　自然灾害风险的防范

自然灾害是指暴风雨、洪水、飓风、地震、瘟疫、流行病等自然现象造成财产和人身损失的风险。自然灾害可以分为地质、水文气象和生物学等方面的自然灾害。例如,地震、火山爆发等灾害事故属于地质方面的风险,洪涝灾害、飓风、台风、泥石流等灾害事故属于水文气象方面的风险,瘟疫、流行病等则属于生物学方面的风险。一般来说,对于自然灾害风险,人类无法通过消除引发风险事故的原因来控制风险事故的发生,只能采取预防措施降低风险事故造成的危害。

通常,自然灾害有三个特点:①地域性。自然灾害的发生往往具有一定的地域性,自然灾害是特定地区发生的损失。②不可控制性。自然灾害的发生,是自然规律作用的结果,人类对自然灾害具有一定的认识,但是,在一定时期内对有些自然灾害的发生往往是无法控制的。③周期性。尽管自然灾害的发生具有不可控制性,但是,它却具有一定的周期性,使人类可以防范自然灾害造成的损失。④损失程度大。一般来说,自然灾害带来的损失程度通常是比较大的巨灾损失。例如,洪水、地震、火山爆发等,都具有发生巨灾的潜在风险。巨灾风险往往造成一定地域范围内的财产和人员同时、大量受损,损失程度也比较严重。巨灾风险对保险公司来说,容易引发巨额保险索赔,给保险公司业务经营的稳定性带来较大的影响。自20世纪60年代以来,世界各国巨灾风险的发生越来越频繁。欧洲的洪水、美国的飓风和日本的地震等自然灾害,致使保险索赔频繁发生,以至于出现了保险公司退出巨灾风险的局面。下面介绍几种常见自然风险的防范措施,并介绍可供转移风险的保险措施。

一、暴风雨损失的风险与防范

(一)暴风雨损失的风险

暴风雨造成的损失通常同恶劣、剧烈的大气变动有关,如大暴雨、大冰雹、大风、大暴雪等。暴风雨造成交通严重受阻,并造成重大的财产和人员损失。

1. 暴风雨造成财产的损失。暴风雨造成的财产损失同建筑物的位置和结构有关。在评估暴风雨风险时,首先需要考虑建筑物的位置和结构。如果建筑物处在比较暴露的位置,企业就要特别注意该建筑物是否属于轻结构建筑及其维护保修的情况。如果建筑物比较坚固,即使遇到较大的狂风暴雨,也不会受到影响。但是,如果忽视排水设施的建设,房屋也有可能倒塌,这时,最难评估的是有多大损失是暴风雨所致,多大损失是由于排水不畅所致。因此,在评估暴风雨风险时需要考虑的主要因素有:①建筑物所在位置。一般来说,海边、河边、上坡和山谷等地带的建筑物,处于过度的风险暴露中,容易遭受暴风雨侵蚀的风险。②建筑物的结构和材料。建筑物的结构和建筑材料不同,暴风雨造成的损失也是不同的。例如,建筑物的屋顶不同,造成的损失也是不同的。又如,暴风雨对于木质建筑和水泥建筑造成的损失也是不同的。③建筑物的设施。建筑物的设施不同,暴风雨造成的损失也是不同的。例如,建筑物的排水和其他的雨水处理设施不同,暴风雨造成的损失也是不同的。④下水道是否能够正常使用。下水道能够正常使用的情况下,暴风雨造成的损失就比较小;相反,暴风雨造成的损失就比较大。⑤建筑物的一般状况和使用年限。建筑物的使用年限不同,其实际价值也不同,暴风雨造成的损失也是不同的。例如,建筑物过去受损的情况和使用年限等,也是评估暴风雨造成损失的重要因素。

2. 暴风雨造成人员的损失。暴风雨会造成人员受伤、死亡和失踪。暴风雨过后,还会引起瘟疫流行等次生灾害,会危害人的身体健康和生命安全。

(二)暴风雨的防范

1. 暴风雨警告系统

暴风雨警告系统旨在及早提醒人们暴风雨将至,可能造成严重的混乱,并确保各应急服务机构和部门都已做好准备,随时执行紧急救援工作。暴风雨警告系统是一个独立警告系统,与其他警告(例如热带气旋警告和山泥倾泻警告)并无关连。暴风雨的警告分为三级,分别以黄、红、黑三色标示。①黄色信号提醒市民将有大雨,并可能进一步发展至红色或黑色暴风雨的情况。一些低洼地带及排水情况欠佳的地区会出现水淹。政府有关部门、主要公共交通机构和公用事业公司应作出戒备。②红色及黑色信号忠告市民大雨将引致道路严重水淹并造成交通挤塞。各政府部门、主要公共交通机构和公用事业公司会采取应变措施。有关管理部门也会作出明确的指示,以便市民遵循。当暴雨警告发出后,警告讯息会实时通过电台和电视台向市民广播。为了确保安全,市民应留意电台及电视台公布有关暴风雨的最新消息。

2. 暴风雨的预防

(1)黄色暴风雨警告信号。黄色暴风雨警告信号发出后,应采取预防措施,以减少因大雨引发的损失:①家长、学生、学校当局和校车司机应留意电台或电视台有关最新天气、道路和交通情况的广播。②参加公开考试人员应如常应考,但须留意电台或电视台的广播,以防天气突然恶化。③农民及鱼塘负责人,特别是其农田或鱼塘位置处于低洼地带或经常出现水淹地区者,应当采取预防措施,包括检查及清理农田或鱼塘内及附近的排水系统,确保所有沟渠畅通,尽量减少损失。如果可能的话,鱼塘负责人应把可能出现水淹的鱼塘水位降低。

(2) 红色暴风雨警告信号。红色暴风雨警告信号发出后,应当采取以下措施:①在空旷地方工作的人员应当暂停户外作业,直至天气情况许可为止。②市民如须外出,应先仔细考虑天气及道路情况是否许可。如红色信号在上班前发出,而交通服务正常,则雇员应照常上班。如雇员确实遇上困难,而不能准时上班,主管人员应该采取开明态度处理。如红色信号在上班时间内发出,户内工作人员应该正常工作,除非工作地点可能有危险。如雇员工作地区的交通服务即将停顿,主管人员可以根据实际情况考虑让员工提前离开工作地点。在作出这个决定时,主管人员应考虑天气及道路的情况。

(3) 黑色暴风雨警告信号。黑色暴风雨警告信号发出后,应当采取以下措施:①市民应当留在户内,并到安全地方暂避,直至大雨过去。②在空旷地方工作的人员应停止户外作业,并到安全地方暂避。③政府呼吁雇主不应要求雇员上班,除非有关暴风雨时的工作安排已经事先协定。如果雇员已经上班,应留在原来工作的地点,除非该处会有危险。④学生应留在家中。如果已经抵达学校,则应留在校内,直至放学时间及情况安全适宜回家,才可以离开。如果红色、黑色暴风雨警告信号发出时,学生已经离家上学,上学途中的学生应继续回校,除非前面路面或交通情况并不安全。校车司机应当留意电台公布有关暴风雨的最新消息,并确保接载学生到安全地方(通常为就读的学校),除非前面路面或交通情况不允许。校方应当安排学校开放,并有足够人手照顾已抵达学校的学生,直至情况适宜学生回家为止。⑤参加公开考试的人员应留意电台或电视台播出有关当日考试的安排。⑥驾驶人员应当注意道路可能出现的严重水淹及交通挤塞。⑦市民应避免接近容易泛滥的河道及避免穿过水淹地区。如住所可能出现严重水淹,则应当考虑撤离居所,直至大雨减弱和洪水退却为止。

(三) 暴风雨保险责任的范围

1. 暴风雨保险责任的范围。暴风雨保险责任的范围有:①暴雨。暴雨是指每小时降雨量达16毫米以上、连续12小时降雨量达30毫米以上,或连续24小时降雨量达50毫米以上的雨。②台风。台风是指中心附近最大平均风力在12级或以上,即风速在32.6米/秒以上的热带气旋。是否构成台风一般以当地气象站的认定为标准。③暴风。暴风是指风速在28.3米/秒以上,即相当于风力11级的风。保险人承保的暴风责任是指风速在17.2米/秒以上,即风力为8级以上的大风。④龙卷风。龙卷风是指一种范围小而时间短的猛烈旋风。龙卷风在陆地上平均最大风速一般为79米/秒,其极端风速一般在100米/秒以上。是否构成龙卷风应以当地气象站的认定为标准。⑤飓风。飓风是指中心附近最大平均风力在12级或者以上的热带气旋。这种热带气旋在东南亚地区称之为台风，而在西印度洋群岛和大西洋一带则叫做飓风。⑥突发性滑坡。因下雨致使山上沙土或岩石突然崩塌下落，造成的损失也在保险责任范围内。

2. 暴风雨保险的除外责任。对于投保暴风雨的保险，将以下责任特别排除在外：①无论是否由暴风雨（雪）、大暴风雨（雪）或者其他原因造成的，凡是由下述情况所致的损失或者损坏，不负赔偿责任：一是一切天然的或者人工的水道（贮水箱、罐、装置、管道除外），以及湖泊、水库、运河、闸坝等越过通常的界限跑水；二是海水泛滥。②由冰冻、地面沉降或者滑坡造成的破坏和损失。③围栏和大门的破坏和损失。④露天存放货物的损失和损坏。

二、洪水损失的风险与防范

（一）洪水损失的风险

洪水是指一切天然或者人工的水道（贮水箱、罐、装置、管道除外），以及湖泊、水库、运河、闸坝等越过通常的界限跑水。目前，洪水不仅是农村的一大自然灾害，而且也是城市经常发生的自然灾害，直接威胁和破坏着经济的安全和人民的生命财产安全。洪水成因主要有以下几个方面：

1. 暴风雨可能是发生洪水的原因。在某一地区，下大雨造成暴风雨损失的同时，如果河道不能将超量的雨水尽快排入大海，就有可能在较远的地方引起洪水。

2. 水流速度加快是发生洪水的主要原因。在河流流经城镇的地区，为了防止河水的泛滥，通常需要修筑河堤，这不仅会使水的流速提高，同时，也会使下游洪水泛滥的风险增加。河水的流速随着河道的坡度而增加，要在狭窄的河道通过一定量的河水，需要增加河道的坡度，才能增加流量。否则，上游的水位就会上升，从而带来洪水泛滥的风险。

3. 河水泛滥的风险还受海潮距离即涨潮时海水逆流而上、涌入河道的风险影响。此时，河水无法流进大海。海潮逆流而上引起洪水泛滥的风险还是很大的，因为涨潮时河水会往回退，大雨后，潮水逆河而上的距离会增加。在这种情况下，河流沿岸城市财产遭受损失风险的大小取决于修建河堤时采取的防范措施。洪水泛滥的成因，经常会有多种情况同时发生的可能性，这说明采取的防范措施不足。例如，倾盆大雨过后，河水爆满时，出现特大海潮的同时伴有特大海风，就会造成洪水泛滥的损失。

（二）洪水的防范

针对洪水损失的风险，政府、企业、家庭和个人采取的措施是不同的，主要包括以下几个方面：

1. 政府洪水防范的措施。①加强水土保持。广泛植树造林，改造坡地，使雨水大量渗入地层，减少径流量和冲击泥沙量。②修建谷坊、塘、埝、水库等滞洪工程，控制洪水的流向和排放时间，减少下游河道洪峰的流量。③修建防洪堤坝，增加两岸高度，提高洪水排泄能力和提高流速。④在人口稠密的地区，海堤的高度应当能够应付正常的涨潮。

2. 企业洪水防范的措施。①了解本地区有关洪水发生情况完整的历史记录,估计风险管理单位遭受洪水损失的风险。②了解风险管理单位投资地区河堤加固的程度和结实程度,预见风险管理单位可能面临的洪水损失风险。③将风险管理单位建筑在远离河道处,建在地势较高的地段。如果选择在地势平坦、近水或者地势较低的地方建设工程,必须同时规划好防治洪水的措施。④不在江河下游建设企业和住宅。在可能的情况下,不选择江河下游投资建设企业和住宅。如果在江河下游投资建设企业和住宅,要修建防洪和排水措施,使防洪抗洪工程配套。⑤洪水水位未完全退却之前,不要到易淹没地带从事生产。

3. 家庭洪水防范的措施。①做好防洪准备。储备必要的医疗用品,妥善安置贵重物品,准备必要的衣物、食品,做好援救和被援救的准备。②如被洪水围困,可以就地上屋顶、树上等高处避难,将木料或木质家具捆扎成救生木筏使用,施放求救信号、等待援救。如果有条件时,要积极援救周围的受灾者。③遇到水灾,在洪水到达之前,最重要的是选择逃生路线和要到达的目的地,避免路线太远。④在通过城市受淹道路和下穿式通道时,一定要注意观察水情,防止误入深水区或掉进排水口。⑤不要在水灾发生处围观,以免灾情扩大危及生命安全。⑥注意保护城市排水设施,不要人为造成阻塞而引起内涝。⑦对地处低洼棚户区的居民要提前做好房屋加固的工作,一旦出现险情,注意转移。⑧注意食品、饮水卫生,防止疫病流行。

(三) 洪水的保险

1. 洪水保险的作用。①实施洪水保险不仅能够快速、高效地对灾民进行经济补偿,而且还可以加强对洪泛区和行蓄洪区的风险管理;②洪水保险提高了洪灾多发区人们的防洪意识,进而降低了洪水灾害的损失。

2. 洪水保险的实施方式。从国际经验来看,成立洪水灾害基金,建立洪水保险制度是一种减少洪灾损失及对灾民补偿的可选途径之一。在可能发生洪水的区域,由受洪水威胁的人群、企业等出资参保。当洪水发生并造成经济损失时,保险机构将对参保的人群、企业等给予赔付,政府给予保险机构一定的补贴。

当前,洪水已经成为危害我国城乡居民财产和人身安全的重要风险,洪水造成的损失越来越大,保险公司承保此类风险面临的经营风险也越来越大,需要政府资金的鼓励和扶持。这是因为,由于洪灾的不确定性,群众与地方政府对于参加商业性保险的积极性并不高。同时,由于洪水保险承保的范围具有较强的地域性,一旦发生水灾,保险公司面临着巨额、过于集中的赔付,经营风险比较大,商业保险公司难以单独开拓洪水保险业务,必须由政府提供部分财政资金及技术支援。政府作为洪水保险的参与方,亦可为洪泛区居民提供洪灾讯息,维持良好的土地及水文环境,避免过度开发,以使居住环境与自然界维持长久的平衡关系。尽管目前我国城乡居民遭受洪水灾害损失的补偿由社会救助制度承担,但是仅有民政部的救助是远远不够的。

三、雷击损失的风险和防范

（一）雷击损失的风险

雷击是一种常见的自然灾害。雷电是大气中的放电现象,气象上把伴有雷声的放电现象称为雷暴,把只见闪电而不闻雷声的放电现象称为远电。雷电产生于积雨云中,积雨云中的小水滴不断碰撞分裂,产生正负电荷并各自不断大量聚积、若云与云之间或云与大地之间的电位差达到一定程度,即发生猛烈的放电现象——闪电。在放电的路径上通过的电流大约为 1 万安培,有时可以达到 10 万安培。在这仅几厘米的通道上,空气的温度会猛烈增加,可以高达上万摄氏度,致使空气的体积骤然膨胀,发生爆炸声——雷声。由于光速比声速传播得快,因而看见闪电后,才能够听到雷声。强烈的雷电虽然有时会毁坏建筑物和击毙人畜,但是它也可以使土壤提高肥力,增加含氮量。

雷雨云的云底是带电荷的,这种电荷能使地面发生感应,并产生与云底电荷性质不同的电荷,即感应电荷。感应电荷在小范围的地面是同一性质、相互排斥的,其结果是使高耸地面上的物体上部,感应电荷最多、最密,对雷雨云底部电荷的吸引力也最强,由此地面高耸突出的物体最容易遭到雷击。

（二）雷击造成的损失

1. 雷击会造成建筑物或者树木等方面的损失。

2. 雷击会引起火灾或者爆炸。建筑物内部的金属构件与接地不良的金属器件之间容易产生火花,这对存放易燃易爆物品的建筑物来说,就会引起燃爆的危害。

3. 雷击会使人员、牲畜受伤或者死亡。

4. 雷击会造成电器设备的损失。例如,电话总机、计算机、电视机、冰箱等电器设备的损失。

（三）雷击的防范

1. 电力设施、建筑物上应安装有效的防雷装置,并按规定及时检测维修。

2. 在野外遇到雷雨天气时,尽量不在雷雨中行走。避雨时,不要躲进孤立的小屋里、独树下或电线杆旁,也不要站在高坡上。在河湖中划船或游泳时,要尽快离开水面。

3. 遇有雷雨应把电视机、电风扇等电器的电源关闭,不要使用电话、手机,不要靠近暖气片等金属管道及门窗等易被雷击的地方。

4. 因水和金属易导电,雷雨天时尽量避免接触自行车、电动车、金属制品等;用塑料布顶在头上避雨时,应避免兜水。

5. 在汽车里,应把车门关好。如果感觉到头发竖起或皮肤发生颤动时,可能要遭雷击,应立即躺卧在地。应及时对受到雷击严重烧伤或休克的人进行人工呼吸和胸外心脏挤压急救。车辆应当放到安全的地方,不要放在大树下,如果车内有人,不要在雷电发生时下车。

(四)雷击保险

雷击的破坏形式主要有两种:直接雷击和感应雷击。直接雷击是指雷电击中保险标的物引起燃烧、熔化或摧毁造成的损失,属直接雷击责任造成的损失。感应雷击是指由于雷电产生的静电感应或电磁感应,使室内对地绝缘金属物体产生高电位放出火花而引起的火灾导致电器本身的损毁,或者因雷电的高压感应致使电器部件的损毁,均属感应雷击责任。

根据我国《防雷减灾管理办法》的有关规定,遭受雷电灾害的组织和个人,应当及时向当地气象主管机构报告,并协助当地气象主管机构对雷电灾害进行调查与鉴定。气象部门在确认灾情事实后,可以为受害者出具相关的鉴定。如果受害者事先在保险公司投了财产保险,鉴定是索赔的重要依据。

四、地震损失的风险与防范

(一)地震损失的风险

地震是地球上经常发生的一种自然现象,是由于地球内部的能量积累到一定程度,引起地壳内部介质快速断裂形成地震波。地震波传播到地表引起地表附近物质的震动。震动作用于地表的建筑物,达到一定程度的损失就是地震损失。地震的发生是不规律的,而且是不可预测的。目前,科学技术的发展还无法准确地预测地震发生的时间、地点和损失的程度。

1. 衡量地震损失的指标。衡量地震的两个常用指标是地震震级和地震烈度,但是,这两个指标都是在地震发生以后确定的,在此之前根本无法进行预测。地震震级表示地震程度的大小和地震能量释放的多少。一般来说,震级越大,释放的能量就越大。一次地震释放的能量是一定的,所以,只有一个震级。小于3级的地震,人们感觉不到;3级以上地震,人们有感觉,称为有感地震;5级以上的地震,能够造成破坏性损失,被称为破坏性地震或强烈地震。震级每相差1级,释放的能量相差22倍。例如,2008年5月12日,汶川地震的震级为8级。地震烈度反映地震时地面受到的影响和破坏。地震烈度除了和震级有关外,还和距离地震源的深度、距离震中的远近、地震波经过的地质条件、建筑物的性能等因素有关,因此,一次地震在各地造成的地震烈度也是不同的。我国将地震烈度分为12级(见表11.1)。例如,1976年唐山大地震的地震烈度是11级。又如,2008年5月12日,汶川地震的地震烈度为11级。

表11.1 中国地震烈度简表

烈度	在地面上人的感觉	房屋震害程度		其他震害现象	水平向地面运动	
		震害现象	平均震害指数		峰值加速度 m/s²	峰值速度 m/s
I	无感					
II	室内个别静止的人有感觉					

续表

烈度	在地面上人的感觉	房屋震害程度		其他震害现象	水平向地面运动	
		震害现象	平均震害指数		峰值加速度 m/s²	峰值速度 m/s
Ⅲ	室内少数静止的人有感觉	门、窗轻微作响		悬挂物微动		
Ⅳ	室内多数人、室外少数人有感觉，少数人梦中惊醒	门、窗作响		悬挂物明显摆动，器皿作响		
Ⅴ	室内普遍、室外多数人有感觉，多数人梦中惊醒	门窗、屋顶、屋架颤动作响，灰土掉落，抹灰出现微细裂缝，有檐瓦掉落，个别屋顶烟囱掉砖		不稳定器物摇动或翻倒	0.31 (0.22～0.44)	0.03 (0.02～0.04)
Ⅵ	多数人站立不稳，少数人惊逃户外	损坏——墙体出现裂缝，檐瓦掉落，少数屋顶烟囱裂缝、掉落	0～0.10	河岸和松软土出现裂缝，饱和砂层出现喷砂冒水；有的独立砖烟囱轻度裂缝	0.63 (0.45～0.89)	0.06 (0.05～0.09)
Ⅶ	大多数人惊逃户外，骑自行车的人有感觉，行驶中的汽车驾乘人员有感觉	轻度破坏——局部破坏，开裂，小修或不需要修理可继续使用	0.11～0.30	河岸出现坍方；饱和砂层常见喷砂冒水，松软土地上裂缝较多；大多数独立砖烟囱中等破坏	1.25 (0.90～1.77)	0.13 (0.10～0.18)
Ⅷ	多数人摇晃颠簸，行走困难	中等破坏——结构破坏，需要修复才能使用	0.31～0.50	干硬土上亦出现裂缝；大多数独立砖烟囱严重破坏；树梢折断；房屋破坏导致人畜伤亡	2.50 (1.78～3.53)	0.25 (0.19～0.35)
Ⅸ	行动的人摔倒	严重破坏——结构严重破坏，局部倒塌，修复困难	0.51～0.70	干硬土上出现裂缝；基岩可能出现裂缝、错动；滑坡坍方常见；独立砖烟囱倒塌	5.00 (3.54～7.07)	0.50 (0.36～0.71)

续表

烈度	在地面上人的感觉	房屋震害程度		其他震害现象	水平向地面运动	
		震害现象	平均震害指数		峰值加速度 m/s^2	峰值速度 m/s
X	骑自行车的人会摔倒,处不稳状态的人会摔离原地,有抛起感	大多数倒塌	0.71~0.90	山崩和地震断裂出现;基岩上拱桥破坏;大多数独立砖烟囱从根部破坏或倒毁	10.00 (7.08~4.14)	1.00 (0.72~1.41)
XI		普遍倒塌	0.91~1.00	地震断裂延续很长;大量山崩滑坡		
XII				地面剧烈变化,山河改观		

注:表中使用的有关数量词,现做出如下说明:"个别"为10%以下;"少数"为10%~50%;"多数"为50%~70%;"大多数"为70%~90%;"普遍"为90%以上。

2. 地震造成的破坏和损失。地震造成的破坏和损失表现在以下几个方面:①能够造成房屋、桥梁、水坝等建筑物的损坏,引起人员伤亡。例如,1976年,唐山大地震造成地面70%~80%的建筑物倒塌,造成死亡24万人,重伤36万人,轻伤72万人,直接损失超过30多亿元人民币。②地震产生的裂缝和位置的错动,造成地面沉降隆起、喷砂冒水、山崩、滑坡、泥石流等损失。例如,现代化城市中,由于地下管道破裂、电缆被切断会造成停电、停水和通讯受阻等方面的损失。一般来说,地震造成城市的损失比农村的损失大。③地震造成的山崩、滑坡、泥石流、海啸,会造成财产和人身伤害的损失。例如,2005年发生的东南亚地震,引起海啸,造成东南亚国家的巨大损失。④地震还会引起火灾、水灾、疾病等灾害事故的发生。例如,沿海地区发生地震,还会引起海啸等次生灾害的发生。又如,地震造成煤气、有毒气体和放射性物质泄漏,可以导致火灾、毒物、放射性等次生灾害的发生。地震造成的间接损失远远大于直接损失。

(二) 地震的防范

防震减灾工作是一项系统工程,涉及社会生活的各个方面。针对地震造成的损失,风险管理单位可以采取以下几个方面的措施,来防范、抑制地震造成的损失:

1. 地震监测

地震监测预报是防震减灾工作的基础。①科学地考察主要经济区域和全部大中城市的地质和水文情况,确定地震可能发生的烈度,制定各城市、各地区的防震标准,这是防范地震损失的基础工作。②完善地震预报工作。运用技术、生物、观察的方法,监测地震的前兆现象,并适时发布地震信息,严防误传或者谣传。③做好防震救灾的准备工作。对可能发生地震的地区的抗震能力和救灾能力进行调查、预测,为提高抗震救灾的效率提供决策依据。

2. 地震预防

(1) 政府预防地震的措施。地震灾害预防的关键是实施工程性预防措施和非工程性预防措施。①工程性预防措施。工程性预防措施是指根据地震区划和经地震安全性评价提出的抗震设防要求，对建设工程采取的抗震设防措施。例如，《中华人民共和国防御与减轻地震灾害法》规定，新建、改建、扩建建设工程，应当符合抗震设防的要求。建设工程应当按照抗震设防要求和抗震设计规范进行抗震设计，并按照抗震设计进行施工。已经建成的建设工程，未采取抗震设防措施或者未达到抗震设防要求的，应当进行抗震性能鉴定，并采取必要的抗震加固措施。重大建设工程和可能发生严重次生灾害的建设工程，必须进行地震安全性评价，并进行地震安全抗震设计的评定。国务院地震行政主管部门负责对地震安全性评价结果的审定工作。②预防次生灾害源。对地震可能引起的火灾、水灾、山体滑坡、放射性污染、疫情等次生灾害源，有关地方政府应当采取相应的防范措施。根据震情和震害预测的结果，国务院地震行政主管部门和县级以上地方政府负责管理地震工作的部门或者机构，应当会同同级有关部门编制防震减灾规划，报本级政府批准后实施。③非工程性预防措施。非工程预防措施是指除工程性预防措施之外的一切依法减灾的活动，主要包括编制防震减灾规划、开展防震减灾知识宣传教育、地震重点监视、防御区的抗震救灾资金储备和物资储备等。《中华人民共和国防御与减轻地震灾害法》规定，根据震情和震害预测的结果，县级以上人民政府负责管理地震工作的部门，应当组织同级有关部门编制防震减灾规划，报本级人民政府批准后实施。各级人民政府应当组织有关部门开展防震减灾知识的宣传教育，增强公民的防震减灾意识；加强对有关专业人员的培训，提高抢险救灾的能力。地震重点监视防御区的县级以上地方人民政府应当根据实际需要与可能，在本级财政预算和物资储备中安排适当的抗震救灾资金和物资。各级人民政府、风险管理单位应当组织有关部门开展防震减灾知识的宣传教育，增强公民的防震减灾意识，提高公民在地震灾害中自救、互救的能力；加强对有关专业人员的培训，提高救护人员的抢险救灾能力。

(2) 企业、家庭和个人预防地震的措施。①观察、识别震前的异常状况，尤其是动物的异常、地下水的异常。如骡马发惊不进圈，猪不吃食跳栏跑；猫儿躲藏无踪影，鸡飞上树狗哀号；鱼儿浮头跃出水，鸭不下水岸上闹；冰天雪地蛇出洞，老鼠搬家四处跑；地下水升降变化大，变色变味翻花冒泡等。居民若发现上述异常情况，应当及时上报市、县政府地震工作部门或管理防震减灾的工作部门，以便综合分析研究，确定是否为地震前兆。②震前要认真检查住房的抗震性能。若住房修建时，没有按地震部门确定的抗震设防要求进行抗震设防，就必须请有关专家鉴定是否为危房；若是危房，就要进行抗震加固或搬迁。另外，还要熟悉住房周边的环境，如住房周围有无容易倒塌的建(构)筑物、高压输电线、变压器，以及存放易燃、易爆物品的仓库等；住房是否地处岸边、陡坡或不稳定的边坡地带等。③合理、安全摆放室内物品。地震时由于剧烈颠簸、摇晃,致使室内家具和物品倾倒、掉落等引起人员伤亡,因此,要注意室内家具摆放合理、安全、防震,有利于人员撤离或避震。例如,屋顶、墙上悬挂物品要固定牢;家具顶部不要堆放重物;床的位置要避开外墙、窗口、房梁;坚固、低矮的家具下面是避震的最好空间,不要堆放杂物等。④放置好家中的危险品,主要包括易燃品(如煤油、汽油、酒精等)、易爆炸品(如煤气罐、氧气瓶等)、有毒品(杀虫剂、农药等),这些物品极易引起地震次生灾害的发生(如火灾等),要妥善存放,做到防撞击、破碎、翻倒、泄漏、燃烧和爆炸。⑤准备必要的防震物品,以适应震后急用,如水、食品、衣物、电筒、干电池、结实的绳子、多功能小刀,以及常用的急救药品等。平时要把这些东西集中放在家庭防震包里,并让家中每个成员都知道该包所放的位置,一旦发生地震,在黑暗中也能够随手拿到。⑥熟悉地震疏散路线和躲避地震的地点,确定家庭成员在地震发生后的联系方法。⑦学习和掌握基本的救护技能,如人工呼吸、止血、包扎、搬运伤员和护理伤员等方法。⑧提高警惕,防止地震谣言和恐震事件的发生,尤其是本市境内或邻区发生强烈有感地震之后,或者天气突变、气候反常的情况下,更要防止地震谣言、恐震事件的发生,维护社会的稳定。

3. 地震时的风险管理措施

(1) 政府的风险管理措施。破坏性地震发生后,地震工作主管部门或者地震灾区的省、自治区、直辖市人民政府是负责管理地震工作的部门,应当及时会同有关部门对地震灾害损失进行调查、评估;灾情调查结果应当及时报告本级人民政府。严重破坏性地震发生后,为了抢险救灾并维护社会秩序,国务院或者地震灾区的省、自治区、直辖市人民政府按照规定的权限和程序,可以在地震灾区实行下列紧急应急措施:①交通管制;②对药品、食品等生活必需品统一发放和分配;③临时征用房屋、运输工具和通信设备等;④需要采取的其他紧急应急措施。

(2) 个人或家庭的风险管理措施。①若居住平房,出现地震前兆(如听见地声、看见地光),应当立即头顶被褥、锅盆、安全帽等,迅速撤离到附近的空旷地带。②若居住在高层楼房,地震时来不及撤离的,应立即躲到桌下、床下或者面积最小的厕所、储藏室、浴室等处,千万不要跑向阳台或跳楼,待地震暂停时,迅速按照震前选定的路线撤离到安全地带。下楼时,要走楼道,不要乘坐电梯。③无论居住平房或住高层楼房,感觉地震时,要立即拉断电闸、浇灭炉火、关闭煤气和液化气阀门,并带上防震包迅速避震。④防震期间,最好不要关门,以免地震时门框变形打不开门。⑤地震时若在户外,应就地选择安全的地方蹲下,或迅速转移至远离高大及易于倒塌的建(构)筑物,到开阔地带避震,已经到达开阔地带的人员不要再返回户内,以防地震再次发生。⑥地震时,若在驾驶汽车行驶,应立即开到宽敞的地方刹车,不要继续行驶,但也不要立即离开车内,等地震过后根据具体情况再确定下一步的办法。⑦地震时,若在办公楼里,应赶紧藏在办公桌下,不要站立或蹦跳,尽量降低重心,千万不要跳楼,待地震暂停后,再迅速撤离。⑧地震时,若在剧院、商场等公共场所,千万不要乱跑、乱挤,应就地蹲下或趴在排椅下,躲在内墙角,尽可能避开悬挂物、玻璃门窗、玻璃货柜,注意保护头部。地震后,应听从工作人员的指挥,有组织地撤离。⑨地震时,若在工厂上班,应迅速关掉电源和气源闸,使仪器和机床断电、断气,停止运转,就地蹲下或选择固定性的机器设备、办公桌下或空旷地带避震。对有毒、易燃、易爆物震前应采取保护措施。⑩地震时,若在学校,则要听从学校老师的指挥,不要乱跑,有序不乱地撤离教室,或在老师的指挥下迅速躲在各自的课桌、讲台下,待地震过后,按学校防震准备的路线,以及环境的要求,有组织地疏散、撤离。⑪地震时,若被埋压在废墟下,不要惊慌和盲目乱喊、乱叫,要树立生存的信心,尽量设法自救;当听见有人走动时,再呼喊或敲击求救。

4. 震后救助措施

震后救灾与重建是防震减灾工作的一个重要环节,也是减少地震损失的重要方面。对此,可以采取以下几个方面的救助措施:①建立抗震救灾组织机构,统一管理,集中人力、物力和财力,保证灾民的基本生活、基本医疗药品的供应,减少灾害造成的损失。②恢复信息通讯系统,及时传播灾后信息,提高抗震救灾的效率。③抢救受伤、被压埋人员,组织医疗卫生机构进行震地抢救和救护工作。④防止次生灾害的发生。例如,为了防止河水外泄、防止有毒有害物质的扩散、防止瘟疫和传染病的发生等,应采取各类相关管理措施,避免次生灾害造成的损失。⑤组织灾民恢复生产,重建家园。

第二节　火灾风险的防范

火灾风险的防范主要是管理人,树立人的安全观念、控制人的不安全行为,同时,通过技术手段和设施预防火灾的发生,减少火灾事故造成的损失。

一、火灾损失的风险

(一) 火灾损失的风险

火灾是一种发生频率较高的风险,对风险管理单位造成的财产、人身威胁比较大。一般来说,火有善意之火和恶意之火。当火能够被人控制的时候,就是善意之火;当火超出人们控制的范围形成灾害、造成财产和人员损失时,就会变成恶意之火。按照起火的原因划分,燃烧的类型可以分为以下几种:

1. 闪燃。闪燃是指易燃或者可燃液体挥发的蒸汽与空气混合达到一定浓度,遇到明火后,发生一闪就灭的燃烧现象。易燃或者可燃液体发生闪燃时的最低温度称为闪点。易燃或者可燃液体闪点的高低,是评定液体火灾危害性的主要依据。一般来说,闪点越低,火灾发生的可能性就越大。例如,汽油的闪点为$-48℃\sim 10℃$,煤油的闪点为$28℃\sim 45℃$,所以,汽油比煤油发生火灾的风险大。

2. 着火。可燃物受到外界火源的直接作用而发生的持续燃烧现象称为着火。一种物质开始着火所需要的最低温度,就是燃点。物质的燃点越低,其发生火灾的风险就越大。

3. 自燃。可燃物在一定的条件下,即使没有外部热源的作用,温度也会升高。这类物质在堆积存放或者与其他材料紧密接触存放时,可能发生反应,而发热、自燃。例如,煤、沾有油漆干燥油的抹布、磷等都会自燃。在室温下,磷会缓慢氧化产生热量,热生成的速率大于通过对流、辐射、传导散失的速率,于是磷的温度升高,加快了与氧的反应速度,并更快地产生热量,由此温度越来越高,直至发热而燃烧。磷就是这样在没有外部热源的条件下发生了燃烧。磷自燃所必须达到的温度是66℃。在一定的条件下,可燃物产生自燃的最低温度称为自燃点。可燃物的自燃点越低,其发生火灾的风险就越大。

(二)造成火灾的原因

一般来说,起火与人的粗心大意、自然灾害、纵火有关。例如,犯罪分子纵火、精神病患者纵火、为骗取保费而纵火等,都是人为原因造成的火灾;而自燃、雷击等引起的火灾,则属于自然灾害。在引起火灾的众多风险源中,人为因素是引发火灾的主要原因。

(三)影响火灾损失的因素

在风险管理单位估计火灾风险时,火灾分为起火风险和蔓延风险,火的蔓延、火灾造成损失的大小主要同以下几个方面的因素有关:

1. 火灾风险的发生同财产管理者的管理能力有关。建筑物中,堆放的物质是引发火灾的重要风险因素。例如,一个人为了居住而买了一套房子,很快就会把一批具有火灾和爆炸性危险的物品带进房子,如煤气罐、电器、高度可燃的溶剂(如清洗剂、发胶、油漆)等,接着又会把汽车停在房子里,在车库附近使用电钻、抛光机和喷漆机,这些操作存在着较大的安全隐患。尽管如此,住宅仍被认为是发生火灾风险最低的场所,保险公司承保时,收取的保险费率最低。这是因为,人们精心管理着房子和房子里的一切东西,将起火的危险性降低到最低限度的结果。但是,在工业生产中,却存在着生产工艺、使用材料和管理等方面产生火灾的危险。例如,粗心大意地将采暖炉放在可燃物附近;到处乱扔烟头;在火源附近使可燃液体泼洒出来;用较粗的熔丝去更换掉保险盒上的熔丝等。可见,火灾的发生同财产管理者的管理能力有很大关系。一般来说,管理者的管理能力越强,发生火灾事故的可能性就越低;反之,发生火灾事故的可能性就越高。

2. 火灾风险等级同人的活动有关。火灾的发生是同人的生产、生活活动密切相关的。例如,火灾发生的风险同建筑物的用途有很大关系。火灾风险承保人委员会按照建筑物列明的用途,将建筑物发生火灾的风险分为四级:低级、一般、危险、极高。①低级火灾风险等级的建筑物大多属于一般使用的建筑,主要包括医院、旅馆、机关、图书馆、博物馆、疗养院、办公楼、监狱、大中小学校等;②一般火灾风险等级的建筑物是指工厂或者贸易类建筑,主要包括商场、超市、交易市场等;③危险火灾风险等级的建筑物是指储存散装物资的仓库;④火灾风险极高的建筑物是指加热和加工可燃材料、粉尘、可燃液体或者溶剂的工艺所在的场所,主要包括飞机库、打火机厂、人造革厂、篮筐编织厂、床上用品加工厂、化工厂等。

3. 火灾风险同建筑物的位置有关。建筑物的位置对火灾的发生和火势的蔓延也会产生影响。在建筑物密集的地区,一旦发生火灾,很快就会蔓延到与其相邻的建筑物。例如,风险调查员在估计火势蔓延的风险时,一般要考虑建筑物的高度、窗口的面积、用途、电梯的位置和相邻建筑物的距离。建筑物距离消防队的远近也影响火灾造成的损失。如果某建筑物处于孤立的位置(如一家农场远离其他建筑物),一旦发生火灾,可能在很长时间内不易被察觉。同时,由于该建筑物距离消防队比较远,消防人员难以迅速到达现场,消防水的供给可能不足等,就会引起比较大的财产损失。可见,建筑物的位置同发生火灾的风险及其损失程度有很大关系。由此,企业在估计风险时,需要综合考虑建筑物的位置和可能产生的最大损失。

4. 火灾风险同建筑物的规模有关。在进行火灾风险估计时,人们总是认为,规模较大的建筑物具有较大的危险性,这不仅是因为较大的建筑物中必然存在着较多能引起火灾的风险因素,而且一旦发生火灾,数量众多的物资会促进火势的蔓延。由此看来,火灾风险的大小与物质规模的大小有直接的关系,火灾风险随着物质堆放规模的增加而增大,这是一条普遍的认知。对此,火灾风险承保人、消防部门,以及其他与防火有关的管理部门通常认为,必须对物质的规模加以限制,以便使可能发生的火灾易于控制。然而,一座建筑物由于火灾造成的可能损失,不仅取决于该建筑物的规模大小,而且还取决于其单位财产所包含的价值。当两座建筑物的规模相同时,其中一座建筑物所堆放的财产价值可能高于另一座,若发生火灾,堆放财产价值高的这座建筑物所遭受的损失会比另一座大。

5. 火灾蔓延同建筑材料的可燃性有关。建筑使用的材料不合格,工艺和施工不能满足防火管理的要求,都会导致火灾事故的发生。例如,建筑材料不同,其耐火性、稳定性和隔热性等也是不同的,从而火灾事故造成的损失也是不同的。对此,可以将建筑物分为若干标准等级,其所依据的出发点是建筑用材料。下面简要介绍一些建筑材料的特性。

(1) 砖材料。砖是坚硬的固体,是由烧过的陶土制成的,能够承受极高的温度而不损坏,但是,砖的表面在长时间的大火中可能被烧熔。在大火中,砖材料的建筑物可能会由于向火面和背火面膨胀的速率不同而发生隆起或者变形。当然,温度不同造成隆起或者变形是所有建筑材料的共同点。

(2) 石料。石结构的建筑物现在已经很少使用,但是在老式建筑物中仍然能够见到。为了使建筑物比较牢固,石墙一般都比较厚,具有较强的耐火性。即使经过大火、高温,石质建筑也不会变形和膨胀,石料结构建筑物的耐火性极强。

(3) 金属。在温度变化时,钢铁会发生过度的膨胀,可能导致与钢铁连接的砖体或其他建筑材料剥落和倒塌。被烧成高温的钢铁构件遇到冷水会突然收缩,这常常会引起建筑物比较大的损失。当温度高于550℃时,钢材的强度会锐减,从而造成建筑物的倒塌,用铁或者木头作框架,其耐火性比较低,不宜用作墙板。例如,2001年发生在美国的9·11事件,世贸大楼倒塌的主要原因是建筑用钢材承受高温的强度不够,结果造成建筑物突然倒塌、大量人员伤亡的损失。目前,许多高层建筑中大量使用钢材来支撑主体框架,其耐火性是否达到标准是工程质量监督管理部门监管的重要项目。

(4) 混凝土。混凝土的耐火性主要取决于所用集料和水泥的型号,某些混凝土容易剥落(即表面起层);烧结的混凝土集料效果最好。当温度升至600℃时,混凝土的强度就会消失,火灾事故中,虽然燃烧物的温度经常可以达到这一温度,但是,却很难使整个构件的里里外外都达到这一温度,因而只有其表面会受到影响。同时,由于混凝土的绝热特性,使它可以很好地保护其中的钢构件。

(5) 石棉制品。石棉是完全不可燃的,因而不会促进火势的蔓延。例如,以金属为框架的石棉水泥板,常用来做轻型墙壁和轻型屋顶。但是,一般石棉制品在起火初期就会被猛烈地震裂,而含有较高比例石棉纤维的材料(如石棉木、石棉绝缘板),在受热时不会被震裂。

(6) 石膏。石膏灰泥是不可燃的,其耐火的主要原因是石膏的含水量比较高。石膏受热时,其水分会吸收大量的热,进而蒸发。随着石膏内水分的蒸发,石膏就会酥裂。

(7) 玻璃。平板玻璃受热时,容易破裂;而夹丝玻璃和电解铜玻璃,在受热时则不容易破裂。但是,玻璃不能阻止辐射的通过,因此,玻璃窗提供的保护仅仅是挡住烟和火焰而已。随着温度的升高和火势的加剧,玻璃也会熔化。

(8) 木料。木料易燃,但是厚重的木料表面会形成绝热的碳层,因而具有一定的耐火性。在某些情况下,有些木结构建筑甚至比不加保护的金属构件更不易崩塌。耐火漆和耐火浸液可以降低木料的易燃特性,但是,这种表面处理的效果并不能持久,随着耐火浸液的分解,木料也会被烧毁。

(9) 沥青制品。沥青制品属于可燃物。沥青受热会熔化、滴落,并同时起火。沥青油毡是可燃的,由于其基底所用材料不同(有机物可燃、矿物质不可燃),因此,油毡的可燃程度也是不同的。

(10) 塑料。甲基丙烯酸酯塑料是易燃物,并且在燃烧的过程中容易滴落火珠。聚酯树酯塑料在没有受到持续性辐射的情况下不容易燃烧,而以玻璃纤维为基质制作的天窗则容易在火中燃烧,但是不滴落火珠。用作隔热层的聚苯乙烯或者聚氨酯泡沫,容易燃烧,并且会释放出黑烟。因此,有些泡沫塑料内,可能含有阻燃性质的添加剂,其可燃性就差一些。

6. 火势蔓延与建筑物的构造有关。在估计火灾事故造成损失的程度时,不仅需要考虑建筑材料的可燃性,而且还要考虑建筑结构设计和平面布局在多大程度上有助于或者有碍于火势在建筑物内的蔓延。

（1）火势蔓延与电梯通道等有关。建筑物内部的火势，既可以从起火点向垂直方向蔓延，也可以向水平方向蔓延。由于热和火的特性大多是向上蔓延的，因此，其垂直方向存在着比较大的火灾风险，可见，在多层建筑物内，楼板所用的材料是至关重要的。如果用木料作楼板，火势可能会迅速地自下而上，一层一层地传导上去，直到整座楼都着起火来。增设板条抹灰的天花板或石膏天花板，可以提高整个楼板的耐火性，但是，其阻止火势蔓延的时间通常不会超过半小时。被认为是耐火的楼板材料，必须是不可燃的。金属楼板虽然不可燃，但是容易向上一层传导热量，因而金属楼板不能被认为是耐火的建筑材料。如果上层楼板有通向楼梯间、电梯间或者其他辅助通道的开口，则这种辅助通道就会像烟囱一样，促使火势向上蔓延的速度加快。为了防止这种情况的出现，这些开口应该被封闭在砖墙或者混凝土墙内保护起来。

（2）火势蔓延与单个房间的面积有关。建筑物中，单个房间的面积越大，灭火的难度和受损的程度也就越大。如果着火的范围超出了消防水带的射程，火灾就是失控的。

（3）火势蔓延与建筑物之间的距离有关。如果建筑物外墙上的门窗通口与另一建筑物的门窗通口直接或者以一定角度相对，就存在着火从一座建筑物向另一建筑物横向蔓延的风险，其损失范围和程度的大小取决于门窗通口的大小、二者的距离，以及所采取的防护措施。如果两座建筑物门窗之间的距离在6米以内，则一座建筑物发生的火灾向另一座建筑物蔓延的风险就比较高。

（4）水喷淋装置或消火栓的设置，对降低建筑物损失的风险也具有影响。在遭遇火灾时，消防装置比较完善的建筑物比消防装置不完善的建筑物损失程度低。

7. 故意纵火，造成财产和人员的损失。人为纵火案是许多国家面临的难题。在日本，纵火案年年占据日本火灾起因排行榜的首位。公民的守法意识，对于火灾事故的发生具有十分重要的影响。从一角度可以说，火灾风险管理实质上是人的管理。

二、火灾的防范

火灾事故造成的损失是巨大的，加强火灾风险的防范至关重要。火灾风险的防范主要包括以下几个方面：

1. 明确火灾安全管理的重要性，树立重视火灾的风险管理意识，加强火灾事故的风险管理，预防人的疏忽、过失造成的火灾事故。例如，《中华人民共和国消防法》规定，营业性场所有下列行为之一的，责令限期改正，逾期不改正的，责令停产、停业，可以并处罚款，并对其直接负责的主管人员和其他责任人员处以罚款：①对火灾隐患不及时消除的；②不按照国家有关规定，配置消防设施和消防器材的；③不能保障疏散通道、安全出口畅通的。

2. 规范人的活动（或行为），预防不安全活动引起的风险事故。对此，风险管理单位应该建立防火的工作规程和各项规章制度，杜绝人的不安全活动或行为引发的风险事故。例如,各种设备和设施使用时间过长,其被磨损、腐蚀、失灵的可能性就比较大,在这种情况下,设备、设施遭受火灾的可能性就大,及时维修、保养生产设备可以预防火灾事故的发生。

3. 掌握灭火的方法。①冷却灭火法。冷却灭火法就是将灭火剂直接喷射到燃烧物上,以增加散热量,降低燃烧物的温度至燃点以下,使燃烧停止;或者将灭火剂喷洒在火源附近的物体上,使其不受火焰辐射热的影响,避免形成新的火源。②隔离灭火法。隔离灭火法就是将火源处或其周围的可燃物质隔离或移开,燃烧会因缺少可燃物而停止。如将火源附近的可燃、易燃、易爆和助燃物品搬走;关闭可燃气体、液体管路的阀门,以减少和阻止可燃物质进入燃烧区;设法阻拦流散的液体;拆除与火源毗连的易燃建筑物等。③窒息灭火法。窒息灭火法就是阻止空气流入燃烧区或用不燃物质冲淡空气,使燃烧物质得不到足够的氧气而熄灭。如用不燃或难燃物捂盖燃烧物;将水蒸气或惰性气体灌注容器设备;封闭起火的建筑、设备的孔洞等。④抑制灭火法。抑制灭火法就是使灭火剂参与到燃烧反应过程中去,使燃烧过程中产生的游离基消失,而形成稳定分子或低活性的游离基,使燃烧反应因缺少游离基而停止。

4. 合理地布局易燃易爆生产经营单位的位置,防止火势蔓延造成更大的损失。对于政府来说,必须将生产、储存易燃易爆化学物质的工厂、仓库设在城市边缘的安全地区,并与人员密集的建筑保持防火安全距离。对于布局不合理、严重影响消防安全的工厂、仓库,要采取措施,限期迁移或者改变建筑物的生产使用性质,以消除不安全因素。

5. 缩小物质的规模或者空间分布,降低火灾蔓延造成的损失。①新烧制的木炭应该先在空气中存放一段时间,然后再包装和储存。②炭黑应该与其他材料分开,存放在单独的库房中。③煤在露天存放时,应当远离建筑物;每个煤堆的大小应该适当加以控制;煤堆之间的距离应尽可能远一些。④所有浸油的抹布应该存放在有自动关闭装置的金属箱内。如果可能,应当在工作结束后,立即将箱子搬运到室外。

6. 使用耐火性、稳定性和隔热性强的物质,可以防止火势的过快蔓延。在新建建筑物中,要使用耐火材料建造高标准的耐火建筑,全面提高建筑物的耐火等级。在已经建成的耐火等级比较低的建筑物中,要采取相应的消防措施,改善建筑物的消防安全条件。木材和纤维材料品应该与供热管道或者散热片隔开一定的距离,避免木材和纤维自燃,引起风险管理单位财产的损失。

7. 改革设备构造和制造的缺陷,预防火灾事故的发生。例如,监管风险管理单位是否按照消防安全技术要求施工、安装设备,可以避免生产设备、建筑物在设计上的缺陷,从而避免火灾事故的发生。

8. 严厉打击纵火行为,减少财产和人员的损失。针对故意纵火案件的发生,日本《刑法》规定,对纵火犯罪的最高刑罚是判处死刑,旨在加大对纵火犯罪的打击力度。在美国,保险公司把纵火讹诈保险金的人称为图利型纵火者。美国各州都设有纵火案件调查机构,凡是涉及火灾保险理赔事宜的,都有保险公司的代表参加。美国保险公司在调查与投保客户有关的火灾起因时,大多实行发动群众提供线索的鼓励政策,这一措施对于减少纵火案的发生具有明显的效果,保险公司通常会对提供线索和资料的人给予1 000美元到10 000美元不等的奖励,而且对提供信息者的身份和资料予以保密。我国《刑法》规定,纵火危害公共安全,尚未造成严重后果的,处3年以上10年以下有期徒刑;致人重伤、死亡或者使公私财产遭受重大损失的,处以10年以上有期徒刑、无期徒刑或者死刑。

三、火灾保险

(一)火灾保险的责任范围

火灾保险是指保险人对保险标的因火灾造成损失承担赔偿责任的保险。构成火灾责任必须同时具备三个条件:①有燃烧现象,即有热有光有火焰;②偶然、意外的燃烧;③燃烧失去控制,并有蔓延扩大的趋势。例如,在生产或生活中有目的用火,为了防疫而焚烧沾污的衣物,有控制地点火焚烧等,都属于正常燃烧,不属于火灾责任;因烘、烤、焗造成焦煳变质的损失,这种既无燃烧现象,又没有蔓延扩大的趋势,也不属于火灾责任;电机、电器、电器设备因超负荷使用、超电压、碰线、弧花、漏电、自然发热所造成的本身损毁,同样不属于火灾责任。但是,如果发生了燃烧并失去控制,蔓延到其他物品,则属于火灾责任;为达到个人利益而故意纵火产生的火灾,也不属于火灾责任。

(二)保险公司预防纵火讹诈保险金的措施

综合起来,国外预防纵火手段讹诈保险金的措施,大致有以下10项:①加强核保工作的管理,对于不符合承保条件的标的物,保险公司不予承保,避免道德风险的发生。②引进专业人士(如消防设备师等)进行投保审核,确定标的物的风险等级。对于风险等级比较高的标的物,不予承保或者加费承保。③定期举办纵火犯罪调查与防治工作的交流活动,丰富火灾风险管理人员的经验。④建立可疑投保案件和图利型纵火者资料库,对于这类案件和涉案人员予以更多地关注。⑤保险公司建立防范纵火骗赔稽查小组。⑥加强对专业火灾鉴定人员的培训,防范纵火风险事故的发生。⑦力争在第一时间抵达现场,搜集现场证据。⑧保险公司之间建立有效的互保机制,分散经营风险。⑨各有关管理部门加强合作和交流,防范骗保纵火案件获得赔偿。⑩委托灾害调查鉴定中心对物证进行鉴定和识别,以取得公众信任。

第三节 爆炸风险的防范

一、爆炸损失的风险

所谓爆炸通常是指存储在密闭容器中的可燃性气体的一部分着火时,随火焰传播,容器内部温度急剧上升,压力增大,当容器无法承受压力时,即引起爆裂,这种现象就是爆炸。爆炸在瞬间释放巨大的能量,可以造成财产和生命的损失。爆炸的类别一般分为以下几种:

（一）物理性爆炸风险

物理性爆炸是指在物质性质不发生变化的情况下,由于其存在状态发生变化而引起的爆炸。任何物质,无论处于固态、液态,还是气态,在受热时体积都会膨胀,其体积可能增加到其外部封闭结构不能容纳的程度,由此就会产生爆炸。例如,水加热后就变成了蒸汽,奶油加热后就会熔化等。所有这些变化都是单纯发生状态变化的可逆变化。

（二）化学性爆炸风险

任何可燃气体都是有危险的,但是要发生爆炸,必须有一定比例的氧气(空气中总有氧气存在)与可燃气体或蒸汽混合,达到一定浓度就会产生爆炸的可能性。例如,粉尘爆炸、火药爆炸等。在生产过程中,许多企业都要和粉尘打交道。粉尘是生产过程中无用、但又不可避免的副产品。例如,在油漆、涂料和抛光材料的生产中,常用的材料是炭黑和金属粉末,以及粉制燃料、颜料、填充料等。但是,工厂能够得到的原料往往都是大块的,需要研磨或粉碎后才能用于生产过程或者制成产品。粉尘颗粒是极其细小的,特性很像气体或者蒸汽的分子,如果这些粉尘散布在空气中,就有可能形成易燃易爆的混合物。这些混合物遇到明火,就会产生爆炸。明火介入是导致爆炸产生的导火索。一般来说,粉尘爆炸同以下因素有关:

1. 粉尘爆炸与粉尘颗粒的大小有关。对一定量的粉尘来说,颗粒越小,与空气的接触面积就越大,与空气中的氧结合发生燃烧、产生爆炸的可能性就越大。颗粒越小,在空气中悬浮的时间越长,发生爆炸的可能性就越大。

2. 粉尘爆炸与颗粒的浓度有关。粉尘颗粒在空气中的浓度是决定爆炸是否发生的重要因素。一般来说,发生粉尘爆炸,空气中的粉尘必须达到足够的浓度。如果达不到一定的浓度,就不会发生爆炸。

3. 粉尘爆炸与粉尘颗粒的着火点有关。例如,糖粉尘空气混合物的着火点为540℃,皮革粉尘空气混合物的着火点为740℃。物质的着火点越低,发生粉尘爆炸的可能性越高;反之,发生粉尘爆炸的可能性越低。

4. 粉尘爆炸与颗粒是否传播火焰有关。根据在一定条件下呈云团状粉尘的危险性测定,可以将粉尘分为A类和B类两类。①A类。在测试装置中,可以点燃并传播火焰的粉尘,其燃烧速度越快,其危险性就越大,例如,棉花飞絮、面粉、糖等粉尘的爆炸,其危害性就比较大。②B类。在测试装置中,不能传播火焰的粉尘,其燃烧速度越慢,其危险性就越小,例如,骨粉粉尘、再生毛粉尘、矿物质粉尘、铝粉等粉尘爆炸,其危害性就比较小。

（三）核爆炸风险

核爆炸是指重元素的原子核裂变或轻元素的原子核聚变而产生的爆炸反应，如铀、钚、钍等放射性物质的核分裂、核聚合，是一种非常猛烈的爆炸。核爆炸时，会腾起巨大的蘑菇云并升到10～80km的高空，掀起飓风。在方圆1 000km的范围内，所有东西都被摧毁掉了；在2 000km外，可以听见爆炸声，核爆炸会造成巨大的财产和人身损失。核能的和平利用始于20世纪50年代。1951年，美国利用钚反应堆的余热试验发电，电功率为200千瓦；1954年，苏联建成了世界上第一座核电站，电功率为5 000千瓦。我国第一座自行设计建设的核电站是秦山核电站，第一期30万千瓦已于1991年并网发电，第二期工程两台60万千瓦级的压水堆核电机组2000年年底已基本安装完毕，即将投入使用。我国从法国成套进口的广东大亚湾两台90万千瓦的核电机组也分别于1993年和1994年并网发电。目前，世界上正在运行发电的核电机组已有400多座，世界各国（地区）能源结构中核能的比例正在逐渐增加。核电站一般都设置三道安全屏障，即燃料包壳、压力壳和安全壳，这使一切可能的事故限制并消灭在安全壳内，同时，能承受龙卷风、地震等自然灾害的袭击。核废料因为具有放射性，其更新后，就存在一个如何处理、运输、掩埋的问题。目前，一般的处理方法是对核废料提取其中有用的放射性或非放射性物质之后，将放射性废料装入特制密封的容器中，深埋在荒无人烟的岩石层或深海的海底。

二、爆炸的防范

（一）物理性爆炸风险的防范

针对物理性爆炸损失的风险，可以采取以下措施防范风险：

1. 将性质不稳定的物质储放于温度比较低的地方，避免这类物质放置在阳光下直接暴晒。

2. 在压力容器和设备上，安装防爆的安全装置。当发生爆炸或者猛烈燃烧导致容器压力升高时，可以提供足够的卸压面积，保护设备免遭损失。

3. 要使容易引起物理爆炸的物质，远离其他物质或者房屋建筑，避免其他物质的损失。

（二）化学性爆炸风险的防范

针对化学性爆炸损失的风险，可以采取以下措施防范风险：

1. 控制容易产生粉末状的原材料。控制容易产生粉末的原材料，可以防范风险因素的聚焦或增加，可以防止风险事故的发生。

2. 采取必要的措施，防止无用的粉尘在空气中乱飞。例如，在产生粉尘的机器上安装机械的或者吸风的集尘器，这样，粉尘就不会往外乱飞了。又如，将产生粉尘的机械设备（如研磨机、粉碎机、锤磨机等）罩起来，防止粉尘到处飞扬。在防尘罩内，输入惰性气体(如氮等),稀释氧气的浓度,使防尘罩内的氧气达不到能使粉尘爆炸的浓度。

3. 经常打扫车间,安装通风装置,降低车间粉尘的浓度,就可以将危险的程度降低。例如,清扫壁架、搁板之类的表面,防止粉尘堆积,降低粉尘浓度。

4. 安装分离装置,将可能产生火花的异物清除掉。在送往工厂的各种原材料里,常常会混进相当数量的杂铁。如果在研磨的物料里含有杂铁,那是很危险的,其危害主要有两个方面:一是杂铁块会严重损坏机械设备;二是杂铁会引起爆炸。这是因为,研磨机在克服铁的摩擦力时超载工作会产生很大的热量,如果研碎的物料在很细的状态下具有爆炸性,这种热量会引起猛烈的爆炸。防止杂铁进入研磨机的最好办法是在机器的进料口处安装一个电磁铁,当物料通过时,可以将杂铁吸住。此外,还可以安装发现金属就启动安全开关停车的电子装置。

5. 建设防爆的特殊建筑。一旦发生粉尘爆炸,防爆建筑可以起到减少损失,防止损失蔓延的作用。

(三) 核爆炸风险的防范

核爆炸不仅是国防事业防范的风险,也是核工业企业防范的风险。针对核爆炸风险事故的发生,可以采取以下措施加以防范:

1. 加强对使用核物质的风险管理,防止职工由于工作疏忽,而引发重大的风险事故。在核能的开发方面,严防放射性物质的大量泄漏,并采取必要的风险防范措施。

2. 加强对核能源使用的管理,防止管理不善,引发核爆炸损失。例如,在设计核反应堆时,采用低浓度裂变物质作燃料,而且将这些核燃料在反应堆芯合理地分散隔开,保证在任何情况下都不可能达到爆炸链式反应所需要的最低临界质量;同时,反应堆内还装有控制铀裂变速率的减速剂,保证了反应堆在任何情况下都不会发生像原子弹那样的核爆炸。

3. 建立核风险事故的应急处理机制,对一旦发生的核风险事故,能够及时采取有效的应急措施。

4. 加强国家安全的管理,防止受到核武器的攻击。

三、爆炸保险

火灾和爆炸具有较强的关联性,因此,将火灾、爆炸一起承保,是保险公司推出的一种保险产品,主要承保火灾、爆炸引起的损失。但是,因物体本身的瑕疵或者质量低劣,以及由于容器内部承受负压(内压比外压小)造成的损失,如电子管、热水瓶、轮胎破裂等造成的损失,不属于爆炸责任;而对于核爆炸引起的损失则列为除外责任。当前,我国保险产品均将核爆炸引起的损失列为除外责任,而其他国家对于核爆炸引起的损失则有时承保,有时不承保。例如,2003年3月11日,美国最大的汽车保险公司州立农业宣布,公司将对车险保单实施核风险责任免除条款,并指出核武器造成损失的责任应该由政府承担。冷战时期,很多保险公司都实行核风险责任免除条款。但是,随着冷战的结束,一些保险公司取消了这一条款,开始承保核爆炸损失的风险。20世纪80年代,美国州立农业也取消了核风险免除条款。但是,美国9.11事件后,州立农业认为,核袭击造成的损失应该由联邦政府负责,而不应该由保险公司来承担,由此,该公司坚定的推出了车险保险核风险责任免除的条款。

第四节 盗抢风险的防范

一、盗抢损失的风险

盗抢是引起财产和人身损失的常见原因。对于风险管理人员,盗抢损失风险的防范应该是防止财产损失的主要任务之一。盗抢风险包括盗窃和抢劫两层含义。盗窃是故意地以隐蔽手段非法侵占他人财产的犯罪行为。抢劫是指违背他人意志,借助暴力或恐怖手段夺取他人财产的犯罪行为。一般来说,盗抢财产侵犯的对象是公私财物,这种公私财物具有的特征主要有以下几个方面:

1. 能够被人们所控制和占有。能够被人们所控制和占有的财物,必须是依据五官的功能可以认识的有形的东西。控制和占有是事实上的支配。例如,在自己家里一时找不到的手表、戒指,仍没有失去占有,放养在养殖场的鱼和珍珠贝归养殖人所有,这里所说的手表、戒指、鱼等仍然可以成为盗窃者侵犯的对象。随着科学技术的发展,无形物也能够被人们所控制,也就能够成为盗窃者侵犯的对象,如电力、煤气、上网密码等。但是,不能被人们控制的阳光、风力、空气、电波、磁力等就不能成为盗窃者侵犯的对象。

2. 具有一定的经济价值。这种经济价值是客观的,是可以用货币来衡量的,如有价证券等。具有主观价值(如有纪念意义的信件)及几乎无价值的东西,就不能成为盗窃侵犯的对象。盗窃行为人如果将具有主观价值的财物偷出去后,通过出售或交换,获得了有价值的财物,且数额较大,则应该是盗窃。

3. 能够被移动。所有的动产和不动产的附着物都可能成为盗窃者侵犯的对象。如开采出来的石头,从自然状态下运回的放在一定范围内的沙子,放在盐厂的海水,地上的树等。不动产不能成为盗窃者侵犯的对象,盗卖不动产,是非所有人处理所有权,买卖关系无效,属于民事上的房地产纠纷,不能按盗窃罪处理。

4. 他人的财物。盗窃犯不可能盗窃自己的财物,他所盗窃的对象是他人的财物。虽然是自己的财物,但由他人合法占有或使用,亦视为他人的财物,如寄售、托运、租借的物品。

二、影响盗抢风险的因素

财产遭受盗抢风险发生的可能性大小,主要由以下几个方面的因素决定:

1. 财产所处的环境。例如,该地区照明的条件、人和车辆出入通道,以及场院围墙等,都会影响着盗抢风险的发生。一般来说,街道照明条件差的地区,财产被盗抢的风险就越高;处于人和车辆出入通道的建筑和财产,财产被盗抢的风险就比较高;场院围墙高的地方,财产被盗抢的风险就比较低。

2. 房屋的用途。房屋的用途不同,房屋内的生产经营活动不同,房屋内财产遭受盗抢风险的可能性也不同。一般来说,保险人将房屋按照盗抢的风险高低分为四类,分别是无危险、一般、危险和特别危险(见表11.2)。

表 11.2 房屋用途与盗抢风险

风险等级		房产用途
1	无危险	办公室、蔬菜水果店、面包店、水产店、玻璃和镜子店等
2	一般	零售药店、报刊经销点(不出售烟草)、食品店(不出售葡萄酒和烈性酒)、理发店等
3	危险	烟草零售店、收音机、电视机、电脑、音响设备店、照相器材商店、服装工厂、有执照的旅店等
4	特别危险	酒店、皮货店、珠宝店、字画古董店、当铺等

从表 11.2 可以看出,经营古董、首饰等物品的房屋面临的盗抢风险就比经营蔬菜、水果的风险大。

3. 信息的管理。财产信息的管理方式不同,财产遭受偷窃风险的可能性也不同。在信息社会,个人银行卡账户密码、企业信息的被窃取和泄漏等,都会造成风险管理单位财产的损失。当前,犯罪分子利用网络信息窃取财产的案件越来越多,其造成的损失远远大于现金丢失的损失。

4. 安全保卫措施。房屋的安全保卫措施不同,面临的偷窃风险也不同。一般来说,安全保卫措施实施比较好的房屋,偷窃损失发生的频率就比较低;相反,则偷窃损失发生的频率就比较高。治安管理比较好的地区,发生偷窃损失的风险就小;反之,发生偷窃损失的风险就大。

5. 法律法规。一个国家的法律、法规对于打击盗窃罪、抢劫罪越严厉,则盗窃罪、抢劫罪发生的概率就低,社会治安环境也会比较好;反之,则盗窃罪、抢劫罪发生的概率就高,社会治安环境就会比较差。

三、偷窃风险的防范

1. 改变财产所处环境,降低盗抢风险事故发生的概率。防范偷窃风险的措施有:①设置路灯等设施,改变财产所处的环境;②了解房屋的所有进出口和通道,并根据进出口、通道的防盗状况等,评估进出口和通道的风险状况,将重要财产放置在远离进出口和通道的地方;③设置院场等设施,预防盗抢风险事故的发生。

2. 改善盗抢风险等级高的房屋,设置防盗抢的设施。按照不同的安全需求,风险管理单位可以采取安全和经济的防盗抢措施。例如,安装监控器、防盗报警器、防盗门、护窗雷达、购置保险柜等。对此,有必要检查所有建筑结构和防盗装置。在许多情况下,风险管理人员最好亲自操作防护装置。保险公司委托的风险调查员自己去操作任何装置或者随意鼓捣任何装置,都是不明智的,因为一旦给投保人的财产造成损坏,风险调查员和保险人对此都要承担责任。

3. 加强财务信息管理,防止财产被盗抢。①持卡人拿到新卡,应在卡背面签字。②信用卡启用后,应当立即更换密码,密码避免设置为电话号码、生日、门牌号码等易于被破译的数字。③ATM凭条、消费单据、存取款单、对账单等信用原始凭证不应随意丢弃,应当注意妥善保管。例如,个人在使用ATM机(自动提款机)提款时,应注意保护银行卡的信息,避免因卡号、密码被窃取而丢失财产。④应当养成按月对账的习惯,通过将信用卡使用的各种原始凭证与银行对账单核对,可以及时发现错账或者盗刷的情况。如果发现账款不符时,要及时查询,以防止钱款损失。⑤信用卡、存折丢失应及时挂失;信用卡、银行卡不应同户口簿、身份证放在一起。⑥不在陌生或者不安全的网站购物,防止重要信息被不法分子窃取。⑦使用POS机刷卡时,应核对消费金额与刷卡金额是否相符。如果遇到退货或者交易失败时,应要求商户出具证明,以免日后发生纠纷。

4. 完善安全保卫措施和制度。风险管理单位应该完善安全保卫措施和制度,防止盗抢风险事故的发生。例如,建立规范保安行为的管理制度、岗位轮换制度、工作职责等。

5. 加强法律法规的完善,加强严格执法的力度,严厉打击盗抢犯罪行为的发生,降低盗抢案件的发生率。

四、偷窃风险的保险

(一) 偷窃风险保险的原理

保险公司通常不愿意按偷窃风险的定义承保所有的偷窃损失,这是因为,这样承保的范围太宽,诸如小偷小摸、冒充顾客在商店偷窃等行为,是保险公司无法承保的,财产保险公司从未打算承保这类偷窃损失,因为这类损失太容易发生了。通常能够承保的是借助武力或暴力手段强行出入被保险的房屋偷窃。因此,凡是采用下列手段进入房屋进行偷窃的行为,保险公司不予承保:①用钥匙——万能钥匙或者配制的钥匙;②用骗局;③营业时间隐藏在房间偷窃(如果窃贼采取暴力手段出去除外)。但是,应该注意的是,保险公司承保的偷窃风险对于家庭财产保险是一个例外。例如,保单承保窃贼破门而入、通过开着的门进入偷窃,或者被邀请进入(如擦玻璃、查表等)偷窃,或者采取装病等手段进入房间而盗走财产,这些原因造成的财产损失均在保险公司承保的范围内。值得注意的是,这只适用于房屋由被保险人、家庭成员或服务人员独家居住的情况,而不适用于非独家居住的公寓。如果房屋的一部分被医生、律师之类的专业人员用作等候或咨询的地点,来自这类房屋的盗窃险虽可以承保,但是,需要多收取一定金额的保险费。

(二) 偷窃风险的保险

偷窃险是家庭财产保险的较为普遍的附加险,只有在参加了财产保险之后,才可以投保偷窃保险。

1. 保险责任

保险房屋及其附属设备和室内装修,以及存放于保险地址室内的保险财产,因遭受外来人员的撬砸门窗、翻墙掘壁、持械抢劫,并有明显现场痕迹的盗窃所致损失在3个月内未能破案的,保险人负责赔偿。

2. 除外责任

(1) 被保险人及其家庭成员、服务人员、寄宿人员实施的盗抢或纵容他人盗抢所致保险财产的损失;

(2) 因房屋门窗未锁,而遭盗窃所致保险财产的损失;

(3) 无明显盗抢痕迹,因外人窗外钩物行为所致保险财产的损失。

3. 赔偿处理

(1) 保险标的发生盗抢事故后,被保险人应立即向当地公安部门如实报案,并同时通知保险人,否则,保险人有权拒绝赔付;

(2) 被保险人向保险人报案后,从案发时起3个月后,被盗抢的保险标的仍未查获,方可办理赔偿手续;

(3) 盗抢责任损失赔偿后,被保险人应将权益转让给保险人,破案追回的保险标的归保险人所有,被保险人如愿意收回被追回的保险标的,其已领取的赔款必须退还给保险人,保险人对被追回保险标的的损毁部分按照实际损失给予补偿;

(4) 盗抢险规定有绝对免赔额。[①]

第五节 交通运输风险的防范

随着经济和社会的发展,交通运输在人类生产和生活中变得越来越重要。加强交通运输风险事故的管理,可以减少财产和人员的损失,可以促进经济的发展和社会的安定。

一、交通运输风险

交通运输风险是指交通事故造成交通堵塞、财产和人员损失的风险。

(一) 交通运输风险的特点

交通运输风险主要具有以下几个方面的特点:

---

① 资料来源:吴小平、马永伟:《保险原理与实务》,北京,中国金融出版社,2002。

1. 影响范围广。同生产风险相比,交通运输风险影响的范围更加广泛,涉及千家万户的财产和人身安全。

2. 发生风险事故的概率比较高。交通运输是社会发展的动脉,交通运输每天将货物、人员输送到城乡的每一个角落,因此,交通运输风险具有发生概率比较高的特点。

3. 损失比较大。单个交通运输风险事故造成的损失有时比较大,有时并不严重。但是,对于一个国家、一个地区来说,每年交通事故造成的损失比较大。

(二)交通运输风险的种类

根据运输的方式划分,交通运输风险可以分为公路运输风险、铁路运输风险、航空运输风险和水上运输风险。

根据交通事故造成的损失划分,可以分为运输工具损失风险、货物运输损失风险、旅客人身伤害损失风险和对第三者财产、人身损失的风险。

(三)影响交通事故的因素

交通事故的发生,受以下几个方面因素的影响:

1. 天气状况不同,引发交通事故的风险因素不同。在不良的天气(如雨、雪、大雾、冰冻)状况下,发生交通事故的风险就高;相反,则发生交通事故的风险就低。

2. 道路交通设施不同,引发交通事故的风险因素不同。例如,道路种类、规格、等级,路面质量,停车场,交通信号标志等,都会影响到交通事故发生的频率。又如,机动车、非机动车和行人分开行驶的路况比在一条道路上行驶发生交通事故的风险就小。

3. 交通工具的种类不同,引发交通事故的风险因素不同。一般来说,地铁比电车安全,电车比汽车安全,汽车比摩托车安全,自行车比摩托车安全,索道比轮渡安全。同样,对于同一种类的交通工具,交通工具的性能、设备质量、方向盘、制动系统的保养和维修等,都会影响到交通事故的发生。

4. 驾驶员的技术和健康状况不同,发生交通事故的风险因素不同。①驾驶员的技术不同,发生交通事故的风险不同。驾驶员驾驶交通工具的技术越娴熟,发生交通事故的风险就越低。②驾驶员的身体素质不同,发生交通事故的风险不同。交通事故的发生,同驾驶员的视力、身体健康状况、反应能力、休息时间等有关。一般来说,视力差、身体健康状况差、反应能力差、休息时间短、精神萎靡时驾驶交通工具的驾驶员,发生交通事故的风险就高。例如,许多交通事故发生的原因是驾驶员打瞌睡。③驾驶员的守法意识不同,发生交通事故的风险不同。驾驶员不遵守交通法规、违章、违纪开车、超速行驶、违章装载、违章操作、无证驾驶、酒后开车、肇事逃逸等无视交通安全法律的行为,其发生交通事故的风险就高。当前,违纪开车和不遵守交通法规是我国交通事故发生的最重要、最普遍的原因。

5. 交通安全管理制度。交通安全管理制度越完善,交通事故发生的风险就越低;相反,交通事故发生的风险就越高。例如,建立车辆维修、保养和例检制度,可以防止车辆带病上路,可以预防交通事故的发生。又如,我国《道路安全法》对规范、监督人的行为和保护人的安全具有积极的作用。

二、交通运输风险的防范

1. 预防恶劣天气造成的损失。在恶劣的天气条件下,可以采取以下几个方面的措施:①及时通告有关天气变化的信息,使风险管理单位能够提前预知风险因素的增加。②提前安排抢险、救灾的工作。在暴雨、雪灾等恶劣天气来临前,政府有关管理部门应该提前做好抢险、救灾的工作安排,减少交通堵塞等状况造成的财产和人员损失。③改善路面状况,预防交通事故的发生。例如,在下雪的天气,可以往路面上撒融雪剂、使用清理积雪的车辆,以改善路面的状况。④向驾驶员提示风险,提高驾驶员防范风险的意识。在恶劣的天气条件下,风险管理单位可以提示驾驶员提高警惕,防止交通事故的发生。

2. 改善交通设施。例如,改善路面状况、实行人车分流,改善照明灯柱、信号灯、交通标志杆、护栏等措施,都会降低交通事故的发生。又如,及时修理被破坏和有损害的交通设施,规避设施损坏造成的交通事故。

3. 更新交通运输工具。更新交通运输工具可以预防交通工具超期使用造成的交通事故,同时还可以更新安全性能高的运输工具。例如,铁路运输具有运载量大、速度快、方向稳定、降低污染、降低能量消耗的优势,是陆路运输中大力发展的运输方式。又如,发展公共交通不仅可以缓解交通拥挤的状况,而且还可以节约能源。

4. 提高驾驶员的技术水平和健康状况。针对驾驶员的管理,可以采取以下几个方面的措施:①建立驾驶员录用考核制度,防止驾驶技术差的人员上路开车;举办驾驶技术竞赛,提高驾驶员技术水平。②建立驾驶员定期体检制度,将身体状况差的驾驶员调换工作岗位;③提高福利待遇,提高驾驶员身体素质,保证驾驶员有足够的休息时间,严禁驾驶员疲劳驾驶。④加强安全教育,举办各种形式的安全知识讲座,提高驾驶员遵章守法的意识。

5. 完善交通运输安全管理制度。及时传达、学习国家有关交通运输管理方面的新法律、法规,提高驾驶员的守法意识。例如,在道路交通管理中,执法人员严格执行分流制、限制制和专用制,对违法驾驶员必须追究责任;对违章运行,如超重、超员、超速运载的驾驶员必须严惩。

三、交通运输保险

(一) 机动车辆保险

机动车辆保险是以机动车辆本身及机动车辆的第三者责任为保险标的的一种运输工具保险。机动车辆保险的保险对象是经交通管理部门检验合格并具有有效行驶证和车牌的机动车辆。在我国,机动车辆保险所承保的机动车辆是指汽车、电车、电瓶车、摩

拖车、拖拉机,以及各种专用机械车、特种车等。机动车辆保险主要有以下两大类:

1. 车辆损失险的保险责任。意外事故或自然灾害造成保险车辆的损失。对于意外事故或自然灾害所致损失,主要包括两个方面:一是碰撞责任。保险车辆与外界静止或运动物体的意外撞击,无论驾驶员有无过失,保险人均负责赔偿。二是非碰撞责任。非碰撞责任主要包括:①意外事故或自然灾害造成保险车辆非碰撞所致损失。②合理施救、保护的费用。

车辆损失险的责任免除包括以下八项:①自然磨损、朽蚀、故障、轮胎单独损坏;②地震、人工直接供油、高温烘烤造成的损失;③被本车所载货物撞击的损失;④两轮和轻便摩托车停放期间翻倒的损失;⑤遭受保险责任范围内的损失后,未经必要修理继续使用,致使损失扩大的部分;⑥自燃,以及不明原因产生的火灾;⑦玻璃单独破碎;⑧保险车辆在淹及排气筒的水中启动或被水淹后操作不当,致使发动机损坏。

2. 第三者责任险的保险责任。被保险人或其允许的合格驾驶员在使用保险车辆过程中发生意外事故,致使第三者遭受人身伤亡或财产的直接损毁,依法应当由被保险人支付的赔偿金额。

保险车辆造成下列人身和财产损毁,保险人不负赔偿责任:①被保险人或其允许的驾驶员所有或者代管的财产;②私有、个人承包车辆的被保险人或其允许的驾驶员及其家庭成员所有或者代管的财产;③本车上的一切人员和财产。[①]

(二)海上保险

海上保险是以海洋特定范围内的财产、利益、运费及其责任等作为承保标的的一种保险。海上保险是对自然灾害或其他意外事故造成海上运输损失的一种补偿方法。海上保险主要有以下几类:

1. 船舶保险。当船舶在航行或者其他作业中受到损失时,予以补偿,主要包括船舶定期保险、航程保险、费用保险、修船保险、造船保险、停航保险等。

2. 运费保险。运费保险是指海损后船舶所有人无法收回的运费由保险人提供补偿的保险。

3. 保障赔偿责任保险。船舶所有人之间相互保障的一种保险形式,主要承保保险单不予承保的责任险,对船舶所有人在运营过程中因各种事故引起的损失、费用、罚款等均予保险。

4. 海洋货物运输保险。海洋货物运输保险主要有平安险、水渍险和一切险。平安险负责赔偿因自然灾害发生意外造成货物的全部损失;水渍险除了负责平安险的全部责任外,还负责因自然灾害发生意外事故所造成的部分损失;一切险负责保险条款中规定的除外责任以外的一切外来原因所造成的意外损失。

---

① 资料来源:吴小平、马永伟:《保险原理与实务》,北京,中国金融出版社,2002。

(三) 运输货物保险

货物运输保险是指保险人承保的货物在运输过程中由于自然灾害和意外事故引起的财产损失。货物运输保险主要有国内货物运输保险、国内航空运输保险、国际(海、陆、空)货物运输保险、邮包保险、各种附加险和特约险。

(四) 飞机保险

飞机保险主要是以飞机和零配件为保险标的的一种航空保险,是集财产保险和责任保险于一体的综合险种。目前,我国国内保险公司承保的国际航线飞机保险,主要承担以下几种责任:

1. 机身险。机身险对所保飞机在飞行或滑行以及在地面,不管任何原因造成飞机及其附件的意外损失或损坏负责赔偿,同时负责因意外事故引起的飞机拆卸、重装或清除机骸的费用。

2. 第三者责任险。对被保险人在使用飞机时由于飞行或从机上坠人、坠物造成第三者(即他人)人身伤亡或财务的损失,应由被保险人负责的经济赔偿责人,保险人也负责赔偿。

3. 旅客的法定责任保险。凡保险飞机上所载旅客和行李,在飞机上或在上下飞机时,因意外造成人身伤亡或行李损坏、丢失或延迟送达所造成的损失应由被保险人负责的,由保险人负责赔偿。

4. 承运人对所运货物的责任险。凡是由承运人运输的货物,如发生损失应由承运人负责的,由保险人负责赔偿。

第六节 用电风险的防范

用电安全关系到百姓的生活和社会经济的安全。任何用电事故的发生,都可能给社会带来无法挽回的经济损失。安全用电、防范各种用电风险事故可以保障财产、人身的安全,以及社会的稳定和安全。

一、用电损失的风险

(一) 用电的风险

1. 用电引起火灾的风险。用电设备的火灾风险起因于电流的热效应,电路中,只要有电流流动,就会产生热效应。当电路中的电器数量增加时,供电缆线上通过的电流也会相应地增加,其热效应则以电流的平方递增,如果不对电器的数量和功率加以控制,就会因电流的增加而使其热效应激增。在这种情况下,必须安装具有足够载电能力的电缆。如果电缆太细,大电流通过时所产生的热量就会产生火灾的风险。

2. 用电引起爆炸的风险。在有易燃易爆物品的环境中,不安全用电可以引起易燃易爆物品的爆炸。例如,电路的开关在闭合和断开时会产生火花,因而存在着由其引起的爆炸风险。

3. 用电引起人员伤害的风险。用电设备造成企业人员丧失劳动能力的风险也是很高的。用电设备对人身造成的危害主要有电击和电伤两种。电击是电流对人体内部组织造成的伤害,是最危险的触电伤害,绝大多数触电死亡事故都是由电击事故造成的。电击分为直接电击和间接电击。所谓直接电击是指人体直接触及正常运行的带电体所发生的电击;所谓间接电击是指电气设备发生事故,人体触及意外带电体所发生的电击。直接电击也叫正常情况下的电击;间接电击也叫故障情况下的电击。电击的主要特征有:①在人体外表没有显著的伤害,有时甚至找不到电流出入的痕迹;②电流较小;③电流流经人体的时间较长。电伤是指触电后人体外表的局部创伤,有灼伤、电烙印和皮肤金属化三种。①灼伤。灼伤是指由电流热效应造成的,分为电弧灼伤和非电弧灼伤两种。电弧灼伤分为电流不流经人体的电弧灼伤(即间接电弧灼伤)和电流经过人体的电弧灼伤(即直接电弧灼伤)。例如,带负荷拉高压隔离开关时,容易发生间接电弧灼伤事故。又如,人体某部分与高压带电部位距离过近,在人体与带电体之间会发生电弧,此时,有较大电流流过人体,但时间很短,电弧灼伤能使人致死。非电弧灼伤是由于电流熔化局部电路所产生的熔化金属飞溅引起的。②电烙印。电烙印是指由于电流的化学效应和机械效应作用的结果,带电体经常接触的人体皮肤表面形成的圆形或者椭圆形的肿块。③皮肤金属化。皮肤金属化是指在发生电弧时,金属熔化物溅入皮肤表面层,形成粗糙的坚硬面。熔化的金属溅入眼球时,会造成失明。

(二)引发风险事故的原因

根据多年来发生火灾和触电事故统计的分析,造成火灾和触电的原因主要有以下几个方面:

1. 缺乏电气安全知识。用电设备及其布线系统和开关盒的安装、应用和维修都符合规定,一般来说,就不会发生火灾。人的因素可能导致的安装不良、检测疏漏、使用不当和故障出现时不能正确识别等,都会引起火灾。例如,当导线和绝缘层随着时间的延长而逐渐老化变质时,常常不易被发现和更换。这些都可能导致电流过大而造成电器过热,从而导致火灾发生的危险。

2. 违反操作规程。违反操作规程是引起用电风险的另一个原因。例如,带电拉高压隔离开关或者跌落式保险器;在高低压共杆架设的线路电杆上检修低压线或广播线;在高压线路下修造房屋接触高压线;剪修高压线附近的树木接触高压线;到高压电杆上掏鸟窝等。又如,自动电水壶达到沸点时,就会自动关闭电源。这类设备发生故障或者操作失误,就会出现电器过热而引发火灾的风险。再如,低压架空线折断后,不停电用手接触火线;手触带电体;手触破损的胶盖刀闸;儿童在水泵、电动机外壳上玩耍;玩弄带电导线等。

3. 设备不合格。例如,高压架空线架设高度离房屋的建筑距离不符合安全要求;高压线和附近树木距离太小;高低压线交叉线路低压线误设在高压线上面;电力线路与广播线共杆且线距离太近等。又如,用电设备进出线未包扎好,裸露在外;矮杆架空线被撞断;人体触及缠树架设的低压线;触及不合格的临时线、地爬线路等。

4. 维修不善。例如,大风刮断的低压线路和刮倒电杆未及时处理;胶盖刀闸胶木盖破损,长期不维修;瓷瓶破裂后,火线与拉线长期相碰;水泵电动机接线破损使外壳长期带电等。

5. 自然灾害。大风、暴雨、暴雪等自然灾害,都会引起输电设施和人员的损失。例如,大风刮断的电线接触到人体,就会导致人员的损失。又如,暴雪压断输电设施,会引起停电、停工的损失。

二、用电风险的防范

（一）火灾风险的防范

1. 安装熔断器。熔断器是用电过程中克服或者减少火灾风险的装置。在电路中,插入一根高电阻、低熔点的短导线,此线装于绝缘材料制的盒或者管中,短导线的电阻可以允许正常的电流通过而不致造成过热;但是,当电流过大时,产生的热量足以使这段导线熔化而使电路切断,这段导线就称为熔线,俗称保险丝。

2. 安装接地电线。接地电线就是用导线把用电设备的所有不载电流的金属构件连接于大地。采取接地措施,漏出的电流就会被导入大地,使电路中的保险丝烧断。

（二）爆炸风险的防范

针对电源开关引发的爆炸风险,风险管理部门可以在有可燃气体或者蒸汽的场合采取专门的措施,将电器放置在防爆罩内。防爆罩能够无损地承受在实际工作条件下其内部可能发生的任何爆炸,并且阻止火苗向外传播,从而可以使周围的可燃气体不被点燃。此外,在有可燃气体或者蒸汽的场合,必须注意防止静电的积累和随之而来的火花放电危险。在静电电荷积累到危险程度之前,必须采取措施使之导向大地,这样,可以消除火花放电的危险,所有可能产生静电的设备都应可靠地接地。

（三）触电风险的防范

1. 采取绝缘、屏护遮拦和保证间距的措施。为了防止偶然触及或者过度接近带电体,通常采取绝缘、屏护遮拦和保护间距的措施。绝缘是用绝缘物将带电体封闭起来。绝缘必须与电压等级、周围环境和运行条件相适应。有些设备常会有裸露的带电部分,即以空气作为绝缘物,为了防止偶然触及或者过度接近这些带电部分,可以采取屏护遮拦和保证安全距离的措施。对于高压设备,无论是否裸露,都应当采取屏护遮拦和保证安全距离的措施。有些情况下,可以采用连锁装置,防止偶然触及或者过度接近带电体,即当出现危险时,连锁装置会发挥作用,自动切断电源。

2. 保护接零、接地措施。为了防止触及意外带电的导电体,可以采取保护接零、保护接地、等化对地电压分布、自动切断等措施。保护接零的目的首先在于使漏电设备迅速脱离电源,其次是降低故障设备的对地电压;保护接地主要是将漏电设备对地电压限制在安全范围以内;等化对地电压的分布是降低人体上的接触电压和跨步电压;自动切断是采取自动化元件及时切断漏电设备的电源。

3. 安全电压。采用36伏和12伏的低电压也是防止触电的重要措施之一。由于低压设备不经济,而且比较笨重,所以这种办法只用于局部照明、手持电动工具等小型电器设备。一般情况下,36伏用于触电危险性大的场合;12伏用于有高度触电危险的场合。

4. 正确使用各种安全用具,悬挂各种警告牌,装设必要的信号装置等,都是防止人员触电的行之有效的安全措施。

三、用电综合保险

用电综合保险是指保险人对电力局供电用户的投保人因电压不稳、使用不当造成的财产、人身损失提供经济补偿的保险。凡配备有电力局用电线路的用户均可投保本保险。

（一）保险责任

由于下列原因造成的损失,保险公司负责赔偿:

1. 因电力局供电电压不稳,引起企业机器设备的烧毁;
2. 因用电不当引起的火灾造成被保险人的财产损失、人员死亡或伤残;
3. 被保险人因各种非故意的行为造成的触电伤害。

（二）保险除外责任

对下列各项损失,保险公司不负赔偿责任:

1. 电器因使用过度、自身发热等原因所造成的电器本身的损毁;
2. 因被保险人的故意行为、违法行为引起的意外事故;
3. 因战争及军事行动引起的任何意外事故;
4. 因洪水、台风、暴风、暴雨、地震、雷击引起的任何意外事故;
5. 本条款保险责任以外的责任所致的损失。

（三）赔偿处理

1. 出险后,被保险人应及时通知保险公司,并提供事故发生的书面经过。如果由于电压不稳引起的事故,须及时通知电力局。
2. 发生损失时,被保险人应采取一切必要措施将损失减少到最低限度,对合理的施救费用,保险公司予以赔偿,但以不超过遭受损失财产的保险金额为限。
3. 被保险人应当提供身份证、户口簿、保险凭证、损失清单、电力局的证明等有关材料,向保险公司提出索赔。被保险人索赔的期限,从其知道保险事故发生之日起2年内有效,最长不得超过2年。

4. 居民家庭成员和企事业等单位职工的人身意外伤害,按照意外伤害伤残给付标准给付。

5. 财产按实际损失时的市价赔偿,但以保险金额为限。

6. 在发生本保险单项下的索赔时,如存在重复保险的情况,保险公司仅负比例赔偿责任。

复习思考题

1. 简述暴风雨风险的防范措施。
2. 简述洪水风险的防范措施。
3. 简述雷击风险的防范措施。
4. 简述个人、家庭防范地震风险的措施。
5. 简述火灾风险的防范措施。
6. 简述爆炸风险的防范措施。
7. 简述盗抢风险的防范措施。
8. 简述交通运输风险的防范措施。
9. 简述个人防范触电风险的措施。

第十二章 风险管理绩效的评价

风险管理的绩效评价是对风险管理方案、风险管理决策和风险管理实施状况的总体评价,其目的是分析、比较已经实施的风险管理措施与预期目标的契合程度,风险管理绩效评价的结果是风险管理单位制订新的风险管理规划的参考。

第一节 风险管理绩效评价的概念和原则

一、风险管理绩效评价的概念

风险管理绩效评价是指对风险管理措施和处理手段的科学性、收益性和适用性进行分析、检查和评估。风险管理绩效评价是以风险管理措施实施后的实际结果为依据,分析风险管理措施和方法的科学性和适用性,分析风险管理的实际收益。风险管理绩效评价具有以下两个方面的作用:一方面有助于减少风险事故的发生,提高风险管理决策的水平;另一方面可以根据风险管理中存在的实际问题,提出一些建设性意见,改进风险管理措施,提高风险管理的收益。

二、风险管理绩效评价的原则

1. 全面性原则。风险管理绩效评价应当建立综合的指标体系,对影响风险管理效果的各种因素进行多层次、多角度的分析和评判,避免以某一方面的评价代替全局性的评价。

2. 客观性原则。风险管理绩效评价应当充分体现风险的特征,依据统一的行业风险管理标准,客观公正地评判风险管理的管理状况和成果。

3. 效益性原则。风险管理绩效评价应当以考察风险管理收益为重点,运用投入—产出分析法,真实地反映风险管理单位的管理能力和管理水平。

4. 发展性原则。风险管理绩效评价应当在综合反映风险管理成本、风险管理单位财务状况和风险管理收益的基础上,客观地评价风险管理的成果,科学预测风险管理未来的发展趋势。

三、风险评价与风险管理绩效评价的不同

风险管理绩效评价同风险评价是不同的,主要表现在以下几个方面:

（一）评价的阶段不同

风险评价是针对可能发生风险事故的因素进行评价，而风险管理绩效评价是针对风险管理方案和措施的评价。风险评价属于风险管理计划阶段的评价，而风险管理绩效评价则属于风险管理方案实施结果的评价，是风险管理实施阶段的评价。

（二）评价的作用不同

风险评价的作用是为风险决策管理提供依据，其评价结论直接影响着风险决策管理；而风险管理绩效评价是风险管理决策执行情况的信息反馈，是风险管理效果的综合评价。通过风险管理绩效评价可以对风险管理的状况进行全面考察，分析其存在问题的原因，纠正风险决策管理中的缺陷和失误，调整已经实施或者正在实施的风险管理措施，提高风险管理的水平。

（三）评价的依据不同

风险评价的依据是风险识别或者风险衡量的结果，经过风险评价，风险管理单位对风险因素、风险源的状况更加明晰，这种评价属于事前评价；而风险管理绩效评价的依据是在实施风险管理措施以后风险事故发生的状况，这种评价属于事后评价。

四、风险管理绩效评价的作用

风险管理绩效评价的作用主要有以下几个方面：

1. 评价风险管理的收益。已经实施的风险管理措施，是否达到了预期的成果，决定着风险管理方案是否能够进一步实施。如果已经实施的风险管理方案达到了预期的成果，则以往确定的风险管理方案可以进一步实施；相反，则需要调整和修改风险管理方案。

2. 分析风险管理效果产生偏差的原因。如果风险管理措施达不到预期的目标，则需要分析产生偏差的原因，分析偏差是产生于风险识别、风险评价阶段，还是风险管理技术选择阶段；产生于风险管理方案的制订阶段，还是执行阶段，这样可以有的放矢地解决风险管理中的实际问题。

3. 总结风险管理工作的经验和教训。总结风险管理工作的经验和教训，不仅可以提高风险管理的有效性并充分有效地利用资源，而且可以有效地防止或者减少风险事故的发生，风险管理绩效评估报告也是风险管理单位制订风险管理规划的重要参考。

第二节 风险管理绩效评价的程序和内容

风险管理绩效评价的任务是客观地评价风险管理方案、评价方案执行的情况、评价风险管理方案带来的保障收益，并为确定下一步的风险管理方案提供指导。

一、风险管理绩效评价的程序

风险管理单位针对风险管理效果进行评价,大致需要经过以下几个步骤:

(一)制订风险管理绩效评价计划

制订风险管理绩效评价计划是风险管理效果评价的首要工作。风险管理绩效评价的单位可以是国家有关管理部门、企业风险管理部门、保险公司等,也可以是家庭和个人。风险管理绩效评价机构应当根据风险管理单位的具体特点,确定风险管理绩效评价的对象、范围、目标和评价方法,据此制订风险管理绩效评价的计划。风险管理绩效评价计划应该能够全面、完整地反映风险管理单位的风险管理效果。

(二)搜集与整理有关风险管理资料

风险管理绩效评价单位在进行评价时,需要搜集有关风险管理的资料和数据,根据风险管理的有关资料评价风险管理的绩效。风险的特点决定了风险管理的效果在短时期内是难以考察、评价的,需要长期的观察和大量风险管理资料的支持,这些数据可以为风险管理绩效的评价提供有益的参考。这一阶段需要搜集的资料主要包括以下几个方面:

1. 风险管理的有关资料。这方面的资料主要包括风险评价报告、风险管理方案、方案实施可行性报告、实施风险管理措施的成本概算、管理方式、风险管理的合同文件等。从这些资料中,风险管理绩效评价机构可以了解风险管理措施的实施和工作进度,也可以了解风险管理的成果。

2. 风险管理措施实施后的有关资料。风险管理措施实施后的资料主要包括风险管理措施实施后的状况报告、执行情况、风险管理反馈意见书、风险管理成本、风险管理收益等,这些资料可以通过风险管理措施实施前后的风险事故发生的概率,以及与以此为依据计算出的技术指标的对比中获得。如果风险事故的发生呈现出上升的趋势,则应该分析产生问题的原因,对以往的风险管理绩效做出评价,并提出调整风险管理方案的意见。

3. 国家有关政策与规定方面的资料。这方面的资料主要包括同风险管理措施有关的国家法律、法规等,评价风险管理措施是否符合国家的政策和法规。如果风险管理单位实施的规章制度和措施,同国家有关法律、法规相违背,则其风险管理方案需要进一步修改和调整。

4. 有关部门制定的风险管理措施评价的方法。风险管理绩效评价不仅需要充分的数据资料,而且还同风险管理绩效的评价方法有很大关系。风险管理绩效的评价应该以符合风险管理单位的具体情况为指导,兼顾风险管理单位的经营管理目标,为风险管理单位的经营发展服务。

5. 其他有关资料。根据风险管理绩效评价的具体特点与风险管理目标的要求,有时还要搜集其他方面的资料,如风险管理技术资料、设备安全运行情况的资料等,这些资料也可以为风险管理绩效评价提供参考依据。

（三）编制风险管理绩效评价报告

风险管理绩效评价报告是风险管理绩效评价的最终成果。风险管理绩效评价人员应当根据国家有关部门制定的评价格式，将风险管理效果分析结果汇总，编制出风险管理绩效评价报告，并提交委托单位和被评价的单位。风险管理绩效评价报告的编制，必须坚持客观、公正和科学的原则，能够真实、全面地反映风险管理单位的管理效果。

二、风险管理绩效评价的内容

风险管理绩效评价主要包括以下几个方面的内容：

（一）评价风险管理的效果

风险管理绩效评价主要是评价风险管理措施是否降低了风险事故发生的频率、是否降低了风险事故造成的损失，这是风险管理绩效评价的首要步骤。如果已经采取的风险管理措施对于防止、减少损失发挥了很大的作用，则采取的风险管理措施是可行的；反之，则是不可行的。

（二）评价风险管理的科学性

风险管理方案是否科学，需要通过风险管理的实施来检验。如果风险管理方案有助于降低风险事故造成的损失，并有助于促进风险管理单位的进一步发展，如降低能源消耗、治理环境污染、减少工伤事故等，则其风险管理措施就是科学的、有效的；反之，则是无效的。

（三）评价风险管理者的管理方式和管理水平

风险管理者的知识结构、经验、业务水平和管理方式是否适合风险管理的需要、是否适合风险管理单位的经营活动，通过风险管理绩效评价可以得到说明。例如，针对风险管理成本、收益、管理方式、执行情况等方面的评价，就能够反映出风险管理方式中存在的问题，以及造成问题的主要原因。

（四）评价风险管理的执行情况

风险管理方案的执行情况，直接影响风险决策管理的效果。风险管理措施执行中的任何偏差，都有可能导致风险管理的失败。因此，评价风险管理方案的执行情况是风险管理绩效评价的重要方面，它不仅有助于风险管理措施的实施，而且还有助于改进风险管理方案在执行中的失误，强化风险管理措施的执行，完善风险管理制度。

第三节 风险管理绩效评价的方法

风险管理绩效评价的方法有很多，而且各有特点。在风险管理绩效的实际评价中，可以将各种方法有机地结合起来，对风险管理措施进行系统地分析和评价。只有这样，才能达到评价风险管理绩效的目的。风险管理绩效评价的方法主要包括以下几个方面：

一、资料搜集法

资料搜集是风险管理绩效评价的基础工作，其质量与效率直接关系到风险管理绩效评价报告的质量，因而是风险管理工作的重要内容。资料搜集法通常有以下几种：

（一）专家意见法

专家意见法是指风险管理人员通过听取有经验、有能力专家的意见来搜集资料，分析、评估风险管理绩效的方法。运用专家意见法进行资料搜集、评价的一般程序为：①资料收集人员编制征询意见表，并将所要征询意见的内容一一列于表中；②将征询意见表分别送给所选出的专家，由专家对风险管理措施进行评价；③资料收集人员将填好的征询意见表进行汇总整理；④风险管理人员汇总、整理有关专家的意见并进行分析，从而对风险管理措施提出结论性的评价意见。

这种评价方法的优点是，风险管理评价的费用比较低，可以在较短的时间内获得有关风险管理的信息。这种评价方法的缺点是，专家对风险管理措施的评价决定风险管理绩效的评价。专家客观、公正评价的前提条件是，比较了解风险管理单位的状况，能够看到风险管理单位的问题和不足。

（二）实地调查法

实地调查法是指有关风险管理人员深入到实际中，通过现场考察进而搜集有关风险管理信息的一种方法。通过实地调查，可以对风险管理措施进行实地考察，并同有关管理人员进行交谈，这是一种简单易行的风险管理绩效评价法。

这种方法的优点是，实地调查搜集的信息量比较大，其具有真实、可靠的特点。这种方法的缺点是，风险管理绩效的评价由风险管理人员的调查结果决定。这也就是说，风险管理人员的知识、经验和管理水平决定着风险管理绩效评价的结果。风险管理人员在认识上的失误，会影响风险管理绩效评价的结果。

（三）抽样调查法

抽样调查法是指根据随机的原则，在全体（总体）调查对象中，随机选择其中的一部分进行调查，并根据样本的调查结果去推测总体的一种调查方法。这种方法也是风险管理效果评价的一种方法。抽样调查法按照是否遵循随机的原则分为随机抽样和非随机抽样。

1. 随机抽样方法。随机抽样就是按照随机原则进行抽样，即所调查总体中每一个样本被抽到的可能性都是一样的，是一种客观的抽样方法。常用的随机抽样方法主要有：①简单随机抽样。简单随机抽样又称纯随机抽样，它是最基本的、适用范围最广的、最能体现随机原则的抽样法。抽样时，总体中的每个单位都有均等被抽取的机会，方法是先设计样本数目，然后把总体中的每个单位分别编号，并做成签号，用抽签或随机号码表抽取号码取得样本。②分层抽样。分层抽样又称分类抽样、类型抽样,就是将总体单位按其属性特征分成若干类型或层,然后在类型或层中随机抽取样本单位。这种方法的特点是,由于通过划类、分层,增大了各类型中样本间的共性,容易抽出具有代表性的调查样本,该方法适用总体情况复杂、各样本之间差异比较大、调查单位比较多的情况。③分群抽样。分群抽样是将调查总体按照一定的原则划分成若干部分整体,然后以群为单位,随机抽取若干群为样本,最后对作为样本的若干群中每一个个体进行普查的方法。

2. 非随机抽样方法。常用的非随机抽样方法主要有:①任意抽样。任意抽样也称便利抽样,这是纯粹以便利为基础的一种抽样方法。街头访问是这种抽样最普遍的应用。这种方法抽样偏差很大,结果极不可靠。一般用于准备性调查,在正式调查阶段很少采用。②判断抽样。判断抽样是根据样本设计者的判断进行抽样的一种方法,它要求设计者对总体的有关特征有相当多的了解。在利用判断抽样选取样本时,应避免抽取极端类型,而应选择普通型或平均型的个体作为样本,以增加样本的代表性。③配额抽样。配额抽样与分层抽样法类似,要先把总体按特征分类,根据每一类的大小规定样本的配额,然后在每一类中进行非随机的抽样。配额抽样可以针对两项以上的特征进行相互控制抽样,这种方法比较简单,能够保证调查样本中各个类别都包括在所抽样本中,样本具有较高的代表性,可采信性比较高。配额抽样比任意抽样和判断抽样样本的代表性强,因此在实践中的应用比较多(见表12.1)。

随机抽样可以计算抽样误差的置信度,在随机抽样的成本过高或者时间过长时,风险管理人员可以采用非随机抽样的方法。非随机抽样在许多情况下都可以使用,但是无法衡量抽样的误差。

表 12.1 随机抽样、非随机抽样的类型和方法

抽样类型		方　法
随机抽样	简单随机抽样	总体中每个样本都有已知的或均等的抽中机会
	分层抽样	将总体分成不重叠的组,在每组内随机抽样
	分群抽样	将总体分成不重叠的组,随机抽取若干组进行普查
非随机抽样	任意随机抽样	选择总体中容易接触的样本
	判断抽样	按调查者的估计,选择总体中能够提供准确信息的样本
	配额抽样	按分组标准确定每组规模,然后按比例在每组中选择特定数量的样本

(四)专题调查法

专题调查法是指通过召开专题调查会议的方式,进行资料搜集的一种风险管理绩效评价的方法。通过召开有关人员参加的会议,可以广泛地吸取风险管理中对某一问题的不同意见,有利于克服风险管理决策中的片面性。例如,调查风险管理绩效的研究报告、风险管理成本对比的报告、风险管理效果评价报告等,对风险管理绩效的评价具有重要

的意义。

二、过程评价法

过程评价法是指将风险管理措施从计划、决策到实施各个环节的实际情况,都进行评价的方法。这种评价方法的优点是,不遗漏风险管理的任何阶段,既可以发现风险管理中存在的问题,又可以将各项风险管理措施的实施情况(或风险管理阶段)同风险管理目标进行比较,分析产生问题的主要原因,进而进行风险管理绩效的评价。运用过程评价法可以确定影响风险管理成败的关键因素,可以为未来的风险管理方案的制订提供有益的借鉴。

三、指标对比法

指标对比法是指通过风险管理措施实施后的实际数据或实际情况同风险管理措施实施以前的实际数据或者实际情况进行比较的方法。例如,将风险管理措施实施后发生风险事故的实际损失同以往发生风险事故的实际损失进行对比,可以发现风险管理的效果,也可以为未来的风险管理提供数据依据。

四、因素分析法

因素分析法是指通过对影响风险管理措施实施后的各种技术指标进行分析,进而进行风险管理效果评价的一种方法。在风险管理效果评价的过程中,评价人员应该对影响风险管理效果的各种因素加以分析,寻找出影响风险管理绩效的主要因素,并具体分析各影响因素对主要技术指标的影响程度。

第四节 风险管理绩效评价

风险管理绩效评价是风险管理单位对风险管理效果的总体评价,风险管理绩效评价由定量评价、定性评价和综合评价三部分组成。在风险管理绩效定量、定性评价的基础上,对原有的风险管理措施的评价就是风险管理绩效综合评价。下面分别介绍这几个方面的内容:

一、风险管理绩效定量评价

风险管理绩效定量评价是指风险管理单位在一定时期内可以用金额、百分比、损失或索赔次数等数据来加以评价的指标。一般来说,孤立地使用这些指标数据,难以说明具体的风险管理问题,需要同以往的风险管理数据进行对比使用。定量评价指标主要有风险事故发生率、风险事故损失程度、风险管理成本—收益等指标。例如,某年某企业风险事故发生率由上一年度的 2‰ 下降为 1‰。又如，某企业风险管理部门根据当年工伤事故的状况得出结论，工伤事故赔款额为 25 万元。

二、风险管理绩效定性评价

风险管理绩效定性评价是指在风险管理绩效定量评价的基础上，通过采取专家评议的方式，对一定时期内的风险管理水平进行定性分析与评价。风险管理绩效定性评价的内容主要包括风险管理方案、风险管理决策执行情况、风险管理应急措施、管理制度创新、损失控制、人力资源管理等项目。风险管理绩效定性评价可以根据评价的内容，将风险管理水平划分为优、良、中、低、差五个档次。

三、风险管理绩效的综合评价

风险管理绩效的综合评价是指风险管理单位在定量评价、定性评价的基础上，对一定时期内的风险管理效果进行的总体评价。通常，综合评价不单独针对某一风险单位，也不单独针对某位风险管理人员，是对风险管理单位管理成果的总体评价。风险管理绩效的综合评价是对风险管理单位管理成果的最终评价，可以为风险管理部门提供修改、调整和完善的依据。

复习思考题

1. 简述风险管理绩效评价的原则。
2. 简述风险评价与风险管理绩效评价的不同。
3. 简述风险管理绩效评价的程序。
4. 简述风险管理绩效评价的内容。
5. 简述专家意见评价风险的方法和优缺点。
6. 简述实地调查评价风险的方法和优缺点。
7. 简述抽样调查评价风险的方法和优缺点。

第十三章 企业风险管理

企业风险管理是企业识别风险、衡量风险、评价风险和采取风险管理措施的过程。企业风险管理作为风险管理的特例,具有一般风险管理不具有的一些特性。一般来说,企业主要有以下四种类型的损失:一是财产的物质性损失,以及额外费用支出;二是因财产损失而引起的收入损失、营业中断损失,以及额外费用支出;三是因过失损害他人利益引起的企业责任损失;四是因企业员工死亡、丧失工作能力或者辞职等,对企业造成的损失。由此,企业风险管理要从这四个方面入手,发现企业面临的各种损失风险,并逐一评价风险和防范风险,选择处理风险的管理方案。

第一节 企业财产损失风险管理

财产损失风险是企业最常见的风险,是企业在日常生产经营活动中不得不面对的风险。针对企业财产损失的风险,本节将以风险识别、风险衡量和风险防范为线索,分别加以介绍。

一、企业财产的类型

企业财产可以分为两大类:有形财产和无形财产。有形财产可以分为不动产和动产两大类。其中,不动产主要是指土地及其附属建筑;除了不动产以外,所有的有形财产都是动产。无形财产主要包括信息和法定权益等。例如,应收账款记录、版权、专利权、营业执照、租赁权益、商誉、软件等。

对于有形财产和无形财产的关系,可以从以下几个方面理解:

1. 有形财产是无形财产的基础。如果没有有形财产,企业的无形财产就无从谈起。有形财产是基础,无形财产是建立在有形财产的基础上的。

2. 无形财产的价值会因有形财产遭受损害而减少。有形财产遭受损失,无形财产就会因此受到损害。例如,某企业因自然灾害造成有形财产的损失,这会影响到企业无形财产的价值。

3. 无形资产遭受损害,也会影响企业有形资产的发展。例如,某企业商业秘密被竞争企业窃取、企业发明被转让等,都会影响到企业有形财产的价值。又如,非法生产的企业盗用其他企业的商标,生产伪劣假冒产品,不仅会影响企业的营业收入,而且还会影响企业的信誉,造成销售收入下降、利润减少等损失。

二、企业财产损失风险的识别

（一）有形财产损失的风险

1. 不动产损失风险。企业不动产损失的风险主要包括以下三类：

（1）未改良土地的损失。这类土地虽未被开垦、使用，但因其将来会被使用，因而具有价值，避免未改良土地的损失是不动产损失的重要方面。未改良土地的价值有时是难以确定的，因为，这种土地包含的种类比较多，主要包括以下几类：①湖泊、河流、泉水、地下水等资源；②煤、铁、铜、沙石等矿藏资源；③山洞、古迹、温泉等景观；④生长中的植物；⑤野生动物。此外，未改良土地的价值还取决于其所在的地理位置，一般来说，交通便利、经济发达地区的未改良土地的价值比较高；反之，则价值比较低。未改良的土地遭受损失的主要原因有：森林火灾、虫灾、旱灾、土地侵蚀等。

（2）建筑物和其他建筑物的损失。例如，房产、水箱、水塔、烟囱等建筑物也面临着损失的风险。一般来说，建筑物遭受损失的主要原因有火灾、地震、洪水、泥石流、火山爆发、地面塌陷等。建筑物损失风险的大小主要取决于建筑物的建筑材料、建筑结构、占用性质、防损措施等。例如，正在施工的建筑物还会面临一些特殊的风险因素，安全保卫制度不如完工建筑物；未安装防损装置的建筑物，其损失的风险大于安装防损装置的建筑物；堆放着易燃物资的建筑物，其损失的风险大于堆放其他非易燃品的建筑物。

（3）地下财产损失风险。埋藏在地下的财产如电缆、电线、洞穴、隧道、矿产、采矿设备、管道设施、管道线等，面临着管道爆炸、失窃、坍塌等风险事故造成损失的风险。企业财产遭受意外事故损失后，财产所有人或者用户除了丧失财产本身的价值外，还会丧失使用该财产所获得的收益。因此，在识别财产损失风险时，还需要考虑以下损失的风险：一是场地清理的费用；二是拆除建筑物未遭受损失部分的费用；三是增加建筑的费用；四是零部件损失使企业设备价值减少的损失风险。

2. 动产损失的风险。企业动产损失的风险主要包括以下几类：

（1）货币和证券损失的风险。现金、银行账户、存款单、证券、票据、汇票、债权凭证等所有货币资产，都面临着损失的风险，其损失程度因企业管理制度的不同而不同。例如，商场每天会有大量的现金和支票流动，商场面临损失的风险主要有：内部员工的贪污、挪用，票据诈骗和外部盗窃等损失的风险。

（2）应收账款记录损失的风险。一般来说，应收账款记录难以复制或者需要花费一定的时间、费用才能重新编制，控制这类风险造成损失的有效办法就是在其他地方保存应收账款记录的备份或者复印件。会计科目的借方余额反映尚未收到的应收账款，贷方余额反映已经收取的款项。企业应收账款记录的损毁（如丢失、损坏和被盗窃等），一般会减少其应收账款，有些客户在未收到发票以前不支付货款或者故意拖欠货款、无偿使用销货企业的资金，并从中获得额外的经济利益，这会给企业带来一定程度的净收入损失。

(3) 存货损失的风险。存货损失风险主要是指代售货物、原材料、在制品、制成品等损失的风险。存货的价值受市场竞争的影响会经常变动,存货价格的波动,使这部分资产往往难以估价。当存货积压、无法销售时,会造成企业的利润损失,会影响企业的生产。此外,存货还会遭受火灾、盗窃、运输途中受损等损失的风险,这些都会引起企业资产价值的变化。

(4) 企业办公用具、设备和用品等遭受损失的风险。这类资产的一个特点是:种类繁多、单位价值相对比较低,而且总价值则难以精确估计,其可能遭受损失的风险主要有失窃、火灾、人为破坏等。

(5) 机器设备损失的风险。一般来说,企业的机器设备具有较高的价值,企业机器设备除了遭受火灾、失窃、人为破坏等损失的风险外,还可能会遭受以下一些损失:由于使用不当或疏于保养设备而引起机器故障的风险;由于电器故障、内在缺陷而引起机器锈蚀或过热的风险;由于技术进步而引起设备价值降低、贬值的风险等。

(6) 数据处理的硬件、软件和媒体损失的风险。这种损失有时是可以估计的,有时是难以估计的。随着计算机的广泛应用,数据处理系统对企业财产造成损失的风险越来越大。

(7) 重要文件损失的风险。这些文件主要包括会计、财务和统计资料,影片、照片、地图、契据等文件。这类财产很容易损坏或遗失,而且难以复制,通常也是难以确定其价值的。

(8) 运输工具损失的风险。汽车、飞机、船舶等运输工具是价值比较大的资产,运输工具被偷窃,会引起企业财产的损失;运输工具发生碰撞,不仅会引发企业财产损失的风险,而且还会引起责任损失的风险。

(二) 无形财产损失的风险

商誉、版权、专利权、商标、租赁权益、营业执照、商业秘密等都是无形资产,无形财产是企业获得的收益高于其正常投资收益所形成的价值。无形资产具有非实体性、非直观性和带来收益难以准确计量的特点。无形资产参与企业竞争并获得巨额收益是当代世界经济技术发展的必然趋势。目前,在经济发达国家,企业无形资产价值已经占其资产总额的50%~60%,无形资产已经成为风险管理单位生存和发展的基石。企业面临无形资产损失的风险主要有以下几类:

1. 无形资产被窃取的风险。企业无形资产如重要技术指标、软件、专利权等面临着被竞争对手窃取、盗用,造成企业利润损失的风险。

2. 无形资产贬值造成损失的风险。随着知识经济、高新技术的迅速发展,企业无形资产的价值会因科技成果的发展而贬值。

3. 无形资产被抢注的风险。企业无形资产如商标、专利被抢注,就存在着企业无法继续使用原品牌生产的问题,这不仅意味着企业前期的投资无法收回,而且也丧失了获得未来收益的可能性。如我国知名品牌"英雄"金笔被日本抢注,凤凰自行车被印度尼西亚抢注。

4. 无形资产被低估的损失。例如,目前我国在无形资产的经营和管理中,普遍缺乏无形资产管理的机构和人才,致使企业无形资产被低估,其价值流失严重,致使企业市场份额日益缩小,最终陷入破产。

三、企业财产损失的衡量

企业财产损失的衡量是企业风险管理的重要方面,是对已经发生的风险事故造成的损失作出大致的估计。在衡量企业财产损失的经济后果时,风险管理人员需要选择适当的衡量方法,并考虑以下几个方面的因素:

(一)原始成本

原始成本或原值是指购置某项财产时所付的货币。会计报表上使用原始成本来表示大多数资产的价值。原始成本法主要有以下几种:

1. 先进先出法。先进先出法是根据先入库的材料先消耗、先入库的商品先出售的假定,计算企业财产价值的,并根据这种假设的成本流转顺序,对发出的存货和期末存货计算价值。例如,某企业甲材料收入和发出的数据如表 13.1 所示,按照先进先出法计算存货发出和结存的成本如表 13.2 所示。

表 13.1 甲材料收入和发出的情况　　　　　　　　　　单位:件

日　　期	收入	发出	结存
1 月 1 日			400
1 月 8 日	600		
1 月 15 日		800	
1 月 20 日	700		
1 月 25 日		600	
1 月 31 日	100		

表 13.2 先进先出法记录的原始成本

日　期	收　　入			发　　出			结　　存		
	数量/件	单价/元	成本/元	数量/件	单价/元	成本/元	数量/件	单价/元	成本/元
1 月 1 日							400	1.00	400
1 月 8 日	600	1.10	660				400 600	1.00 1.10	400 660
1 月 15 日				400 400	1.00 1.10	400 400	200	1.10	220
1 月 20 日	700	1.20	840				200 700	1.10 1.20	220 840

续表

日期	收入			发出			结存		
	数量/件	单价/元	成本/元	数量/件	单价/元	成本/元	数量/件	单价/元	成本/元
1月25日				200 400	1.10 1.20	220 480	300	1.20	360
1月31日	100	1.25	125				300 100	1.20 1.25	360 125
合计	1 400	—	1 625	1 400	—	1 540	400	—	485

先进先出法的特点是,期末存货是根据近期的进货成本确定的,其价值接近于进货成本。但是,采用这种方法也会产生期末存货价值被低估的可能性,在通货膨胀比较严重的时候更是如此。采用先进先出法确定的发货成本有时是根据两个或者两个以上的单价进行计算的,计算工作比较烦琐。

2. 后进先出法。后进先出法的假设恰好与先进先出法相反,是假设后收到的商品先售出、后收到的材料先耗费,并根据这种假设的成本流转顺序,对发出货品和期末存货计价,因此,期末存货品的价值反映最早进货的成本,而销货成本或耗用材料成本比较接近现时成本水平(见表13.3)。

表13.3 后进先出法记录的原始成本

日期	收入			发出			结存		
	数量/件	单价/元	成本/元	数量/件	单价/元	成本/元	数量/件	单价/元	成本/元
1月1日							400	1.00	400
1月8日	600	1.10	660				400 600	1.00 1.10	400 660
1月15日				600 200	1.10 1.00	660 200	200	1.00	200
1月20日	700	1.20	840				200 700	1.00 1.20	200 840
1月25日				600	1.20	720	200 100	1.00 1.20	200 120
1月31日	100	1.25	125				200 100 100	1.00 1.20 1.25	200 120 125
合计	1 400	—	1 625	1 400	—	1 580	400	—	445

后进先出法的特点在于,它使发出货品的价值接近于现行成本,因此,每期发货是根据进货成本计价的。后进先出法同先进先出法的缺点一样,计算每批发出货物的成本有时用两个甚至两个以上的单价计算,计算较烦琐。

3. 加权平均法。加权平均法是以本期进货成本和期初存货成本之和,除以本期进货数量和期初存货数量之和,确定加权平均单价,从而计算发出货品和期末存货成本的一种方法。加权平均单价一般每月末计算一次。计算公式如下:

$$存货平均单价 = \frac{本期进货成本 + 期初存货成本}{本期进货数量 + 期初存货数量}$$

以表 13.1、表 13.2 为例,按照加权平均法计算存货的平均单价为:

存货平均单价 = (660+840+125+400)/(600+700+100+400) = 1.125(元)

本期发出货品总成本为:1 400×1.125 = 1 575(元)

期末存货总成本为:400×1.125 = 450(元)

加权平均法反映发货和存货的平均价格水平,但是,发货和存货的平均价格往往需要等到月末才能计算出来,因此,平时发货和结算只登记数量而不计算成本,月末一次性计算本期发出货品和期末库存货品的总成本。按加权平均单价计算的期末存货成本与现时成本比,会存在一定的差距,当物价上升时,加权平均单价低于现行价格,存货成本偏低;反之,则存货成本偏高。

4. 移动平均法。移动平均法是指在每次进货以后,即算一次加权平均单价,并以该价格计算即将发出货品和库存货品成本的一种方法。计算公式如下:

$$存货平均单价 = \frac{本批进货成本 + 库存货品成本}{本批进货数量 + 库存货品数量}$$

以表 13.1、表 13.2 为例,按照移动平均法计算存货平均单价为:

第一批购货后的平均单价 = $\frac{600 \times 1.10 + 400 \times 1.00}{600 + 400}$ = 1.06(元)

第一批发货成本 = 800×1.06 = 848(元)

第二批购货后的平均单价 = $\frac{700 \times 1.20 + 200 \times 1.06}{700 + 200}$ = 1.17(元)

第二批发货成本 = 600×1.17 = 701(元)

第二批发货存货品成本 = 300×1.17 = 351(元)

第三批购货后的平均单价 = $\frac{100 \times 1.25 + 300 \times 1.17}{100 + 300}$ = 1.19(元)

第三批发货成本 = 400×1.19 = 476(元)

将上述计算的结果列示,如表 13.4 所示。

采用移动平均法计算的存货平均单价受每批进货成本的影响。同加权平均法一样,存货成本与现行成本有一定的差距,但是,这种差距要比加权平均法小。

5. 个别计价法。个别计价法是辨认清楚每批发出货品和期末存货所属的购货批别或生产通知单号码,分别按专认发票的价格或者专认生产成本单上的价格,计算确定它们的价值。使用这种方法必须有详细的存货记录,或者在购买货品时、产品制成时,在货

表 13.4 移动平均法记录的原始成本

日期	收入			发出			结存		
	数量/件	单价/元	成本/元	数量/件	单价/元	成本/元	数量/件	单价/元	成本/元
1月1日							400	1.00	400
1月8日	600	1.10	660				1 000	1.06	1 060
1月15日				800	1.06	848	200	1.06	212
1月20日	700	1.20	840				900	1.17	1 052
1月25日				600	1.17	701	300	1.17	351
1月31日	100	1.25	125				400	1.19	476
合计	1 400	—	1 625	1 400	—	1 549	400	—	476

品上用标签或者编码等办法区别批号,以此来确定发出货品和期末存货所属的购入批次,从而确定它们的成本。

以表 13.1、表 13.2 的数据为例,按照个别计价法计算发出货品和期末存货的成本(见表 13.5)。

表 13.5 个别计价法记录的原始成本

日期	收入			发出			结存		
	数量/件	单价/元	成本/元	数量/件	单价/元	成本/元	数量/件	单价/元	成本/元
1月1日							①400	1.00	400
1月8日	②600	1.10	660				①400 ②600	1.00 1.10	400 660
1月15日				①300 ②500	1.00 1.10	300 550	①100 ②100	1.00 1.10	100 110
1月20日	③700	1.20	840				①100 ②100 ③700	1.00 1.10 1.20	100 110 840
1月25日				③600	1.20	720	①100 ②100 ③100	1.00 1.10 1.20	100 110 120
1月31日	④100	1.25	125				①100 ②100 ③100 ④100	1.00 1.10 1.20 1.25	100 110 120 125
合计	1 400	—	1 625	1 400	—	1 570	400	—	455

注:①、②、③、④代表每批进货的批号。

采用个别计价法能够准确分清该种货物本身的实际价值,但是,采用这种方法的工作量大、计算烦琐、管理成本高,容易引起管理人员随意选择用较高或者较低价格的物品,出现调整利润的问题。这种计算成本的方法,一般适用于品种少、物品价格高、易于辨认和区别其成本的货物。

(二) 账面价值

账面价值或净值是用资产的原始成本减去累计的折旧金额得出的。折旧是指资产由于不断损耗而转移到产品成本、费用中的那部分价值。损耗包括有形损耗和无形损耗。有形损耗又包括自然损耗和使用损耗。自然损耗是指由于物理或化学的作用(如日晒、锈化等)而引起的损耗;使用损耗是指在使用过程中由于磨损、煅烧等造成的损耗。无形损耗是指由于劳动生产率提高和科学技术进步而引起的原有资产贬值的损失。

累计折旧率是根据资产已经使用的年限和会计假设资产使用年限的比例来确定的。因此,一项长期资产的价值一般比其原始成本低。

计算折旧应考虑的因素包括三个方面:①使用寿命。资产使用的寿命应该考虑以下四个方面的因素:一是该资产预计的生产能力;二是该资产的有形损耗;三是该资产的无形损耗,例如,新产品、生产技术进步致使资产提前报废;四是有关资产使用的法律规定。②预计净残值。我国旧会计制度规定,预计净残值的估算只能为资产原值的 3%～5%,新会计制度则不再限制这一比例。③清理费用。

财产折旧一般分为四种方法:直线折旧法、工作量法、双倍余额递减法和加速折旧法。

1. 直线折旧法。直线折旧法又称使用年限折旧法,是按照预计折旧年限平均计提固定资产折旧的一种折旧方法。折旧的计算,一般是以固定资产应提的折旧总额除以规定的使用年限,求得每年应计提的折旧额。有关的计算公式如下:

固定资产年折旧额＝固定资产折旧总额/预计折旧年限

固定资产月折旧额＝固定资产年折旧额/12

固定资产年折旧率＝固定资产年折旧额/固定资产原始价值×100%

固定资产月折旧率＝固定资产年折旧率/12

直线折旧法的优点是方法比较简单,各期负荷相同,分摊费用合理;这种方法的缺点是忽视了固定资产使用效益和成本配比,忽视了固定资产在各期限内的使用负荷的差异。

在实物中,为了简化核算手续,每月应计提的折旧额是根据固定资产原始价值乘以月折旧率来计算的。例如,某化工厂某项固定资产的原始价值为 7 500 元,预计使用年限为 15 年,预计残值为 725 元,预计清理费用为 650 元,该项固定资产的折旧额和折旧率可以进行如下计算:

(1) 年折旧额:(7500−725＋650)/15＝495(元)

(2) 月折旧额:495/12＝41.25(元)

(3) 年折旧率:495/7 500×100％＝6.6％

(4) 月折旧率:6.6％/12＝0.55％

又如,我国车辆保险折旧按照每满一年扣除一年计算,不足一年的部分不计折旧,其折旧率按国家有关规定执行,但是最高折旧金额不超过新车购置价的80％。

2. 工作量法。工作量法又称作业量法,是以固定资产的总工作量计算折旧的方法,这种方法中的工作量单位应视各种固定资产的情况来确定。以工作量法确定固定资产的折旧,主要有以下几种方法：

(1) 工作时数法。工作时数法是指按照固定资产总工作时数平均计算折旧额的方法。计算公式如下:

单位工作小时数折旧额＝(固定资产原值－预计净残值)/固定资产预计工作的总时数

各期折旧额＝单位工作小时数折旧额×各期实际工作时数

(2) 行驶里程法。行驶里程法是按运输设备行驶里程平均计算折旧额的方法。计算公式如下：

单位行驶里程折旧额＝(固定资产原值－预计净残值)/固定资产预计行驶的总里程

各期折旧额＝单位行驶里程折旧额×各期实际行驶里程

(3) 产品产量法。产品产量法又称为生产数量法,是指按固定资产总的预计产量平均计算折旧额的方法。计算公式如下：

单位产品折旧额＝(固定资产原值－预计净残值)/固定资产使用期内预计总产量

各期折旧额＝单位产品折旧额×各期实际产量

例如,某机器的购置价为79 000元,预期总的生产量为10 000件,机器报废的净残值是4 000元,本月实际产量为500件。采用生产数量法计算折旧额如下：

单位产品折旧额＝(79 000－4 000)/10 000＝7.50(元/件)

本月应提折旧额＝7.50×500＝3 750(元)

工作量法计算简便,又弥补了使用年限法的不足,但是,它忽视了无形损耗和固定资产停用期间的损耗。因此,工作量法适用于重型机械、运输设备等大型设备的折旧和季节性生产特点较强的企业。

3. 双倍余额递减法。双倍余额递减法又称为双重余额递减法,是指企业不考虑固定资产的估计残值,直接按照折旧率的2倍作为折旧率计提固定资产折旧的方法。计算公式如下：

双倍余额折旧率＝1/使用年限×2×100％

年折旧额＝固定资产期初原价×双倍余额折旧率

在计算的过程中,当按双倍余额递减法计算的折旧额小于按直线法计算折旧额的账面余额时,应从该期开始改按直线法计算,使固定资产使用期满时,其账面价值与估计残值相等。

4. 加速折旧法。加速折旧法又称变速递减法,是每年以不同的折旧率乘以固定资产应折旧额(原始价值减残值)而求得本期折旧额的一种方法。折旧率以递减分数表示,也就是将固定资产预计使用年限的逐年年数的合计数作为分母,将固定资产尚可使用的年限作为分子。年折旧额的计算公式如下:

$$年折旧额 = (固定资产原始价值 - 预计残值) \times \frac{尚可使用年数}{年数合计数}$$

例如,某项固定资产的原始价值为 230 000 元,预计残值为 20 000 元,预计使用年限为 6 年,计算折旧时,要确定年数合计数和折旧率。

年数合计数为:1+2+3+4+5+6=21

则第一至第六年折旧率分别为:6/21,5/21,4/21,3/21,2/21,1/21。

固定资产的折旧额为:230 000－20 000＝210 000(元)

该固定资产按加速折旧法计算的各年折旧额可见表 13.6 所示。

表 13.6　加速折旧法计算的各年折旧额和账面余额　　　　　单位:元

使用年限	折旧额	累计折旧额	账面余额
			230 000
1	210 000×6/21＝60 000	60 000	170 000
2	210 000×5/21＝50 000	50 000	120 000
3	210 000×4/21＝40 000	40 000	80 000
4	210 000×3/21＝30 000	30 000	50 000
5	210 000×2/21＝20 000	20 000	30 000
6	210 000×1/21＝10 000	10 000	20 000

从表 13.6 可以看出,采用这种方法计算折旧,每年的折旧额逐年等量减少 10 000 元。

企业财产保险绝大多数都是按账面金额投保,因为有账册可以作为损失核查的依据。保险公司在理赔时应该核查承保的内容、项目,对照账册清查受损财产是否属于承保范围、是否符合计价标准。查对的账册除了资产平衡表、总账表外,还要根据需要分别查对分类账、明细表和车间(柜组)的台账,必要时还应该查领料单、盘点清单和出入库单据。通过查账,可以明确承保财产的范围、分类和保险金额,以及受损财产在出险时的全部存量、规格和价格;有无漏保、未保,以及未转账和账外财产;有无已摊销或低值易耗品财产;有无已列入报销和销价处理的财产;有无补偿贸易和引进设备中的外币保险损失等,以区别财产保险和非财产保险。同时,资产损失的赔偿还应该考虑资产的折旧费用。

(三)重置成本

重置成本是衡量财产损失对经济影响的最有用的估价标准之一。重置成本是以相同的材料和质量标准的资产在全新情况下,按现行价格置换受损财产项目所需要的资金。保险公司重置赔偿方式一般是在保险财产的损失程度已经达到全部损失,或者修复费用超过保险财产原有价值(保险金额)的情况下,保险人补偿的办法是对保险财产进行重置。重置成本分为:不动产的重置和动产的重置。机器损坏保险与普通财产保险不同,后者是以投保人根据投保财产的实际价值自行估定保险金额的,而前者却要求所有投保机器(无论新旧程度如何)一律按保险机器的重置价值来确定保险金额。[①] 重置成本的估算有以下三种方法:

1. 分析计算法。分析计算法又称细节分析法,是利用现行价格直接估算构建相同或类似被评估资产所费的成本,然后根据被评估资产的新旧、技术等情况,来确定资产评估价值的方法。其计算公式为:

$$资产评估价值 = 资产重置成本 \times 成新率 \times (1 \pm 调整系数)$$

式中,成新率是指资产的新旧程度,调整系数是根据资产的功能、技术状况、维护保养情况等因素确定的系数。当损耗程度小于正常损耗程度时,调整系数为正值;反之,为负值。

2. 指数调整法。指数调整法是根据被评估资产的历史成本和物价指数,确定现行价格水平的重置成本,然后再考虑被评估资产的成新率和有关因素,来确定资产评估价值的方法。其计算公式为:

$$资产评估价值 = \left(资产历史成本 \times \frac{资产评估时的物价指数}{资产构建时的物价指数}\right) \times 成新率 \times (1 \pm 调整系数)$$

3. 汇率调整法。汇率调整法是根据被评估进口资产的历史成本和汇率变动,确定评估时资产的重置成本,然后再考虑被评估资产的成新率和有关因素,来确定资产评估价值的方法。其计算公式为:

$$资产评估价值 = \left(资产历史成本 \times \frac{资产评估时的汇率}{资产构建时的汇率}\right) \times 成新率 \times (1 \pm 调整系数)$$

(四)复制成本

不动产和动产的复制成本是使用相同的材料和技艺复制原物的成本。复制成本较之其他估价标准,其成本更高,一般适用于对历史文物、艺术品和重要文件的估价。例如,复制古建筑的成本、复制文物的成本等。

(五)功能重置成本

不动产和动产的功能重置成本是与置换财产并不相同的重置成本的方法,但是在置换后能以同等效率执行相同的功能。这一估价标准注重功能的价值,而不是财产本身的价值,最适合对处于技术迅速变化年代的财产估价。例如,数年前购买的计算机,今天已

[①] 机器损坏保险是以机器设备为保险标的,以机器设备损坏程度为赔偿的依据,以机器设备的重置价值为承保的基础,承担被保险人的机器设备在保险期限内,在工作、闲置或检修保养时,因突然的、不可预料的事故造成的物质损失或灭失的保险。

经完全过时了,而且也不再有那种型号的计算机,以功能重置成本来衡量其价值,即履行与原有计算机相同功能的计算机价格,这一功能重置成本很可能比原有的计算机的成本低。

（六）市价

市价又称现行市价法、市场法、市场比较法,是以被评估资产在全新情况下的市场价格为基础,减去按现行市场价格计算的已使用年限的累计额或摊销额,然后确定资产评估价值的评估方法。该方法适用于以市场价格标准来评估的资产。其计算公式为：

资产评估价值＝全新资产的市场价格
　　　　　　－全新资产的年折旧额×被评估资产已经使用的年限(或月数)
　　　　　＝全新资产的市场价格×(尚可使用年限/折旧年限)

例如,个人抵押贷款房屋保险的适用范围是符合中国人民银行《个人住房贷款管理办法》的规定,同意以所购住房(有合法所有权的现房)作为抵押房后,向商业银行申请住房抵押贷款(抵押合同必须合法有效)购买的自用住房。保险金额按实际价值(可以是成本价、商品价,也可以是评估价等)确定,其价值可以由被保险人自由选择。保险价值为出险时保险标的的实际价值。商品价值即购买房屋时的市场价,评估价值即为购买房屋时由房屋评估权威部门评估的价格。又如,汽车也可以以市场价格来估价。

四、企业财产损失风险的防范

（一）有形财产损失风险的防范

1. 不动产损失风险的防范

针对企业不动产可能遭受损失的风险,可以采取以下措施防范风险：

（1）未改良土地损失风险的防范。根据造成未改良土地损失的原因,可以采取以下措施：①采取禁烟禁火、严禁携带易燃易爆物品、加强用电管理等措施,防范火灾风险造成的植物、自然景观、古迹等财产的损失;②采取喷洒农药、禁止随意倒垃圾等措施,防止虫灾等自然灾害造成农作物、花卉的损失;③植树造林,防范土地侵蚀造成的泥石流、水土流失的损失。④加强对自然景观,古迹的管理,防范人为破坏或者过度开发造成自然景观贬值损失的风险。

（2）采取防范火灾、地震、洪水等风险管理措施,防止建筑物和其他建筑设施的损失。

（3）采取增加防爆、防震、防火等措施,防止企业地下财产的损失。

2. 动产损失风险的防范

针对企业动产可能遭受损失的风险,可以采取以下措施进行防范：①建立现金、存款单、票据等财产的管理制度,防范货币和证券损失的风险。②复制或者备份应收账款记录,防范应收账款记录损失的风险。③加强仓库管理、加快货物流通,防范货物损失的风险。④建立办公用具、设备和用品的登记管理制度,防范办公财产损失的风险。⑤完善企业职工上岗培训制度,防止操作不当造成设备的损失;建立机械设备维护、维修制度,防范机械设备损失的风险。⑥加强计算机、数据软件、媒体等信息的管理,防止病毒破坏计算机信息或者未经允许进入数据库窃取企业的经营信息、商业秘密的风险。⑦建立会计、财务管理制度,防止重要财务数据丢失或者被伪造,而造成的企业财产损失。例如,建立日清日结、月清月结、每月对账的制度,可以防止财务管理人员贪污、挪用。⑧加强对汽车等运输工具的管理,防止企业财产的损失。

(二)无形财产损失风险的防范

防范无形资产损失的风险重在预防,重在完善风险管理制度。对此,企业可以从以下几个方面加强管理:

1. 强化无形资产安全管理意识。在商业、贸易活动中,企业应注重无形资产安全防卫,加强对专有技术、计算机、软件、营销网络等商业秘密的保护,以防丢失和泄密。

2. 设立无形资产管理机构。设立独立的无形资产管理机构,可以加强对无形资产的专项管理,可以防范无形资产的流失。例如,日本东芝公司拥有商标管理人员300多人,美国泰勒公司拥有商标管理人员500多人。由此可见,无形资产管理是企业财产风险管理的重要方面。

3. 建立无形资产风险管理制度。建立无形资产管理制度,可以将企业无形资产的管理纳入规范有序的发展方向。建立无形资产管理制度可以从以下几方面着手:①建立无形资产的动态管理制度。在新产品开发阶段,应及时申请专利,预防对手仿造;在新产品试销阶段,抓紧申请注册;在注册期满前,需要继续使用的,应及时申请续展;在新产品生产阶段,对涉密人员和有关技术资料严格管理,以防泄密;在新产品上市阶段,严厉打击伪劣假冒产品,依法追究侵权人责任;在无形资产产权变动过程中,应防止无形资产价值被低估,造成企业权益的损失。②建立健全无形资产保护网。一般来说,发达国家的企业在本国申请专利后,会及时向有发展前景的国家和地区申请专利,建立全球普及的专利保护网。随着中国产品向国际市场的发展,我国企业家应放眼世界,放眼企业的长远发展,及时向有发展前景的国家和地区申请专利。③建立无形资立保密制度。企业应建立防范无形资产流失的保密制度,对于涉及商业秘密的人员要签订保密协议和竞业禁业条款,防止工作人员泄密。

4. 建立科学的无形资产评估机制。建立科学的无形资产评估机制,可以防止无形资产投资的损失,也可以防止无形资产被低估的损失。在无形资产投资规划阶段,企业管理人员应遵循成本—收益的原则,对投资方案进行可行性分析和评价,尽量减少盲目性。在进行无形资产投资过程中,企业应将每一笔无形资产投资记录入账,对无形资产的价值要合理、充分地披露和揭示。企业管理人员在对无形资产计价时,应考虑无形资产价值的不确定性,按重置价格测算出无形资产的价值,并与有形资产一起记入资产总账。在进行无形资产价值评估的过程中,企业应充分考虑无形资产带来的收益,对无形资产的价值作出符合实际的估计,防止因低估而造成企业财产的损失。

五、企业财产损失的保险

企业财产保险主要承保企业财产因自然灾害和意外事故造成的损失,企业财产保险有基本险和附加险两类。企业财产基本险采取列明风险方式确定保险责任,保险标的只有遭受保险合同条款列明的自然灾害和意外事故造成的损失时,保险人才承担赔偿责任。保险条款列明的风险有以下几项:①火灾;②爆炸;③雷击;④飞行物体及其他空中运行物体坠落;⑤灾害及意外事故引起的停电、停水、停气的损失;⑥施救、抢救造成保险标的的费用;⑦必要且合理的费用支出。

企业财产保险的附加责任有暴风、暴雨、洪水保险,盗抢保险,雪灾、冰凌保险,泥石流、崖崩、突发性滑坡保险,雹灾保险,水暖管爆裂风险,破坏性地震保险等。

第二节 企业权益损失风险管理

企业权益损失风险是企业对合法拥有的权益因财产毁损等原因而遭受损失的风险。虽然企业权益损失风险是企业财产损失的重要组成部分,但是由于企业权益损失的特殊性,本节单独列出,重点讲述这类风险的特点和防范。企业权益损失的风险主要有以下几个方面:

一、所有者权益损失的风险

企业所有者权益(或业主权益)是指资产的所有者对资产合法拥有的所有权。企业所有者权益是指企业投资者对企业净资产的所有权,即为资产总额抵偿资产负债后的剩余资产所有权,其公式表示为:

$$所有者权益 = 资产 - 负债$$

所有者权益就是股东权益,所有者权益能够反映企业的管理效益和经营水平。

在财务上,企业所有者权益可以分为资本金、资本公积金、盈余公积金和未分配利润四个部分。例如,企业财产损失最普遍的结果是财产所有权遭受损失。风险管理人员在识别企业财产风险时,往往把财产所有者权益损失列为第一类财产损失风险。

企业财产可以由个人拥有,也可以由数个实体共有,当共有财产遭受损失时,损失在各个投资者中按照所有者权益的比例进行分摊。

为了规避所有者权益损失的风险,企业在投资经营中,应根据市场状况,审慎地考虑投资项目的成本、收益和经营风险,防止投资亏损带来的损失。为了保护公众投资者的利益,企业应按照国家有关规定的要求,真实、及时地公布企业的财务报表,说明所有者权益发生变动的原因,保护债权人的利益。为了便于投资者了解企业财务状况的变动情况,在会计实务中将所有者权益按实收资本、资本公积金、盈余公积金和未分配利润四个部分列出,分别设置总账账户(或明细账户)进行核算,并在资产负债表上单列项目予以反映;至于各投资主体的资本构成,可以在会计报表附注中予以说明。

二、放款人权益损失的风险和防范

债权人权益又称放款人权益,是债权人对资产提出偿还的权利。企业的财产有时是使用贷款(或者借款)购置的,有时又会把钱借给他人使用。借款人不能按期偿还贷款或者借款的时候,债权人的贷款就会面临信用风险和违约风险,其权益就会受到损失。

为了规避贷款损失的风险,可以采取抵押贷款的方式。如果贷款人无力偿还贷款(或者借款),那么,放款人对该抵押财产就具有了处置权。但是,此时如果该抵押财产被盗窃或者遭受损毁,放款人潜在的损失就是尚未偿还贷款的余额。根据我国法律法规的规定,企业宣布解散清算时,债权人的权益应该得到优先满足。对于企业未偿付的债务,在支付应付未付的职工工资、社会保险缴费和应缴未缴的税金后,先清偿借款,剩余的财产才在股东之间进行分配。规避贷款损失风险的另一个办法是,提示借款单位的风险等级或者对贷款的状况进行风险分类。例如,中国人民银行发布的《贷款通则》规定,我国把具有损失风险的贷款分为逾期贷款、呆滞贷款和呆账贷款。①逾期贷款是指借款合同约定到期日(包含展期到期)未归还的贷款(不包括呆滞贷款和呆账贷款)。逾期贷款要实行专户管理,并按规定加收利息。②呆滞贷款是指按财政部的有关规定,逾期(包含展期到期)超过规定年限(两年以上)仍未归还的贷款,或者虽未逾期或逾期不满规定的年限,但是,生产经营已经终止、项目已经停建的尚未偿还贷款。③呆账贷款是指按财政部的有关规定,列为呆账的贷款。从1998年开始,为了与国际惯例接轨,我国银行开始实行以风险为基础的贷款分类方法,即贷款五级分类方法:正常、关注、次级、可疑和损失。①正常。正常是指借款人能够履行合同,有充分的把握按时足额偿还贷款本息。②关注。尽管借款人目前有能力偿还贷款本息,但是存在一些可能对偿还贷款本息产生不利影响的因素。同时,违反我国有关规定发放的贷款,至少应该划归关注贷款。③次级。借款人的还款能力出现问题,依靠其正常的经营收入已经无法保证按时、足额偿还本息。需要重组企业的贷款,应该划归次级贷款。④可疑。借款人无法足额偿还本息,即使执行抵押或担保,也肯定要造成一部分损失。但是由于存在重组、兼并、合并、处理担保和未决诉讼等待定问题,损失额还不能确定的贷款。重组后,仍然逾期或仍然无偿还能力的贷款,应该划归可疑贷款。⑤损失。在采取所有可能的措施和一切必要的法律程序之后,本息仍然无法收回或者只能收回极少部分。需要重组或者重组后的贷款,如果具备其他更为严重的问题,可进一步调整为损失类贷款。

三、卖方和买方权益损失的风险和防范

在运输的过程中,货物会遭受一定程度的损失,造成的损失应该由买方承担还是由

卖方承担,取决于买卖双方的约定。如果货物从卖方销售到买方,销售条件是离岸价,则卖方负责将货物运送到指定的船上,货物在尚未装载在买方船上以前,卖方承担货物的损失。如果货物从卖方销售到买方,销售条件是到岸价,则卖方负责将货物运送到买方的仓库,货物在尚未到达买方仓库以前,卖方承担货物的损失。

针对卖方承担损失的风险不同,企业风险管理人员必须了解财产在运输过程中需要承担的风险。例如,我国海上运输货物保险的保险期限采用的是"仓至仓条款"。规定保险人对被保险货物所承担责任的空间范围从货物离开保险单所载明起运港的发货人的仓库时开始,一直到货物运抵保险单所载明的目的港的收货人的仓库时为止。如果被保险货物运抵卸货港并完全卸离海轮后,但是未被收货人立即运到自己的仓库,保险责任可以从货物全部卸离海轮时算起满60天终止;如果被保险货物运抵卸货港,收货人并不将货物运往自己的仓库,而是将货物进行分配、分派或分散转运,那么,保险责任从货物开始分配时终止;如果被保险货物以内地为目的地,收货人没有将货物直接运往自己在内地的目的地,而是先存入某一仓库,然后在这个仓库对货物进行分配、分派或分散运转,即使只有其中一部分货物运到了保单载明的内陆目的地,则将先行存入的某一仓库视为收货人的最后仓库,保险责任在货物到达该仓库时终止。

四、受托人权益损失的风险和防范

受托人接受委托、管理委托财产的过程中,存在着财产损失的风险,受托人对托管财产具有一种责任风险。

受托人是按照委托合同从委托人一方取得财产管理权、财产处置权的人。委托合同一般规定,将财产交给受托人管理。要形成一种委托关系,通常必须满足三个特殊条件:①财产的所有权或者最终占有权必须属于委托人;②财产的占有权和暂时的控制权必须让予受托人;③如果委托人没有授权转让财产给其他指定的人,则该项财产的最终所有权依然是委托人。

受托人的权益又称代理人权益,其主要包括以下几个方面的特点:①受托人和委托人形成的关系是一种法律关系。②受托人与委托人之间不仅具有代理关系,而且也具有一种信托关系。③受托人在委托人授权的范围内具有独立处理事物的权力。例如,受托人代表委托人同第三者进行的活动,是国家法律认可的。④受托人在代理授权范围内,以委托人名义进行代理的法律后果,由委托人负责。

为了防范受托人权益损失的风险,受托人应该做到以下几个方面:①受托人应对所保管的财产承担合理注意的责任。②避免无权代理。无权代理、超越代理权或代理权终止后仍然进行的代理,均属于无权代理,其后果由行为人承担责任。只有在委托人追认代理权时,才由委托人承担责任。如果委托人知道他人以自己名义实施民事行为,不作否认的表示,就视为同意。第三人知道行为人无权代理,仍与行为人实施民事行为,给他人造成损害的,由第三人和行为人共同承担责任。③受托人不履行代理职责而给委托人造成损害的,受托人应该承担民事责任。受托人和第三人串通,损害委托人利益,由受托人和第三者共负损失赔偿责任。④受托人知道被委托事项违法仍然进行代理活动的,或者受托人知道代理行为违法却不表示反对的,由委托人和受托人共同承担责任。⑤受托人为委托人的利益需要转托他人代理的,应该事先取得委托人的同意。事先未取得委托人同意的,应该在事后及时告诉委托人。如果委托人不同意,由受托人对自己的转托行为负责任。在紧急情况下,为了保护委托人的利益而转托他人代理的行为除外。

同样,委托人在选择受托人时,应该多方面了解受托人的经济状况、信用状况、管理能力和技术水平等。在签订委托代理合同时,应该严格界定委托权限,关注委托项目的进展。如果发现受托人存在越权的行为,应该及时纠正;如果发现受托人有转托的行为,应该及时签订补充协议。

五、承租人和出租人权益损失的风险和防范

财产所有人可以将财产出租给他人一定时期,并从承租人处取得租金收入。这样,财产的一部分价值是其租赁价值,即出租期间的净租金收入。一定时期的净租金收入等于该时期向承租人收取的租金减去出租人在该时期内为了使财产可以出租而发生的费用。承租人并不拥有其所使用的财产,但是在规定的时间内,承租人具有使用该财产的权利,承租人使用该项财产的权益受到国家法律法规的保护。承租人有义务在使用期满后完整地归还该财产。

为了防范出租财产的损失,出租人可以在租赁合同中约定以下内容:①承租人负责财产的维修和保养;②承租人保证财产的完好无损;③承租人造成的其他损失由承租人负责;④由于非承租人及其家属造成的人为损失,由承租人承担。租赁期满后,出租人在验收出租财产时,应该依据财产目录清单,逐一核对、检查,及时发现和解决问题。

第三节 企业收入损失风险管理

企业收入损失风险是指在一定时期内企业为维持业务的经营而遭受损失的可能。一般来说,损失会造成企业收入的减少或费用的增加,致使企业营业收入遭受损失。

一、企业收入损失风险的识别

(一)营业中断损失的风险

造成企业营业中断的原因通常是营业场所损坏、被盗或资产所有人死亡。营业中断损失主要包括营业中断造成的利润减少和营业中断期间必须继续支出的费用。例如,某百货公司在修理或更换被破损的橱窗期间,必须全部或部分停业,造成营业收入的损失。

又如,企业在替换受损的设备、机器、模型期间,不得不停止生产或者减少生产,这就会造成企业经营的中断和利润的减少。再如,在单一所有权公司或者合伙公司中,资产所有者的去世,会造成单一所有权公司或者合伙公司营业的中断,造成营业收入损失的风险。

（二）产品利润损失的风险

企业商品或制成品遭受损失时,销售商或制造商不仅会遭受财产损失,而且还会遭受利润的损失。对于产品销售商来说,这部分利润损失是其销售价格与购买成本的差额;对于产品制造商来说,这部分利润损失是其销售价格与生产成本的差额。企业产品利润损失不仅取决于特定行业的景气程度、企业自身的经营状况,而且还取决于国家宏观经济运行的状况、货币政策和财政政策等方面,因此,在估计企业产品利润损失风险时,应该考虑经济发展的趋势、经济周期和季节性因素的变化等。

（三）租赁收入减少的风险

企业房产意外受损,房产在维修期间会承受租赁收入减少的风险,由此,在财产租赁合同中,一般都申明在财产变得不能出租时,承租人应该承担由个人过失造成的房屋损失责任,租赁收入减少的风险也应该由承租人承担。但是,有些国家的法律规定,房屋不能出租时,承租人不应承担房租损失。在这种情况下,企业就会面临租赁收入减少的风险。

（四）应收账款损失的风险

应收账款是指债权关系已经成立,企业应向购货单位、接受劳务作业单位、工程发包单位等债务单位或个人收取的产品材料销售款、劳务费、已竣工工程款,以及为购货单位或接受劳务作业的单位代垫的包装费、运杂费等。发生应收账款意味着企业未来能够获得这方面的经济利益,而这种经济利益往往表现为未来的现金收入。产生应收账款的原因是商业信用的赊销业务。如果没有赊销业务,也就不会产生应收账款。商业活动中存在的信用风险,会使应收账款可能无法收回,赊销企业、承包单位也会因此而承受一定的经济损失。

（五）意外事故引起的费用增加

意外事故损失可以通过各种途径引起费用的增加。有些企业的财产遭受损失后,为了维持正常经营,宁可发生额外费用而不停止营业,造成企业经营费用的增加。例如,报纸出版商、牛奶供应公司、干洗店、银行等企业的经营者认识到,在任何情况下,都必须营业以维持同客户的联系。如果这些企业由于资产受损而停止营业,那么,未来可能会经受难以弥补的经济损失,因为这些客户不得不暂时转向其竞争者提供的服务,企业将会永远失去这一部分客户。由此,企业宁愿花费额外成本,以尽可能地维持企业的正常运转。

二、影响收入损失的因素

收入损失直接关系到企业的生存和发展,需要风险管理单位根据企业的状况进行预测和评估。企业净收入损失主要包括收入减少、费用增加两个方面：

（一）影响企业收入的因素

评估或者衡量企业净收入损失时，需要考虑以下几个方面的因素：

1. 停业时间。停产或停业时间的长短取决于修复受损财产所需要的时间。修复时间有时是难以估计的，实际修复财产的时间往往取决于财产受损的情况，同时，还取决于修复财产的工作效率等。一般来说，修复受损财产的实际时间要比预期的修复时间长，因此，实际的停业时间比预期的停业时间要长。

2. 停业程度。停产（停业）分为全部停产（停业）和部分停产（停业）。企业财产的损失面比较大或者损失环节比较重要的时候，往往会全部停产；企业财产的损失面比较小或者损失环节并不十分重要的时候，往往会部分停产。

3. 停业净收入减少。企业停业收入损失是指由于意外事故引起的企业收入减少或费用增加的风险，这会造成企业净收入的损失。净收入是指企业在一定时期内的净收入，即该时期内的收入减去支出后的余额。净收入损失是企业财产损失带来的间接损失，间接损失对企业的影响往往比直接损失更大。其计算公式如下：

$$预期净收入损失价值 = 预期收入 - 预期费用$$

净收入损失的常见情况是企业正常的经济活动中断了一段时间。净收入损失在一定程度上降低了企业的获利能力。

企业风险管理人员在估计净收入损失的时候，通常不考虑经济风险，大多是在假设将来的收入和费用与以往相同的情况下做出的。同时，风险管理人员也会根据通货膨胀率和企业营业额的增减趋势等因素，对企业未来的收入和费用支出做出适当的调整。如果一个企业现在全部停产，那么，今后 12 个月的净收入损失价值一般被假定为事故发生以前 12 个月的净收入。对于短期的生产或营业中断，例如，营业中断 3 个月或 6 个月，可以把以前 12 个月的净收入的 1/4 或 1/2 作为这 3 个月或 6 个月的净收入损失的价值。

（二）影响费用增加的因素

1. 经营费用增加。经营费用是指企业为取得收入而发生的各项资产耗费。按照经营费用与营业收入的相关程度和用途，企业经营费用的增加受以下三方面的因素影响：①直接费用。企业为维持经营而发生的直接人工成本、材料成本、商品进价和其他直接费用都会引起企业经营费用的增加。②间接费用。企业为维持经营和提供劳务而发生的各项间接费用，也会引起企业经营费用的增加。③期间费用。企业行政管理部门和风险管理部门为组织和管理生产和经营活动而发生的管理费用，是引起企业经营费用增加的重要影响因素。

2. 租赁费用增加的损失。许多租赁合同规定，如果房产的损失达到一定程度（如损失程度达到 50%），租赁合同应自动取消或者依据合同一方的要求而取消，那么，出租方很可能要求重新谈判提高租金，由此，承租人面临的损失相当于租约剩下的期限内，提高后的租金价格与合同规定租金差额的现值。离租约到期的时间越短,这个差额的现值就越小。如果解除租约以后,企业必须从一个城区搬到另外一个城区,那么,不仅会产生租金差额这部分损失,而且还会增加搬迁到新地点开展业务的某些额外费用损失。

3. 不动产的改进和改善费用。承租房屋需要对所租财产进行一些改善,而且承租人离开时又无法将这些改善带走。企业进行这种改善投资是因为其相信在使用房子期间,这些改善会给企业带来很大的好处。如果租约规定,承租人有义务修复受损的房产,那么,承租方所受的损失是修复房产的费用和无法使用这些设施的损失,后者属于营业中断损失。

4. 停产或停业期间的费用。它包括以下三种:①支付劳务的费用;②为了继续经营而发生的额外费用;③为了减少损失发生的加急费用。

三、企业收入损失风险的防范

(一) 完善风险管理制度

针对企业财产损失的风险,企业应健全风险管理制度。①建立消防管理制度,防止火灾、人为火灾等事故的发生,避免由此造成经营的中断。②建立治安管理制度。针对经营场所被盗、被人为破坏等事故的发生,企业应加强治安管理,防止经营场所遭受破坏而造成的营业中断。③完善员工福利制度、保障制度。针对资产所有者因个人健康状况造成企业的损失,资产所有者特别是私有企业所有者应该未雨绸缪、早做安排,防止由于个人原因造成企业收入的损失。

(二) 加强市场调研、新产品研发的管理

根据市场需求的变化,企业应该加强市场需求的调研,根据市场需求、消费者心理的变化,不断地创新、研发新产品,防止企业生产无法适应市场变化,而造成企业利润的损失。

(三) 加强租赁财产管理

企业在出租财产时,应聘请资深律师,签订内容翔实、合法有效的合同,避免合同内容疏漏造成企业收入的损失。

(四) 加强应收账款管理

为了防止应收账款的损失,企业应建立应收账款的会计核算,及时准确地确认、计量和报告各类应收账款,以便为分析、评价、预测企业的偿债能力尤其是短期偿债能力提供信息。同时,应组织专门人员及时清理账款,将应收账款的流动性维持在适当的水平,保证企业资金的正常周转,防止企业收入损失的扩大;必要时,企业可以提起诉讼,依法维护企业的利益。

(五) 建立企业应急机制

为防止意外事故引起的费用增加,企业应建立预防损失的管理制度,将主要管理责任落实到个人;应建立损失发生的应急机制,防止损失扩大造成管理费用的过度增加。

第四节 企业责任损失风险管理

一、企业责任损失风险的识别

企业承担的法律责任也会使企业遭受沉重的经济损失,甚至破产。企业的法律责任可能因损害他人的利益被起诉而产生;也可能由于违约,需要赔偿他人遭受的损失而产生。

企业责任风险是由于侵权行为引起的法律责任。根据违反法律责任所涉及的损害方来分类,企业的责任损失分为刑事责任和民事责任。违反对社会所承担的责任引起的诉讼属于刑事责任;违反对某个人所承担的责任,受害方提起的诉讼属于民事责任。民事责任是由合同责任和侵权责任组成的。合同责任是由于违约引起的,有时合同责任是由于使用合同转移风险而产生的,由受让人来赔偿转让人的损失。侵权责任包括所有其他违反对个人或组织应承担的义务,规定这些责任是为了保障个人或组织的权益。

企业法律责任风险主要包括以下几个方面:

1. 违反企业程序法的法律责任损失风险。违反企业程序法的法律责任损失主要是指企业违反审批、登记等程序规定的法律责任。例如,企业未经审批或核准登记即以企业名义活动、擅自开业的;登记中弄虚作假、隐瞒真实情况的;超越登记核准的经营范围等其他违反登记规定的行为。如果有上述违法行为的,由工商行政管理机关给予行政处罚。根据违法性质和情节严重的程度,采用警告、罚款、责令停业或整顿、吊销营业执照等形式的制裁。

2. 企业产品责任损失风险。产品责任又称制品责任、制造物责任或商品制造人责任等,是企业因生产、销售的产品有缺陷致使消费者遭受财产损失或人身损害等,应该依法由企业承担的经济赔偿责任。最初的产品责任是一种合同责任,即产品的生产者、销售者等不履行或者不适当履行合同中规定的产品质量义务,而给消费者造成损失时应承担的赔偿责任,是以合同为基础条件的,受害者只有与生产者具有直接的合同关系,才能就缺陷产品造成的人身伤害和财产损害,对生产者或销售者等提出赔偿请求。随着经济活动的日益复杂,产品合同责任已经不能适应社会经济的发展需要,于是产品侵权责任便应运而生。产品责任可以不以生产者、销售者等与受害消费者有直接的合同关系为前提条件,消费者、生产者和销售者等之间即使没有合同关系存在,也能够就其所受的损害提出赔偿请求,产品侵权责任是产品责任中不可缺少的组成部分。

3. 企业领导人滥用职权等职业责任损失风险。企业领导人职业责任风险主要包括以下两个方面：①企业领导人滥用职权、专业技术人员因工作上的疏忽或者过失造成企业财产或者其他人人身或财产损失，依法应当由企业领导、专业技术人员承担的经济赔偿责任。职业责任实际上是一种失职的行为。例如，企业领导滥用职权侵犯职工合法权益，情节严重的，由主管机关、上级管理机关给予行政处分，情节严重的（如打击报复职工），追究刑事责任。企业领导人因玩忽职守，造成企业财产、国家利益和人民利益重大损失，构成犯罪的，追究刑事责任。②企业领导人违反其他经济法律、法规的职业责任风险。例如，企业违反财政、税收、价格、金融、劳动、工商行政管理、环境保护等法律、法规，由有关机关依法给予处罚的损失。

4. 企业公众责任风险。公众责任风险是企业因自身疏忽或者过失等侵权行为，致使他人的人身或者财产受到损害而依法承担的经济赔偿责任，例如，企业运输工具的责任风险、企业生产的责任风险。企业承担这类责任也会影响企业的生产和经营，影响企业的信誉。

5. 企业违反合同的责任风险。很多风险暴露来自企业与企业（或个人）签订的经济合同和劳动合同。企业经济合同的责任风险是指经济合同的当事人、当事人的上级领导机关和业务主管机关、直接责任者个人，由于自己的过错造成经济合同不能履行或者不能完全履行，依照法律或合同的规定应当承担赔偿责任。企业劳动合同的责任风险是指企业违反《劳动法》《劳动合同法》的有关规定，同劳动者发生劳动争议，引起赔偿劳动者损失的责任风险。例如，企业未承担国家规定的对女职工或未成年工特殊保护引起责任损失的风险。

二、企业承担违约责任的前提条件

企业承担违约责任必须以合同的合法有效为前提，即当事人承担违约责任的前提条件必须是违反了有效的合同或合同条款中的有效部分。只有签订合法有效的合同，国家法律才予以保护，当事人才可以达到订立合同的法律目的。只要当事人违反有效合同中约定的义务，就必须承担相应的责任。

除了上述前提外，还必须同时具备以下两个条件才能成立：一是要有违约的事实。当事人违反合同中约定的义务，如在购销合同中供方所供货物数量短缺、质量有问题、规格不符合样品要求、购方逾期付款等事实已经发生，是客观存在的事实。这是构成违约责任的客观要件。二是违约事实的发生是由当事人的过错所致，这是构成违约责任的主观要件。只有在当事人的过错造成违约的情况下，才存在当事人承担责任的问题。至于当事人的过错是故意还是过失造成的，对构成违约责任而言，则是无关紧要的。可见，违约责任的两个要件相辅相成，缺一不可。如果违约是由于免责事故造成的（如不可抗力），则不承担违约责任；或者根据合同的特别约定，也可以不承担违约责任。

不可抗力是指买卖合同签订后,不是由于合同当事人的过失或疏忽,而是由于发生了合同当事人无法预见、无法预防、无法避免和无法控制的事件,以至不能履行或不能如期履行合同,发生意外事件的一方当事人可以免除履行合同的责任或者推迟履行合同。不可抗力是一项免责条款。例如,《联合国国际货物销售合同公约》规定,合同签订后,如果发生了合同当事人订约时无法预见和事后不能控制的障碍,以至于不能履行合同规定的义务,可以免除责任。发生不可抗力事件以后,一方有义务及时将不可抗力及其后果通知另一方,并取得必要的文件证明。对方当事人接到通知后,应该及时答复,如果有异议,也应该及时通知。在我国,一般由中国国际贸易促进委员会出具证明文件。同不可抗力相似的规定有:

1. 合同落空。合同约定的目的不成立,合同随之失去法律效力。例如,1903年,英国上诉法院判决克雷尔诉讼亨利的案例就是如此。1902年,英王爱德华在维多利亚女皇之后继承了王位,决定举行加冕典礼。为了观看这场典礼,亨利与克雷尔谈妥,亨利于1902年6月26日和6月27日的白天租用克雷尔在楼上的房间,以使从窗户向街上观看加冕仪式。双方约定,租金为75英镑,亨利预先付了25英镑。然而,在6月22日,下议院发出通告,国王要作阑尾炎手术,典礼将改期进行。亨利得知后,拒绝向克雷尔支付剩余的50英镑租金。克雷尔因未得到租金而提起诉讼。在这一案例中,加冕的如期举行是合同的目的,合同的目的因为加冕的取消而落空,亨利支付租金的义务应被免除。

2. 实际上不可能。由于现实条件不允许,致使合同不可能履行。这种情形主要表现为以下几个方面:①合同的履行被宣布为违法。第二次世界大战期间,美国的一条铁路被约定为挪威政府运送干椰肉。后来,珍珠港事件爆发,美国政府下令该铁路只能用于运送木材,合同约定运送干椰肉的事情实际上是不可能的,因而该合同约定可以免责。②合同立约人无法履行合同。合同要求立约人亲自履行,而立约人已经死亡或者患病,则可以免责。例如,一位著名的画家承诺为一家饭店画画,后来,这位画家因病卧床不起,画画实际上成为了不可能的事情,画家可以免责。③条件被破坏或者恶化,妨碍了合同的履行。例如,一位歌唱家与某音乐厅约定举行三场独唱会,演唱会收益按一定比例分成。但是,演唱会只举行了一场,音乐厅就发生火灾被毁,不能举行另外两场独唱会。音乐厅可以免责。

3. 商业上不可能。合同在商业上不可能履行,必须同时满足三个条件:①意外事件不可能预见;②要求免责的一方对于风险既未直接也未间接界定;③要求免责的一方对于情况的发生没有责任。例如,某钻井人为农场主钻井,在钻井的过程中,遇到了格外坚硬的石层,钻井人难以再钻下去,这时钻井人可以援用商业上不可能条款为自己免责。但是,如果农场主愿意出高价,钻井人接受了高价,说明钻井人承诺自己有特殊的技能可以继续钻井,这时钻井人就不能再运用商业上不可能条款为自己免责。

三、企业责任损失的构成

企业承担的责任损失由损害赔偿金、调查费用、辩护费用、违约金等组成。例如,根据《中华人民共和国民法通则》的规定,法律制裁或补救办法包括赔偿经济损失、采取适当措施纠正错误、停止侵权行为、使受害方财产恢复原状等。下面以企业签订的经济合同为例,简述企业侵权、违约需要承担的责任损失。

(一)违约金

违约金是指由法律法规或合同规定的,因一方当事人过错不能履行或者不能完全履行合同的义务时,应该向对方当事人支付一定金额的费用。违约金是我国经济合同违约责任中最为常见的一种责任方式。违约金一般分为法定违约金和约定违约金。法定违约金是指法律法规规定的违约金;约定违约金是指法律法规未作出规定,而由当事人协商确定的违约金。除了法律法规另有约定外,凡是法律法规作出规定的法定违约金,必须执行法定违约金,当事人另行约定的违约金无效。

(二)赔偿金

赔偿金是指经济合同当事人一方,因过错违反合同给对方造成损失,在没有规定违约金或违约金不足以弥补损失时所支付的补偿费。赔偿金是对实际损失的补偿,具有补偿性。赔偿金的赔付需要具备两个条件:一是违约已经造成实际损失;二是损失超过违约金数额或者合同中没有约定违约金。一般来说,赔偿金按照直接损失额扣除违约金计算。根据《中华人民共和国经济合同法》的规定,违约金、赔偿金必须在明确责任10日内偿付,否则,要按逾期贷款处理。如果违约方不自觉偿付,另一方有权请求法院强制执行,但是,任何一方不得自行用扣发货物或者扣付货款的办法来冲抵。

(三)继续履行

继续履行是指违约一方偿付了违约金或赔偿金后,根据对方的要求,在对方指定或者双方约定的期限内,继续履行合同中规定的义务。当然,继续履行经济合同也是有条件的,是根据受害方的要求进行的;如果受害方不要求继续履行,就不必继续履行合同。

(四)单方有权解除经济合同

单方解除经济合同是法律法规规定的对故意违约采取的严厉制裁。例如,财产租赁合同中,承租人擅自将租赁财产转租或从事非法活动,出租方有权单方解除合同。又如,借款合同的借款方不按合同的规定使用贷款,贷款方有权提前收回贷款。再如,财产保险合同的投保人,如果隐瞒被保险财产的真实情况,保险人有权解除合同。

(五)价格制裁

价格制裁是指根据《经济合同法》及其有关法规的规定,执行国家定价的经济合同当事人,预期履行合同遇到价格调整时,在原价格和新价格中执行对违约方不利的那种价格。此外,按质论价也是对违约方的一种价格制裁。例如,根据《加工承揽合同条例》的规定,承揽方未按合同规定的质量交付定价物或完成工作,购货方同意购买的,应当按质论价。

（六）信贷制裁

信贷制裁是贷款方对借款方不按借款合同规定的用途使用贷款所实施的经济制裁措施。例如,我国商业银行可以按照法律法规的规定,对于违反借款合同条款的借款方直接进行信贷制裁,如加收贷款罚息、提前收回一部分或全部贷款等。

（七）定金制裁

定金是经济合同的一种担保形式。当给付定金的一方不履行合同时,则无权请求返还定金;接受定金的一方不履行合同时,应双倍返还定金。采取定金制裁并不意味着违约方可以免除承担其他违约责任,在法律法规没有相反的规定时,当事人除了接受定金制裁外,还要按合同约定或法律法规的规定,承担违约责任,不能以定金制裁代替违约金。

（八）其他制裁

其他制裁是指依照法律法规的规定给予违约单位其他方面的制裁。例如,按照《合同法》规定,违约的一方还要承担由于违约而多支付的运杂费、保管费和保养费等;承担法律费用,如聘请律师、寻找证人和提供证据的费用等。此外,如果裁定企业败诉,还要缴纳诉讼费用,主要包括陪审员费用、诉讼费用、保证金等。

四、企业责任风险的防范

（一）审查企业签订的合同

1. 严格审查合同当事人的资信状况。严格审查对方当事人的主体资格、资信状况和履约能力等方面的信息,可以有效地防范责任损失的风险。例如,某企业与不满16岁青年签订的劳动合同是不具有法律效力的,一旦对方当事人的行为给企业造成损失,企业难以维护自身的合法权益。又如,企业与履约能力较差的承包商签订承包合同,一旦发生风险事故,企业也会承担相应的连带赔偿责任。

2. 审查合同可能带来的责任风险。审查企业签订的合同,可以揭示违反经济合同的责任风险,这些风险是通过现场调查等活动无法发现的。一般来说,合同审查的重点有:①合同签订和落实的情况;②委托授权、市场准入和招标投标程序;③合同标的的审查;④合同条款的准确性、合法性;⑤合同履行的全面性和责任追究情况;⑥合同管理的基础工作。

3. 巧妙利用责任免除条款。利用责任免除条款,可以规避合同履行中的风险。例如,某水电工程的围堰设计标准是5年一遇,当基坑施工期间发生不超过5年一遇标准的洪水时,围堰将起到防御洪水、控制风险的作用。如果施工期间遇到超过5年一遇的洪水时,洪水将越过围堰进入基坑,淹没施工机械、临时设施、建筑物和机械设备,工程会被迫停工。等洪水过后,需要排除基坑积水、清理基坑杂物,重新购置施工机械、建设临时设施,直接经济损失巨大,并且明显会延长工期。遭遇超标准洪水的风险是业主的风险,如果要把这种风险转移给代建单位,则应支付相应的风险控制成本。否则,巨大的风险损失是代建单位难以承受的。对此,建议代建单位将超过设计标准的洪水界定为不可抗力,并在合同中明确相关索赔条款,一旦发生巨灾,则按照合同条款索赔。如果合同中不明确规定,事后将很难处理,因为将超标准洪水界定为"不可抗力",是让人难以接受的。

(二)签订防范责任风险的保险合同

签订防范风险的保险合同,可以将企业依法承担的责任风险转嫁给保险公司,由保险公司承担赔偿责任。根据保险公司提供产品的种类,企业可以根据自身发展的需要,选择合适的保险产品。

1.责任保险。责任保险是指一种以被保险人对第三者依法应承担的赔偿责任为保险标的的保险。企业、团体、家庭和个人在日常生产活动中,由于疏忽、过失等行为对他人造成人身伤害或财产损害,依法应承担的经济赔偿责任,可以通过投保有关责任保险的方式将其转移给保险人。责任保险的主要险种是产品责任险、雇主责任保险、职业责任保险和公众责任保险等。

2.保证保险。保证保险是被保证人(债务人)根据权利人(债权人)的要求,请求保险人担保自己信用的保险。保证保险的保险人向权利人担保被保证人的信用,并承担权利人经济损失的责任。在合同履行过程中,如果被保证人不履行合同的义务或者有犯罪行为,致使权利人遭受经济损失,由保险人承担经济损失赔偿责任。保证保险的险种主要有合同保证保险、产品质量保证保险和忠诚保证保险。

3.信用保险。信用保险是指权利人向保险人投保债务人信用风险的一种保险。信用保险不同于保证保险,其合同的当事人是权利人(被保险人)、保证人(保险人)。信用保险就是把债务人的保证责任转移给保险人,当债务人不能履行义务时,由保险人承担赔偿责任。信用保险的险种主要有一般商业信用保险、投资保险(又称政治风险保险)和出口信用保险。

第五节 企业人员损失风险管理

企业人员损失风险是企业风险管理的重要方面,企业人员损失的危害往往比财产损失更严重。了解企业人员损失的种类,进行风险评估和防范,对于减少人员损失、增强企业持续经营的稳定性具有重要意义。

一、企业人员损失的种类

企业人员损失风险主要包括死亡、身体伤残或丧失劳动能力、养老、辞职和解雇等方面。

(一)死亡风险

企业员工死亡的概率,是难以准确预测的。但是,根据大数法则,企业规模越大,其实际发生的死亡率与预测的死亡率之间的偏差就越小;相反,则偏差越大。企业员工死亡的原因主要有因工死亡和非因工死亡两方面。

1. 因工死亡。企业员工因工死亡,会产生以下三方面的损失:①人力资本收益的损失。员工工亡对于企业来说,意味着企业人力资本的损失。特别是对企业重要人力资本来说,意味着企业未来将无法获得人力资本带来的收益。②聘用新员工的损失。企业招聘新员工不仅需要支付招聘新员工的费用,而且还要支付培训新员工的培训费用。③抢救职工的医疗费用。职工在工作时间、工作地点遭遇突发事故受伤,需要到医院医治、抢救,进而产生抢救职工的医疗费用;抢救无效,职工会因工死亡。④工亡丧葬补助费和抚恤工亡职工家属的费用。因工死亡职工的丧葬费标准高于职工非因工死亡的标准,因工死亡职工的丧葬费补助金为6个月统筹地区上年度职工月平均工资。职工因工死亡不仅需要一次性支付工亡抚恤金(金额为上一年度全国城镇居民可支配收入的20倍),而且还要定期支付其家属生活抚恤金。企业支付工亡职工家属生活费标准如表13.8所示。

2. 非因工死亡。企业人员非因工死亡,除了会产生人力资本收益损失和聘用新员工的损失外,还会产生丧葬费和抚恤费。例如,根据我国政府的规定,丧葬费为2个月企业全部职工的平均工资,其供养的直系亲属,付给直系亲属救济费,数额为6~12个月死者本人工资;其供养的直系亲属为1人者,为6个月死者本人工资;2人者,为9个月死者本人工资;3人或3人以上者,为12个月死者本人工资。

(二)丧失劳动能力风险

丧失劳动能力风险对企业的影响比较大。一般来说,员工丧失劳动能力的原因有两个方面:

1. 因工丧失劳动能力。企业员工因工丧失劳动能力就是工伤。工伤是指劳动者在工作岗位从事生产劳动的过程中,发生的人身伤害事故、急性中毒事故。工伤使劳动者身体器官或者生理功能受到损伤,引起暂时、部分的劳动能力丧失,严重者经过治疗休养后仍然不能完全复原,以致身体或智力功能部分或者全部丧失,甚至死亡,工伤会造成劳动者的收入中断或者减少。

如果发生工伤事故,企业需要支付丧失劳动能力者的医疗费用、伤残补偿金和所需的康复费用,以及丧失劳动能力者及其家属的生活费用,这就会影响到企业的生产经营活动。例如,根据1986年国家标准局颁布的《企业职工伤亡事故分类标准》将工伤事故划分为以下20种类型:①物体打击;②车辆伤害;③机械伤害;④起重伤害;⑤触电;⑥淹溺;⑦灼烫;⑧火灾;⑨高处坠落;⑩坍塌;⑪冒顶片帮;⑫透水;⑬放炮;⑭火药爆炸;⑮瓦斯爆炸;⑯锅炉爆炸;⑰容器爆炸;⑱其他爆炸;⑲中毒和窒息;⑳其他伤害。一般来说,员工伤残等级为1~4级的,退出生产、工作岗位,由工伤保险基金或企业发给员工伤残津贴;员工伤残等级为5~6级的,企业难以安排适当工作的,由工伤保险基金或企业发给伤残津贴;员工伤残等级为7~10级的,企业负责安排适当的工作(见表13.7)。

表13.7 职工工伤与职业病致残程度分级

工伤类别	工伤级别综合判定依据
一级	器官缺失或功能完全丧失,其他器官不能代偿,存在特殊医疗依赖,或完全或大部分护理依赖
二级	器官严重缺损或畸形,有严重功能障碍或并发症,存在特殊医疗依赖,或大部分护理依赖
三级	器官严重缺损或畸形,有严重功能障碍或并发症,存在特殊医疗依赖,或部分护理依赖
四级	器官严重缺损或畸形,有严重功能障碍或并发症,存在特殊医疗依赖,或部分护理依赖或无护理依赖
五级	器官大部分缺损或明显畸形,有较重功能障碍或并发症,存在一般医疗依赖,无护理依赖
六级	器官大部分缺损或明显畸形,有中等功能障碍或并发症,存在一般医疗依赖,无护理依赖
七级	器官大部分缺损或畸形,有轻度功能障碍或并发症,存在一般医疗依赖,无护理依赖
八级	器官部分缺损,形态异常,轻度功能障碍,存在一般医疗依赖
九级	器官部分缺损,形态异常,轻度功能障碍,存在一般医疗依赖,无护理依赖
十级	器官部分缺损,形态异常,无功能障碍

2. 非因工丧失劳动能力。如果劳动者非因工丧失劳动能力,则其医疗费用由医疗保险基金或者致害方支付,其医疗津贴由企业支付。我国政府规定,工人、职员因疾病或者非因工负伤停止工作连续医疗期在6个月以内者,应由企业行政方面或者资方支付;工人、职员因疾病或者非因工负伤停止工作连续医疗期超过6个月者,应由社会救助发给疾病或者非因工负伤救济费。

(三)养老风险

养老风险是由员工退休、养老而产生的。退休是指员工达到法定退休年龄,依据国家法律或者法规由国家或者企业提供养老金的社会保险制度。同丧失劳动能力退出生产过程相比,退休人员数量、退休金需求是可以预测的,退休人员需求的养老金也是可以计划的,这种可以计划的费用支出不会带来损失的风险[①]。但是,如果企业不按国家有关规定,为职工办理养老保险参保手续或者不缴纳养老保险费,就会产生养老风险。根据

---

① 目前,我国退休人员获得的基本养老保险金由社会保险经办机构支付,综合补贴部分由企业支付。

我国法律法规的规定,用人单位不按国家规定缴纳养老保险费,则其职工退休后的养老金给付就由企业参照养老保险政策来承担。当退休人员因养老金没有着落、提起诉讼的时候,企业就会产生责任损失的风险。

（四）辞职风险

员工辞职对企业造成损失的风险主要取决于辞职员工的素质、培训、知识结构和工作岗位的重要性。一般来说,员工提供服务的价值大于其工资时,这些员工辞职对企业来说就是一种损失。相反,如果企业员工提供服务的价值小于其工资时,就不会造成企业的损失。员工辞职,企业可以不必支付经济补偿金。

（五）解雇风险

企业经营不善或者因其他原因需要解雇员工时,企业可以依法解雇员工。企业依法解雇员工通常受到国家法律法规的限制。例如,我国《劳动法》规定,用人单位可以解除劳动关系的情形如下:①劳动者在试用期间被证明不符合录用条件的;②劳动者严重违反劳动纪律或者用人单位规章制度的;③劳动者严重失职,营私舞弊,对用人单位利益造成重大损害的;④劳动者被依法追究刑事责任的;⑤劳动者患病或者非因工负伤,医疗期满后,不能从事原工作,也不能从事由用人单位另行安排的工作的;⑥劳动者不能胜任工作,经过培训或者调整工作岗位,仍不能胜任工作的;⑦劳动合同订立所依据的客观情况发生重大变化,致使原劳动合同无法履行,经当事人协商不能就变更劳动合同达成协议的;⑧被人民法院判处拘役、3年以下有期徒刑缓刑的,以及被劳动教养的,用人单位可以解除劳动合同。企业在其他情形下解雇员工,需要支付一定金额的经济补偿金。企业支付的经济补偿金过多,就会引起企业经营的风险。

二、引发企业员工损失风险的因素

引发企业财产损失的风险,同时也是引发企业员工损失的主要风险因素,这些风险的种类和防范前面已经讲述。除此之外,员工还面临着机械设备和物理化学因素引起损害的风险。

（一）机械设备引起员工损失的风险

机械设备是指各行业中可以通用的一般机械设备,机械设备的危险因素有机械的危险因素和物理化学危害因素两大类。机械的危险因素是指机械加工设备直接造成人体碰撞、夹击、卷入等机械伤害因素,机械的危险因素主要有以下几类:

1. 静止的危害因素。例如,切削刀具与刀刃,毛坯、工具和设备边缘锋利飞边及其表面粗糙部分等伤害员工的风险。

2. 旋转运动的危害因素。例如,旋转轴、研磨工具和切割刀具、旋转件和固定件的咬合等伤害员工的风险。

3. 往复运动和滑动的危害因素。例如,往复运动或者滑动的机械等伤害员工的风险。

4. 其他危害因素。例如，飞出的刀具、机械部件、切屑、工件等伤害员工的风险。

（二）物理化学因素引起员工损失的风险

物理化学危害因素是指机械加工设备在生产过程和作业环境中，能够造成物理伤害、化学伤害，导致员工工伤或者职业病。例如，热烫伤、振动危害、声危害、射线辐射危害、化学物品危害、作业区环境危害、粉尘危害等，都会引发员工患职业病。职业病是指员工在职业活动中，因接触粉尘、放射性物质和其他有毒、有害物质等因素引起的疾病。目前，我国法定职业病有115种。职业病的特点是：①在较长时间内形成，属于缓发性疾病；②大多表现为体内器官生理功能的损伤；③很少有痊愈的可能，属于不可逆性损伤。造成工伤、职业病的企业，如果未参加工伤保险，则员工工伤、职业病的治疗和康复等费用由企业承担（见表13.8）。

表13.8 因工伤残与死亡待遇计发表

补偿类别			定期补偿	一次性补偿
			伤残津贴	一次性伤残补助金
伤残待遇	生活完全不能自理	1级	本人工资的90%	27个月的本人工资
		2级	本人工资的85%	25个月的本人工资
		3级	本人工资的80%	23个月的本人工资
		4级	本人工资的75%	21个月的本人工资
	生活大部分不能自理	5级	本人工资的70%	18个月的本人工资
		6级	本人工资的60%	16个月的本人工资
	生活部分不能自理	7级		13个月的本人工资
		8级		11个月的本人工资
		9级		9个月的本人工资
		10级		7个月的本人工资
	护理费	完全不能自理	50%的统筹地区上年度月平均工资	
		大部分不能自理	40%的统筹地区上年度月平均工资	
		部分不能自理	30%的统筹地区上年度月平均工资	
死亡待遇	丧葬补助金		统筹地区上年度职工月平均工资6个月	
	遗属一次性抚恤金		上一年度全国城镇居民人均可支配收入的20倍	
	遗属定期抚恤金		按员工本人月平均工资的一定比例计发，配偶为40%，其他供养亲属为30%；供养亲属为孤寡老人和孤儿，在上述标准基础上加发10%	

三、企业员工损失的评估

企业员工辞职、丧失劳动能力、退休、死亡等都会使企业丧失一部分经济收入或者增加对丧失劳动能力的伤残人员补偿费用的支出。企业的员工死亡或者丧失劳动能力所带来的损失主要表现在以下两个方面：一是企业员工创造价值的损失；二是风险事故引起的额外费用开支。除此以外，员工丧失劳动能力、死亡和退休金给付等都会使企业增加消费支出，即向遭受风险事故的员工及其家属提供福利费、康复费、抚恤费等。企业员工损失对企业的经济影响，可以按照下面几个方面加以评价：

（一）生命价值

员工在遭受死亡或永久残疾的情况下，收入损失成为总损失的一个主要部分，因为这种损失是永久的，这部分损失可以通过计算员工在继续工作的情况下能够获得的收入，来估计员工的家属遭受损失的金额。一般来说，可以通过以下途径进行较为粗略的估计：①预测员工退休前每年能够得到的税后收入；②由于死亡是损失的原因，需要减去用来支付员工自身消费的那部分收入；③将每年的收入折为现值。员工每年的税后收入减去员工自身消费后所剩金额的现值，即员工的生命价值。在员工永久性残疾的情况下，就不应当减去员工自身的个人消费。员工生命价值是企业给付伤残人员或者死亡员工家属抚恤金的依据。

（二）直接损失

企业遇到与人力资本直接相关的损失（如雇员、客户、所有者去世或者致残），都会给企业造成直接的经济损失。例如，在单一所有权公司和合伙公司中，资产所有者的去世，会造成单一所有权公司和合伙制公司营业收入的中断。在美国绝大多数州，遗嘱执行人或者遗产管理人必须马上把死者的商业资产变现成现金，除非资产所有者已经明确授权能够继续经营其资产，或者所有者的继承人都已经成年，并且同意继续经营该项资产。如果出现下面一项或几项原因，遗嘱执行人或者遗产管理人有权继续经营该项资产：①等待较好的市场条件处理资产；②为资产所有者的家庭提供长期的收入来源；③等待遗产继承人有能力管理该项资产。如果企业缺乏运作资金，以及其他各种经营问题，遗嘱执行人或遗产管理者可能会被迫将其资产兑换成现金。此外，为了使财产在遗产继承人之间公平分配，也需要把所有者资产变现为现金。由此，在合伙公司中，根据《合伙制企业统一法案》的规定，如果某一位合伙人去世，合伙关系即宣告结束，还健在的合伙人必须尽快把合伙经营的资产转化为现金。合伙人的继承人如果要继续维持合伙关系必须征求每一位合伙人的同意，其继承人才能够成为合伙人；否则，就不能成为公司的合伙人。公司每位合伙人对合伙企业的债务都负有无限责任，每位合伙人都有完全的选择权。在单一所有权公司和合伙公司中，资产所有者的去世，会造成企业营业收入中断的损失。

（三）额外费用

如果风险事故没有造成人员伤亡，就不必支出额外费用；否则，就需要支付一些额外费用（如死者的丧葬费、伤残人员的医疗费用、死者配偶的抚恤费和未成年子女的抚养费等），这些额外费用的增加也会引起企业收入的损失。

（四）信用损失

大多数企业的业务往来依赖于对客户的信任,如果企业面临责任损失的风险,就会影响到企业的信用,造成企业信用的损失。例如,银行向客户提供贷款,并认为客户具有偿还贷款的能力。客户的去世、高位瘫痪或失能都会提高企业偿债的风险。此时,如果采取强制手段逼债,不仅会造成企业的信用损失,而且还可能会影响企业同其他客户的关系。

四、员工损失风险的防范

（一）机械设备损害的风险防范

对于机械设备对人员造成的伤害,可以采取以下措施加以防范:

1. 安装防护装置。以操作人员的操作位置所在的平面为基准,凡是高度在2米以内的所有传动带、转轴、传动链、联轴节、带轮、齿轮、飞轮、链轮等危险零部件及其危险部位,都应设置防护装置;经常进行调节和维护的可动零部件,应该设置可动式防护罩,必要时可以安装联锁装置,一旦开启防护罩,则应立即自动停机。离地面高度大于2米的架空传动装置,如果跨越人行通道或者工作区域时,则应设置底部防护板;跨过裸露的传动装置的人行道,必须搭设专门的跨越平台,而且平台的两侧均应用金属板或者护栏全部防护起来。

2. 设置操作平台。机械设备的操作位置高出地面2米以上时,应配置操作台、栏杆、扶手、围板等,梯、台、围栏的设置应该符合国家标准。

3. 维护操作设备的安全。机械设备的操作机械(如手柄、手轮、拉杆等),其设置应操作方便、安全省力、标志清晰、齐全完整、牢固可靠。例如,机械设备在高速转动中,容易飞出或者甩出的部件,应有防止松脱装置或者紧急连锁装置。机械运动部分不应有凹凸不平或者带棱角的表面。

4. 安装防止泄漏的装置和保险装置。机械设备的气、液压传动机械,应该设有控制超压、防止泄漏等装置。机械设备中发生高温、极低温、强辐射线等部位,应设有屏护措施。

（二）职业病的防范

我国《劳动法》规定,劳动者依法享有职业卫生保护的权利,企业为员工提供职业卫生保护是企业的义务。企业应当为劳动者创造符合国家职业卫生标准和卫生要求的工作环境和条件,并采取措施保障劳动者获得职业卫生保护。为了预防和减少职业病的发生,国家实行职业卫生监督制度。下面以我国《职业病防治法》为例,介绍职业病的防范。

1. 职业病的预防措施

在职业病预防方面,企业应该采取下列措施:

(1) 工作场所。产生职业病危害企业的设立除应当符合法律、行政法规规定的设立条件外,其工作场所还应当符合下列职业卫生的要求:①职业病危害因素的强度或者浓度符合国家职业卫生标准;②有与职业病危害防护相适应的设施,例如设置自动报警装置和事故通风设施,有毒作业场所设置应急撤离通道和必要的泄险区;③生产布局合理,符合有害与无害作业分开的原则;④有配套的更衣间、洗浴间、孕妇休息间等卫生设施;⑤设备、工具、用具等设施符合保护劳动者生理、心理健康的要求;⑥法律、行政法规和国务院卫生行政部门关于保护劳动者健康的其他要求。

(2) 新建、扩建项目。企业新建、扩建、改建项目和技术改造、技术引进项目可能产生职业病危害的,建设单位在可行性论证阶段应当向卫生行政部门提交职业病危害预评价报告。卫生行政部门应当自收到职业病危害预评价报告之日起30日内,作出审核决定并书面通知建设单位。未提交预评价报告或者预评价报告未经卫生行政部门审核同意的,有关部门不得批准该建设项目。职业病危害预评价报告应当对建设项目可能产生的职业病危害因素及其对工作场所和劳动者健康的影响作出评价,确定危害类别和职业病防护措施。职业病危害严重的建设项目防护设施的设计,应当经卫生行政部门进行审查,符合国家职业卫生标准和卫生要求的,方可施工。建设项目在竣工验收前,建设单位应当进行职业病危害控制效果评价。建设项目竣工验收时,其职业病防护设施经卫生行政部门验收合格后,方可投入正式生产和使用。

(3) 企业必须采用有效的职业病防护设施,并向劳动者提供个人使用的职业病防护用品。企业为劳动者提供的职业病防护用品必须符合防治职业病的要求;不符合要求的,不得使用。

2. 职业病的控制措施

在职业病控制方面,企业应当采取下列措施:

(1) 设置或者指定职业卫生管理机构或者组织,配备专职或者兼职的职业卫生人员,负责本单位的职业病防治工作。我国《安全生产法》规定,矿山、建筑施工单位和危险物品的生产、经营、储存单位,应当设置安全生产管理机构或者配备专职安全生产管理人员。危险物品的生产、经营、储存单位,以及矿山、建筑施工单位的主要负责人和安全生产管理人员,应当由有关主管部门对其安全生产知识和管理能力考核合格后方可任职。

(2) 制订职业病防治计划和实施方案。①建立职业中毒事故的预测、预警机制。针对生产中已经发生或可能发生风险事故的情况,建立系统的调查、管理制度。②建立职业病危害评估机制。对此,企业应充分利用现有的职业病防治信息,整合资源、统一统计口径,提升急性职业中毒控制信息的水平,及时、准确地评估职业病防治效果,为职业病防治决策提供准确、科学的依据。③建立高效率的职业病处理机制,对可能造成重大事故的情况建立紧急处理机制。④建立职业病处理信息系统,以便能够科学地分析风险管理措施的有效性。

（3）建立、健全职业卫生管理制度和操作规程。①产生职业病危害的企业,应当在醒目位置设置公告栏,公布有关职业病防治的规章制度、操作规程、职业病危害事故应急救援措施和工作场所职业病危害因素检测结果。②对产生严重职业病危害的作业岗位,应当在醒目位置,设置警示标识和中文警示说明。警示说明应当载明产生职业病危害的种类、后果、预防以及应急救治措施等内容。③对可能发生急性职业损伤的有毒、有害工作场所,企业应当设置报警装置,配置现场急救用品、冲洗设备、应急撤离通道和必要的泄险区。④对放射性工作场所和放射性同位素的运输、贮存,企业必须配置防护设备和报警装置,保证接触放射线的工作人员佩戴个人剂量计。⑤对职业病防护设备、应急救援设施和个人使用的职业病防护用品,企业应当进行经常性的维护、检修,定期检测其性能和效果,确保其处于正常状态,不得擅自拆除或者停止使用。

（4）建立、健全劳动者职业卫生制度。①企业与劳动者订立劳动合同(含聘用合同)时,应当将工作过程中可能产生的职业病危害及其后果、职业病防护措施和待遇等如实告知劳动者,并在劳动合同中写明,不得隐瞒或者欺骗。劳动者在已订立劳动合同期间因工作岗位或者工作内容变更,从事与所订立劳动合同中未告知的存在职业病危害的作业时,企业应当依照有关规定,向劳动者履行如实告知的义务,并协商变更原劳动合同相关条款。企业违反如实告知义务,劳动者有权拒绝从事存在职业病危害的作业,企业不得因此解除或者终止与劳动者所订立的劳动合同。②企业的负责人应当接受职业卫生培训,遵守职业病防治法律法规,依法组织本单位的职业病防治工作。企业应当对劳动者进行上岗前的职业卫生培训和在岗期间的定期职业卫生培训,普及职业卫生知识,督促劳动者遵守职业病防治法律法规、规章和操作规程,指导劳动者正确使用职业病防护设备和个人使用的职业病防护用品。③劳动者应当学习和掌握相关的职业卫生知识,遵守职业病防治法律法规、规章和操作规程,正确使用、维护职业病防护设备和个人使用的职业病防护用品,发现职业病危害事故隐患应当及时报告。④从事接触职业病危害作业的劳动者,企业应当按照国务院卫生行政部门的规定,组织上岗前、在岗期间和离岗时的职业健康检查,并将检查结果如实告知劳动者。职业健康检查费用由企业承担。企业不得安排未经上岗前职业健康检查的劳动者从事接触职业病危害的作业;不得安排有职业禁忌的劳动者从事其所禁忌的作业;对在职业健康检查中发现有与所从事的职业相关的健康损害的劳动者,应当调离原工作岗位,并妥善安置;对未进行离岗前职业健康检查的劳动者,不得解除或者终止与其订立的劳动合同。⑤企业应当为劳动者建立职业健康监护档案,并按照规定的期限妥善保存。职业健康监护档案应当包括劳动者的职业史、职业病危害接触史、职业健康检查结果和职业病诊疗等有关个人健康资料。劳动者离开企业时,有权索取本人职业健康监护档案复印件,企业应当如实、无偿提供,并在所提供的复印件上签章。

（5）建立、健全工作场所职业病危害因素监测及评价制度。①企业应当按照国务院卫生行政部门的规定,定期对工作场所进行职业病危害因素检测、评价。检测、评价结果存入企业职业卫生档案,定期向所在地卫生行政部门报告,并向劳动者公布。②职业病危害因素检测、评价由依法设立的取得省级以上人民政府卫生行政部门资质认证的职业卫生技术服务机构进行。职业卫生技术服务机构所作检测、评价应当客观、真实。③发现工作场所职业病危害因素不符合国家职业卫生标准和卫生要求时,企业应当立即采取相应治理措施,仍然达不到国家职业卫生标准和卫生要求的,必须停止存在职业病危害因素的作业;职业病危害因素经治理后,符合国家职业卫生标准和卫生要求的,方可重新作业。

(6) 建立、健全职业病危害事故应急救援预案。①发生或者可能发生急性职业病危害事故时,企业应当立即采取应急救援和控制措施,并及时报告所在地卫生行政部门和有关部门。②卫生行政部门接到报告后,应当及时会同有关部门组织调查处理;必要时,可以采取临时控制措施。③对遭受或者可能遭受急性职业病危害的劳动者,企业应当及时组织救治、进行健康检查和医学观察,所需费用由企业承担。

3. 职业病的消除措施

企业有下列情形之一且情节严重的,责令停止产生职业病危害的作业,或者提请有关人民政府按照国务院规定的权限责令关闭:①隐瞒技术、工艺、材料所产生的职业病危害的;②隐瞒本单位职业卫生真实情况的;③可能发生急性职业损伤的有毒、有害工作场所,放射性工作场所或者放射性同位素的运输、贮存不符合国家规定标准的;④使用国家明令禁止使用的可能产生职业病危害的设备或者材料的;⑤将产生职业病危害的作业转移给没有职业病防护条件的单位和个人,或者没有职业病防护条件的单位和个人接受产生职业病危害的作业的;⑥擅自拆除、停止使用职业病防护设备或者应急救援设施的;⑦安排未经职业健康检查的劳动者、有职业禁忌的劳动者、未成年工或者孕期、哺乳期女职工从事接触职业病危害的作业或者禁忌作业的;⑧违章指挥和强令劳动者进行没有职业病防护措施的作业的。

五、企业员工保障

在防范企业员工损失风险方面,可供企业选择的保障措施有:社会保险、企业补充保险和商业人身保险。

(一) 社会保险

社会保险是国家依靠强制力实施的。我国境内的企业和个人必须依法参加社会保险。

1. 养老保险

养老保险是指根据国家的法律法规对劳动者达到法定退休年龄,从事某种劳动达到法定年限后,由国家和社会依法给予帮助,以维持其老年基本生活的一种社会保险制度。

养老保险制度包含以下两个层次的内容：①享受养老保险给付必须达到法定退休年龄。劳动者在达到这个年龄界限时，作为年老丧失劳动能力的界限解除劳动义务。目前，我国女工人的法定退休年龄是50岁，女干部的法定退休年龄是55岁，男性的法定退休年龄是60岁。②劳动者履行劳动义务达到规定的年限。目前，我国劳动者履行劳动义务需要达到的规定年限是15年。

2. 医疗保险

医疗社会保险是指国家、企业对劳动者（公民）因为疾病、受伤和生育等原因需要去医疗机构进行诊断、检查和治疗时，提供必要的医疗费用和医疗服务的制度。劳动者只有在患病、生育或者受伤时，才有资格享受医疗保险待遇。劳动者患病、就医、接受医疗服务的机会均等，不会因为个人地位、身份的不同而有所差异。医疗保险经办机构提供的医疗保险标准，是根据患者的病情确定的。

3. 工伤保险

工伤保险是指劳动者在生产经营活动中或在某些规定的情况下，遭受意外事故，造成伤残、职业病、死亡等伤害，政府或企业为劳动者提供医疗救治和康复服务，保证劳动者及其遗属生活的社会保险制度。

（1）工伤认定的范围。工伤事故的发生必须同工作时间、工作活动有关。我国《工伤保险条例》规定了认定工伤的情形：①在工作时间和工作场所内，因工作原因受到事故伤害的；②工作时间前后在工作场所内，从事与工作有关的预备性或者收尾性工作受到事故伤害的；③在工作时间和工作场所内，因履行工作职责受到暴力等意外伤害的；④患职业病的；⑤因工外出期间，由于工作原因受到伤害或者发生事故下落不明的；⑥在上下班途中，受到机动车事故伤害的；⑦法律、行政法规规定应当认定为工伤的其他情形。职工有下列情形之一的，视同工伤：a. 在工作时间和工作岗位，突发疾病死亡或者在48小时之内经抢救无效死亡的；b. 在抢险救灾等维护国家利益、公共利益活动中受到伤害的；c. 职工原在军队服役，因战、因公负伤致残，已经取得革命伤残军人证，到用人单位后旧伤复发的。职工有前款第①项、第②项情形的，按照《工伤保险条例》的有关规定，享受工伤保险待遇；职工有前款第③项情形的，按照《条例》的有关规定，享受除一次性伤残补助金以外的工伤保险待遇。职工有下列情形之一的，不得认定为工伤或者视同工伤：a. 因犯罪或者违反治安管理规定伤亡的；b. 醉酒导致伤亡的；c. 自残或者自杀的。

（2）职业病认定的范围。职业病的认定是劳动社会保障部门会同卫生行政部门认定的。根据我国政府2001年出台的《中华人民共和国职业病防治法》的规定，职业病的诊断，应当综合分析下列因素：①病人职业史；②职业病危害接触史和现场危害调查与评价；③临床表现，以及辅助检查结果。没有证据否定职业病危害因素与病人临床表现之间必然联系的，在排除其他致病因素后，应该诊断为职业病。

（3）劳动能力鉴定。劳动能力鉴定是对工伤职工受伤程度的评价，劳动能力鉴定的结果是用人单位安排职工生活、工作的重要依据,是对工伤职工劳动能力的综合评定。劳动能力鉴定是指专门的机构利用科学技术和方法,对工伤、疾病失能程序作出的判定结论。劳动能力鉴定一般委托有条件的医疗机构或者聘请具有鉴定资格的医生组成的专家组进行鉴定。进行劳动能力鉴定需要经过以下程序:①申请进行劳动能力鉴定。例如,我国政府规定,用人单位、工伤职工或者其直系亲属向设区的市级劳动能力鉴定委员会提出劳动能力鉴定申请。②劳动能力鉴定委员会从建立的医疗卫生专家库中随机抽取3名或者5名相关专家组成专家组。抽取专家的过程应当是公开、公正的,不允许暗箱操作。③专家组提出鉴定意见。专家组的鉴定意见应当对工伤职工的失能程度进行客观的评价,但不出具最后的鉴定结论。④做出工伤职工劳动能力鉴定结论。劳动能力鉴定委员会根据专家组的鉴定意见,做出工伤职工失能情况的鉴定结论,并将鉴定结论通知职工所在的单位或本人。例如,我国《工伤保险条例》规定,设区的市级劳动能力鉴定委员会应当自收到劳动能力鉴定申请3日起60日内做出劳动能力鉴定结论;必要时,做出劳动能力鉴定结论的期限可以延长30日。劳动能力鉴定结论应当及时送达申请鉴定的单位和个人。⑤重新鉴定。重新鉴定包括定期复查鉴定和处理争议的复查鉴定。定期复查鉴定是指在国家规定的医疗期满时进行鉴定。有些由于伤残未愈不能进行鉴定者,有些职工的伤残情况会随着时间的推移而加重,在这种情况下,应该按照国家有关规定,进行重新鉴定。劳动争议处理的复查鉴定主要是指工伤职工及其家属对劳动能力鉴定委员会做出的鉴定结论不服,可以在收到鉴定结论15日内向上一级劳动能力鉴定委员会申请重新鉴定。上一级劳动能力鉴定委员会将根据工伤职工的情况,做出最终的鉴定结论。⑥劳动能力鉴定委员会按照器官损伤、功能障碍、医疗依赖及护理依赖程度进行综合评定,最终将伤残程度划分为10个等级(见表13.7)。

(4)工伤保险待遇的给付。工伤保险待遇的给付包括以下几个方面:①医疗费用给付。医疗费用给付是劳动者因工受伤、受到职业病伤害、旧伤复发、存在医疗依赖时,由社会保险经办机构提供医疗门诊、住院服务的费用和医疗期工作津贴给付。②停工留薪期及其待遇。停工留薪期是指职工因工负伤或者患职业病及其合并症,经过一段时间治疗治愈;或者虽然遗留一定的自觉症状,但是客观检查无阳性体征;或者虽有症状和病理改变(阳性体征),但是不需要医疗处理或者目前医疗技术无法从根本上改善其主要体征时,虽已达到或者未达到完全或者部分丧失劳动能力,均确认为终结医疗的时间,即为工伤医疗期满。我国《工伤保险条例》规定,职工因工作遭受事故伤害或者因患职业病需要暂停工作接受工伤医疗的,在停工留薪期内,原工资福利待遇不变,由所在单位按月支付。停工留薪期一般不超过12个月。③伤残给付。工伤职工的伤残待遇分为一次性补偿和定期补偿。我国《工伤保险条例》规定,被鉴定为完全丧失劳动能力的(1~4级),应当保留劳动关系,退出生产、工伤岗位,由工伤保险基金按月发给职工本人工资90%~75%的伤残津贴,伤残津贴实际支付的金额低于当地最低工资标准的,由工伤保险基金补足差额,并发给相当于18~24个月工资的一次性伤残补助金;工伤职工达到退休年龄并办理退休手续后,停发伤残津贴,享受基本养老保险待遇,基本养老保险待遇低于伤残津贴的,由工伤保险基金补足差额。被鉴定为5~6级伤残的职工,由工伤保险基金按伤残等级支付一次性伤残补助金。5级伤残为16个月的职工本人工资,6级伤残为14个月的职工本人工资。有人单位难以安排工作的,应当按月发给相当于职工本人工资70%、60%的伤残津贴;伤残津贴实际支付的金额低于当地最低工资标准的,由用人单位补足差额。被鉴定为7~10级伤残的,可以享受以下待遇:7级伤残由工伤保险基金中一次性支付伤残补助金为12个月的职工本人工资;8级伤残为10个月的职工本人工资;9级伤残为8个月的职工本人工资;10级伤残为6个月的职工本人工资(见表13.8)。④死亡待遇。死亡待遇主要包括死者的丧葬费、供养亲属抚恤金和一次性工亡补助金。我国《工伤保险条例》规定,丧葬补助金按照统筹地区上年度职工月平均工资6个月的标准一次性计发。供养亲属抚恤金按照职工本人工资的一定比例发给由因工死亡职工生前提供主要生活来源、无劳动能力的亲属,配偶为每月40%的职工本人工资,其他供养亲属每人每月30%的职工本人工资,孤寡老人或者孤儿每人每月在上述标准基础上增发10%,核定的各供养亲属的抚恤金之和不应高于因工死亡职工生前的工资。工亡补助金是一次性给付的,标准为48~60个月的统筹地区上年度职工月平均工资(见表13.8)。

(二)补充保险

1. 补充养老保险。补充养老保险又称企业年金(或公共年金),是用人单位根据自身经济效益的状况,为提高职工退休后的生活水平建立的补充养老保险制度。补充养老保险作为员工福利的一个方面,是对职工未来支付养老金的承诺。补充养老保险的发展需要用人单位有足够的经济实力,需要国家政策优惠和税收优惠的支持。

2. 补充医疗保险。补充医疗保险是指职工以企业为单位自愿或者被强制参加基本医疗保险以外的医疗保险。补充医疗保险是相对于基本医疗保险而言的,是根据权利和义务统一的原则,依据特殊人群的需要而设立的,是对国家举办的基本医疗保险的补充保险。

(三)商业人身保险

商业人身保险是指以人的生命或身体为保险标的,当被保险人在保险期内发生死亡、伤残、疾病、年老等事故或者生存至保险期满时给付保险金的保险业务。人身保险主要有以下几类:

1. 健康保险

健康保险是以被保险人的身体为保险标的,对被保险人因遭受疾病或意外伤害事故所发生的医疗费用损失或者导致劳动能力丧失所引起的收入损失,以及因为年老、疾病或意外伤害事故导致需要长期护理的费用,提供经济补偿的保险。健康保险产品主要有以下几类:

(1) 医疗保险。医疗保险是指以保险合同约定的医疗行为发生为给付保险金条件，为被保险人接受诊疗期间的医疗费用支出提供保障的保险。

(2) 失能保险。失能保险又称失能收入损失保险，是指以因保险合同约定的疾病或者意外伤害导致工作能力丧失为给付保险金条件，为被保险人在一定时期内的收入减少或收入中断提供保障的保险。

(3) 护理保险。护理保险是指以因保险合同约定的日常生活能力障碍引发护理费用为给付条件，为被保险人的护理提供保障的保险。

2. 人身意外伤害保险

人身意外伤害保险是指在保险期内引发意外事故致使被保险人死亡或伤残，保险人按合同规定给付保险金的保险。人身意外伤害保险有三层含义：①必须有客观的意外事故发生，且事故原因是意外的、偶然的、不可预见的。②被保险人必须有因客观事故造成的死亡或伤残。③意外事故的发生和被保险人遭受人身伤亡的结果存在着内在的、必然的联系。这也就是说，意外事故的发生是被保险人遭受伤害的原因，而被保险人遭受伤害是意外事故的后果。人身意外伤害保险保障的内容主要有以下几个方面：

(1) 死亡给付。被保险人因遭受意外伤害造成死亡时，保险人给付死亡保险金。

(2) 残废给付。被保险人因遭受意外伤害造成残废时，保险人给付残废保险金。

(3) 医疗给付。被保险人因遭受意外伤害支出医疗费时，保险人给付医疗保险金。意外伤害医疗保险一般不单独承保，而是作为意外伤害死亡残废的附加险承保。

(4) 停工给付。被保险人因遭受意外伤害暂时丧失劳动能力不能工作时，保险人给付停工保险金。

3. 人寿保险

人寿保险简称寿险，是以被保险人在保险责任期内生存或死亡，由保险人根据契约规定给付保险金的一种保险。人寿保险产品主要有以下几类：

(1) 生存保险。生存保险是指以被保险人生存满一定时期为条件，由保险人负责给付保险金的保险。生存保险的特殊形式是保险年金。

(2) 死亡保险。死亡保险是以保险人死亡为保险事故，在事故发生时，由保险人给付一定金额的保险金。死亡保险包括定期死亡保险和终身死亡保险两种：定期死亡保险是一种以被保险人在规定的期限内发生死亡事故，而由保险人负责给付保险金的保险。终身死亡保险是一种为被保险人提供终身保障的保险。

(3) 两全保险。两全保险亦称生死合险，是将定期死亡保险和生存保险结合起来的保险形式。两全保险是指被保险人在保险合同规定的期限内死亡，或合同规定期限届满时仍生存，由保险人按照合同规定均负给付保险金责任的死亡和生存混合组成的保险。由于两全保险既保障期内死亡又保障到期生存，因此，两全保险不仅使受益人得到保障，同时，也使被保险人享受保险的利益。

复习思考题
1. 简述企业不动产损失的风险和防范措施。
2. 简述企业动产损失的风险和防范措施。
3. 简述企业财产损失的衡量方法。
4. 简述企业权益损失的风险和防范措施。
5. 简述企业收入损失的风险和防范措施。
6. 简述企业责任损失的构成。
7. 简述企业承担违约责任的条件。
8. 简述企业人员损失的风险和防范措施。
9. 简述企业员工保障的措施。

第十四章 保险公司的风险管理

保险公司是经营风险的高风险企业,不仅经营管理各种静态风险,而且还面临着各种动态风险。保险公司作为集合风险和分散风险的专业管理机构,承保各种自然灾害、意外事故等风险所造成的损失。保险公司经营预期内的损失,并不构成保险公司的风险;保险公司经营预期以外的损失,构成保险公司的经营风险。

经营风险是指在保险公司经营的过程中,由于各种因素,如风险选择、费率厘定、市场竞争、通货膨胀、投资市场波动、法律变更、国内外政治经济形势变化等方面的影响,使实际经营结果与预期值发生偏差,保险公司有遭受损失的风险,其经营的状况直接影响到投保人的利益。保险公司是风险管理的重要单位,保险是风险管理单位规避风险的重要方式。如果保险公司的经营出现问题,势必会影响风险管理单位的风险转移,造成风险管理单位无法获得相应补偿等问题。但是,保险公司作为金融市场的重要组成部分,本身并不能完全避免风险,加强保险公司的风险管理,也是风险管理的重要内容之一。保险公司在经营中面临的风险主要有展业风险、理赔风险、投资风险等,这些风险的存在影响着保险公司的持续稳健经营,也就决定着保险公司必须对自身面临的各种风险进行识别、衡量,并采取相应的风险管理措施应对风险。

第一节 保险公司的风险识别

保险公司的风险识别,不仅要确定保险公司经营中存在的风险、了解保险公司风险的一般特征,而且还要找出引发风险的主要原因。只有识别风险,才能采取相应的措施管理风险。

一、保险公司面临风险的种类

保险公司的经营风险不仅直接来源于保险公司的经营活动和制订经营决策的全过程,而且还间接来自保险市场、资本市场,以及社会环境的变化,保险公司面临损失的风险大体可以分为以下几类:

(一)环境性风险

环境性风险是指由于保险公司外部环境的变化,包括宏观经济环境、市场环境、经济政策的调整、经济体制的变革等,给保险公司经营带来损失的风险。环境性风险主要包括以下几个方面:

1. 经济周期风险。经济周期风险是指在一个国家或地区经济周期的不同阶段,对保险公司的经营产生重大影响的风险。一般来说,在经济繁荣时期,社会生产力和居民收入会大幅度地提高,居民对于保险产品的需求也会随之膨胀,保费收入会大幅度地增加,保险公司聚集了大量的保险基金,可以增强保险公司的抗风险能力;在经济萧条时期,保险公司的财务能力随之削弱,通货膨胀和利率的变动越大,对保险公司稳定经营的影响也就越大。

2. 市场竞争风险。市场竞争风险是指由于市场主体的增加而导致保险公司原有客户流失,同时,由于各家保险公司为了在激烈的市场竞争中占据有利的地位,采取不正当的竞争手段而导致的风险。市场竞争不仅会损害被保险人的利益,而且也会影响到保险公司的财务稳定和偿付能力。

3. 政策性风险。政策性风险是指国家政策、宏观经济政策的变化,以及相关法律的调整,特别是国家对保险行业政策调整的变化,影响到保险公司的稳定经营。例如,税收政策、利率政策、汇率政策,以及国家对保险基金运用的限制政策等方面的变化,都会影响到保险公司的稳定经营。

4. 监管风险。政府监管是指保证保险市场有效、规范运作和保护被保险人利益的重要措施。世界各国政府都非常重视对保险市场的监管,这是保证保险公司稳定经营的制度保障。一般而言,监管部门对保险业务的监管放松,保险业务的发展就快,保险公司面临的经营风险就大;相反,监管部门对保险业务的限制越多,监管越严格,保险业务的发展就越慢,保险公司面临的经营风险就小。

5. 巨灾风险。巨灾风险是指洪水、地震、飓风等巨灾,造成一定地域范围内大量保险标的同时受损、引发巨额保险索赔的风险,巨灾风险对保险公司的稳定经营带来的影响比较大。

(二) 经营性风险

经营性风险是指保险公司在市场预测、产品设计、产品营销、承保、理赔、资金运用等方面,因为管理水平不高或者经营决策不当,给保险公司经营带来损失的风险。经营性风险贯彻于保险企业内部经营活动中的各个环节,是保险公司面临的最重要的风险。

1. 业务管理风险

业务管理风险是指保险公司在营销、承保、理赔的过程中,由于缺乏风险意识、管理不严、实务操作不规范而影响经营稳定的风险,其主要包括以下几个方面:

(1) 展业风险。展业风险主要是指保险公司在展业过程中缺乏对保险标的风险的评估和选择经验而产生的风险。展业风险产生的原因主要有以下几个方面:一是保险市场不完善,市场竞争不规范。保险公司为了抢占市场份额,以保费收入作为业绩考核的重要指标,忽视业务质量和业务结构的合理性而导致的风险。二是一些保险代理人受个人经济利益和短期行为的驱使,片面追求业务数量,而不注意风险选择,对不符合承保条件的标的也予以承保,而给保险公司带来的经营风险。三是保险公司不顾及自身的承保能力、资金、技术和人员等客观条件的限制和制约,盲目地接受业务,致使保险公司遭受损失或者破产的风险。

(2) 承保风险。承保风险主要是指保险公司按照保险条款规定的内容履行责任的风险。保险公司缺乏严密的核保制度和完善的核保管理系统,对保险标的没有进行严格的风险选择和承保控制,是保险公司面临承保风险的主要原因。造成保险公司面临承保风险的原因主要有以下几个方面:一是保险费率确定不合理。风险衡量的偏差,是保险费率确定不合理的一个重要原因。一般来说,保险费率是根据风险衡量的结果确定的,对于风险可能造成损失的程度估计不足,会使保险产品定价过低。未来发生风险事故时,会使保险公司面临入不敷出的局面,造成公司经营的亏损。二是市场竞争促使保险公司降低保险费率。保险市场与其他市场一样,是一个竞争的市场,各保险公司为了在市场上处于有利地位,获得较大的市场份额,很可能利用价格来进行竞争,降低保险产品价格是一些保险公司参与市场竞争的策略,但是,这同时也使保险公司面临着巨大的承保风险。三是利差损带来的承保风险。利差损对于传统固定利率的保险产品影响比较大,严重影响到保险公司的偿付能力。例如,我国自1996年以来七次降息后,一年期存款利率由原来的9.18%下调至2.25%,但是,这一时期保险公司售出的固定利率保险产品的预定利率曾一度高达7%~9%的复利,这意味着,在未来相当长的一段时间里,保险公司需要按照原有的高利率履行给付责任,保险公司利差损的扩大,可能直接导致保险公司偿付能力的恶化。

(3) 理赔风险。理赔风险是指由于保险公司在理赔过程中缺少有效的核赔手段和对各种骗赔行为的鉴别能力低下而导致的给付风险。理赔风险产生的原因主要有以下两个方面:一是内部理赔风险,即保险公司由于缺乏健全的理赔制度,核赔核损人员虚假理赔和以赔谋私提供了机会;二是保险欺诈风险,即投保人、被保险人、受益人以欺诈手段伪造损失或者夸大损失来获得不合理赔款的违法行为。目前,保险欺诈已经成为跨国界、跨地区的普遍现象,也是保险公司经营过程中不可忽视的外部风险因素。保险欺诈主要有故意导致保险事故、捏造保险事故、扩大事故的范围三类。保险欺诈风险发生的主要原因是保险公司内部管理混乱,缺乏有效的核保核赔机制,致使保险欺诈有机可乘。保险欺诈也严重影响着保险公司的稳定经营。

(4) 分保风险。分保风险是指保险公司在运用再保险手段规避风险时,由于分保不当而导致保险公司面临重大损失的风险。

(5) 退保风险。退保风险是指被保险人在保险期满之前提出退保,而给保险公司带来损失的风险。退保不仅会影响保险公司的资金运用,而且还会影响保险公司正常的财务计划,削弱保险公司的市场竞争能力,严重影响保险公司的财务稳定和正常运营。

2. 准备金风险

准备金风险是指保险公司没有准确计提和提足各项准备金,而影响保险公司对未来赔付责任顺利履行的风险。由于保险经营的特殊性,保费收取和保险金赔付之间存在着时间差,再加上保险年限和会计核算年度的不吻合,保险公司为保证将来保险金的赔付,必须在年终会计决算时准确计提各项准备金。如果保险公司未按规定计提准备金,就有可能引发偿付能力不足的风险。

3. 投资风险

投资风险是指保险基金在运用的过程中,受到投资者、投资对象和投资环境等不确定性的影响,而导致赔本或者投资收益率过低的风险。一般来说,投资者面对的风险分为系统性投资风险和非系统性投资风险两类。系统性风险是指由于经济或者政治的变动而造成所有投资品价格波动的风险。例如,国家对资本市场的监管、宏观经济政策、政治环境的变化等,都会引发保险基金投资的系统性风险。非系统性风险是指由个别投资产品的因素变化而造成个别投资品价格波动的风险,个别投资品价格波动有可能造成保险基金的损失。例如,股份公司公告亏损、股份公司投资失误等,都会引发保险基金投资的非系统性风险。保险公司面临的投资风险会使保险公司出现变现风险、坏账风险、倒闭风险等,这些风险的存在,也会影响到保险公司的稳定经营。

4. 财务管理风险

财务管理风险是指保险公司不遵守国家有关的财经法规、会计准则的规定,忽视对财务规章制度的健全、稽核和审查,导致汇集、核算数据虚假,无法真正反映保险公司的经营状态,从而可能造成保险公司损失的风险。

5. 决策风险

决策风险是指保险公司高级管理人员由于自身素质(如管理能力、管理经验、洞察力、风险评估等)方面的局限,在制定保险企业未来发展的重要决策时,出现偏差或者失误而导致保险公司面临的经营风险。例如,保险公司高层管理人对企业定位、发展战略、营销策略、投资组合、险种定位等重大决策的失误,会影响保险公司经营稳定的风险。

(三) 人为风险

人为风险是指由于投保人、被保险人、受益人,以及保险公司从业人员的人为因素而导致保险公司遭受损失的风险。人为风险主要包括以下几个方面:

1. 道德风险

道德风险是与人的道德品质有关的风险,主要是指被保险人、投保人或者受益人为了谋取保险金故意制造保险事故而导致的赔款风险,道德风险影响到保险公司的稳健经营,是保险公司在承保和赔付时都要注意防范和控制的风险。在保险公司的风险管理中,如果不注意风险的审核和选择,就会造成严重的人为风险。一般来说,滥用保险保障的情况主要有以下几种:

(1) 获得不正当的赔款。例如,被保险人没有过失而获得汽车责任的赔款;故意纵火而获得财产保险的赔款等。

(2) 滥用保险服务。例如,被保险人滥用保险服务,通过保险机制扩散本应由自己承担的损失,造成保险公司利润的损失。

(3) 索要超额费用。一些单位向被保险人提供服务时,向保险人索要超额费用。例如,一些医院或者汽车修理厂向保险人索要的费用超过这些单位实际上向被保险人提供服务的费用,这会造成保险公司经营费用的扩大,影响保险公司的稳定经营。

(4) 承担过重的给付责任。在责任诉讼中,因被告参加保险而给予原告较多的补偿。目前,在责任诉讼中,法官的判决往往因被告参加保险而给予原告较多的补偿,保险公司承担过重的给付责任,影响到保险公司的稳定经营。

2. 心理风险

心理风险是指与人的心理素质有关的风险,主要是指投保人或者被保险人在参加保险后产生松懈的心理,不注意防范风险致使风险事故发生,或者风险事故发生后不采取积极的施救措施,造成损失的扩大。尽管投保人或者被保险人的心理风险并不触犯法律,但是也会影响到保险公司的利益,影响保险公司的稳定经营。

3. 逆选择风险

逆选择风险是指保险标的的损失概率高于保险公司平均损失概率,造成保险公司损失的风险。逆选择会使具有高风险的被保险人(或保险标的)按一般承保条件承保,这会使保险公司承担的赔付责任超过预期的水平,造成保险公司利润的下降,进而影响到保险公司的稳定经营。

二、保险公司经营风险的特征

保险公司经营的风险具备一般风险的特征,即客观性、不确定性和损失性。但是,由于保险公司经营的特殊性,其经营风险还具有以下几个方面的特征:

(一) 潜伏期长、反应滞后

保险业务尤其是寿险业务大多是长期性的业务,其保险期限少则10年、20年,多则30年、50年,甚至承保被保险人终身。对于保险经营业务的风险,保险公司在承保时有时可以通过核保发现,但是,有些风险直到保险责任产生时才能够被发现,由此,决定了保险风险的潜伏期比较长,风险暴露并被保险公司重视起来也比较滞后。

(二) 隐蔽性强

保险费率的厘定、责任准备金的提存、红利的分配等都是建立在保险精算基础上的,由于保险产品设计的专业性比较强,其潜伏的风险很难被发现。例如,在确定保费时,保险的成本是无法预知的,这样,不受调控的保险公司有可能将保费定得过低或过高。保险费率定得过低必然会导致被保险人购买保险所获得的保障丧失,而定得过高则会让保险公司获得不正当的利益。可见,保费的厘定是复杂的,其隐藏的风险很难被发现。这时,如果政府部门的监管不到位,就会使保险公司面临的风险隐蔽起来,不能被及时发现、处理。

(三)危害严重

保险公司是集中和分散风险的专业机构,通过聚集大量的风险,根据风险在大数中分散的原则,向被保险人提供风险保障。如果保险公司经营不善、承担的风险密度过大,就会造成保险公司的偿付危机,会影响到被保险人的生产和生活,也会影响到整个社会的稳定和安全。

第二节 保险公司规避风险的策略

面对风险,保险公司需要选择合理的风险管理手段,进行风险管理。同时,保险监管部门也应该发挥其应有的作用,预防或减少风险事故造成的损失。

按照风险的可控程度,可以分为完全不可控风险、部分可控风险和基本可控风险。完全不可控风险是指由于保险公司无法预测的因素,且对这些因素变动事先无法有效防范而引起损失的风险,如政治风险、巨灾风险等都属于完全不可控风险。部分可控风险是指由于事先采取防范措施,在一定程度上可以控制的风险,如市场竞争风险等就属于部分可控风险,是可以通过政府监管和行业自律等措施加以控制的风险。基本可控制的风险是指那些通过制定和实施科学严密的工作规章、制度,基本上可以加以控制的风险,如经济管理风险、准备金风险等。保险公司规避风险的策略主要是针对部分可控制风险和基本可控制风险进行风险管理的。

一、环境风险管理

保险公司识别、规避环境风险的策略主要有以下几个方面:

1. 预测经济周期的变化,制订适合经济发展的策略。在经济繁荣时期,尽管保险公司的保费收入会增加,保险公司抗风险的能力也会增强,但是,仍然要警惕因盲目扩张业务而带来的给付风险的增加;相反,在经济萧条时期,尽管保险公司的保费收入会减少,保险公司抗风险的能力也会减弱,但是,保险公司提供的风险保障,能够分散风险管理单位面临的风险。

2. 了解市场竞争风险,确定适合本公司的发展规划。在保险公司发展的过程中,应根据本公司的实力、市场竞争力等,确定适合本公司情况的发展规划,避免因盲目竞争陷入入不敷出的状况。

3. 预测国家政策的变化,确定适合本公司的经营规划。保险公司在确定本公司经营规划的过程中,应当根据国家政策、宏观经济政策的变化,以及相关法律法规的调整,制定适合本公司长远发展的经营规划,避免因规划不当造成人力、物力和财力的损失。

4. 严格执行监管部门的规定,规避监管风险。保险公司在发展过程中,应当严格执行监管部门制定的规章制度,规避违反国家有关规定造成的损失。

5. 了解经营风险的变化,规避巨灾风险造成的损失。保险公司是风险比较集中的经营单位,了解本国、本地区风险的变化趋势,可以规避巨灾风险造成的损失。当前,我国一些地区出现的暴风雨、洪水、雪灾等自然灾害造成的损失越来越大,巨额的经济损失已经严重影响到保险公司的稳定经营。

二、经营风险的管理

针对保险公司面临的经营风险,可以采取以下几个方面的措施进行风险管理:

(一) 展业风险管理

展业风险管理是指保险公司在保险产品营销的过程中加强对风险的识别、衡量和控制,避免承保过高的风险。保险公司展业风险管理的核心是保险代理管理。保险代理管理是指通过签订和履行保险代理合同,对保险代理人的代理行为,以及代理业务的数量和质量进行的管理,其管理主要包括以下几个方面的内容:

1. 认定代理人的资格条件。一般来说,保险代理人必须达到法定工作年龄,具有一定程度的学历,具有相关机构认定的保险资历,通过保险代理资格考试。

2. 限定保险代理人的代理权限。保险代理人必须在保险代理合同授权的范围内行使权力,进行相关的展业代理和理赔代理,保险代理人不得超越授权,代理授权以外的业务;否则,保险代理人需要承担相应的法律责任。

3. 检查、监督保险代理人的展业情况。保险代理人的展业情况反映保险代理的业务风险,发现问题、及时解决问题,可以促进保险公司的业务发展,扩大保险公司的经营成果。

4. 加强对保险代理人的培训。加强对保险代理人的培训,可以提高保险代理人的素质,帮助代理人掌握有关展业、承保、防损等方面的相关知识,促进保险业务的进一步扩展。

(二) 承保风险管理

承保风险管理是指保险公司在展业风险选择的基础上,对可承保的保险标的进一步分析、审查,确定接受承保的条件,以此来保证保险标的的质量、风险、控制责任和保额,避免风险的过度集中,影响保险公司业务的质量,影响保险公司的稳定经营。核保风险选择由事前风险选择和事后风险选择两部分构成。

1. 事前风险选择。事前风险选择包括对人的选择,即对投保人或者被保险人的选择,也包括对物的选择,即对保险标的及其利益的选择。投保人对保险标的是否具有保险利益、投保人的品格、行为等,都将直接影响到保险事故发生的可能性和损失程度的大小,因此,保险公司在承保前必须了解投保人的品格、资信状况、管理能力等,保险公司依据对投保人调查的结果决定是否承保。

2. 事后风险选择。事后风险选择就是淘汰那些超出可保风险条件和范围的保险标的。保险公司采取的措施主要有以下三种:一是保险合同期满后不再续保;二是按照保险合同规定的事项予以注销合同;三是保险人若发现被保险人有明显的误告或者欺诈行为,可以中途终止承保,解除保险合同。

(三)理赔风险管理

保险事故发生后,保险公司应该按照保险合同规定的有关事项进行理赔。保险理赔管理的内容主要包括以下几个方面:

1. 审核保险责任

保险公司收到损失通知后,应该立即审核索赔案件是否属于保险人的责任,其审核主要包括以下几个方面的内容:

(1)审核保险单是否具有合法性和有效性。主要审核合同是否合法有效,是否生效或者期满,是否存在失效、失权的情况,是否可以依法解除,其内容是否因违法而无效,是否转让或者质押等。

(2)审核损失是否由所承保的风险引起的。主要审核风险事故发生的地点、日期、经过、原因、事故结果、施救情况、损失程度等,审核损失的财产是否为保险财产。

(3)审核保险关系人情况。主要审核投保时是否符合保险利益原则,被保险人的年龄、健康状况、工作单位、工作性质、生活习惯等方面的情况,受益人的身份证明及与被保险人的关系证明,受益人的范围与变更,受益人的受益权有无丧失等。

(4)审核保险索赔是否存在欺诈等。常见的隐匿除外责任的情况主要有以下几个方面:一是报案材料上无索赔人签名及联系地址、联系电话;二是索赔无书面的事故经过报告;三是无证明材料原件;四是证明材料不全,如交通事故裁决书、责任认定书、死亡鉴定书等一些专业材料提供不全;五是证明内容不全。

2. 进行损失调查

保险公司审核责任后,应派人到出险现场进行实际调查,了解事故情况,以便分析损失的原因,确定损失金额和赔付金额。对于一些技术性问题,有时还要依靠专家提供咨询服务或者请有关部门作出技术鉴定。

3. 赔偿给付保险金

保险事故发生后,经过调查属实并估算赔偿金额后,保险人应该立即履行赔偿给付的责任。在理赔的过程中,保险公司要防范理赔风险,还应当做到以下几点:

(1)制定系统、规范的理赔章程。在保险理赔中,保险公司要以《保险法》和相关的法律、法规为准则,制定系统、规范的理赔章程,严格遵守理赔程序,提高保险公司理赔的质量。

（2）加强核赔权限管理。保险公司应当按照赔偿金额和保险责任为依据，划定各级理赔人员的核赔权限，各级核赔人员对各自权限范围内的赔案可以自行审理，经过复核后赔付；对于超过核赔权限范围的理赔案件，需要报上级主管部门审批后才能予以赔付。保险公司领导在核批给付案件时，应该注意案件中各证明材料是否齐全，复印件上有无审核原件人的签名，有无索赔人的联系电话和地址等。如果有疑问时，应该派人查证，同时，要同公安机关建立良好的关系。

（3）健全相互制约的责任制度。对于理赔过程中出现的人情赔款，一是要加强对理赔人员的职业道德教育，培养理赔人员的责任心、廉洁自律、按章办事、受之于法；二是要在核赔机制上实行勘查、定损办案交叉制、复核、稽查、审批把关制，结案、审批、付款分离制。对于现场勘查不及时，造成无法准确确定损失金额的，要追究相关人员的责任。保险公司除了要加强核赔人员的职业道德教育外，还要从管理体制上进行改革和创新，应该在经营区域内合理设置理赔中心，并为核赔人员配备先进的交通工具和通信工具。

（四）投资风险管理

保险基金的投资收益与保险公司的偿付能力密切相关。如果保险基金的投资策略失误，不仅会影响保险公司的偿付能力，而且还会导致保险公司的破产、倒闭，因此，各国政府大多对保险基金的投资进行严格的监管，其监管的内容主要包括以下几个方面：

1. 限制保险基金投资的范围。为了保证保险基金投资的安全，各国的保险监管机关一般以立法的形式对保险基金投资的范围进行严格的限制。例如，我国《保险法》明确规定，保险投资范围为银行存款、政府债券、金融债券和国务院规定的其他投资方式，保险公司的资金不得设立证券经营机构和向企业投资。对保险资金投资证券投资基金的比例也进行了限制，保险公司投资基金占总资产的比例不得超过保险公司可投资于基金资产的20%，对单一证券投资基金的投资比例不得超过该基金份额的10%。

2. 限制保险基金投资的比例。保险基金投资比例的限制是指限制保险基金投资于某项资产的最高比例和对某一项资产投资的最高比例限制。由于各国金融市场的投资工具不同和证券市场发育的程度不同，各国监管机构对保险基金投资比例的规定也有差异。

3. 限制投资资产对负债的比例。对投资资产和负债比例关系的限制，是保险基金投资监管的一个重要方面。资产与负债的匹配一般是指投资资产与投保人负债之间期限结构的配比关系，对于这种配比关系各国监管机构大多以告示的形式引导保险公司，实现保险基金投资的合理组合。

4. 限制保险基金投资金融衍生工具。为了防范保险基金的亏损，许多国家限制保险基金投资于金融衍生工具。例如，瑞士、日本等国家，不允许寿险公司将责任准备金投资于金融衍生工具，即使是规避风险的套期保值，也是严格禁止的；而对于责任准备金以外的保险资金（如资本金、总准备金等），则允许投资于金融衍生工具。

（五）财务风险管理

面对保险公司的财务风险，可以从以下几个方面进行财务风险的管理：

1. 资本金管理

保险公司申请开业，必须具有一定数量的资本金，达到法定最低资本金限额者，不得开业。保险公司组织开业的资本金为一定金额的资本，相互组织的开业资本金为一定金额的基金。监管资本金与保险责任的比例，可以预防保险公司经营风险的过度集中。

2. 准备金管理

保险准备金是保险人根据政府有关法律规定或业务的需要，从保费收入或盈余中提存一定金额的资金，准备金是保险企业的一种负债。加强对准备金的管理可以防范保险公司的财务风险。

3. 资金运用管理

保险资金运用是保险公司经营的主要业务范围，是保险公司的重要利润来源。保险资金主要来源于自有资金和外来资金两个方面。前者包括资本金、公积金、公益金和未分配利润；后者包括未满期保费准备金、责任准备金、赔款准备金和特别准备金。加强对保险公司资金运用的管理，可以增强保险公司的经营实力，提高资金运用的流动性，维持保险公司的变现能力。

4. 偿付能力管理

偿付能力是指保险公司承保后，其承担赔偿责任或者给付保险金的能力。保险公司偿付能力的大小取决于保险公司的实际资产减去负债的余额大小，余额越大，偿付能力就越强；相反，则偿付能力就越弱。偿付能力是保险公司财务支付能力强弱的重要标志。保险公司加强偿付能力的管理，可以确保被保险人的权益不受损害。规避保险公司偿付能力风险的重要方式是监管保险公司建立风险准备金制度。风险准备金主要有两种：一种是用以应付常规损失赔付的技术准备金；另一种是应付非常规损失赔付的偿付准备金。技术准备金建立的基础是保险期间的损失期望，损失期望的估算是经过保险精算的估计建立起来的，与保险公司预期的赔付责任相匹配，属于保险公司正常的财务收支。具体来说，如果在保险期内损失总是等于技术准备金，那么，保险公司只要将总资产维持在与技术准备金相等的规模，就足以偿付全部的责任赔款。但是，由于保险经营的风险性，实际损失与期望损失之间总是存在偏差，当保险公司技术准备金不足以赔付时，就要动用自有资金来履行赔付义务。保险公司在任何时候都必须在总资产与技术准备金构成的被保险人的负债之间保持足够量的资金，以应付可能发生的实际损失大于期望损失时的赔付责任，这个量就是保险公司的偿付能力边际，即偿付准备金。保险公司的偿付准备金由资本金、总准备金和未分配盈余三部分构成。一般来说，保险公司的偿付准备金越多，应付超常损失的能力越强；反之，则应付超常损失的能力就越弱。影响保险公司偿付能力的因素主要有以下几个方面：

（1）保险赔付率。保险赔付率是指赔款支出与保费收入的比率,是衡量保险公司经营状况的重要指标。如果保险公司的赔付率相对较低,那么,这一年度的利润就会增加,即以资本金、总准备金、未分配盈余构成的赔付准备金也将增加,偿付能力就会增强;反之,准备金就会减少,偿付能力就会减弱。

（2）投资收益率。投资收益率的高低直接影响保险公司的经营成果,从而影响偿付准备金的提存金额和偿付能力的大小。保险公司的利润来源于承保利润和投资收益。由于保险业竞争的不断加剧,保险公司的承保范围和承保责任也不断地扩大,而许多保险公司的保险费率往往确定在成本线以下,导致保险公司承保业务盈利甚少,甚至出现业务亏损,投资收益成为保险公司的主要利润来源。高投资收益率不仅可以弥补承保业务的亏损,维持保险公司的持续生存,而且还可以扩大保险公司的利润,增加保险公司的偿付能力和经营的稳定性。因此,确定科学合理的投资组合,有利于减少投资风险,增加投资收益,增强保险公司的抗风险能力。

（3）费用水平。费用是控制业务流量和盈利水平的重要杠杆。保险公司费用水平的高低,直接影响保险公司的利润高低,进而影响到保险公司偿付能力的大小和经营的稳定。保险费由纯保费和附加保费两部分构成,纯保费主要包括损失赔付费,是保险公司估计的被保险人损失期望;附加保费由费用附加和安全附加两部分构成,其中,安全附加中包含了风险附加和预期盈利部分,它们都是偿付准备金的来源。因此,提高保险公司的经营管理水平,降低费用是改善保险公司经营的良好途径。

（4）业务增长率。评估保险公司偿付能力是否充足,不能单纯考察偿付准备金的多少,还必须同保险公司的业务量相联系,按照偿付准备金与净保费收入的比率来衡量保险公司偿付能力的大小。一般来说,业务的增长可以使企业的资本净值增加,然而,对于保险公司来说则不同,业务的稳定增长虽然能促使利润的增加,但是,也会导致未到期责任准备金的迅速扩大,造成利润的外流,从而影响保险公司的偿付能力和财务的稳定。

（5）红利分配。分红保单的开发是世界各国寿险公司规避利率风险、保证自身稳健经营的有效途径。按照分红保单的要求,保险公司在每一年度末将盈利的一部分以红利的方式返还给保单持有人。对于某家保险公司而言,税后利润通常按照下列顺序分配:①被没收的财务损失,支付各项税收的滞纳金和罚款,以及央行对企业因少交或延迟交纳准备金的利息;②弥补公司以前的亏损;③按照税后利率10%提取法定公积金;④提取公益金,主要用于职工集体福利设施;⑤红利分配,以往年度未分配的利润可并入本年度向投资者分配。显然,红利分配影响了保险公司偿付准备金的提存和偿付能力的大小。

（六）决策风险管理

针对保险公司经营决策失误的风险,保险公司应当经常对经营计划的执行情况进行检查、考核、评价、分析和处理,其目的在于通过对保险公司经营活动的测定,与计划目标和实现计划的原则相对比,发现偏差、找出问题,采取措施,及时纠正,使保险活动符合保险经营规律的要求。

三、人为风险管理

(一) 道德风险管理

一般来说,保险公司会通过控制保险金额和赔偿程度,来防范被保险人从保险中额外获利,从而达到避免或者减少道德风险的目的。针对道德风险的发生,保险公司可以采取以下措施来防范:

1. 控制保险金额,避免高额保险。在人身保险中,保险公司可以不接受过高的保险金额,以此来规避道德风险的发生;在财产保险中,保险公司规定,投保人为了牟取不正当的利益蓄意超额投保,那么,保单无效。

2. 控制赔偿程度。对于不定值保险,保险公司在保险条款中明确规定,按财产发生的实际损失赔偿,不得超过保险金额。对于不足额保险,保险公司只赔偿损失的一定比例,这个比例就是保险金额与保险标的物的保险价值之间的比例;对于超额保险,超过部分无效。

(二) 心理风险管理

保险公司控制心理风险的措施主要有以下几个方面:

1. 责任控制。保险公司通过对风险的分析和评估,确定保险责任范围,通过制订相应的保险条款,明确保险公司所承担的赔偿责任。一般来说,对于常规风险,保险人通常按照基本条款与协议承保,对于一些具有特殊风险的保险标的,保险人需要与投保人充分协商保险条件、免赔数额、责任免除和附加条款等内容后特约承保。特约承保是根据合同当事人的特殊需要,在保险合同中增加一些特别约定,其作用主要有两个方面:一是为了满足被保险人的特殊要求,以加收保险费为条件适当扩展保险责任;二是在基本条款上附加限制条款,限制保险责任。通过保险责任的控制,将使保险人所支付的保险赔偿额与其预期损失额接近。

2. 规定免配额。有些风险造成的损失,保险公司往往规定了一定的免赔额,只有超过免赔额部分的损失,保险公司才承担赔付责任。

3. 共同保险。对于一些不易控制、造成损失较大的风险,保险公司采取共同保险的方式(由保险人和被保险人各自承担一定比例的风险责任)来约束投保人。

4. 续保优惠。对无赔款发生的保户,其续保时可以享受无赔款优惠。

5. 其他优惠。对于配备消防设施、防灾防损工作管理较好的单位,可以在保险费率上给予优惠。

(三) 逆选择风险管理

保险人控制逆选择的方法是加强核保管理,对不符合承保条件者不予承保或者有条件承保。例如,投保人就自己易遭受火灾的房屋投保火灾保险,保险人就会提高保险费率承保。又如,投保人患有超出正常危险的疾病,保险人就会不同意他投保定期死亡保险的要求,而劝他改投两全保险,这样,保险人既接受了投保,又在一定程度上抑制了投保人的逆选择。下面以保险人与投保人订立寿险合同为例,说明保险公司的核保管理。一般来说,保险公司需要经过以下四个方面的筛选:

1. 第一次危险选择(业务员选择)。第一次危险选择是在业务员招揽业务的过程中完成的,第一次危险选择是保险公司进行第二、第三、第四次危险选择的基础,而业务员的素质、风险意识和责任心是决定第一次危险选择质量的关键。业务员的第一次危险选择通常经过以下步骤:①面晤。业务员和投保人、被保险人直接见面,可以了解投保动机,并引导投保人如实填写投保单、健康告知及声明书。②观察。业务员应该详细观察被保险人的健康状况及生活环境。如果有异常、缺陷或者不适当的地方,应该注意记录。③询问。业务员对投保人投保的目的、投保历史、健康状况、家族史、职业、收入和资产等方面的情况进行询问,以确定投保险种和保险金额。④报告。业务员应该如实反映其对投保人、被保险人面晤、观察和询问的情况,并就被保险人的风险状况作出说明。

2. 第二次危险选择(体检医师选择)。第二次危险选择是体检医师依据医学的观点对被保险人的健康状况所作出的危险选择。医师的第二次危险选择通常需要经过以下步骤:①查验受检人的身份,以防冒名顶替。②引导被保险人如实告知其现症、既往症、家族史等,告知事项应该由被保险人填写并签名。③按照要求的检查项目,对受检人进行详细的检查,健康检查部分应由医师填写并签名,不得遗漏或者涂改。④做出健康评价,并填写评价结果。评价结果应由院方密封后,直接、及时寄交保险公司或者转交保险公司指定人员,不能交给受检人或者业务员;评价结果不能事先告诉受检人,以免影响核保人正常核保。评价结果应一式两份,一份由医院保留,一份交给保险公司。

3. 第三次危险选择(核保员危险选择)。第三次危险选择是保险公司的核保人员依据第一、第二次危险选择所做出的报告书,第三次危险选择是判断保险公司是否可以出单承保或者以何种条件进行承保。一般来说,核保人员依据被保险人的危险程度,查定核保手册,确定额外死亡率后,将被保险人划分为标准体、次标准体和拒保体;对次标准体,根据保险公司的经营政策,施以不同的附加条件进行承保,以达到核保的目的。

4. 第四次危险选择(生存调查选择)。第四次危险选择是生存调查,生存调查是为了了解被保险人可否被承保、以何种适当的条件被承保或者为排除具有道德风险及逆选择的被保险人而实施的调查。在生存调查过程中,保险公司必须对被保险人的情况认真查证后,再视具体情况做出适当的处理。如果是投保人或被保险人的故意、过失、遗漏或不如实告知,且其足以能够降低保险公司对风险的估计,若在保险合同订立以前发现,保险公司可以不予承保;若在保险合同成立后发现,可以依据保险合同条款中合同解除的约定,解除保险合同。如果发现的问题是由于业务员、体检医师或者核保人员的遗漏或过失,应视情况使保险合同继续有效或对保险合同中的内容做某些承保条件的变更。

第三节 保险公司经营的政府监管

保险公司提供的保险服务大多需要预先付费,而受益却要等到将来,而且在很多情况下受益人和被保险人是完全不同的两个人,合同签订时受益人并不在场,不能保护自身的利益。加强对保险公司经营的监管是政府依法保护投保人、被保险人和受益人的有效措施,对此,各国政府都出台了有关法律、法规,规范保险公司的经营行为,监管保险公司的运作。政府对保险公司的监管主要包括以下几个方面:

一、组织监管

1. 申请设立的许可。创设一家保险公司,需要经过以下几个程序:①申请核准。申请人申请设立保险公司时,必须得到主管机关的批准,并向主管机关递交有关文件,以证明申请人具备从事保险经营的资格。②营业登记。保险公司在开始营业之前,必须依法进行营业登记,并申请发给营业执照。一般来说,保险公司申请营业发给营业执照,除了依照保险法的规定外,还适用于《公司法》等其他法律的有关规定。③缴存保证金。保险公司在设立时,应该按照资本或基金实收总额的一定比例缴存保证金,以确保保险人的承保能力。④领取营业执照。保险公司的营业登记经主管机关核准后,即发给营业执照。申请设立者只有在领到营业执照后,才能开始营业。

2. 组织形式的限制。保险人以何种形式经营业务,各个国家可以根据本国国情做出具体规定。美国政府规定,保险组织形式是股份有限公司和相互公司两种。我国政府规定,保险公司采取股份有限责任公司和国有独资公司的形式。

3. 从业人员资格的认定。保险从业人员是指保险企业的高层管理人员和保险专业部门的经营人员。保险经营的专业性、技术性、风险性,要求保险公司具有经营决策权的领导必须具备一定的条件,不符合国家规定条件者,不能担任保险公司的领导职务;不能达到法定数量的合格领导人数,不允许开业。此外,保险公司还必须具有一定数量的专业人员,主要包括核保员、理赔员和精算师等。

4. 停业监管。保险公司经营不当、财务发生危机时,政府一般采取扶助政策,帮助企业渡过难关。但是,如果保险公司违法经营或有重大失误,以致不得不破产时,政府会以监督者的身份,责令其停业或者发布解散令,选派精算员,直接介入清算程序。

二、经营监管

1. 经营范围监管。经营范围监管是指政府通过法律或者行政命令,规定保险企业所能经营业务的种类和范围,其内容主要包括两个方面:一是保险企业是否可以兼营保险以外的其他业务,非保险人是否可以兼营保险或类似保险的业务;二是同一保险企业可否经营性质不同的数种保险业务。例如,我国《保险法》规定,保险公司只能在被核定的业务范围内从事保险经营活动,对于违反《保险法》规定、擅自设立保险公司或者非法从事商业保险业务活动的,依法追究刑事责任,并由保险监管部门予以取缔。

2. 保险条款的监管。保险合同是一种专业性强的技术合同,投保人不可能对合同中的每一条款充分了解,这在客观上要求保险监管机关对保险合同及其条款进行审定。这样,可以避免投保人接受不公平的条件,保护被保险人和受益人的利益;可以限制保险人对投保人作出不合理的承诺,保证保险人的偿付能力。

3. 保险费率的监管。保险费率的厘定和执行是国家对保险市场监管的重要内容,其目的在于确定保险费率管理的政策及其制定的原则,规范保险费率的管理范围。国家对保险费率的监管,不在于有没有差别,而在于确定的不同保险费率能够真正反映保险公司承保业务的风险。例如,人寿保险中的被保险人的年龄、性别、职业不同,死亡率就不同,与此相关的保险费率也有所不同。

三、财务监管

1. 资本金的监管。保险公司申请开业必须有一定数量的资本金,达不到法定最低资本金限额者,不得开业。保险公司组织开业的资本金为一定金额的资本,相互组织的开业资本金为一定金额的基金。监管资本金与保险责任的比例,可以预防保险公司承担过高的风险。

2. 准备金的监管。保险准备金是指保险人根据政府有关法律规定或业务的需要,从保费收入或盈余中提存一定数量的资金,准备金是保险企业的一种负债。政府对准备金的监管主要体现在提取准备金的种类和数额上。一般来说,财产保险业提存的准备金主要有未满期责任准备金、赔款责任准备金和特别准备金;人身保险业提存的准备金主要有责任准备金、未满期保费准备金和特别准备金。保险准备金反映着保费、赔款和安全系数之间的相互关系,是三者关系的综合。

3. 资金运用的监管。保险资金的运用是保险公司经营的主要业务范围,是保险公司的重要利润来源。保险资金来源于自有资金和外来资金两个方面。自有资金包括资本金、公积金、公益金和未分配利润;外来资金包括未满期保费准备金、责任准备金、赔款准备金和特别准备金。政府对保险资金运用进行监管的主要内容有:监管保险资金运用的限额、范围、投资方向和比例,其目的是保证保险基金的安全,提高资金运用的收益,并提供充分的流动性,在保险公司需要时,可以通过出售资产来偿付索赔,维护公司的偿付能力。例如,世界各国政府大多规定了保险基金投资于普通股的比例,这是维护保险基金安全的重要方面。

4. 偿付能力的监管。偿付能力的监管是国家对保险业监管的首要目标,也是保险公司监管的核心内容。偿付能力是保险公司偿还债务的能力,具体表现为,保险公司是否有足够的资产来抵偿其负债。一般来说,只要企业拥有的资产能够偿还债务,就具有了偿付能力。但是,对于保险公司来说,保险公司的偿付能力是指保险公司对所承担的风险超过正常年景的赔偿和给付的能力,这就要求保险公司的资产不仅能够偿还负债,而且还要超过负债一定的额度,即达到金融监管部门最低偿付能力的要求。一家保险公司偿付能力的强弱,归根到底取决于资产负债状况,即保险公司自有资本和保险准备金的提留是否能够满足其承担的责任。各国保险法对保险公司偿付能力监管的目的是确保被保险人的权益不受损害。当保险公司发生偿付能力问题时,有足够的缓冲时间来调整经营方向,为评估机构提供评估,并检查保险公司偿付能力的标准。保险公司的偿付能力不仅反映公司的经营能力,而且还反映投保人、被保险人、受益人的风险状况,是各国政府监管当局关注和监管的焦点,也是企业进行风险转移必须考察的指标。

复习思考题

1. 简述保险公司风险的特征。
2. 简述保险公司的展业风险和防范措施。
3. 简述保险公司的承保风险和防范措施。
4. 简述保险公司的理赔风险和防范措施。
5. 简述保险公司的投资风险和防范措施。
6. 简述保险公司的财务风险和防范措施。
7. 简述保险公司规避人为风险的措施。

第十五章　家庭风险管理

家庭是社会的细胞,是社会的基本单位,家庭风险管理是风险管理理论的重要内容之一。分析并处理好家庭面临的风险,对于预防风险、化解风险、防止损失具有积极的作用,有利于社会的稳定。随着社会的不断发展,科学技术的进步,家庭结构、家庭消费方式和家庭活动的变化等,家庭面临的风险也处在不断地变化之中,这就需要风险管理学科在关注企业风险的同时,也关注家庭所面临的风险,并采取必要的风险管理措施,保障家庭财产和人身的安全。

第一节　家庭风险管理概述

家庭是个人赖以生存的基础,然而,家庭也面临着各种各样的风险,危害着家人的安全。正确识别、衡量、评价家庭所面临的风险,并采取切实可行的措施处理风险,是家庭风险管理的核心。

一、家庭面临风险的种类

每个家庭都拥有自己的财富,但是家庭财富由于面临各种风险,会存在遭受损失的可能性。家庭财富面临的风险主要有财产风险、人身风险和责任风险等,这些风险都会直接或者间接地导致家庭财富的损失。下面逐一介绍这几种引发家庭财富损失的风险。

(一) 财产风险

现代家庭的财产主要有房屋、家具、家用电器、现金、有价证券、摩托车、汽车等交通工具,以及其他一些贵重物品。一般来说,家庭拥有的财产价值越大,遭受损失的风险越大,一旦遭遇损失,损失的价值也就越大;反之,则损失的风险就越小,损失的价值也越小。

造成家庭财产损失的风险是多种多样的,可以由自然灾害引起,如水灾、火灾、地震等引起家庭财产的损失;也可以由人为因素引起,如盗窃、纵火、破坏、爆炸、资产投资等人为风险事故,也会引起家庭财产的损失。现代家庭中,家庭还面临着投资损失的风险。家庭投资股票、基金、权证等都会面临财产损失的风险。

家庭财产损失的风险会直接导致家庭财产的减少,引起直接损失,同时,为了恢复财产的用途或者更换新的用具所需要的费用、时间等,就是家庭财产的间接损失。例如,随着汽车进入家庭,家用汽车不仅面临着损坏、被盗等直接损失风险,而且还面临着汽车维修等方面的费用。

(二) 人身风险

家庭人身风险是指家庭成员因为生、老、病、残、死等而导致个人遭受损失的风险。一般来说,人类遭遇死亡、疾病和其他意外事故的损失,同家庭财产遭遇的风险一样,都会造成家庭财富现在或者未来的损失。造成人身损失的风险可以是自然灾害引起的,如地震、水灾、飓风等引起人身损失的风险;也可以是人为因素引起的,如人的犯罪行为、过失行为等,都会引起人身损失的风险。

从短期来看,一个家庭在某段时间内是否发生风险事故是不可预测的;但是,从长期来看,人身风险损失的发生是不可避免的,因为死亡、疾病等人身风险是任何家庭都无法回避的风险。正是因为死亡、疾病是不可避免的,也就需要个人未雨绸缪,及早做出风险管理计划,应付未来可能发生的损失。

(三) 责任风险

家庭成员的行为有时会给他人带来人身或者财产的损失,并因此承担法律所要求的赔偿责任,即责任风险。家庭成员在日常活动中面临责任风险的种类比较多,例如,小孩玩火引起邻居家发生火灾。又如,自家养的宠物咬伤邻居的孩子,需要承担宠物造成他人损失的责任。这些责任损失的风险有时是故意的,有时是过失、无意造成的。例如,故意伤人造成的责任损失,肇事者需要赔付他人医疗费、误工费等损失的风险;过失伤人造成的责任损失,也需要赔付他人医疗费、误工费、营养费等损失的风险,如驾车过程中出现交通事故造成他人财产和人身损失,需要依照道路交通管理部门的有关规定,给予他人的财产和人身损失进行赔偿。

二、家庭面临风险的特点

家庭面临的风险不同于企业、政府面临的风险,主要具有以下几个方面的特点:

1. 家庭风险管理是比较简单的风险管理。相对于企业、政府风险管理来说,家庭风险管理是比较简单的风险管理,有些家庭虽然没有比较具体、详细的风险管理计划,但是却也在进行着一些简单的风险管理。例如,出门前检查水、电开关和煤气阀是否已经关闭,检查防盗门是否锁好等,就是比较简单的家庭风险管理。尽管家庭风险管理比较简单,但是,仍然需要有计划地安排风险管理的措施,预防家庭风险事故的发生。

2. 家庭风险的风险度比较低。相对于企业、政府风险管理来说,家庭风险的风险度比较低,损失发生的概率比较低,造成的损失比较小。由此,在财产保险中,家庭财产的风险度最低,投保家庭财产保险需要交纳的保险费率也比较低。

3. 家庭风险管理的效果取决于风险管理者的管理能力。家庭风险管理的效果、水平、技术等,取决于家庭成员的管理能力和收入水平。一个细心的、善于管家的人和一个粗心的、管理能力比较差的人相比,管理家庭风险的效果也是不同的。同样,家庭收入水平不同,其家庭管理风险的技术选择也不同。例如,家庭收入比较高的家庭,可能将发生损失比较大的风险转移出去,而家庭收入比较低的家庭,即使预见到可能发生的损失,也无法采取比较有效的风险管理措施。

4. 家庭风险管理的效果受到当地的治安、交通等环境的影响。一个地区的治安环境、交通环境等,对于家庭风险管理的影响比较大。如果一个地区的治安环境比较差,发生偷窃的事件比较多,那么,造成家庭财产损失的可能性就比较大;反之,则造成家庭财产损失的可能性就比较小。同样,如果一个地区的交通环境比较好,发生人身、财产和责任损失风险的可能性也就比较小;反之,发生人身、财产和责任损失的可能性就比较大。可见,家庭风险管理的效果离不开一定的社会治安管理环境。

三、家庭风险管理的方式

家庭风险管理的方式是多种多样的,可以采取事前预防的措施,也可以采取事后控制损失的措施。事前预防是指在可能引发的风险事故发生以前,就采取防范家庭可能发生的一切风险事故。事后控制损失的措施是指在风险事故发生以后,采取防范家庭损失进一步扩大的措施。家庭风险管理的方式大致有以下几种:

(一)养成管理风险的生活习惯

家庭日常生活琐碎繁杂,如果养成风险管理的生活习惯,就可以避免许多风险事故的发生。养成管理风险的生活习惯主要包括以下一些内容:使用煤气时,不外出、不做其他与做饭无关的事情;出门时,检查家里的电、水开关,外出办事要锁门;不将易燃易爆的物品带回家;避免使用伪劣、假冒的家用电器等。例如,某汽车司机用塑料桶将汽油带回家,司机的十几岁的小儿子准备生火做饭时点不着火,小孩就把汽油倒在柴火上,并用打火机去点,结果酿成儿子被烧伤、家里失火的惨剧。养成管理风险的生活习惯,可以避免许多不该发生的悲剧。

(二)安装防范风险的设施

安装防范风险的设施,也是家庭风险管理的方法之一。例如,安装防盗门、防盗窗、保险柜、报警器等,就可以防范盗窃风险的发生。又如,某高层建筑中,每单元每层楼居住一户,为了增加家庭居住面积,各家将走廊的安全门堵死作为房间使用,一旦发生火灾、地震等风险,电梯不能使用,每层楼设置的安全通道形同虚设,安全隐患比较大。这个案例说明,设置、安装防范风险的设施固然重要,正确使用这些防范风险的设施也很重要。

(三)利用合同或者具有法律效力的文书

家庭风险管理中,利用合同或者具有法律效力的文书管理风险,也是比较重要的风险管理方式。利用合同或者具有法律效力的文书管理风险,不仅可以获得有关法律的保护,而且可以转移风险事故造成的损失,获得适当的经济补偿。例如,王某因丈夫有外遇而离婚,王某在乘飞机去某地讲课的途中因飞机失事死亡。她留下的房子、遗产、单位和航空公司给予的补偿费用大约 160 万元由女儿继承。但是,王某的女儿年仅 10 岁,不具有管理这部分遗产的能力。在这种情况下,王某的父母具有代理这部分遗产的权利,但是,王某的父母已经去世,王某的这部分遗产由其前夫管理,而王某的兄弟、姐妹则没有权利管理这部分遗产,此时,王某的遗产就面临被其前夫挥霍的风险。可见,利用法律文书管理风险是十分必要的。如果王某在乘飞机之前留下具有法律效力的文字,交代自己遭遇不测,家庭财产如何处理、由谁代理等一系列的问题,就可以避免自己死后留下的财产由其前夫管理的问题。

四、家庭风险管理组合的选择

家庭风险管理组合选择的目的是寻求最佳的风险决策管理方案,实现家庭财富管理效益的最大化。家庭风险管理组合选择需要注意以下几点:

1. 依据风险度的不同,确定风险管理方案。依据家庭风险的风险度不同,确定不同的风险管理方案。风险度比较高的风险需要优先决策选择,风险度比较低的风险可以暂不考虑。例如,从事工作风险度比较高的人,其家庭风险决策管理应优先考虑人身风险损失,其次再考虑家庭财产风险。又如,某人是出租车司机,其家庭风险管理应优先考虑责任风险带来的损失,其次再考虑车辆被毁坏、偷窃等风险带来损失的处理。依据风险度不同确定的风险管理方案,可以正确处理风险,避免低风险采取较高成本的风险管理方式,而高风险却家庭自留等错误的管理方式。

2. 以最小的成本获得最大的安全保障。在各种风险处理技术中,应该优先选择风险管理成本比较低、获得保障范围比较大的风险管理组合,以确定最佳的风险管理方案。保险能够将家庭面临的重大损失风险,转化为一笔笔小额固定的开支,是家庭财物安全的重要保证。

3. 家庭应当寻求多层次、多样化的风险管理组合。在进行风险管理方案选择时,家庭应该注重寻求多层次、多样化的风险管理组合。例如,在保险产品的选择过程中,应该选择保险公司资信比较高、保障范围广泛、保费低廉的保险产品,通过不同类型保障方式的选择、组合,争取获得最大的安全保障。

第二节 家庭财产风险管理

家庭财产的风险管理与其他单位的风险管理在基本原理上是一致的,也是按照风险识别、风险衡量、风险评价、风险管理技术选择和风险决策管理等步骤进行的。但是,家庭财产的风险管理也有自身的特点,需要逐一讲述。

一、家庭财产风险的识别和衡量

根据风险管理的一般原理,家庭在进行风险管理之前,必须先识别和衡量风险。

(一)家庭财产风险的识别

家庭的财产随时都可能遭受损失,对于这些财产所面临的风险可以采取以下措施识别风险:

1. 列出家庭财产风险清单。首先,列出家庭财产的名称、价值、放置的位置;其次,对照《风险损失清单表》,列出家庭财产可能遭遇的各种风险;然后,按照风险可能造成家庭财产损失程度的不同,列出家庭财产的风险损失清单。列出的家庭财产风险损失清单越详细,越能够识别风险。例如,家中的储蓄存款,就可以列出一个储蓄存款清单,清单的内容可以包括储蓄银行名称、账号、储蓄余额、储蓄期限、到期日期、结余额等。一旦家庭财产遭遇火灾或者偷窃风险,损失或者丢失某一存折,家庭财产的损失清单就可以显示家庭储蓄的余额,可以显示丢失存折的开户行、账号和储蓄余额。

2. 分析引发风险事故的原因。以家庭住房为例,需要分析引发住房损失的原因,主要有自然灾害和人为事故。对于自然灾害造成房屋的损失,例如地震、洪水、台风等自然灾害造成房屋的损失,需要分析房屋所处的地理环境,是否处在地震多发地带,建筑结构是否防风、防震,是否靠近河流,是否处于低洼地带等。对于人为事故造成房屋的损失,例如火灾、爆炸等人为事故造成房屋的损失,需要分析房屋是否靠近加工易燃易爆品的工业区,房屋周围的街道是否畅通,房屋建筑材料、装潢材料是否具有防火性能,一旦发生火灾是否具有蔓延的可能性,是否有消火栓等防火设备,附近救火水源是否及时,房屋内是否有易燃易爆的风险源,屋内哪些设施使用不当将会造成损失等。

(二)家庭财产风险的衡量

一般而言,家庭财产分为动产和不动产。例如,家具、家用电器、汽车、计算机等属于动产,房屋则属于不动产。家庭财产损失主要包括两部分:一是直接损失,二是间接损失。家庭财产损失的衡量可以按照如下方式进行:

实际损失=直接损失+间接损失

直接损失=受损财产的价值-实物折旧+可能的残余价值

间接损失=重置受损财产所需费用+额外费用支付

上述公式只是粗略地说明了实际损失的计算方法,在家庭风险管理实务中,家庭财产损失的衡量是复杂的,是需要进行细致计算的。例如,李某上街被小偷偷走钱包一个,内有现金500元、身份证、银行卡6张、出差火车票两张共计456元,则李某的直接损失为:

直接损失=500+456=956(元)

间接损失=重办身份证的费用(30元)+挂失6张银行卡费用(60元)+重办银行卡

的费用(60元)＋办理身份证、银行卡的交通费(30元)＝180(元)

实际损失＝直接损失＋间接损失＝956＋180＝1 136(元)

李某丢失钱包的损失大致为1 136元,这里还不包括李某办理证件、银行卡花费的时间损失成本和心理成本。

(三)家庭财产风险的评价

根据家庭风险识别、风险衡量的结果,需要依风险可能造成损失的程度评价风险。对于造成损失较大、损失频率较低的风险,需要采取措施及时处理,必要时可以采取风险转移的方式。对于造成损失较小、损失频率较大的风险,可以采取风险自留的方式,在日常的生活中需要注意防范风险。

二、家庭财产风险的处理技术

家庭财产风险的处理技术主要有风险自留、风险回避、损失控制和风险转移四种,下面逐一介绍家庭处理财产风险的方法。

(一)风险自留

家庭财产风险管理中,风险自留主要适用于发生频率较高或者较低,但是造成损失比较小的风险。风险事故一旦发生,家庭可以运用当前的收入或者以往的储蓄来弥补损失。例如,家里的玻璃窗被打破、餐具被打坏时,重新安装玻璃或者购买餐具就可以弥补损失。在这种情况下,风险自留不失为较好的处理风险的办法。

(二)风险回避

家庭财产风险管理中,风险回避主要适用于造成损失较大的风险。例如,为了防止房产受损,家庭成员经过协商后决定卖掉房子,以放弃由于拥有房屋的所有权而带来的损失风险。在进行风险回避决策时,需要考虑的因素是放弃房屋产权获得的收益和拥有房屋产权而承担房屋损失的成本,如果收益大于成本,则采取风险回避的对策是有益的;反之,则采取风险回避的对策是失误的。例如,某家庭在房价快速上升的过程中,卖出其拥有的房产,其回避风险的同时,也损失了房价上升带来的增值收益。又如,家庭成员在决定是否将储蓄投入股市时,需要考虑两方面的因素:一方面要承受资金进入股市受损的风险;另一方面可以获得比较高的投资收益回报。为了避免资金投入股市受损的风险,家庭成员决定不将储蓄投资股市,这实际上就是采取了股市风险回避的策略。

(三)损失控制

家庭财产风险管理中,损失控制是指家庭财产发生风险事故时,采取一切可能的措施,抢救受损的财产,防止风险事故的发生,降低风险事故可能造成的损失。一般来说,家庭财产风险无法通过风险回避的措施规避风险时,只能采取损失控制的措施。例如,发现煤气泄漏时,关闭煤气管道,及时开窗通风,降低室内煤气的浓度,防止煤气爆炸。又如,火灾事故发生后,及时关闭煤气管道,隔离易燃易爆物品,及时切断家用电器的电源,抢救古董、字画等价值高的物品,这些处理风险事故的措施也是损失控制。

（四）风险转移

家庭财产风险管理中,风险转移是把家庭某种财产损失的风险转移给单位或者个人来承担,风险转移适用于造成损失比较大的风险。例如,通过购买保险将家庭财产遭受火灾、偷窃损失的风险转移给保险公司承担,个人需要为转移风险支付一定的费用,即交纳保险费。财产保险是保险人对被保险人的财产及其利益在发生保险责任范围内的风险事故而遭受经济损失时给予补偿的保险。在家庭财产风险管理中,并不是家庭所有的财产都可以进行风险转移的,只有符合条件的家庭财产,才能够通过风险转移的方式转移风险。

三、家庭财产保险险种

财产损失保险是指保险人承保因自然灾害和意外事故引起直接经济损失的保险。财产损失保险产品主要有以下几类：

（一）家庭财产综合险

1. 适用的范围

家庭财产综合险适用于城乡居民、单位职工、夫妻店、家庭手工业者等个人及其家庭成员的自有财产,以及代他人保管或者与他人共有的财产。城乡个体工商户和合作经营组织的财产及私人企业的财产不适用本保险。

（1）可保财产。存放于保险单所列地点,属于被保险人自有的家庭财产,均可以向保险人投保。这些财产主要包括：①房屋及其附属设备（含租赁）和室内装修。附属设备包括固定装置的水暖、气暖、卫生、供水、管道煤气及供电设备、厨房配套的设备等。②存放于室内的其他家庭财产,主要包括衣物、床上用品、家具、燃气用具、厨具、乐器、体育器械、家用电器等生活用品。

（2）特约承保财产。①属于被保险人代他人保管或者与他人共有而由被保险人负责的上述（1）条所载明的可保财产；②存放在院内、室内的非动力农机具、农用工具；③经保险人同意的其他财产。特约财产在投保时需要保险双方明确财产的归属、类别、数量等情况,分别确定保险金额并在保险单特约承保财产栏中予以注明,财产类别和数量较多时,需要附上财产清单。值得注意的是,上述财产必须是坐落或存放于保险单所载明的地址,否则,不予承保。

（3）不保财产。不保财产是指无法鉴定价值的财产,主要包括以下几类：①金银、珠宝、首饰、钻石及制品、艺术品、稀有金属、花、树、鸟等珍贵财物；②货币、有价证券、票证、邮票、古玩、古币、字画、书籍、文件、账册、技术资料、图表、计算机软件等；③日用消费品等；④用于从事商品生产、经营活动的财产和出租用作工商业的房屋；⑤违章建筑,以及处于紧急状态的财产；⑥不属于可保财产范围内的其他家庭财产。

2. 保险责任

家庭保险财产只有在保险单载明的地址(保险地址)内,由于遭受保险责任范围内的自然灾害或意外事故所造成的损失,保险公司才负赔偿责任。保险责任范围内的自然灾害和意外事故主要包括:火灾、爆炸、雷击、飞行物体及其他空中运行物体坠落等,都属于保险责任的范围。此外,在风险事故发生后,被保险人为减少保险财产损失,采取合理、必要的措施而支付的必要、合理的费用,保险人也要承担给付责任。

3. 除外责任

家庭财产保险的除外责任主要包括:地震引起的一切损失和费用;战争、军事行动或者暴乱行为引起的一切损失和费用;核辐射和污染引起的损失和费用;政府决定征用和拆迁引起的损失和费用;被保险人和家庭成员或者组成人员的故意行为引起的任何损失和费用;家用电器因使用过度或者超电压、短路、漏电、自身发热、雷电感应等原因所造成本身的损毁;保险标的本身的缺陷、保管不善导致的损毁;保险标的的变质、虫蛀、鼠咬、霉烂、变质、自燃、自然磨损所导致的损失和费用;其他不属于保险责任范围内的损失和费用。

4. 保险期限

家庭财产保险合同的期限通常按时间确定,期限比较短,大多以 1 年为限。

5. 保险价值和保险金额

保险价值是保险标的的实际价值;保险金额是保险合同中确定的保险保障的经济额度,即保险赔偿的最高限额。根据补偿原则,财产保险的保险金额应当按照保险标的的实际价值确定,这样才不会造成保险金额不足或者保险金额过度的情况。按照保险价值在财产保险合同中不同的确定方式,财产保险可以分为以下几种形式:

(1) 定值保险。投保人和保险人在订立保险合同时,按约定的保险价值确定保险金额;发生损失后,不论保险标的的受损程度如何,均按保险金额计算赔偿,全部损失则按保险金额赔偿,部分损失则按成数赔偿。定值保险确定保险金额的方法,一般按照账面原值法、评估法或者公估法等确定财产的价值。

(2) 不定值保险。保险标的的价值按受损当时的实际价值计算。在确定保险合同时,不列明保险标的的价值,只列明保险金额。在风险事故发生时,再根据出险当时的市场价格,确定保险标的的价值。全部损失在保险金额范围内按照保险标的的实际市场价值赔偿;如果是部分损失,实行比例赔偿。

(3) 重置价值保险。保险标的遭受风险损失后,常常发生保险补偿不能完全恢复保险标的经济价值的情况。财产损毁,其功能往往难以完全恢复。为了满足这种需要,保险公司以重置价值的方式承保,发生风险事故后,按照重置价值进行赔偿。以重置价值补偿,被保险人的经济利益就能够得到保证。

(4) 第一危险赔偿方式。保险合同中,只规定一次事故的最高赔偿限额。发生损失时,只要损失额度在保险金额限度内,按实际损失赔偿时,不进行比例分摊,只是超过保险金额的部分由被保险人自负。因此,财产保险中保额限度内的损失称为第一损失。

6. 保险合同的变更

家庭财产保险合同的变更主要源于可保利益和风险程度的变化。如果被保险人对于财产的可保利益发生变化,则必须变更保险合同。财产的风险程度提高,必须及时通知保险公司,并经保险公司变更有关的条款后,保险合同才能有效。

7. 保险合同的终止

财产保险合同的终止有中途终止、违法终止、违约终止和履行赔偿义务终止等。只要在保险合同有效期内,被保险人随时可以提出终止保险合同的请求,保险公司不得以任何理由阻止被保险人终止保险合同。但是,保险公司可以扣除已经过日期的保险费,按短期费率退还保险费。

(二)家庭财产两全保险

1. 保险性质

家庭财产两全保险兼有经济补偿和到期还本的双重性质。保险公司用被保险人所交保险储金的利息收入作为保险费,在保险期满时将原交保险储金全部如数退还被保险人。

家庭财产两全保险在保险财产、保险责任、保险金额的确定方式和适用范围等方面与家庭财产综合保险相同,所不同的只是保险储金的交纳方式。保险储金是以保险费率和银行利率为基础确定的。家庭财产两全保险既可以为保险人积聚大量的可运用资金,增加保险人的资金实力,又有利于业务的稳定,并减少每年展业、出单、收费的工作量。

2. 保险储金

家庭财产两全保险的最长期限不能超过 10 年,由保险双方协商确定,以年为单位,从约定起保日零时起至期满日 24 时止,如到期被保险人不申请退保,保险单自动续转。保险储金按保险金额每千元计算,被保险人应在投保时一次缴清。

家庭财产两全保险是以保险储金的利息收入作为保险费,保险储金的性质是储蓄性的,在保险期满时,不论被保险人在保险期间有无获得赔偿,也不论保险合同在保险期满前是否终止,保险人均退还全部储金。被保险人如果愿意续保,保险公司可以将原来应退换的保险储金作为续保时应交的保险储金。

对于期满后逾期不领取的保险储金,无论逾期长短,一律不计算利息,仅归还原保险储金数额。保险储金计算的依据是家庭财产综合保险对应的费率和承保当时的银行利率,其计算公式为:

$$保险储金 = 1\,000 \times 保险费率 / 保险期的年利率$$

3. 赔偿处理

在保险期限内任意一个保险年度,如果累计赔款额达到保险金额的,当年的保险责任即行终止。下个保险年度开始时,自动恢复保险责任。保险人对部分损失赔偿后,当年度的有效保险金额则相应地减少,有效保险金额为原保险金额减去赔偿金额后的余额,如果被保险人要求恢复当年原保险金额时,应补交相应的保险费,由保险人出具批单批注,至下个保险年度开始时,保险金额自动恢复。保险标的遭受全部损失经保险人赔偿后,保险责任终止,保险人到下个年度全额退还保险储金。

(三) 盗抢险

家庭财产保险还开办了多种附加险,盗抢险是其中最为普遍的一种附加险。

1. 保险责任

盗抢险的保险责任主要有两项:一是保险房屋及其附属设备和室内装修,以及存放于保险地址室内的保险财产,因遭受外来人员撬砸门窗、翻墙掘壁、持械抢劫,并有明显现场痕迹的盗窃所致损失在3个月以内未能破案的,保险人负责赔偿;二是保险事故发生后,被保险人为防止或者减少财产的损失所支付的必要的、合理的费用,保险公司也负责赔偿。

2. 除外责任

盗抢险的除外责任主要有以下三项:①被保险人及其家庭成员、服务人员、寄宿人员的盗窃或者纵容他人盗窃所致保险财产的损失;②因房屋门窗未锁而遭盗窃所致保险财产的损失;③因无明显的外人盗窃痕迹,窗外钩物行为所致保险财产的损失。

3. 赔偿处理

赔偿处理主要应注意以下几点:①保险标的发生盗抢事故后,被保险人应立即向当地公安部门如实报案,并通知保险人,否则,保险人有权拒赔;②被保险人向保险人报案后,从案发时起3个月后,被盗抢的保险标的仍未查获,方可办理赔偿手续;③盗抢责任损失赔偿后,被保险人应将权益转让给保险人,破案追回的保险标的应归保险人所有,被保险人如果愿意收回被追回的保险标的,其已经领取的赔款必须退还保险人,保险人对被追回的保险标的的损失部分按照实际损失给予补偿;④本保险规定有绝对免赔额。

(四) 机动车辆保险

机动车辆保险主要是由车辆损失险、第三者责任险和其他附加险所组成。这里的机动车辆是指汽车、电车、电瓶车、摩托车、拖拉机、各种专用机械车、特种车等。

1. 保险责任

车辆损失险的保险责任是指由于碰撞、倾覆、火灾、爆炸、外界物体倒塌、空中运行物体坠落、雷击、暴雨、洪水、暴风、海啸、地陷、冰陷、雪崩、雹灾、泥石流、滑坡及运载保险车辆的渡船遭受自然灾害等造成保险车辆损失,保险人负责赔偿。另外,当事故发生时,被保险人对保险车辆采取保护措施所支出的合理费用,保险人也负责赔偿。

2. 责任免除

车辆损失险的责任免除主要包括:自然磨损、朽蚀、故障、车胎单独损坏、地震、人工直接供油、高温烘烤造成的损失;受本车所载货物的损失;两轮及轻便摩托车停放期间翻倒的损失;遭受保险责任范围内的损失后,未经修理而使用致使损失扩大的部分等。

3. 保险金额和赔偿限额

车辆损失险的保险金额的确定方法有三种:一是按新车购置价确定,即按照购买同类型车辆(含购置附加费)的价格确定。二是按照车辆的实际价值确定,即按照同类型新车购置价减去该车已经使用年限折旧金额后的价格。折旧按每满一年扣除一年计算,不足一年的部分不计折旧。折旧率的使用按照国家有关规定执行,但是,最高折旧金额不得超过新车购置价的80%。三是由保险人与被保险人协商确定,但是协商不得超过车辆的实际价值,超过部分无效。

保险补偿以保险金额为限,当保险金额低于保险价值时,实行比例补偿。这是保险补偿原则的基本要求,下面分别介绍赔偿金额的计算。

(1) 全部损失。全部损失是指保险车辆整体损毁,或者受损严重,没有修复价值的,则推定全损。在这种情况下,赔偿计算的依据是保险金额。如果保险金额高于实际价值,以不超过出险当时的实际价值计算赔偿;如果保险金额等于或者低于实际价值时,按保险金额赔偿。

(2) 部分损失。部分损失指保险车辆的损失没有达到整体损毁或者推定为全损程度的局部损失。如果保险车辆的保险金额达到投保时的保险价值,即保险单上记载的新车购置价,则无论保险金额是否低于出险时的保险价值,发生部分损失按照实际修复费用赔偿。其计算公式为:

$$赔款 = (实际修复费用 - 残值) \times (1 - 免赔率)$$

如果保险车辆的保险金额低于保险价值,发生部分损失按照保险金额与投保时的保险价值比例计算赔款。

4. 免赔额度

车辆损失险在符合赔偿规定的金额内实行绝对免赔率;负全部责任的免赔率为20%,负主要责任的免赔率为15%,负同等责任的免赔率为10%,负次要责任的免赔率为5%。单方肇事事故的绝对免赔率为20%。

5. 无赔款优惠

保险车辆在上一个保险期限无赔款,续保时可享受无赔款减收保险费优惠,优待金额为本年度续保险种应交保险费的10%。

(五) 个人抵押贷款房屋保险

1. 适用范围

凡符合个人住房贷款管理办法的有关规定,同意以所购房屋(有合法所有权的现房)

作为抵押房后,向银行申请住房抵押贷款(抵押合同必须合法有效)购买的自用住房,可参加保险。被保险人购买后因装修、改造或者其他原因购置的附属于房屋的有关财产与其他室内财产,不属于本保险范围。

2. 保险期限

保险期限为自约定起保日零时起至被保险人按照抵押贷款合同规定清偿全部贷款本息日 24 时止,其最长期限为 20 年。

3. 保险费率

个人抵押贷款房屋保险的费率为年费率,以保险金额每千元计算。保险费率根据保险期限的长短,按 5 年(含 5 年)、6～10 年(含 10 年)、11～20 年(含 20 年)分别确定。

4. 保险金额

保险标的的保险金额按实际价值(可以是成本价、市场价,也可以是评估价)确定,实际价值确定的方式可以由被保险人自行选择。保险价值为出险时保险标的的实际价值。

5. 其他事项

个人抵押贷款房屋保险的保险责任、责任免除、赔偿处理、被保险人义务等与家庭财产综合保险的相关内容一致。但是,个人抵押贷款保险还有一些应该特别注意的事项:

(1) 投保人必须在本保险合同生效前一次性交清全部保险费。保险人只有当投保人在保险合同生效之前按照条款规定一次性交清保险费时,才能承担保险合同所约定的保险责任。强调一次性交费是为了防止因交费困难致使保费中断,导致贷款要件改变,加大贷款银行的经营风险。

(2) 遭受部分损失经保险人赔款后的处理。遭受部分损失,经保险人赔偿后,当年保险年度的有效保险金额则相应减少,有效保险金额为原保险金额减去赔偿金额的余额。被保险人应补交相应保险费恢复当年原保险金额,由保险人出具批单批注,至下个保险年度始自动恢复到原保险金额。

恢复当年原保险金额时应补交相应保险费的计算公式为:

$$保险费 = 需恢复保险金额 \times 费率 \times 当年保险年度的未到期月数 / 12 个月$$

不足一个月的按一个月计算,由保险人出具批单批注。

(3) 保险标的遭受全部损失经保险人赔偿后,本保险责任终止,保险人从下一个保险年度始计算退还未到期的保险费。

(4) 在抵押期内,被保险人不得以任何理由中断或者撤销本保险。

四、家庭财产的风险决策管理

家庭财产的风险决策管理需要注意以下几个方面的内容:

1. 价值比较高的财产应该优先做出风险管理的方案。价值高的财产,一旦损坏,给家庭造成的损失也比较大,因此,价值比较高的财产应该优先做出风险决策管理方案,避免财产的损坏给家庭生活带来比较大的影响。房屋、汽车等是价值比较高的家庭财产,应该优先做出风险决策管理。例如,运用保险的方式转移风险事故可能造成的损失。

2. 审慎地选择保险人。家庭在选择保险人的过程中,应该选择财务状况稳定、资信度比较高、售后服务比较好的保险公司投保家庭财产保险,避免保险公司出现财务危机,被保险人的家庭财产损失无法获得相应的补偿。

3. 熟悉相关的法律或者操作程序。在运用保险以外的其他风险管理方式管理家庭财产风险的过程中,应该了解、熟悉相关的法律问题,规范操作风险度比较高的设备。例如,在使用高压锅的过程中,应该经常检查减压阀是否安全、不随意丢弃擦拭易燃品的抹布等。

第三节 家庭人身风险管理

一、家庭人身风险的识别和衡量

家庭成员人身风险主要表现为四种形式:一是死亡,二是伤残、疾病,三是年老,四是失业。例如,获得家庭主要收入的人死亡会造成家庭收入来源的损失,因为死亡、伤残、疾病和年老会使家庭收入中断或者减少,这会使家庭成员陷入贫困的状态。如果获得家庭主要收入的人是因工(或者因公)死亡或者伤残,则受损家庭可以获得社会或者企业的补偿,其家庭成员贫困化的困境会有所减弱。如果获得家庭主要收入的人非因工死亡或者非因工伤残,其家庭成员就有可能陷入贫困化的困境。同时,对于发生疾病或者非因工伤残者的家庭来说,未来治病需要花费大量的医疗费用。如果发生疾病或者非因工伤残的人员是社会医疗保险或者公费医疗的参加者,其医疗费用就会由企业或社会承担大部分,个人自负一定比例的医疗费;相反,则其全部医疗费用都由家庭承担。如果医疗费用超出家庭的承受能力,也会使家庭因病、因残致贫。当前,中国医疗产品的价格不断上涨,而且超过了在职职工工资增长率,疾病、伤残带给家庭的负面影响越来越大。不享受社会保险保障人员的家庭对于疾病、伤残保障的需求更加迫切。

家庭人身风险带来损失的衡量是复杂的,也是难以衡量的。例如,风险事故造成家庭成员残疾,不同的伤残等级,需要支付的医疗费用是不同的,因而也使风险事故给家庭造成损失程度的衡量是难以估计的。一般来说,家庭成员人身风险带来的损失可以大致从以下几个方面进行衡量(见表 15.1)。

表 15.1　人身风险损失的衡量

个人			死亡	伤残或疾病	年老
劳动力	参加社会保险职工	工伤	未来收入－工伤死亡抚恤金	未来收入－工伤收入－工伤抚恤金＋生活费用	年老生活费用－退休金收入＋个人自负一定比例医疗费用
		非工伤	未来收入－死亡抚恤金	未来收入－社会救助收入－肇事者补偿＋生活费用	
				未来收入－社会救助收入＋个人自负一定比例医疗费用＋医疗交通费用＋生活费用	
	未参加社会保险职工		未来收入	未来收入－社会救助收入－肇事者补偿＋生活费用	年老生活费用＋医疗费用
				未来收入－社会救助收入＋医疗费用＋医疗交通费用＋生活费用	
非劳动力精神损失				医疗费用＋医疗交通费用＋生活费用－肇事者补偿	年老生活费用＋医疗费用
				医疗费用＋医疗交通费用＋生活费用	

从表 15.1 可以看出,参加社会保险的职工遭遇人身风险的损失要比没有参加社会保险的职工遭遇人身风险的损失要小。在人身风险损失的衡量中,因疾病伤残和因肇事伤残的损失程度和项目也是不同,此外,还要看个人伤残的等级,不同程度的伤残需要支付的医疗费用也是不同的。

二、家庭人身风险的处理

在家庭人身风险的处理中,主要有以下几种方式可供选择:

（一）风险自留

家庭人身风险自留大多是通过家庭预先准备财富和做出心理准备,对付有可能发生的收入损失和医疗费用支出。一般来说,风险自留只能处理家庭暂时、短期的人身风险损失,如短期的收入损失和医疗费用支出,而对于长期的收入损失和巨额的医疗费用支付,家庭则无力承担。家庭人身风险自留主要适用于以下情形:

1. 家庭成员发生短期收入损失或者造成的损失较小的情况下,可以采取风险自留的处理办法。例如,小孩患病感冒,治疗感冒的医疗费用比较低,带给家庭的损失也比较小,家庭可以通过风险自留的方式处理损失。

2. 家庭成员可能发生长期收入损失或者造成的损失比较大,需要采取相应的措施转移风险,但是,由于无法将家庭承担的损失转移出去,只能采取风险自留的办法处理损失。例如,家庭成员已经确诊患有癌症、白血病等,治疗这些疾病需要的医疗费用比较高,给家庭造成的损失也比较大,由于这些损失无法通过风险转移的办法转移出去,只能采取风险自留的办法。

3. 家庭无力承担或者不愿承担转移风险的成本,家庭人身风险造成的损失只能由家庭承担。不同家庭的收入状况不同,因而能够承担的人身风险损失也不同。对于不愿承担转移风险成本的家庭来说,其人身损失的风险就只能由家庭承担,即采取风险自留的处理办法。

（二）损失预防

人身风险损失的预防主要是预防人身风险事故的发生。预防人身风险损失需要考虑以下几个方面的因素：

1. 创造安全的社会环境。安全的社会环境主要包括安全的交通、治安、防火、防灾等环境,只有社会将可能发生的危害人身安全的风险事故消灭在萌芽状态,家庭成员的人身安全才有保障。因此,创造安全的社会环境是预防家庭人身风险损失的首要因素。

2. 创造安全的家庭环境。安全的家庭环境主要包括防盗的安全、家庭各种设施的安全、家庭中不放置危害人身安全的物品等,如汽油、农药、硫酸等有毒有害物品。例如,某工人想焊一下家里漏水的脸盆,就用止咳糖浆的瓶子装了一瓶硫酸回家,结果他家的孩子误认为是止咳糖浆,就喝了,结果导致孩子死亡。又如,农村家庭放置的农药,也是危害人身安全的重要隐患。家庭成员在遇到挫折的时候,很容易拿到这些危险品,因而造成服毒死亡的人身损失。

3. 提高家庭防范风险的意识。加强家庭成员的安全和健康意识,特别是向未成年子女讲授安全和健康的知识是十分必要的,有助于防范各种人身风险事故的发生。

（三）损失控制

人身风险损失的控制主要是指控制已经发生的风险事故。家庭中,一旦发生人身风险事故,就应该立即采取措施控制损失,防止损失的进一步扩大。例如,家庭成员一旦患病,及时治疗就可以避免病情加重,造成损失的进一步扩大。又如,在车上放置灭火器,可以抑制汽车着火造成损失的扩大。

（四）风险转移

人身风险的转移主要是指将风险事故造成的损失转移给他人承担。例如,家庭通过投保人身保险的方式将风险转移给保险公司承担。一旦发生保险责任范围内的人身风险事故,所造成的损失由保险公司承担。又如,为家庭成员投保健康保险等,可以降低医疗费用增长带来的损失。

三、人身保险转移风险的特征

人身保险是家庭转移人身风险的重要方式之一,人身保险转移风险的特征主要有以下几个方面：

（一）人身保险的特征

人身保险是指以人的生命或身体为保险标的,当被保险人在保险期限内发生保险责任范围内的死亡、伤残、疾病、年老等事故或者生存至保险期满时给付保险金的保险业务。人身保险作为保险的重要内容,具有保险的一般特性。但是,由于保险标的的特殊性,人身保险又具有不同于财产保险的各种特性,主要表现在以下几个方面:

1. 保险标的具有不可估价性。人身保险的保险标的是人的生命或者身体,不具有商品性质,因此,不能用货币来衡量其实际价值的高低,即具有不可估价性。

2. 保险金具有定额给付性。在人身保险中,当保险事故发生后,其损失金额除医疗费支出可以估价外,其余均无法估价,因此,人身保险金额给付除了医疗费用外,均采取定额给付的方式。

在人身保险中,若发生第三方造成被保险人死亡、伤残等事故,则保险人和第三方应各自分别对被保险人承担责任。保险人依据定额保险金额给付保险金,第三方依据民事损害赔偿的规定支付赔偿金,因此,代位追偿原则不适用于人身保险。

3. 保险利益具有特殊性。人身保险只要求有保险利益,而对保险利益没有金额的规定。另外,在人身保险中,只要求投保人在投保时对被保险人具有保险利益,此后即使保险利益发生变化,并不影响保险合同的效力和保险人给付保险金的条件,发生保险事故后,保险人仍要给付保险金。

4. 保险产品具有保障性和储蓄性。人身保险产品不仅能够提供经济保障,而且大多数人身保险还兼有储蓄性质。当发生保险合同约定的风险事故时,保险人给付约定的保险金,对人身疾病、伤亡提供经济保障。同时,还本险还能够在保险期满后全额退还保险金,客户在期初所交的储金经过一个保险期间,能够得到如期归还,具有银行储蓄的作用。

5. 保险期限具有长期性。在人身保险中,虽然保险的期限长短不一,但是有很大一部分保险合同,属于长期合同,特别是人寿保险合同,短则三五年,长则几十年或者十几年,人身保险的期限具有长期性。

(二) 人身保险的分类

1. 按照保障范围分类

按照保障范围分类,人身保险可以分为人寿保险、人身意外伤害保险和健康保险。

人寿保险是以人的生命为保险标的,是人身保险的主要和基本的险种,占全部人身保险业务的绝大部分。具体地说,保险人通过订立保险合同,在向投保人收取一定保费以后,若被保险人在保险期内发生保险合同规定内的保险事故,即死亡或者保险期满仍生存时,保险人有义务给付保险金。

人身意外伤害保险是以被保险人因遭受意外伤害事故造成的死亡或者残废为给付保险金条件的人身保险。意外伤害保险有三层含义:①必须有客观的意外事故发生,且事故原因是意外的、偶然的和不可预见的;②被保险人必须有因客观事故造成人身死亡或者残废的结果;③意外事故的发生和被保险人遭受人身伤亡的结果,二者之间有着内在的、必然的联系,即意外事故的发生是被保险人遭受伤害的原因,而被保险人遭受伤害是意外事故的后果。人身意外伤害保险的特点是保险费比较低,保单不具有现金价值。

健康保险是以被保险人因意外事故、疾病、生育所致的医疗费支出和工作能力丧失、收入减少为保险事故的人身保险。一般来说,健康保险主要承保如下两大类:①由于疾病或者意外事故所致的医疗费用,习惯上将承保医疗费用的健康保险统称为医疗保险或者医疗费用保险;②由于疾病或者意外事故所致的收入损失。如果被保险人不能参加任何工作,则其收入损失是全额的;如果只能从事比原来工作收入低的工作,那么,收入损失则是部分的,其损失数额即为原收入与新收入之差,我们将这种健康险的保单称为残疾收入补偿保险。

2. 按照实施方式分类

按照实施方式分类,人身保险可以分为自愿保险和强制保险。

(1) 自愿保险。自愿保险是投保人和保险人依据平等互利的原则,自愿签订保险合同而形成的保险。在这里,保险人可以选择被保险人,投保人也可以选择保险人,投保人在一定条件下具有退保的权利。

(2) 强制保险。强制保险又称法定保险,是基于国家有关法律或者有关规定而形成的社会保险关系。有些人身保险也采取强制保险的方式。例如,我国法律、法规规定,企业必须为职工投保养老保险、医疗保险、失业保险、工伤保险和生育保险。政府强制实施的社会保险,在劳动者面临生老病死风险时,为其提供必要的补偿和帮助。

3. 按照能否分红分类

按照能否分红分类,人身保险可以分为分红保险和不分红保险。

(1) 分红保险。分红保险是指保险人将其经营成果的一部分每隔一定时期、以一定的方式分配给保单所有人,其费率一般高于不分红保险。保单所有人所得红利的高低,取决于保险公司的经营业绩。当保险公司取得利润时,将一部分利润以红利方式分配给保单所有人;当保险公司发生亏损时,则减少或者不作红利分配。

(2) 不分红保险。不分红保险是指投保人不分享保险公司的经营业绩。保单所有人所获得的保险利益与保险公司的效益无关,其费率一般低于分红保险。

4. 按照风险程度分类

按照风险程度分类,人身保险又可以分为标准体保险和次健体保险。

(1) 标准体保险。标准体又称为强体或者健康体,是指被保险人的身体、职业、道德等方面没有明显的缺陷,可以按照正常费率来承保。标准体保险是可以用正常费率来承保的保险,人身保险的大部分险种都属于这种保险。

(2) 次健体保险。次健体又称为弱体、非标准体,是指被保险人的身体、职业、道德等方面存在明显的缺陷,其风险程度超过了标准体的风险程度,只能用特殊条件加以承保。次健体保险也就是不能以正常费率来承保的人身保险。

四、家庭人身风险的管理决策

家庭人身风险管理中,需要注意以下几个问题:

1. 家庭人身损失的风险是不可避免的。从长期发展来看,家庭人身损失风险的发生是不可避免的,例如,疾病、年老的风险是不可避免的,由此,需要家庭及早制订预防风险的计划,应付未来可能发生的各种人身风险。

2. 对于造成损失较大的风险应该采取风险转移的管理决策。例如,对于家庭从事风险等级比较高的职业人员可以投保商业保险,将可能遭遇的风险转移出去。又如,家庭中不存在从事风险等级比较高的职业人员,可以考虑选择以死亡、疾病为给付条件的人身保险。

3. 对于收入比较高的家庭,可以购买投资型保险。这样,既可以为被保险人提供保险保障,从而防范日常生活中的风险,又可以满足家庭投资的需要。例如,目前我国国内的分红保险、投资连结保险和万能寿险等都是家庭投资理财、规避风险的工具。我国传统保险、投资分红保险和投资连结保险,在投资回报、经营运作等方面是不同的,比较这些产品的优势和劣势,可以为家庭进行投资决策提供参考(见表15.2)。

表15.2 传统保险、分红保险和投资联结保险产品的比较

保险产品	传统保险产品	分红保险产品	投资连结保险产品
投资收益	投资收益率固定	承诺最低的收益率、分红不固定	无回报承诺,投资收益与账户投资收益挂钩
投资风险承担	保险公司承担	主要由保险公司承担,投保人可以分享部分经营成果	全部由投保人承担
现金价值	固定	固定	不固定,根据卖出价确定现金价值
信息披露	无须向社会公布	每年公布盈利状况和分红方案	每月至少公布一次投资单位价格等内容
管理费	不收(隐含在保费内)	交费时,收取2%~8%的管理费	每月收取1‰~2‰的管理费
监管	监管力度不强	严格监管	严格监管

资料来源:王晓群:《风险管理》,第1版,上海,上海财经大学出版社,2003。

从表15.2可以看出,不同的保险产品,投保人承担的风险和获得的收益也不同。家庭在规避人身风险和投资理财组合的过程中,可以根据自身的投资取向、财务状况和投资风险的承受能力,选择适合家庭需要的保险产品。一般来说,投资连结保险产品的投保人承担的投资风险比较高,获得的投资收益也不稳定;传统保险产品的投保人承担的投资风险比较低,获得的投资收益也比较稳定。

4. 价格水平相同的条件下,选择保障范围宽泛的保险产品。例如,家庭发生人身风

险事故的种类比较多,而发生的风险事故往往不在保险责任范围内,这就会使遭遇风险的家庭得不到保障,因此,家庭人身风险的管理决策中,在保险产品价格水平相同的条件下,应该选择保障范围比较宽泛的保险产品。

5. 价格水平相同的条件下,选择保险金额比较高的保险产品。在家庭人身风险的管理决策中,应该广泛了解有关人身保险的各种产品,在价格水平相同的条件下,选择保险金额比较高的保险产品。

第四节 家庭责任风险管理

家庭成员的行为,有带来他人损失的风险,从而引发家庭责任风险。

一、家庭责任风险的识别和处理

家庭责任风险的产生来源于家庭成员的行为。在日常生活中,家庭成员由于疏忽、过失等行为会对他人造成人身伤亡或者财产损失,需要依法承担民事损害赔偿责任。民事责任是指公民或法人在不履行自己的民事义务或者侵犯他人的民事权利时,按照民法的规定而产生的法律后果。

(一)家庭责任风险的识别

一般来说,家庭责任风险主要有以下几种:

1. 违约责任风险。违约责任又称违反合同的民事责任。例如,某家庭租用他人住房,按照双方签订的合同约定,承租人不得损坏租用房的设施。但是,该家庭在使用房屋时,损坏了房屋的设施,那么,依照合同的约定,应该承担赔偿责任。又如,王某为朋友担保借款,他的朋友经营亏损,王某有偿还借款的责任。

2. 侵权责任风险。侵权责任又称违反法律规定的民事责任。例如,某人驾驶汽车撞人,需要对自己给他人造成的伤害予以赔偿。又如,饲养宠物的家庭需要对宠物所咬伤的人及宠物所造成的损失予以赔偿。

3. 违反其他民事责任的风险。例如,返还不当得利的责任风险等。

(二)家庭责任风险的衡量

针对家庭责任风险的家庭风险管理,首先,应该预见、识别可能对他人造成的责任损失,尽量避免可能给他人带来的损失。其次,需要衡量责任风险给他人造成的损失。对于可能给他人造成损失比较大的风险,应该采取措施转移风险。对于可能给他人造成损失比较小的风险,可以采取风险自留的方式,运用家庭储蓄补偿受害人的损失。保险是转移家庭责任风险的主要方式之一。责任保险的保险标的是被保险人在法律上应负的民事赔偿责任。

二、责任保险的原理

（一）责任保险的特点

责任保险是以保险客户的法律责任赔偿风险为承保对象的保险，属于广义的财产保险的范畴，适用于广义财产保险的一般经营理论，但是又具有自身的内容和经营特点，其特点主要表现在以下几个方面：

1. 责任保险与一般财产保险具有共同的性质，即都属于赔偿性保险。保险公司承保时，均需遵循财产保险的可保利益原则，发生索赔时均需要运用财产保险的赔偿原则，当责任事故是由第三者造成时适用权益转让原则等，既可以满足被保险人的风险转嫁需要，又不允许被保险人通过责任保险获得额外利益。

2. 责任保险承保的风险是被保险人的法律风险。一般以法律法规规定的民事损害赔偿责任为承保风险，但也可以根据保险客户的要求并经特别约定后，承保其合同责任风险。这种风险与一般财产保险和人寿保险所承保的风险是有根本区别的。

3. 责任保险以被保险人在保险期内可能造成他人的利益损失为承保基础。一般财产保险承保的是被保险人资金的现实利益，如火灾保险与运输保险等保障的是被保险人自己的现实物质利益；信用保险保障的是被保险人自己的现实款物利益；责任保险承保的则是被保险人在保险期内可能造成他人的利益损失，即责任保险承保的利益损失，首先表现为他人的利益，其次才是这种利益损失因有关法律、法规的规定应当由被保险人承担的损失。

（二）责任保险适用的范围

责任保险适用的范围十分广泛。具体而言，主要包括各种公众活动场所的所有者、经营者、管理者；各种产品的生产者、销售者、维修者；各种运输工具的所有者、经营管理者或驾驶员；各种需要雇佣员工的单位；各种提供职业技术服务的单位或个人；城乡居民家庭或个人。此外，建设工程的所有者、承包者等也对相关责任事故风险具有保险利益，非公众活动场所也存在着公众责任风险等。

（三）保险责任

责任保险的赔偿范围一般包括两个方面：①保险人负责赔偿被保险人对第三者造成依法应负赔偿责任的人身伤害与财产损失。但是，保险人只对第三者财产的直接损失负责赔偿，对于间接损失一般不予负责。第三者人身伤害的赔偿范围可以包括第三者死亡及丧葬费用、残废与医疗费用等；②因赔偿纠纷引起的诉讼、律师费用及其他事先经保险人同意支付的费用。

（四）赔偿限额

赔偿限额作为保险人承担赔偿责任的最高限额，通常有以下几种类型：①每次责任事故或同一原因引起的一系列责任事故的赔偿限额为最高限额，它又分为财产损失赔偿限额和人身伤害赔偿限额;②保险期内累计的赔偿限额不得超过最高限额,它又分为累计的财产损失赔偿限额和累计的人身伤害赔偿限额;③在某些情况下,保险人也将财产损失和人身损失两个赔偿限额合成一个限额或者只规定每次事故和同一原因引起的一系列责任事故的赔偿限额,而不规定累计赔偿限额。

三、家庭责任风险的管理决策

家庭责任风险的管理需要注意以下几个方面的问题:

1. 规范自身的行为,避免责任风险。例如,根据国家道路交通管理的有关规定,禁止酒后驾车。为了防止酒后驾车造成对他人人身和财产的损害,家庭成员个人为防止责任风险事故的发生,应该规范自身的行为,避免责任风险事故的发生。又如,往窗外扔西瓜皮可能会危害他人的人身安全,个人就应该规范自己和家庭成员的行为,避免责任风险事故的发生。

2. 对于造成损失较大的责任风险,可以采取措施,转移可能造成的损失。例如,家用汽车撞人容易引发责任损失风险,汽车撞人造成的损失通常也比较大,对此,可以采取风险转移的措施,规避可能造成的损失。

3. 了解国家政策、法律的有关规定,避免可能发生的责任风险。不了解国家政策、法律的有关规定,容易引发责任损失的风险。例如,某人为朋友担保贷款,结果引发责任风险,造成家庭财产的损失。为了避免可能发生的责任风险,需要家庭成员了解国家的有关法律、法规的规定。

复习思考题

1. 简述家庭面临风险的种类和特点。
2. 简述家庭风险管理的方式。
3. 简述家庭财产保险的种类。
4. 简述家庭人身风险的预防和损失控制措施。
5. 简述人身保险的特征。
6. 简述责任保险的特征。
7. 简述责任保险的保险责任。

第十六章 政府风险管理

随着社会经济的发展和全球经济一体化的发展,公共事业风险管理的重要性与日俱增。政府风险管理是指政府在风险意识和风险管理理念的指导下,对可能发生或者经常发生的风险事故搜集信息、制订计划、采取措施、控制协调、总结经验的系统管理过程。政府风险管理的目的是,预防重大风险事故的发生,减少风险事故造成的损失,维护社会的稳定和政府的信誉,以获得社会公众的支持。

第一节 政府风险管理的作用和目标

政府风险管理是现代政府的重要职责之一。灾害和危机是人类生产与社会生活的一部分,自然灾害、人类活动造成的种种灾害,往往会给整个社会带来巨大的经济损失,而面对种种祸及大众的风险事故,单个人的力量往往是微不足道的,人类只有依靠组织化的力量,才能有效地抗击危机与灾难。政府风险管理是比较重要的公共管理事务,作为公共事务的主要管理者——政府必然要担当起应对、治理各种灾害和危机的重任。

一、政府风险管理的概念

政府风险管理是指在社会遭遇严重自然灾害、疫情或者出现大规模混乱、暴动、武装冲突、战争等风险,社会秩序遭受严重破坏,人民生命财产和国家安全遭受直接威胁的非正常状态下,政府运用政治、法律和经济的管理办法,对已经发生或者可能发生的风险事故进行信息搜集、信息分析、问题决策、计划制定、措施实施和经验总结的系统管理过程。政府风险管理体现了政府对社会风险的应急能力、处理能力和控制能力,政府风险管理是公共事业管理的重要方面。

政府风险管理的目的就是在尽可能短的时间内控制灾害的事态和发展,降低风险事故造成的损失;在灾害事故发生后,提供救援和灾后恢复工作。同时,通过有关媒体做好与民众的沟通、交流工作,获得社会公众的支持,维护社会的稳定与发展,维护国家的信誉。

二、政府风险管理的特点

政府的风险管理,除了具有一般风险的特点外,还具有自身的特点,主要表现在以下几个方面:

1. 政治性。社会风险事件的发生和发展,往往受到某些政治团体的背后操纵,风险事件是国际或者国内的某些政治势力、政治图谋的体现。例如,恐怖袭击、武装冲突、暴力抗法等就是一些社会集团试图达到其政治目的而采取的极端行为的表现,具有比较强的政治性。

2. 复杂性。社会风险事件的发生往往具有复杂的社会背景、历史原因和经济背景,往往涉及政治、经济、文化等诸多方面的因素。例如,战争的发生往往是国家之间各种矛盾的集中反映,其背后有着政治、经济、文化等诸多方面的冲突和不平衡。又如,政治危机的发生,往往是社会政治、经济、文化和社会各阶层矛盾聚集的结果,这使政府风险管理也具有较强的复杂性。

3. 广泛性。相比于企业、个人和家庭面临的风险而言,社会风险事件的发生,往往比企业、个人或者家庭遭受的风险造成的损失要大、影响的范围要广泛。例如,自然灾害、瘟疫流行等风险事故的发生,造成的破坏性影响就比较广泛。又如,政治危机造成的破坏性影响也比较大,其影响的范围也很广泛。

4. 紧急性。由于社会风险事件的发生,往往会带来重大的人员和财产损失,并造成巨大的社会影响,正是社会风险的巨大危害,决定了政府必须尽快处理风险,以减轻风险事故给社会带来的巨大经济损失和不可估量的政治后果。

三、政府风险管理的意义

社会风险不仅对国家的经济发展和社会稳定带来威胁,而且对政府的管理体制和管理能力的提高提出了巨大的挑战。加强政府风险管理,提高政府风险管理水平,具有以下几个方面的意义:

1. 政府风险管理可以减轻风险事故造成的损失。社会风险事故的发生,往往造成大量的财产、人力资源的损失,并造成极为不良的社会影响。例如,暴雨、洪水、暴雪、台风等自然灾害的发生及其造成的巨大损失,亟待政府提供人力、财力的支持。加强政府风险管理可以减轻风险事故造成的损失,可以控制损失的扩大,有利于保护社会财产和人身安全,有利于整个社会资源的优化配置。

2. 政府风险管理可以增强社会抵抗风险的心理。人类在重大风险事故面前往往是无能为力的,单个人的力量更是微不足道。例如,人类无法控制和预测地震的发生,对于地震造成的损害,只能采取事后控制的措施,尽可能地减少地震造成损失的程度。社会风险带给公众的心理影响也是比较复杂的,某一社会风险事故的发生,往往带来一连串的问题,会产生连锁反应,因而影响到整个社会公众的心理和行为。例如,瘟疫的流行首先带来的是社会劳动力资源和医疗资源的损失;其次还会引起人们心理上的不安和恐惧,进而引发社会的经济危机、政治危机等。政府风险管理的意义在于,增强社会公众抵抗各种风险的能力,消除人们对于风险事故的恐惧心理,增强公众的安全感,增强社会公众解决风险事故所造成的危害的信心。

3. 政府风险管理可以提高政府的信誉。在风险管理中,政府起着风险事故管理者、组织者和决策者的角色。如果政府能够采取积极的措施,有效地控制风险或者降低风险事故造成的损失,就可以增强社会公众战胜困难的信心,提高人们对政府的信任,进而可以提高政府的信誉。

四、政府风险管理的目标

政府风险管理的目标是政府进行风险管理所要达到的目的,政府主动、直接参与风险管理是为了要达到风险管理的目标。政府风险管理的目标主要包括以下几个方面:

(一)维护社会的公共安全

政府风险管理的主要目标之一是维护公共安全。公共安全是指社会和公民个人从事和进行正常生活、工作、学习、娱乐和交往所需要的稳定状态,以及维护稳定的外部环境和秩序。公共安全包括经济安全、生产安全、工作场所安全、环境安全、公共卫生安全和治安安全等。

(二)提高政府风险管理的能力

政府管理风险的能力不仅是反映政府管理公共事业的效率,而且可以减少风险事故的发生。因此,政府风险管理的目标之一是提高政府风险管理的能力。提高政府风险管理的能力主要表现在政府对于风险管理政策、战略和决策的有效性上。及时、有效、正确地处理风险是政府风险管理能力提高的具体体现,对此,政府的有关风险管理部门应该做好风险的预防、教育和学习活动,设立风险的预警机制、应对机制和对策传导机制,提高政府管理风险的能力,增进整个社会抗风险的能力。

(三)降低生命和财产的损失

政府风险管理的另一个目标是降低生命和财产的损失。对此,政府风险管理部门的具体目标是提供完备的信息,确保国家最薄弱的环节受到周全的保护,减少生命和财产的损失,调动所有的力量,确保所有可以调用的资源能够及时到位。对于已经发生的风险事故,应该能够做到按照计划处理灾难,进行良好的风险决策管理和调整,制定并执行全面的风险决策管理,降低灾害事故造成的生命和财产的损失。

(四)维持社会的稳定

政府风险管理的间接目标是维护社会的稳定。维持社会稳定并不是风险管理的直接目标,这主要是因为,并不是所有的风险事件都会危及社会的稳定,只是在风险事故引起社会政治、经济出现不稳定的状况时,政府风险管理的目标才是维持社会的稳定。因此,政府制定法律规范的作用是,规范各单位和个人在风险管理中的权利和义务,对违反相关法律、法规的行为分别予以处分、处罚和刑罚,这间接起到了维护和稳定社会秩序的作用。

第二节　政府风险管理的措施

政府管理风险的种类比较全面,管理的范围比较大,管理的内容比较多。这也就决定了对风险造成损失的评估也是比较困难、复杂的。针对以上特点和问题,政府风险管理的职责是加强政府风险管理,防止或者减少巨大损失的发生,以维护社会公众的利益。

一、政府管理风险的种类

政府管理部门需要识别的风险主要有以下几类:

(一) 自然灾害风险

自然灾害可以分为地质、水文气象和生物学等方面的自然灾害。例如,地震、火山爆发等灾害事故属于地质方面的风险,洪涝灾害、飓风、台风、泥石流、海啸等灾害事故属于水文气象方面的风险,瘟疫、流行病、传染病等则属于生物学方面的风险。一般来说,对于自然灾害风险人类无法通过消除引发风险事故的原因来控制风险事故的发生,只能采取控制损失的措施来降低风险事故造成的危害。一般来说,个人在控制自然灾害造成损失方面的作用是微不足道的,需要政府运用国家强制力来调动全社会的人员和物资,抵御自然灾害造成的损失。

(二) 技术灾难

技术灾难是指来自技术或者工业事故等方面的损失风险。例如,爆炸、火灾、矿井坍塌、污染、辐射、泄漏、产品质量不合格等导致的死亡、受伤、财产受损或者环境恶化等风险。一般来说,技术灾害是可以预防的,人类可以通过强化风险管理措施,预防和控制风险事故的发生。

(三) 环境恶化风险

人类行为导致的环境和生物圈的破坏,这种破坏反过来又会影响到人类的生存,进而产生环境恶化风险。例如,空气、土地、水污染会危害人类的生存环境和身体健康。又如,森林大火、物种绝种、资源破坏等方面的环境恶化,也会危害到人类的生存。一般来说,对于人类活动所导致的环境恶化,也是可以通过政府风险管理预防和控制风险事故发生的。

(四) 社会风险

社会风险主要是指社会出现大规模混乱、暴动、武装冲突、战争、恐怖活动等严重破坏社会秩序、人民生命财产和国家安全的事故。社会风险是由于社会矛盾引起的,需要通过政府的利益平衡、谈判等措施解决矛盾,平衡社会各方的利益,维护社会的稳定。

二、政府风险管理的程序

一般来说,风险事故的发生,需要经历以下三个阶段:①事故发生前。通常,人们把风险事故发生前称为事故征兆期。在事故征兆期,有一些迹象或者异常的变化,这些变化表明风险事故可能发生。②事故发生期。通常,在风险事故发生时,会发生伤害性事故,并产生持续的影响,造成各种各样的财产和人员损失。③事故发生后。风险事故发生后,事故造成的损失在减少,但是需要对事故的后果进行处理。根据风险事故发生的阶段性,政府风险管理也需要经过以下程序:

1. 事故发生前的政府风险管理。风险事故发生前,政府风险管理的工作主要有以下三个方面:①对征兆性事件予以重视,识别可能发生的风险事故;②搜集各种风险因素信息,并对风险事故发生的概率做出科学的预测和判断,做到防患于未然;③做好应对风险事故的准备工作、预案。

2. 事故发生期的政府风险管理。风险事故发生期,政府风险管理的工作主要有以下三个方面:①采取措施,努力维护内部和外部环境的稳定;②根据已经发生的风险事故启动应急方案,力争在较短的时间内控制事态或者防止事态的进一步恶化;③提高政府风险管理工作的效率,尽可能地减少公众的生命财产损失,减少风险事故给正常生产、生活秩序带来的巨大破坏。

3. 事故发生后的政府风险管理。风险事故发生后,政府风险管理的工作主要有以下四个方面:①尽可能迅速地恢复内部和外部环境的稳定,恢复正常的生产、生活秩序;②妥善处理风险事故造成的经济和政治影响,提供必要的资金支持;③及时总结风险管理工作中的经验和教训,避免类似问题的发生;④完善政府风险管理机制,促使风险管理机制更有效率。

三、政府风险管理的措施

政府实施风险管理的措施是多方面的,政府风险管理措施的内容主要有以下几个方面:

1. 组织制度建设措施。组织制度建设措施是指政府风险管理单位在风险事故发生之前,就创建消除与减缓风险事故的组织机构和管理体制,确定相关管理单位的职责,制定完善的法律法规体系和操作程序,以此来规范风险管理者的行为。组织制度建设措施的作用是使风险管理行为制度化、长期化,并使政府的风险管理具有稳定性和可预见性。例如,风险管理法律、法规就是国家机关制定的,依靠国家强制力执行的,规定着国家风险管理部门、国家机关、社会团体、企业事业单位和公民有关风险管理权利和义务的法律规范的总和。目前,我国政府出台的风险管理法律主要有《刑法》、《民事诉讼法》、《国家安全法》、《国家赔偿法》、《行政处罚法》、《防洪法》、《安全生产法》、《职业病防治法》、《消防法》《劳动法》《交通法》《建筑法》《防震减灾法》《合同法》《保险法》等,这些法律、法规对防范风险、维护国家安全发挥了积极作用。

2. 自然规划措施。政府的自然规划措施主要适用于基础设施、城市规划、土地使用等。自然规划措施是对风险高发地区的确认和回避,其宗旨主要是降低社会、组织和个人的脆弱性,通过科学合理地规划和使用资源,改善危及人类的自然、人文状况,降低风险和灾害暴发的可能性。例如,政府有关管理部门将容易产生爆炸、火灾的企业规划在远离城市、人口稀少的地区。

3. 设计与工程措施。设计与工程措施主要是指通过改善普通建筑、基础设施,以及硬件设施的设计、结构与质量,提高其抵抗风险和灾害破坏的能力。例如,直接设计、建设专门用于预防与抵抗风险的硬件设施,如建设堤坝、水库等防洪工程设施,可以预防和降低水火给人类生命和财产造成的危害。

4. 经济性措施。经济性措施主要是指风险管理者通过调整宏观经济结构,改进经济发展战略,促进经济结构的优化与经济体系的良性运转,以降低风险可能对经济发展造成的危害。例如,国家运用财政、货币等宏观调控工具调控经济,不仅可以提高企业的抗风险能力,而且可以预防、缓解经济危机可能给企业、个人,乃至国家造成的不良影响。

5. 社会性措施。政府风险管理不仅仅是政府的行为,而且是与全社会所有的风险管理利益相关的。有效的政府风险管理离不开社会各方面力量的聚合与参与。政府风险管理的社会性措施就是指旨在推进社会公众参与风险管理过程的具体活动。具体来说,主要包括三个层次:一是创造以风险管理为目的的非政府组织网络。通过范围广泛的非政府组织网络可以获得群众的支持,及时发现引发风险事故的风险因素,并防患于未然。二是建立社会基础的风险管理机制。通过社会基础的风险管理机制,可以有效地组织各层次的风险管理,提高政府风险管理的效率。三是通过对公众的教育与训练,创造安全文化。政府风险管理的重要措施之一就是宣传、教育公众,提高公众防范风险的意识,减少人为因素引发的风险事故。

第三节 政府风险管理体系

政府风险管理体系是指政府风险管理的若干系统构成的有机统一的整体。建立政府风险管理体系有助于推进管理的全面化、全局化和法制化,政府风险管理体系的内容主要包括以下几个方面。

一、分析与规范系统

在对风险源的类型、特征、危害性进行分析的基础上,政府风险管理部门需要针对不同风险源、危害程度分别制定不同的行动方案,其步骤大致包括以下几个方面。

1. 确定风险等级。以风险可能造成损失的程度为基本维度,确定风险等级。一般来说,风险等级越高,危害越大;反之,危害越小。

2. 确定可接受的损失程度。政府风险管理决策者必须从实际出发,确定什么程度的损失属于可以接受的范围、什么程度的损失属于不可以接受的范围。当损失程度低于可以接受的水平时,通常不采取专门的风险管理措施;反之,政府风险管理部门必须制订风险管理规划、实施风险管理措施,将可能发生的损失降低到可以接受的水平。

3. 作出风险管理决策和规划。政府风险管理部门应根据风险源类型、危害程度等制定风险管理目标,对风险控制措施、资源调配等做出总体规划与安排,以减少风险事故造成的损失。

二、执行与控制系统

政府执行风险管理规划与实施风险管理措施的目标是降低损失。在紧急状态下,政府风险管理部门可以依法、果断地采取措施,最大限度地降低危害造成的损失。例如,采取市场管制、交通管制、通讯管制和新闻管制等措施,规范和约束组织或个人的行为,使个人利益服从社会利益,使局部利益服从整体利益。

三、监测与评价系统

为了尽可能地降低损失,政府风险管理部门应持续地监测风险管理措施执行的情况,并对风险管理效果进行分析、评估。政府风险管理部门采取的评价分析方法主要有成本——收益评价、比较风险评价等。建立风险管理监测与评价系统,可以为更好地调整、完善与更新风险管理措施提供依据。

第四节 政府风险管理的绩效评价标准

政府风险管理的效果可以通过风险管理的绩效评价反映出来,提供一套政府风险管理绩效评价的指标,既有利于政府提高风险管理的效率,又有利于减少风险事故造成的损失。政府风险管理的绩效评价是对各级政府、政府职能部门和公务员在风险管理中的行为和成绩进行评估。政府风险管理效果的评价对政府风险管理起着监测和督促作用,它可以为以后的风险管理提供依据,政府风险管理绩效可以通过定量指标体系和定性指标体系反映出来,也可以采取定性和定量结合的方式。联合国专门为政府风险管理设计了五项绩效评价标准(SMART),可以将其大致概括为以下几个方面:

一、长期稳定性

政府风险管理措施的长期持续性是评价风险管理绩效的首要标准。成熟政府的风险管理模式必须是连续的、不间断的循环管理,这种管理必须具备持续性和长期稳定性。相反,如果政府风险管理的措施不具有长期稳定性,则往往造成管理的缺位,并造成较大的损失。这是因为风险事故往往会在管理不到位的情况下突然发生,进而影响到政府风险管理的效果,因此,风险管理措施是否具有长期稳定性是衡量政府风险管理绩效的一个重要指标。

二、明确的绩效标准

政府风险管理绩效标准应该具有明确的评价标准和专业标杆,并且,这些绩效标准具有可测性。一般来说,政府风险管理部门可以根据上一年发生风险事故的频率、造成损失的程度等指标,确定下一年风险管理绩效指标。如果量化指标低于政府规定的警戒指标,就可以评价为达标;相反,如果高于政府规定的警戒指标,就可以评价为不达标,需要进一步加强风险管理。

三、绩效指标月内或年内可以实现

政府风险管理绩效指标月内或者年内是否可以实现,也是衡量政府风险管理绩效的重要标准。如果政府规定的可量化标准在规定的时间内无法实现,则说明政府的风险管理还存在着许多问题,需要进一步改进风险管理的措施。在风险管理实务中,政府的风险管理部门大多寻找影响绩效指标实现的因素,改变影响因素发生作用的条件,以期实现政府预期的风险管理指标。

四、满足不同情形的相关性

政府的风险管理措施应当具有一般性,能够满足不同情形下风险预防、损失控制等方面的需要,应该具有能够应付不同风险事故发生的能力,能够根据某一风险事故的发生,预见到可能发生的其他风险事故,并及时采取相应的处理风险事故的措施。

五、在明确的时间内完成项目的及时性

完成项目的及时性是衡量政府风险管理效果的重要内容。政府风险管理措施在一定时间内得到及时实现,则风险管理制度和传导机制是有效率的;相反,如果政府的风险管理措施经过较长一段时间或者超过预期的时间限制无法获得实施,则风险管理制度和传导机制就是缺乏效率的。

复习思考题

1. 简述政府风险管理的意义。
2. 简述政府风险管理的特殊性。

3. 简述政府风险管理的目标。
4. 简述政府风险管理的程序。
5. 简述政府风险管理的措施。
6. 简述政府风险管理体系的内容。
7. 简述政府风险管理绩效的评价标准。

参考文献

1. 魏巧琴:《保险企业风险管理》,第1版,上海,上海财经大学出版社,2002。
2. 霍尔:《财产保险风险的估计与控制》,第1版,北京,中国金融出版社,1990。
3. 王晓群主编:《风险管理》,第1版,上海,上海财经大学出版社,2003。
4. 寇日明、陈雨露、孙永红等译:《风险管理实务》,第1版,北京,中国金融出版社,2002。
5. 许谨良、周江雄主编:《风险管理》,第1版,北京,中国金融出版社,1998。
6. 魏华林、林宝清主编:《保险学》,第1版,北京,高等教育出版社,1999。
7. 朱慈蕴主编:《经济法律教程》,第1版,北京,中国财政经济出版社,1999。
8. 保险经营管理学编写组:《保险经营管理学》,第1版,成都,西南财经大学出版社,1994。
9. 王君彩主编:《中级财务会计》,第1版,北京,经济科学出版社,1999。
10. 俞文青编著:《会计辞典》,第2版,上海,立信会计出版社,2001。
11. [美]詹姆斯·S. 特里斯曼、桑德拉·G. 古斯特夫森、罗伯特·E. 霍斯特:《风险管理与保险》(第十一版),第1版,大连,东北财经大学出版社,2002。
12. C. 小阿瑟·威廉斯、迈克尔·L. 史密斯、彼得·C. 杨:《风险管理与保险》(第八版),第1版,北京,经济科学出版社,2000。
13. 吴小平主编:《保险原理与实务》,第1版,北京,中国金融出版社,2002。
14. 陈信元主编:《会计学》,第1版,上海,上海财经大学出版社,2000。
15. 李晓林、何文炯:《风险管理》,第1版,北京,中国财政经济出版社,2006。
16. 周概荣:《统计学原理》,第1版,天津,南开大学出版社,1999。
17. 刘钧:《社会保障理论与实务》,第2版,北京,清华大学出版社,2009。
18. 刘钧:《员工福利与退休计划》,第1版,北京,清华大学出版社,2010。